Das dicke HELGA HAHNEMANN Buch

War schön mit euch ...

Mit Liedern, Sketchen, Sprüchen
von Angela Gentzmer,
Erinnerungen und vielen Bildern

Eulenspiegel Verlag

Inhaltsverzeichnis

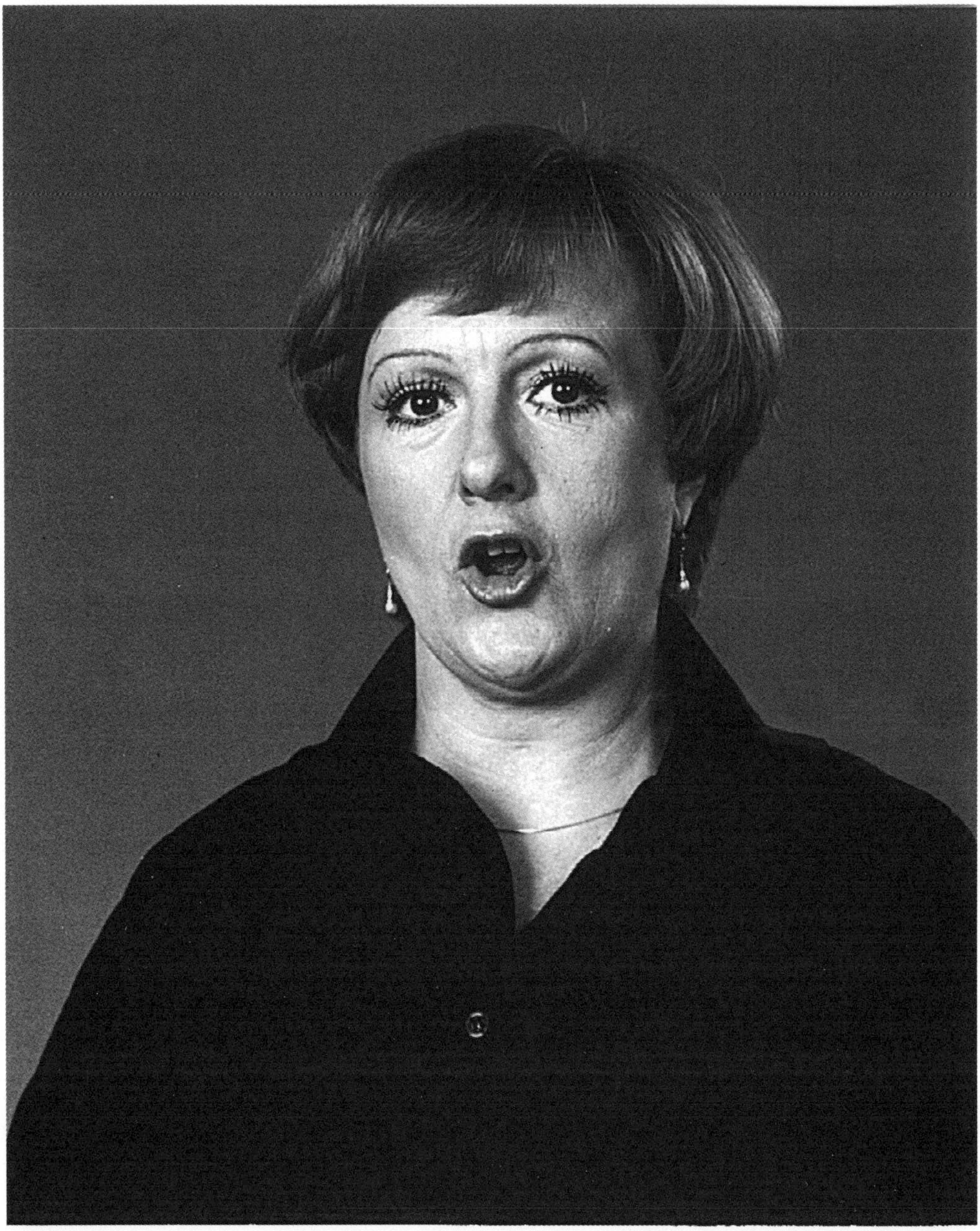

Tja, was soll ich Ihnen von mir erzählen?

Als Jungfrau am 8. September 1937 geboren, bin ich – wie alle Berliner – eine ganz normale Verrückte. Hab zwar keinen Hund, dafür aber 'n Vogel und 'n Kater. Das heißt, ich habe sogar zwei.

Meine Begabung für das komische Fach wurde bereits in der Schule entdeckt und von entnervten Lehrern in Form von Tadeln urkundlich erwähnt. Trotz düsterer Prognosen schaffte ich halbwegs das Abitur und stand verdattert vor der Frage: Wat nu? (Nicht identisch mit dem chinesischen Finanzminister.) Berufe, wo man in jeder Sekunde höchste Entscheidungen zu treffen hatte (z.B. Kartoffelsortiererin: Die guten nach links – die schlechten nach rechts) kamen für mich kaum in Frage. Also blieb nur ein Ausweg: Die Schauspielschule. Meine eigenwillige Variante von Schillers „Bürgschaft" sowie mein heiser geröcheltes „Sagt Mutter – 's ist Uwe!" gehörten schon auf den Schulfesten zum Gaudium der Schüler.

Nach dem Studium der Gretchen- und der Klassenfrage geriet ich in die „Leipziger Pfeffermühle". Ab sofort konnte ich mit Geld nur so um mich werfen. Mit Lehrgeld! Doch als mein letzter Bettbezug auf die Pfandleihe wanderte, holte mich das Fernsehen an die Mattscheibe. Und, noch ehe ich mich versah, tobte ich schon durch sämtliche Unterhaltungssendungen, die sich zum Ziel nahmen, den Schlaf vor der Fernsehröhre um 50 Prozent zu senken. Ich moderierte – sketchte – tanzte – steppte – machte Spagat – schlug Rad – und sang mir die Seele aus dem Hals, daß die Fetzen nur so flogen. (Erst später hatte man mir hinterbracht, daß der letzte Versuch, die Fernsehunterhaltung durch Verlängerung des saukomischen Wetterberichts zu retten, fehlgeschlagen war.) Nun, mit dem Fernsehen ist es wie mit dem Leib- und Magengericht der Berliner: dem Amtsgericht. Wen die einmal beim Wickel haben, den holen die immer wieder. Aus diesem Grunde bin ich noch heute Mitglied des Schauspieler-Ensembles.

Eines Tages begann – ganz ohne Vorwarnung – eine gewisse „Midlifecrisis" mich langsam zu umzingeln. Doch bevor sie mich erwischen und zu Boden drücken konnte, schlug ich noch mal – sozusagen aus Notwehr – voll zu: Ich angelte mir zwei Profis: Angela Gentzmer und Arndt Bause. Die eine schreibt mir die Texte direkt auf den Leib, und der andere macht genau die Musik, die ich auch singen kann. Ich muß also nicht mehr „hinter" meiner Interpretation stehen, ich bin eben so!

Danach hagelte es Auszeichnungen und Preise, alles, was die Palette an Medaillen unseres Landes bietet, wurde mir an den Busen geheftet, einschließlich „Goldene Amiga" (eine Art Grammy) für meine zweite LP: „Helga – dicke da." Aber wichtiger als alle Orden der Welt ist mir, daß meine Shows und meine Lieder beim Publikum ankommen. Der Offenbarungseid wird nämlich von jeher da oben live auf der Bühne geleistet. Abend für Abend heißt es, so lange zu ackern, bis du die Zuschauer „hast". Und die merken natürlich auf Anhieb, wenn einer sie verarscht – „auf die Nudel schieben will". So was schlaucht natürlich, mein lieber Scholli! Bloß schlank macht's leider nicht!

Was das Schönste am Erfolg ist? Kann ich Ihnen sagen: Wenn ich durch die Straßen von meinem Berlin oder Leipzig oder Dresden schlendere und mich plötzlich jemand anhält und sagt: „Eh, Helga, kommste mit auf'n Bier?" Dit isset, eh.

(1987)

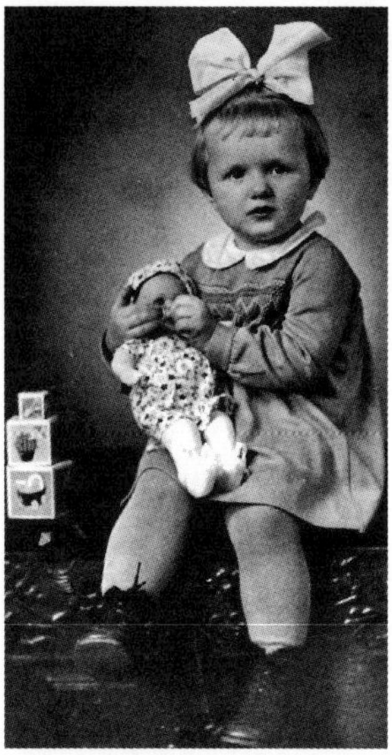

Klein Helga, ernsthaft über ihre spätere Karriere als „Quatschmacher" grübelnd.

Berufung
Statt Schauspielerin hätte ich auch Schriftstellerin werden können – ich habe früher schon schöne Geschichten gemacht.

Aus der Schule geplaudert
Ick war früher 'ne kesse Göre, kann man sich gar nicht recht vorstellen, stimmt's? Auch später noch – in der Oberschule – hab ich die anderen Mädels dauernd zu Blödsinn angestiftet:
„Paßt uff, Weiber, wenn der Alte jetzt rinkommt, bleiben wir alle sitzen und tun so, als wenn wir ihn überhaupt nich' bemerken, o.k.?"
Also – er kommt – und wir uns auf unseren Bänken rumgeflegelt, ja?
Aber wenn Sie nun denken, daß es ein Donnerwetter gab – kein Stück. Unser Klassenlehrer hat bloß grinsend gesagt: „Erheben Sie sich ruhig, meine Damen, zum Sitzenbleiben bietet Ihnen das Leben noch mancherlei Gelegenheit."

Man kann im Leb'n ...

Als Kind hab ick schon immer rumjesponnen
und rejelmäßig Dresche für bekommen!
Ick hatte nischt im Kopp wie nur Rosinen,
als Star wollt' ick mir Lorbeern mal verdienen!
Mein Papa konnt' sich dumm und dämlich quasseln,
nee, Hollywood ließ ick mir nich' vermasseln!
Nach Hause kam ick mit kaputt'je Haxen,
ick dachte, Florida, dit liegt in Sachsen.

Man kann im Leb'n
sich drehen, wenden, winden,
der Hintern bleibt
uff alle Fälle hinten!

Mit achtzehn wollt' der Dieter mit mir schmusen!
So'n Pech für ihn – mich küßten schon die Musen!
Ob Gartenfeste, Partys oder Taufe –
ick peitschte mir den Joethe aus'm Bauche!
Die Schauspielschule holte mich zur Prüfung –
natürlich läuft da alles nur mit Schiebung!
Denn – wie ick mir den Todesstoß versetzte,
da fällt die Jury lachend vonne Plätze!

Man kann im Leb'n
sich drehen, wenden, winden,
der Hintern bleibt
uff alle Fälle hinten!

Mein schöner Traum jing damals inne Binsen!
Doch heute muß ick selber drüber grinsen!
Na schön – bin eben 'n Clown und keene Diva!
Den meisten Leuten is' dit ooch viel lieber!
Und fällt mir eenes Tages v'leicht mal nischt ein,
dann heißt et ooch für mich: Sein – oder Nichtsein!
Und wenn mal später eener nach mir fragt,
dann sagt man: Die? Die hat sich totjelacht!

Man kann im Leb'n
sich drehen, wenden, winden,
der Hintern bleibt
uff alle Fälle hinten!

Big Helga

Big Helga – dit klingt super, nich?
Wat sag'n Se? Größenwahnsinnig?
Wieso? Wat Größe anbetrifft –
'ne 46 is wohl nischt?
Kleen werd ick erst – soo kleen mit Hut –
beim Zahnarzt, wenn der bohren tut!
Und – hatt' ick früher'n kleinen Stich –
der is jetzt – größer jeht's ja nich!

Ick bin
wie ick immer war:
Big Helga aus der GDR.

Noch immer renn ick Wände ein –
zerbeul dabei mein' Heiljenschein
und denke beim Zubodenjehn:
Na und? Der Anlauf war doch schön!
Manchmal spiel ick 'n echten Skat,
bloß nich'jegen't Leben – dit spielt zu hart!
Und sonntags ha'ick 'n Hobby jetzt:
Da wird mein Lottoschein zerfetzt!

Noch immer sag'n se „Du" zu mir –
sojar uff Polizeirevier!
Oft muß ick Seelentröster sein
und weeß oft selbst nich' aus noch ein!
Denn hab ick hier im Bauch so'n Druck.
weil'ck dauernd Tränen runterschluck!
Und trotzdem: Schade um den Tach,
wo man nich'eenmal hat jelacht!

Ick bin
wie ick immer war:
Big Helga aus der GDR.

Big – big – big – big –
Hel – Hel – Hel –Hel –
ga – ga – ga – ga –
mä – mä – mä – mä –
made in GDR.

Der Lauf der Welt
Als Kind hab ick für meine Faxen Backpfeifen jekriegt – und heute verdiene ich damit Geld.

Big Business
In meiner Show fange ich jedesmal bei „Las Vegas" an und höre zwangsläufig bei „Las Wurzen" auf.

Zuschauerpost
„Liebe Frau Hahnemann, ich habe Sie neulich im Palast der Republik gesehen und mußte feststellen, daß Ihr Kleid viel zu grelle Farben hatte."
„Liebe Frau Hannelore, ich kann Sie beruhigen, der Fummel zeigte sich schon nach der ersten Wäsche in einem matten, gestorbenen Grauton."

Das Sprach-Genie

„Sie sind beede nich' von hier, stimmt's?"
Helga mit John Wadell und Charles Williams

An einem Caféhaustisch sitzen John und Charles – trinken Kaffee und lesen Zeitung – (Morning-Star) – als eine Berlinerin – Henne – mit ihrer Kaffeetasse und Kuchenteller in der Hand auf die beiden zusteuert und fragt: Der Platz hier is' doch frei, nich? Danke, bleiben Se sitzen, ick finde für meine Tasse schon 'n Eckchen!

Sie schiebt das Geschirr der beiden mit Schwung beiseite, so daß der Kaffee überschwappt!

John und Charles sagen keinen Ton, sehen aber mißbilligend über ihren Zeitungsrand! Sie nimmt eine Serviette und beginnt, überall herumzuwischen und plappert: Lassen Se! Kaffe jibt ja zum Glück keine Rotweinflecke! Een Wisch und –

Kaffeelöffel fallen runter!

– ha, ha, drei Schuß hat jeder, sag ick immer! Wat? Sie sind ooch froh, daß Se nu Jesellschaft ham!

John und Charles sind wieder hinter ihren Zeitungen verschwunden!

Wissen Se, am Nebentisch, dit war mir nischt so alleene! Ick brauch immer 'n Jegenüber! Und wenn't bloß 'ne olle Zeitung is'! Lesen Se ruhig weiter! Mir stört dit nich'! Fühl ick ma wie zu Hause! Tschuldijen Se, darf ick mir Ihr Organ mal aus de Nähe ankieken?

John und Charles gucken mit großen Augen über die Zeitung.

Sie liest: Morgen Star! Ja ja – man muß ja so uffpassen mitte Oogen! Mein Alter hatte 'n grauen Star! Ham se aber operiert! Nu kiekta wieder wie'n Adler! Steht wat Neuet drin? Sonst – ick könnt' Ihnen v'lei Dinger ufftischen, sowat finden Se in keene Gazelle! In unsre Jegend nennen se mir nur die „Köpenicker Klatschspalte"!

Sie klopft mit ihrem Löffel an Johns Zeitung: Eh! Ham Se den Kuchen hier schon mal probiert?

Sie schiebt John ein großes Stück Kuchen in den Mund, so daß dieser fast erstickt! Dabei sagt sie: Hier – kosten Se! Sagen Se mal selber – is' der 'ne Wucht? Die haben hier nämlich 'ne janz dolles Konsistorium!

Dann nimmt sie Charles die Zeitung weg und fragt: Wollen Se ooch 'n Stückchen? Na – denn probiern Se wenigstens die Sahne!

Obwohl Charles sich wehrt, stopft sie ihm den Mund voll Sahne und redet: Mensch, so'n dünner Hering wie Sie kann doch schon mal'n Kalorienbomber vertragen! Sie sind beede nich' von hier, stimmt's?
Da beide den Mund voll haben und nichts sagen können, meint sie: Nee – nicht verraten! Ick komm schon von alleene druff! Äh – Italiano, ha ick recht? Mamma Roma – bonna notte – Espresso molto prima! Nee?
Die beiden lachen glucksend.
Sie: Halt! Nich' unterbrechen! Also – wer bonna notte is', wißta nich' – warte mal, wat konnt' ick denn noch immer so prima sagen? Moment! Stenka Rasin! Bolschoi-Ballett! Kalinka karascho!
John und Charles schlagen sich auf die Schenkel und prusten los: Kalinka karascho! Ha-ha-ha!
Sie beleidigt: Wat issen dadranne so komisch, hä? Mit dem eenen Satz bin ick de janze Wolga ruff- und runterjeschifft! Mann! Jetzt hab ick's!
Sie prostet den beiden mit ihrer Kaffeetasse zu: A votre Chantrè, mademoiselles! Parlez moi d'amour!
John und Charles beugen sich zu ihr hinüber und singen: Parlez moi d'amour!
Sie – mit rotem Kopf: Aber Monsignores, wat solln denn die Leute denken, wir sind doch hier nich' uff de Schlamps Elisees! Dit hätt' ick mir ja nu nich' träumen lassen, det mir uff meine alten Tage gleich zwei Masseure aus de französische Provinz wat in't Ohr flöten!
John: Province? Mai non, madame!
Sie erstaunt: Wat denn? Ihr seid jar keene Pariser? Mann, nu beherrsch ick schon sämtliche Fremdsprachen perfekt –
Sie hält den beiden den Mund zu!
Nee – nee – Vorsagen jibtet nich! Mal überlejen – wat für'ne Dörfer kenn ick denn noch? Eh: Tokio! Sayonara – Sukiyaki – Mazda!?
Sie guckt beiden ins Gesicht und meint dann zweifelnd: Nee! Dit haut wohl doch nich' hin! Als Japaner trinkt man den Kaffe ja mit Stäbchen!
Dann schlägt sie sich vor die Stirn: Mensch, ich dummes, dummes Ding! Jetzt weeß ick: My bonny lies over the ocean!?
Charles und John singen mit: My bonny lies over the sea!
Sie fangen zu dritt an zu schunkeln! Anschließend meint sie vertraulich: Sagt mal, Ihr beeden Schotten, wo habta denn Euern Dudelsack jelassen? Habta den etwa – zusammen mit Eure Faltenröcke – inne Jarderobe abjejeben? Oder – woll' Se damit etwa andeuten, det Sie jar nich' aus die Dudelsack-Jegend kommen!
Beide nicken und sagen: Sorry!
Sie nickt ebenfalls: Anjenehm! Neumann! Bloß – Ihr Name hilft ma ooch nich' ville weiter, mister Sorry! Jetzt könnt ick Ihnen höchstens noch 'ne Unterhaltung in Kisuaheli anbieten: Mimi ném busi! Dit heißt: Ick bin eine Ziege! Aber – da werden Se v'leicht schon von alleene druff jekommen sein! Am besten is', Sie machen jetzt mal'n Vorschlag, wie wa dit Jespräch hier nu in Jang bringen! Von mir aus Esperanto oder in Quo vadis, wie wir ollen Lateiner in unsre tote Sprache immer sagen! Na – macht schon, Jungs! Ick übersetz mir dit denn selber simultan!
John: Mechden Se noch e Schälchen Heeßen?
Sie – fassungslos: Angel-Sachsen?
Sie nimmt ihre Tasche und braust los! Die beiden grinsen ihr hinterher.

Polyglott
Französisch ist mir allerdings recht schwer gefallen. Na ja – da schreibt man „Bordeaux" – aber aussprechen tut man's: „Bordo." Obwohl – im Berlinischen ist es ja ähnlich: Man schreibt „Pferd" – aber sagen tut man „Gaul".

Kaum zu glauben
In Algebra war ich sogar Klassenerste. Heute habe ich natürlich das meiste schon wieder vergessen – aber damals konnte ich akzentfrei „Guten Tag" und „Aufwiedersehen" in Algebra sagen.

Was für 'ne Frage
Selbstverständlich kann ich auch hochdeutsch sprechen. Aber – warum eigentlich?

Frisch gewagt ...
Ick gehe immer auf alle Menschen zu – auch auf die Gefahr, daß einer vielleicht denkt: „Nanu? Wat will denn die Alte von mir?"

Henne international
Spricht von Ihnen zufällig einer japanisch? Ich kann leider auch nur zwei Worte: Sayonara – also tschüß – und Ken-tu-mi – das heißt Zimmer. Habe ich neulich im Palast-Hotel mitgekriegt. Da fragte nämlich ein Japaner an der Rezeption: „Ken-tu-mi?" Meint der Hotelportier ganz perplex: „Nee, wie heit du denn?"

Inka Bause
„Stoßt auf mich an!"

... und nichts ist das Leben wert, wenn es einen nicht beschenkt mit besonderen Begegnungen, unvergeßlichen Momenten. Was bliebe uns am Ende, wenn wir nicht Menschen getroffen hätten, die klüger gemacht, glücklicher und oft auch traurig, daß man gestärkt aus allem hervorgegangen wäre – offen für das nächste kleine Wunder, das uns das Leben beschert.

Ich bin ein Glückskind, weil ich Menschen in den letzten 37 Jahren begegnet bin, die mir Gold in mein Herz gepflanzt haben. Diesen Schatz kann mir keiner nehmen – angefangen natürlich bei meinem Vater, Dean Reed, einem der geradlinigsten, mutigsten Männer, die ich kennenlernen durfte, und natürlich Helga Hahnemann. All diese Menschen sind nicht mehr da, nicht greifbar, aber dennoch in mir für immer.

Ein Glückskind bin ich, weil ich oft in den Schlaf gebracht wurde – mit Lachen. Dann wußte ich, Henne war da. Es wurde mit meinen Eltern mal wieder Skat gespielt bis in die Puppen. Sie hat, wie es ihre Art war, einen „Freßkorb" mitgebracht, meine Eltern packten noch einiges an Wein dazu, und so wurde so manche Nacht durchgelacht, gemotzt und diskutiert.

Später, als ich nicht mehr die „Kleene" war, sondern Henne mich stolz Kollegin nannte, durfte ich ab und zu dabei sein – aber nur am Anfang des Abends –, die Zeit nach den ersten Weinchen und Bockrunden gehörte den drein. Meiner Mutter, meinem Vater und Henne.

Ich habe es nie gemocht, wenn Henne mich „Kollegin" nannte. Ich war grün hinter den Schlagerohren, machte meine ersten Schritte, ihr lag ein ganzes Land zu Füßen. Sie war und ist unerreichbar. In Gedanken geben wir zwei heute ein Paar ab: Ich bin der Esel und sie die Möhre, die vor meiner Nase baumelt – unerreichbar, aber da, um mich anzutreiben. Ich versuche, ihr zu folgen, gradlinig.

Wo soll ich anfangen? Hunderte kleine Anekdoten könnte ich erzählen, dabei war das Leben mit ihr ein großes Ganzes. Sie gehörte einfach seit den achtziger Jahren dazu. Sie war für das „Haareraufen" meines Vaters verantwortlich, wenn er spät aus dem Studio nach Hause kam, weil Henne sich mal wieder in die Instrumentierung eines Liedes „reingehängt" hatte, wie mein Vater fand. Wenn meine Mutter geduldig den mürrischen Ausführungen meines Vaters lauschte, um dann am Schluß Henne recht zu geben, war der Abend gelaufen.

Am nächsten Tag zog mein Vater meist ins Studio und machte es so, wie die „Weiber" wollten, denn es waren mit Angela Gentzmer ja immerhin drei. Armer Mann.

Es war unbeschreiblich schön, wenn mein Vater uns die neuen „Henne"-Songs vorspielte. Sie ließen uns nie kalt. Es wurde gelacht, geschunkelt oder geheult – die drei, Henne, Arndt und Angela, waren der Wahnsinn. Es paßte einfach.

Oft zog mich Henne beiseite, wenn sie mal wieder das Neueste von meiner Mutter über mich erfahren hatte – privat oder beruflich – und gab mir dann einen Rat – immer den besten – von einer Frau, die einfach wußte, was es mit dem Leben so auf sich hat.

Ritual war, Heiligabend vormittags zu ihr zu fahren nach Schöneiche und ihren ganz speziellen

Obstsalat zu essen und kleine Geschenke auszutauschen. Es gehörte einfach dazu. Bis heute mache ich den Obstsalat zu Heiligabend, er schmeckt natürlich nicht wie damals, ist ja auch zum Erinnern da.

Ich weiß noch genau, wie es war, als sie begeistert von ihrer Hollywooddiät sprach – die so schlank machte; ich weiß es wie gestern, daß meine Mutter skeptisch wurde, als dann auch noch Husten hinzukam. Wie meine Mutter sie von einem Arzt zum anderen schleifte, bis ... ja, bis man sagte, zu spät.

Wie kann man, wenn man weiß, daß man nur noch wenige Tage zu leben hat, ins KaDeWe fahren und Geschenke für die Liebsten kaufen – ihr Geschirr ist für mich heilig.

Den Schutzengel, den mein damaliger Mann Henni und ich ihr im Krankenhaus schenken wollten, hat sie abgelehnt, stattdessen hat sie uns Geld in die Hand gedrückt und gesagt: „Kauft euch eine Flasche Sekt und stoßt heut auf mich an!" Widerspruch hat sie nicht geduldet.

Am gleichen Abend – ich saß mit Henni zusammen – vergaßen wir fast, die Flasche zu öffnen. Uns war einfach nicht danach. Dann taten wir es doch noch. Einige Minuten darauf rief meine Mutter aus dem Krankenhaus an. Sie war in ihren Armen gestorben. Einfach so. Nie hat meine Mutter über diese letzten Minuten gesprochen, warum auch?!

Mein Vater hat den Verlust seiner Freundin und liebsten Muse nie verkraftet. Keiner konnte diese Lücke füllen.

So, wie es nie mehr einen Elvis, eine Marylin, einen Frankenfeld, einen Carell geben wird, so auch nie mehr eine Helga Hahnemann. Nur, daß es in ihrem Fall in Europa und der Welt keiner merken wird – „nur" einem besonderem Teil Deutschlands fehlt sie. Und zwar ganz doll.

Inka mit ihrem Vater Arndt Bause im Studio

100 mal Berlin

Tja, wat soll ick Ihnen von Berlin erzählen? Wir Berliner sind janz normal Verrückte! Haben alle 'n Hund, 'n Vogel oder 'n Kater! Uff Arbeit klotzen wa mächtig ran! Die, die zu spät komm', renn' die, die früher jehn, fast über'n Haufen! Außer mir haben hier noch ganz andere Persönlichkeiten ihr jeistijet Unwesen getrieben. Als Dank hat man se in Stein jehauen und stückchenweise auf Brücken und Pferde verteilt. Wir haben aber nicht nur antike Statuten, sondern auch haufenweise lebendige Touristen: Von übern großen Teich und hintern Mond – und eingelegte Mumien aus Ägypten – mittelalterlich restaurierte Kirchen und andere Restaurants. Alle sagen: icke, und wir haben 'ne große Klappe. Die brauchen wir ooch! Schließlich tragen wir unser großet Herz uff de Zunge.

Janz Berlin war eene Wolke ...
Die Leute wollen immer wieder wissen, wat ick an Berlin, diesem riesigen Steinhaufen, so jut finde. Wir haben keinen Rennsteig – bloß 'n Rinnstein; wir haben keene alten Ritterburgen – wir haben Marzahn; und trotzdem gibt es keine Stadt, in der ick mich so wohl und so mies fühle wie in Berlin. Dit liegt nicht zuletzt an den „ollen Berlinern", die auf allet und jedet die passende Antwort wissen. In dem Ausflugslokal, in dem ich neulich unauffällig 3 Stück Butterkremtorte gegessen hab, saß 'ne Großfamilie am Nebentisch. Ganz vergnügt muffelten die, was sie mitgebracht hatten: Bouletten, Kartoffelsalat und mindestens einen halben Meter Streuselkuchen. Kommt der Kellner und sagt empfindlich: „Herrschaften, dit geht aber nich. Wir sind'n Lokal, und da müssen Se was bestellen." Meint der Familienvater gemütlich: „In Ordnung. Bestellen Se dem Wirt 'n schönen Gruß von uns, und er möchte 'n bißchen schöne Musike machen."

100 mal hab ick Berlin verflucht,
100 mal weit weg mein Glück jesucht,
100 mal jeheult: Du machst mich krank,
100 mal jebetet: Jottseidank!

100 mal jesagt: Mit dir is Schluß!
100 mal kam ick von dir nich' los!
100 Pillen hau'n dajeg'n nich' hin!
Dit sitzt zu tief!
Dit sitzt hier drin!

Dit Niedlichste sind die Berliner Jören! Weil se jut erzogen sind! Die einzijen, die dis nich' glooben, sind de Nachbarn! Weil se mehr 'n Herz für ihren Rasen ham! Wat heißt hier: Berliner Jören sind frech wie Rotz! Allet Spinne, eh! Wie kleine Engelchen sitzen se bis Sendeschluß vor der Röhre, obwohl Pappa und Mamma längst im Bette liegen! Aber – dit Schönste in Berlin sind wir Frauen! Der Mann, der so eene abkriegt, kann sich gratulieren! Wenn se't richtig jut mit ihm meint, lebt se einfach länger als wie er! Denn besucht se ihm vormittags mitte Jießkanne uff'n Friedhof und schreibt nachmittags uff Heiratsannoncen! Und vonwejen wir Berlinerinnen sind schnippisch! Ph! Wir können allet vertragen – bloß keene Widerworte!

100 mal hab ick Berlin verflucht,
100 mal weit weg mein Glück versucht,
100 mal jeheult: Du machst mich krank,
100 mal jebetet: Jottseidank!

100 mal jesagt: Mit dir is Schluß!
100 mal kam ick von dir nich' los!
100 Pillen hau'n dajeg'n nich' hin!
Dit sitzt zu tief!
Dit sitzt hier drin!

Dit Jemütlichste aber von Berlin is der Verkehr! Weil jeder'n fahrbaren Untersatz hat! Bis uff die, die keenen ham! Die sind im Berufsverkehr immer schon 'ne Stunde früher zu Hause! Weil se die Autos laufend überholen!

... aber dit allerschönste von Berlin is', daß die olle Mauer in Stücke jehaun und als Souvenir inne Schrankwand jewandert is'. Da liegt se jut und tut keinem mehr weh. Und – nachdem wir DDR-Bürger 40 Jahre lang inmitten unserer „schönen Wirtschaft" seßhaft waren, kommt plötzlich wieder dit Zigeunerblut in uns durch und zieht Mama'n bis nach'm Europacenter und Pappa nach'n Sex-Shop. Mensch, wär dit schön, wenn unser jemeinsamer Weg nich' schon am KaDeWe endet – sondern uns weiterführt zum Frieden auf Erden.

Autofahrer sind inne Oogen von Autofahrer allet Idioten, Kamele und Hornochsen! Nur vonne Weißen Mäuse werden se Bürjer betitelt! So'ne Nettigkeit läßt man sich schon mal'n Zehner kosten! Meister von't Jaspedal sind unsere Taxifahrer! Deshalb werden se selten erwischt! Weder vonne Radarfallen – noch vonne Fahrjäste! Manche behaupten, Berliner Tempo ist so hektisch! Allet Quatsch: Nachts um dreie is Berlin der reinste Kurort!

100 mal hab ick Berlin verflucht,
100 mal weit weg mein Glück jesucht,
100 mal jeheult: Du machst mich krank!
100 mal jebetet: Jottseidank!

100 mal jesagt: Mit dir is Schluß!
100 mal kam ick von dir nich' los!
100 Pillen hau'n dajeg'n nich' hin!
Dit sitzt zu tief!
Dit sitzt hier drin!

Telefonitis!

mit Paul Ahrenkens

Ort der Handlung: Vorzimmer des Büros eines Betriebes: Dort steht ein Schreibtisch, auf dem jede Menge Unterschriftsmappen und Rechnungen o.ä. liegen! Ein kleiner Schreibmaschinentisch – in die Maschine ist ein Bogen eingespannt. Daneben eine leere Kaffeetasse und ein ausgewickeltes Kuchenpaket. Ein Stück Streuselkuchen ist angebissen. Neben dem Telefon auf dem Schreibtisch steht eine Blumenvase mit hübsch angeordneten bunten Blumen, und an den Wänden hängen – neben große Reklame-Kalendern – Ansichtskarten aus aller Welt.

Die Sekretärin sitzt am Schreibtisch, hat die Beine lässig übereinandergeschlagen und telefoniert mit ihrem kleinen Sohn, der offensichtlich gerade dabei ist, seine Schularbeiten zu machen.

Die Sekretärin schreit ins Telefon: Benno, kapierst du denn nich'? Alles, was man anfassen kann, schreibt man groß! Wie lautet der Satz, den de schreiben sollst? Wie? Aha: Die Katze sitzt hinterm Ofen! Also – paß auf: Die – kannste nich' anfassen – schreibt man klein! Katze – kann man anfassen – also groß! So – weiter! Wie schreibt man hinterm? Was???? Wieso denn groß? Weil man den an ...? Hör mal, ich verbiete dir, so was überhaupt in'n Mund zu nehmen! In deinem Alter schreibt man so was klein, verstanden? So! Wie schreibste das Wort Ofen? Klein? Ick werde noch verrückt!

Sie läßt den Hörer für einen Moment sinken und stöhnt: Der will unsern schönen, großen Kachelofen klein schreiben!

Dann brüllt sie wieder in den Hörer: Du gehst jetzt sofort hin und fäßt den Ofen an! Was ist los? Den kann man nicht anfassen, weil er zu heiß ist?

Inzwischen ist der Sachbearbeiter hereingekommen – steht vor ihrem Schreibtisch und trampelt nervös von einem Bein aufs andere!

Die Sekretärin fährt in unwirsch an: Was gibt's denn, Kollege?

Er sagt aufgeregt: Ich müßte ganz dringend mal telefonieren! Dauert Ihr Gespräch noch lange?

Sie hält die Telefonmuschel zu und ranzt ihn an: Menschenskind, fragen Sie doch nicht so blöd! Sie sehen doch, was los ist! Der Bengel hat mir schon die zweite 5 nach Hause jebracht! Ihr Männer habt's jut! Geht jedem häuslichen Problem aus'm Wege. Unsereiner hat den Kopf voll – und soll nebenbei auch noch arbeiten!

Er greift nach dem Hörer und stammelt: Ja – bloß – bei mir brennt's! Bitte – darf ich mal kurz!

Sie hält empört den Hörer mit beiden Händen fest: Kollege, trampeln Sie nich' auch noch auf meinen Nerven rum! Dit ganze Haus is' voller Telefone – aber Sie müssen mich ausjerechnet bei meinen Schularbeiten stören!

Der Sachbearbeiter ringt verzweifelt die Hände: Ich geh noch kaputt! Einer bestellt seine Kohlen – der andere entlobt sich gerade – die macht Schularbeiten – bloß mit der Feuerwehr telefoniert kein Aas!

Die Sekretärin sauer: So, jetzt passen Se mal auf, Kollege! Wenn Sie hier groben Unfug treiben wollen, denn aber nich' von meinem Apparat!

Sie telefoniert mit dem Kind weiter: Benno, du schreibst den Satz jetzt so hin, wie ich dir jesagt habe! Frage nich' so dumm – ich hab dir doch alles jenau erklärt! Schreib aber leserlich – sonst jibt's heute abend wat aufs Hackebrett, verstanden? Und wenn du fertig bist, gehste einholen! Der Zettel liegt inner Küche! Und nimm Bello mit! Was sagste? Dit Wetter is' so schlecht? Na schön – denn läßte den Hund eben zu Hause! Und Benno – denk an Pappas Bier!

Sie knall den Hörer auf – der Sachbearbeiter will danach greifen – doch in diesem Moment klingelt es wieder – die Sekretärin ist schneller und nimmt ab! Sie flötet: Ja bitte? Ach Bruni, du alte Schnecke!

Der Sachbearbeiter schreit hysterisch: Wasser! Wasser! Ich brauch Wasser!

Er rennt im Sturmschritt aus dem Zimmer!

Die Sekretärin ruft ihm hinterher: Mir auch 'ne Tasse mitkochen!

Dann ins Telefon: Nee, du nich', Brunilein! Irgendso'n Streßman hier! Wollte unbedingt von meinem Apparat seine Privatjespräche abwickeln! Na – nu hab ick'n erstmal Kaffeekochen jeschickt! Bei mir geht's heute wieder mal zu wie im Taubenschlag, kann ich dir sagen!

Der Kollege kommt mit einem Eimer Wasser angerannt!

Sie sagt verwundert: Moment mal, Bruni, der hat se doch wohl nich' alle!

Dann zu dem Sachbearbeiter: Na, sagen Se mal! Für zwei Tassen brauchen Se doch nich' so'nen Rieseneimer!

Sie sieht ihm kopfschüttelnd nach, als er ins Nebenzimmer rennt, aus welchem es schon qualmt – und mit dem leeren Eimer wieder herauskommt und an ihr vorbeirennt!

Dann telefoniert sie weiter: Bruni? Biste noch dran? Wenn Männer schon Kaffee kochen, sag ich dir! Hör mal, haste heute schon mit der Boutique telefoniert? Ich brauch dringend 'n Paar schwarze Wildlederstiefel! Nee, halbhoch! Aber – schöne hohe Absätze! Dieser Dussel rennt hier immer noch mit seinem Kaffeewasser rum!

Als er mit einem neuen Eimer Wasser wieder im Nebenzimmer verschwindet, schreit sie ihm hinterher: Tür zu!

Dann hustet sie ins Telefon: Furchtbar! Die Kerle qualmen nebenan wieder wie die Schote! Ich hab sogar Willi'n dis Rauchen abgewöhnt! Schon wegen der Gardinen, weißte? Was sagste? Dazu jehört 'n eiserner Wille? Stimmt! Den hab ich auch!

Er kommt mit dem nächsten Eimer, und sie fragt ihn ungehalten: Na, sagen Se mal, dit soll wohl Blümchenkaffee werden, was? Bruni, weißte übrijens schon, daß die dicke Beate verheiratet is'? Ja – stell dir vor! Hat nu auch endlich 'n passenden Deckel jefunden! Na ja – mein Jeschmack isser nich'! Aber – ich meine, so wie die aussieht! Neulich hat se 'ne Telefonnummer, die se in seinem Notizbuch jefunden hat, angerufen und jedacht, dit wär 'ne heimliche Jeliebte von ihm! Na – und du kennst doch Beate, die hat gleich hysterisch losgeschrien: „Ich warne Sie! Lassen Sie in Zukunft gefälligst die Pfoten von meinem Mann!“ Da sagt die am andern Ende der Strippe: „Im Gegenteil, liebe Frau! Um Ihren Mann werde ich mich in nächster Zeit sehr intensiv kümmern! Hier ist nämlich das Finanzamt!“ – Moment mal, Bruni, hier kommt Leipzig!

Sie spricht mit gelangweilter Stimme: Ja? Wen woll'n Sie? Kenn ich nich'! Nein – haben wir hier nich'! Was? Der muß hier arbeiten? Na, wenn Sie's so genau wissen, dann schreiben Se ihm doch 'n Brief! Ahoi!

Kein Schwein ruft mich an
Eigentlich müßte ick mir ja jetzt'n Stündchen aufs Ohr legen, heute nacht um drei hat mich nämlich eener wie verrückt mit Telefon rausjebimmelt. Ick war so erschrocken, daß ick am ganzen Leibe jezittert habe. Und – wat war? Falsch verbunden. Bloß jut, daß unsereins sich beherrschen kann, ick habe lediglich jesagt: „Macht nischt, schließlich kann sich jeder gottverdammte Idiot mal verwählen."

Dann eifrig weiter: Bruni? Ach – war irgendso'n Affe, der dachte, ich wär'n Auskunftsbüro! Du – wie issen dein Friseur? Also, meiner hat mir die Haare total verschnitten!

Sie brüllt den Sachbearbeiter an, der wieder mit einem Eimer an ihr vorbeirennt und dabei etwas Wasser verschüttet: Sie! Das wischen Se nachher aber wieder auf!

Ins Telefon: Dieser Nieselpriem hat den Kaffee immer noch nich' fertig! Ob ich mir meine Haare vielleicht mal färben lasse? Was sagst'n zu kupferrot? Wie? Wat ick damit bezwecke? Ach – Willi is' dis egal! Hauptsache, er findet keen rotet Haar in seiner Suppe! Na – und die Männer hier – die kannste doch alle voll vergessen! Siehste doch – die rennen hier an einem vorbei, als wenn se Kilometergeld bezahlt kriegen! Warte mal, Bruni, dieser Karojestank is' ja ekelhaft!

Sie knallt die Tür des Nebenzimmers zu! In diesem Moment kommt der Kollege durch die andere Tür wieder mit 2 Eimern Wasser! Er ächzt: Tür auf!

Die Sekretärin stellt sich mit dem Rücken vor die Tür und sagt vorwurfsvoll: Bitte, heißt es!

Er sagt heiser: Um Gottes willen! Machen Sie die Tür bitte auf!

Sie – zufrieden: Sehen Se, klingt schon besser!

Dann öffnet sie langsam die Tür – läßt ihn durch und ruft hinter ihm her: Und denn machen Se mal'n bißchen Ballett mit Ihrem Kaffee! 'ne Schnecke is' ja 'n wildes Tier gegen Sie!

Anruf
Hallo? Ach – du bist es. Wie bitte? Der Neumann von gegenüber hat gefragt, ob er den Rasenmäher haben kann? Um Himmels willen, den hast du ihm doch nicht etwa jegeben? Doch? So – den sehen wir nie wieder. Wieso nicht? Mensch, weil dit seiner is!

Danach läuft sie wieder zum Telefon: Hier bin ich wieder! Völlig kaputter Typ, mein Kollege! „Um Gottes willen! Öffnen Sie die Tür!“ Muß er irgendwo mal im Film gesehen haben! Na ja – als Dame wird man ja hier sowieso nich' behandelt!

Die Tür vom Nebenzimmer wird jetzt aufgestoßen – der Kollege wankt schmutzig und verrußt durchs Zimmer!

Sie fragt ungeduldig: He! Is' der Kaffee endlich fertig?

Der Sachbearbeiter stiert sie verständnislos an und zeigt wortlos auf die Tür des Nebenzimmers!

Sie keift wütend: Na, sagen Se mal – wozu haben Sie denn das ganze Kaffeewasser gebraucht?

Sie steht auf – schiebt ihn achtlos zur Seite – reißt die Tür zum Nebenzimmer auf, aus welchem jetzt nur noch ganz schwacher Qualm dringt – stürzt zum Telefon und sagt: Hallo, Bruni – biste noch dran? Stell dir mal vor, während ich hier wie eine Verrückte ackere, hat es bei mir im Nebenzimmer jebrannt! Und mein Kollege hier – dieser Trottel – der kocht – anstatt die Feuerwehr zu rufen – in aller Seelenruhe – Kaffee!

Eine Führung durch den Friedrichstadtpalast

Kostümprobe im Friedrichstadtpalast
Henne: Nee, Herr Leder, dit rosa Kostüm zieh ick nich' an. Darin seh ick ja aus wie Miss Piggy.
Herr Leder: Das ist kein rosa, das ist pink, Frau Hahnemann. Im übrigen: Ich weiß, wie man Künstler anzieht (Blick auf Hennes „Buntgewürfeltes"): Im Gegensatz zu manch anderer Dame hier im Raum!

Selbst-Promotion
Henne: Ab nächsten Monat trete ich im Friedrichstadtpalast auf.
Hörer: O – danke für die Warnung!

So – Herrschaften, werfen wir als erstes mal 'n Ooge auf die Bestuhlung, welche nach den Bedürfnissen eines DDR-Durchschnittshintern erstellt wurde. Rein stylingmäßig könnte hier 'ne TU 144 Pate jestanden haben. Beachten Sie die schöne schmale Form, wodurch nich' bloß die Tuchfühlung zum Nachbarn, sondern auch ein intimet Verhältnis zum Kunstjenuss Vorschub jeleistet wird.

So – kommen wa zur Vergangenheit. Wie Sie vielleicht wissen, war der Friedrichstadtpalast früher mal sehr historisch. Er bestand aus einer Markthalle, in welcher sehr viel Zirkus jemacht wurde. Um dieses Erbe nich' aussterben zu lassen, wird es von seinem Intendanten hier fortjepflanzt.

Der neue Palast is innerlich und äußerlich aus Architektur erwachsen. Er ernährt sich von Revuen und Eintrittskarten.

Jehn wa weiter, Herrschaften. Dit, uff wat se jetzt rumstehn, is die Bühne, wobei 'ne einmalige Jelegenheit auf dem Jebiet der Unterhaltungskunst is – weltlich jesehn – det man die Bühne in ein Becken mit Wasser füllen kann und mitsamt Künstler, die ihre Nummer schon vorjeführt haben, einfach versenken kann. Unten anjelangt, kann man sie durch einige menschliche Eingriffe in Tier- oder andere Dressuren umwandeln und als Menagerie wieder zum Vorschein bringen.

Weiter: Links – wo der Daumen rechts is – befinden sich weitere Effekten – nämlich zwei 1.-Mai-Tribünen, die allerdings nich' zum Zwecke des Winkens, sondern für musikalische und andere laute Jeräusche verbraucht werden. Der Mann, der uns jetzt mit seine Kehrseite anlächelt, is der Dirigent, für den die Zeit, wo er uff Abstecher jing, nu auch passé is, seitdem er – mitsamt seinem Orchestrion – 'ne Einweisung in dieset feste Haus erhalten hat.

Jetzt blicken wir nach oben – uff unsere Beleuchtungsanlage. Dieses Licht is nich' nur in der Lage, aus sämtliche Mitwirkende Farbige zu machen, sondern kann mittels Computer in Laser transplantiert werden. Was wiederum beweist, daß zumindest jeder Anjestellte in diesem öffentlichen Hause lesen kann.

Kommen wir jetzt zu dem, wat se nich' sehn: Der Palast besitzt zwei Kantinen und weitere Arbeitsräume sowie 50 Garderoben und andre Vergnügungsstätten. Alle Etablissements sind in bequemen Fußmärschen zu erreichen, so daß nur ein jeringet Kilometergeld auf die betroffenen Personen fällt.

Hat noch jemand 'ne Frage? Nich? Denn möchte ick Ihnen mit diese Einblicke in unsre Inneren Angelegenheiten bitten, sich uffzulösen und auf die Ausjänge zuzuströmen.

Glück

Den eenen bringt sein Glück fast um –
der andre hütet's ängstlich!
Und manche trampeln darauf rum,
bloß ick wart' lebenslänglich!

Wenn sich dit Glück
doch mal verirrt
und bis vor meine Türe schwirrt,
denn bin ick Glücksbanause
natürlich nich' zu Hause!

Uff Herbert wart' ick schon een Jahr,
nur jestern war ick mal tratschen!
Und da, da war er grade da!
Ick könnt' mir eene latschen!

Wenn sich dit Glück
doch mal verirrt
und bis vor meine Türe schwirrt,
denn bin ick Glücksbanause
natürlich nich' zu Hause!

Doch heute hab ick's janz verjagt!
Ja, weil man eben doof is!
Zum kleenen Glück hab ick jesagt:
Komm' wieder, wenn de groß bist!

Nun such ick's wieder wie verrückt –
kiek nach in alle Ecken!
Mensch, mit 'n bißchen Schweineglück
da werd ick's schon entdecken!

Wenn sich dit Glück
doch mal verirrt
und bis vor meine Türe schwirrt,
denn bin ick Glücksbanause
den Tag eb'n mal zu Hause!

Lebensphilosophie
Sie glauben ja nicht, liebe Hörer, was ich für'n Heimweh hatte. Vor allen Dingen nach meine Kartoffeln. Hab erstmal 'n ordentlichen Berg verdrückt, damit ick wieder auf de Beine komme, und so bei mir jedacht: Manchmal denkt man, es geht einem schlecht – aber wenn es einem denn plötzlich noch schlechter geht, weiß man erst, wie gut es einem gegangen is, als es einem schlecht ging."

Hausfrauentugenden
Ick habe grade überlegt, was ich heute noch alles machen werde?
Autowaschen?
Quatsch, wird ja doch gleich wieder dreckig.
Fensterputzen?
Blödsinn, bei dem Wetter?
Wäsche? Äh – trocknet ja doch nich.
Tja – was für Schwerstarbeit könnte ich sonst noch leisten?
Ah – ich weiß: Ick mach 'ne Flasche Wein auf.

Die schönen Seiten des Lebens
Henne beim Verzehr ihrer aufgewärmten Kartoffelsuppe:
„Hm –
schmeckt dit
schöön!"

Berliner Lokalteil

Henne – als beschwipster Herr im Frack – grölt: „Strangers in the night – die sind sooo einsam ...“ Eu, dit is’ aber ’n schöner, großer Schuppen hier! Is’ wohl heute Damenwahl, wat? Oder – is’ Euer Fernseher etwa ooch im Eimer? Unser hat heute – nee jestern – is’ ja ooch ejal – plötzlich seinen Jeist uffjejeben! Mitten in eine Bettszene! Als wenn er sagen wollte: Amüsiert Euch jefälligst alleene weiter, Ihr Sex-Muffel! Ph! Mitten inne Woche! Da wir nu aber schon ausjeschlafen war’n, ha’ ick erst mal Licht anjeknipst und festjestellt, det der Maler de Tapeten an unsre vier Wände janz schön beschissen jeklebt hat! Bloß über seine leeren Pullen hätt ick ma beinah dit Jenick jebrochen! Und denn jing die Türe uff und ’n junger Mann kommt plötzlich rinjetanzt! Ick sage: Nanu, Mutta, wat will denn der fremde Halbstarke hier bei uns mitten inne Fernsehtime? Da war dit unsa Sohn! Mang die zwee Fernsehprogramme is’ mir dit noch jar nich’ so uffjefallen, det der schon so’n Riese is’! Nu standen wa alle dreie um die dämliche Kiste rum, die uns unsa’n schönen Feierabend vasaut hat! Wenn die Krücke eene Woche früher expalladiert wär, war allet dufte paletti jewesen, wa? Da war nämlich der Fenseh-Heini da! Den hatten noch unse Vorjänger inne Wohnung bestellt! Allerdings wohnen die nu schon ’n halbet Jahr inne Volksrepublik Sachsen! Denn hab ick jesagt: Weeßte wat, Mutta? Meent se janz uffjekratzt: Jaaa? So’ne Oogen, eh! Die dachte, ick vaanstalte jetzt mit ihr mein eig’net Projramm! Aber dit Thema ha’ ick gleich abjewürgt und jesagt: Du weeßt, det ick immer bereit bin – sojar bis zu zweimal in’t Jahr – aber heute muß ick mal’n bißken um de Häuser ziehn und mir um den Lokalteil in unse Jegend kümmern! Hat se glei losjeblökt: „Dit könnte dir so passen! Dit teure Jeld, watte vasaufen willst, bring lieber uff de Bank, da kriegste obendrein noch 3 % Zinsen!“

„Na und?“ ha ick jesagt, „inne Kneipe krieg ick sojar 42 %.“

Den Frack hier wollte se ooch nich’ rausrückn! Hat sich mit ihre dicken vier Buchstaben uff meine Hose druffjesetzt und jekreischt: „Keene zehn Pferde kriejen mir hier wieder runter!“ Ick hab’s mit eine einzije Stecknadel jeschafft! Uffe Straße ha’ ick mir denn erst mal ’ne Schwarztaxe uffjerissen und jesagt: So, Kumpel, wo kann man denn in Berlin wat erleben? Meinta: „Bei mir, Meista! Touristen bezahlen die Fuhre nämlich mit Bunte!“ Hahaha, der hat mir für’n West-Opa jehalten! Ick sage: Nischt is’, Herr Doktor, de Preise bestimm’ ick, vastanden? Wat soll ick Ihnen sagen? Der hat ma keene Puseratze abjenommen, dafür aber noch’n Rezept ausjeschreiben! Dit war nämlich wirklich eener! ’n Doktor! Dabei sag ick zu alle, die ’ne Brille uffhaben, Herr Doktor.

Vor dit Ballhaus, wo der mir abjesetzt hat, war ick der 99. in den Haufen, der da rinwollte! Am Einjang war nämlich Jesichtskontrolle! Alle halbe Stunde jing die Düre ’n Spalt weit uff – und so’n Hirte, mit ’ne blonde Rotzbremse, zeigte mit’n Finger inne Zehnerreihen und jab den Befehl: „Sie – und Sie – und Sie! Der dicke Pinguin dahinten – los – rin!“ Ick war nach’n dritten Rejenjuß schon dranne! Und natürlich glei’n Zehner ärmer! Die Bardame, so’ne Rothaarije mit freie Sciht auf ihren Busen, hat mir gleich empfangen: „Na? Wat nehm’ wir denn? Wolln wir unsre traurije Ehe verjessen – oder uns bloß so beballern?“ Ick sage: Liebe Dame, wat können Se

Erlebnisgastronomie
„Das Steak, Herr Ober, war übrigens ausgesprochen zäh.“
„So?“ meinte der gelangweilt, „müssen Se sich beim Ochsen beschweren.“
„Eben“, sag ick, „deshalb hab ich Sie ja gerufen.“

Montags nie wieder!
Mir hing die Zunge vor Durst bis sonstwohin, aber alle Kneipen zu! Endlich hab ich einen Einheimischen erwischt und gefragt, wo man was zu trinken kriegt. Nach kurzem Grübeln meint er: „Die ‚Grüne Tanne‘ hat geöffnet. Bloß heute, da hat sie zu.“ Nachdem ich noch ’ne Stunde umhergeirrt bin, landete ich im einzigen Hotel dieser Gegend, in der „Deutschen Eiche“. Auch nicht alles blanke Sahne. Die hatten ’nen Ober, der mich etwa so betrachtete wie der Gärtner sein Mistbeet. Als ich ein kleines Bier bestellte, maulte er: „Ach Gott – ’n Kinderbier!“

So einer ist das
Mein Chef trinkt nich – raucht nich – höchstens, wenn er mal besoffen ist.

mir denn so in der Preislage von 5 Mark empfehlen? Hat se historisch jelacht: „Am besten 'n andret Lokal, Opa!" Dit andre Lokal war so stinkfein, det der Barkeeper die Preise alle mit so'n spitzet Maul janz vornehm in sich rinbrabbelte! Bloß – als ick ihm fürn Glas Sekt 2,50 Mark hinblätterte, isser eenmal kurz aus de Rolle jefallen und hat ma zurechtejewiesen: „Ick sagte 12,50 Mark, du Armleuchter! Wohl noch nie inner Bar jewesen, wat?" Na ja – so'n Keeper hat aber ooch 'n verflucht schweren Beruf, wa? Sie, da kommen so'ne Provinzler rinjetrampelt und sagen zu dem einfach „Kellner"! Tsss! Dit is' ditselbe, als wenn se eenen Jeneral uff de Schulter dreschen und zu dem sagen: Na, Kolleje Soldat? Oder manche, die schnippen einfach mit ihre Finger nach ihm! Die jehn natürlich vollkommen trocken wieder raus, is' klar, wa? Een so'n Hinterweltler hat sojar bloß 50 Mark Trinkjeld abjedrückt, dafür aber verjessen, seinen Drink zu bezahlen! Logo, det so'ne unjebildeten Hockerhocker eenem preisjekrönten Barpersonal amtlich uff'n Keks jehn, nich? Dit nächste Etablissement hieß Lo – Lo – ach, wat weeß ick, jedenfalls war et da so duster, det ick ja nich' mehr unterscheiden konnte, ob dit 'n Kognak oder bloß'n Klarer war, den ick vakasematuckelt hab! Aber sonst – 'ne erstklassije Bediene: Die Kellnerinnen alle mit schöne Oberweite und Miniröcke – und obendrin noch nett zu die Jäste! Allet so'ne Dinger, die man nur spiel'n tut, wenn Hoher Besuch anjesagt is'. Aber mit die Tour wollten se bloß ihr zähet Steak an'n Mann bringen! Na ja – mir konnten se damit nich' mehr vagraulen, ick hatte mir den janzen Laden schon schönjesoffen – einschließlich die laute Kapelle, die normalerweise mit ihre Vastärker 'n ausjewachsenen Ochsen erschlagen! Au backe, jetzt muß ick aber zusehn, det ick noch den Lumpensammler krije! Hoffentlich bin ick nich' wieder der einzije Nüchterne in den Bus! Mann, jetzt möcht ick 'ne Maus sein! Warum? Mensch, weil meine Olle vor die Biester unheimliche Angst hat.

Schon wieder eine Seele vom Alkohol gerettet
Vor ein paar Tagen hab ick in meiner Stammkneipe Heils-Armee jespielt. Ick konnte dit nich' mehr mit ansehn: Da stand 'n Mann am Tresen und hat die Biere hektoliterweise wegjegluckert, obwohl er schon voll wie 'ne Haubitze war. Ick also hin zu ihm und janz behutsam anjefangen: „Mann, dit is doch total verkehrt, wat Sie hier machen. Wissen se nich, wieviel DDR-Bürger jährlich an Alkohol sterben? Wollen Sie der nächste sein?"
Glotzt der mich mit glasigen Augen an und lallt: „Bestimmt nicht! Is bin nämlich ein Swede! Sk°ol!"

Zum Abgewöhnen
Ich hatte meiner Freundin erzählt, daß ick mir erstens dit Weißweintrinken, zweitens dit Essen, drittens dit Rauchen unbedingt abgewöhnen will. Sagt se: „Mensch, Henne, versuch's doch mal mit Yoga."
Zuerst dachte ick: Quatsch! Allet Humbug! Aber inzwischen bin ick begeistert davon: Jetzt kann ick nämlich sogar trinken, wenn ick Kopp steh.

Richter-Szene

mit Alfred Müller

Er: Ihr Name, Angeklagte?
Sie: Hoppe.
Er: Ihr Alter?
Sie: Na, ooch Hoppe.
Er: Sie sollen mir Ihren Geburtstag sagen.
Sie: Wozu denn, Herr Jerichtsvollzieher, Sie schenken mir ja doch nischt.
Er: Ich hatte Ihnen doch schon beim letzten Mal gesagt, daß ich Sie hier nicht wiedersehen will!
Sie: Dieses hab ich die Herren von der Polizei ja auch mitjeteilt, Hochwürden, aber die haben mir ja nich' jeglaubt.
Er: Ich begreife nicht, wie eine ‚Gestandene Frau' wie Sie ...
Sie: Oh, oh, oh, bis jetzt hab ick noch nischt jestanden, Herr Scharfrichter! Sie halten mir wohl für blöde?
Er: Nein, Angeklagte, ich halte Sie nicht für blöde, aber auch ein Richter kann sich irren.
Sie: Ick möchte überhaupt mal wissen, wat dit Jesetzbuch mir vorwirft. Ick lebe schließlich in jeordnete Verhältnisse.
Er: Aber nur sechs Monate lang, dann haben wir Sie vorzeitig entlassen.
Sie: Ja, wegen Justizirrtum!
Er: Versuchter Raub, steht hier!
Sie: Ach, Raub! Wir sind ja gleich wieder raus aus dem Juwelierladen, weil mein Oller seine Brille und die Pistole jar nich' bei sich hatte. Wegen dem Schussel mußten wir doch noch mal hin.
Er: Also, wenn ich mir Ihr Vorstrafenregister so ansehe ...
Sie: Und warum, Ehrwürden? Weil das Ei des Damokles immer die Falschen trifft. Nehmen Se mal dieses Jebäude hier, dit reinste Labyrinth. Mein Alter is erst nach einem Jahr wieder zu Hause jekommen, weil er sich vergangen hatte.
Er: Ihr Mann hat leider auch immer nur schlechten Umgang gehabt.
Sie: Na, na, na, Herr Oberster, mein Mann hat immer nur mit Polizisten und Richtern verkehrt.
Er: Nun mal zum Hergang der Tat: Sie haben am fünften des Monats den in Ihrem Haus wohnenden Mieter Neumann mit einem Gegenstand auf offener Straße verprügelt. Stimmt das?
Sie: Natürlich offene Straße. Sollt ick mir 'n Palast mieten? Aber Schlagen mittels Gegenstand, dit stimmt nich'.
Er: Also haben Sie ihn geohrfeigt?
Sie: Ach wat, der Hund hat 'n paar uff de Schnauze jekriegt.
Er: Was denn? Welcher Hund?
Sie: Ach, der doch nich'. Ick schlage doch keen unschuldijet Tier, Herr Jeheimrat. Neumann! Wejen Lehmann! Neumann hat behauptet, daß Lehmann in unsern Hausflur jeschissen hat.
Er: Den Haufen nehmen Sie sofort zurück, ja?
(Hier ging sein Hämmerchen kaputt, sauste über den Richtertisch und fiel Henne vor die Füße. Jubel beim Publikum, und auch Henne, konn-

Zu Gast in der Sendung Top(p)-Musike: Alfred Müller
„Ick werd verrückt, Alfred mit Bart. Ganz ungewohnt. Du siehst 'n bissel aus wie ..."
„Wie's Sandmännchen, was?"
„Nee – wie irgend 'n Klassiker mit Bart ..."
„Etwa Karl-Eduard?" (Schnitzler)
„Ha, jetzt hab ich's: Wie Richard, der III."
„Komm – der hatte doch bloß so 'nen kleinen Zickenbart."
„Ich spreche ja von meinem 3. Richard, mit dem ich mal verlobt war."

Immer Kavalier
„Hast du Hobbys, Alfred? Spielst du Tennis, Golf oder Schach?"
„Schach würde ich nie spielen."
„Weil man zu viel nachdenken muß?"
„Nee, weil es beim Schachspiel erlaubt ist, die Dame zu schlagen."

Traum-Job
Na, dit is' ja 'n Ding hier inne Zeitung: „Raffinierter Juwelendieb gesucht!"
Junge, Junge, wat dit nich' allet für Stellenangebote gibt.

te sich wieder mal nicht beherrschen, hat gegackert wie – na ja – wie eine Henne eben.)

Er: Dürft ich mal um meinen Hammer bitten? So, Sie haben das Wort, Angeklagte, aber drücken Sie sich etwas gewählter aus.

Sie: Na schön, denn hat Lehmann eben seinen Stuhl in den Hausflur jestellt. Aber ick kann beschwören, daß nich' Lehmann, sondern Neumann sein Picasso für die Schweinerei zuständig is'!

Er: Dieser Mieter Neumann besitzt einen Picasso?

Sie: Jawohl, Euer Ehrenwort, aber bloß so 'nen kleenen, mickrijen, 'ne Handvoll mit Schwanz .

Er: Bei Picasso handelt es sich also um einen Hund?

Sie: Wat dachten Sie denn, Herr Schiedsrichter? 'n Schlagersänger?

Er: Und wer ist dieser Herr Lehmann?

Sie: Dit ‚Herr' können Se weglassen, einfach bloß Lehmann. Zu dem Boxer unter mir sag ich ooch bloß ‚Kules', obwohl den seine Olle ihn immer mit ‚Herkules' anquatscht.

Er: Nun, Moment mal, Sie bestreiten also, daß der Herr Kules – äh – Herr Lehmann, dieser Hund, nicht derjenige welcher war, sondern Neumann, weil er einen gefälschten Picasso hat ...

Sie: ... so isset, Herr Staatsmacht. Um die Zeit, wo der Heini Neumann sich seinen Picasso untern Arm klemmt und zu sein Stammbaum looft, sitzen Lehmann und ick bereits schon an unserm Stammtisch – bzw. liejen darunter ...

Er: ... und halten die Schnauze – also die von Ihrem verehrten Herrn Hund – damit Lehmann sich nicht in Selbstjustiz an Neumann – Paragraph 1, Absatz II, Strich 4 vergreifen kann.

Sie: Alle Achtung, Herr Sachverständijer, von Ihrem Hundeverstand könnte sich so manchet Herrchen 'ne Scheibe abschneiden.

Er: Ein Richter ist ja schließlich kein Autodidackel, mal so gesehen, ist ja auch egal. Aber hier steht noch, daß Sie unter Einwirkung von Alkohol standen.

Sie: Das ist eine ganz infame Injurie, Herr Oberrichter. Schön, ick hatte Erbsen, und da brauch ick immer so 'n kleinen Verteiler; wenn Sie wollen, jeb ick auch zu, daß ick 'n kleenen Schwips hatte, aber Einwirkung auf Alkohol auf keinen Fall!"

Er: Also schön, Frau ...

Sie: ... Hoppe.

Er: Frau Hoppe-Hoppe. Dann verurteile ich Sie auch nicht zu sieben Tagen Freiheitsentzug, sondern nur zu einer Woche.

Alfred Müller

Picknick mit Henne

Henne war ein anspruchsvoller Kumpel. Du konntest mit allen Problemen zu ihr kommen, sie half, wo sie konnte, andererseits aber verlangte sie bei den Proben wie in den Vorstellungen äußersten Einsatz und Präzision. Eine Genauigkeit in der Komik, die mich überrascht hat, mir aber sehr sympathisch war, weil sie der mir bekannten ernsthaften Schauspielarbeit gleich kam.

Es hatte sich eingebürgert, daß wir am Samstag nach der Nachmittagsvorstellung – da die Pause bis zur Abendvorstellung sehr kurz war – in Hennes Garderobe unser „Picknick" abhielten. Abwechselnd brachte jeder von uns vier Hauptfiguren ein selbstgekochtes Essen mit. Das Ende dieser kleinen Mahlzeiten kam natürlich immer viel zu schnell, denn zum Klönen gab es genügend Stoff.
Als Helga eingerufen wurde, schrie sie plötzlich auf: „Halt!, keener rührt sich von de Stelle, mir fehlt eene Kontaktlinse!"
Das Suchen auf Tisch und Teppichboden ging los. Beim dritten Einruf rannte sie mit den verzweifelten Worten: „Scheiße, ick muß raus!" auf die Bühne.
Hinter der Bühne kam sie mir dann freudestrahlend entgegen: „Mensch, det is' überhaupt die Lösung, jetzt kann ick mit een Ooge weit und mit det andere nahe jut kieken!"

Berlin

Wie praktisch
Heute morgen sitz ich in der Straßenbahn und lese Zeitung – plötzlich – ich denke, ich spinne – sitzt ein goldiges, rundes Baby auf meinem Schoß. Ich sage: „Nanu? Wo kommst du denn her, du kleenet Scheißerchen?" Meint eine junge Frau, die gerade ihr Fahrgeld in die Box wirft: „Entschuldigung, ich wußte im Moment nicht, wo ich das Kind absetzen sollte – und Sie sind die einzige, die einen Regenmantel anhat."

In Ewigkeit, Amen
In Friedrichshagen, auf'm Trödelmarkt, fragt 'n Kunde: „Wat is'n dit da für'n Ding, wat sich pausenlos drehen tut?"
„Ein sojenanntes Perpetuum Mobile."
„Aha. Und wie lange looft dit?"
„Bis in alle Ewigkeit."
„Klasse. Denn koof ick's."
„Bitte sehr, der Herr. Hier, vergessen Se den Schein nich. Uff dit Jerät haben Se 'n halbet Jahr Garantie."

Ick steh uff Berlin wie'n Hund uff'n Knochen!
Nee ehrlich! Ick finde dit Dorf sojar schön!
Hier bleib'n ja ooch viele von außerhalb hocken,
dit kann man ja glei' an die Rucksäcke sehn!
Wenn ick bloß drei Tage nach anderswo fahre,
da komm ick mit hängender Zunge zurück,
weil ick Sehnsucht nach meine Kartoffeln habe –
so'n richtijen Haufen – in Soße zerdrückt!

Berlin, du bist die größte
Quasselstrippe uff der Welt!
Berlin, du bist die schönste
Nervensäge von der Welt!

Wo ick wohn' tu', dit is' nischt für Leute mit Konto!
Bei uns im Kietz lebt man solide uff Pump!
Werd'n lachen: Ick hab jar keen' Bock uff'n Auto!
Ick leist' ma'n Vogel dafür – und 'n Hund!
Dit Clo is' bei mir uff de halbe Treppe –
na ja – inne Nacht isset nich' anjenehm!
Und doch – an die Bude häng' ick wie 'ne Klette!
Mein Ex-Mann, der konnte dit ooch nich' verstehn!

Berlin, du bist die ...

Bei mir sind drei Koofmichs alleen inne Drehe –
jawoll, da liegt Butter noch dicht neb'n Kamm!
Doch, wenn ick nach sie'm bei die Emma hinjehe,
kiekt keener mir glei' – wie im Konsum – blöd an!
Im Jejenteil! Di sülzt bloß janz friedlich: Na Helja!
Du koofst wohl ooch ewig von hintenrum ein?
Und Wurscht, Stänkakäse und arschfrische Eier,
die wickelt se mir in't Zentralorjan ein!

Berlin, du bist die ...

Und abends – da häng ick bei mir aus'm Fenster!
Wat denkste, keen Kino kann spannender sein!
Dis is' zwar keen Krimi – mit Mafia und Gangster –
is' mehr wat für't Herze – von Liebe und Leid!
Die Neumann'sche seh ick inne Stube hocken!
Ick gloobe, die weent – die ihr Mann, der is' tot!
Und Oma Wanda, die sitzt und stoppt Socken!
Ja, siehste, ick schmeiß so wat weg, ick Idiot!

Berlin ...

Die Müllers habn ihre Gardinen zujezogen –
na gut – kiek ick weg, da is' „Vatertag" dran.
Die Berger schleppt wieder einen Kerl mit nach oben.
Dit is doch ein Miststück, hat so'nen juten Mann.
Und morgen, da bring ick den Mülleimer runter,
den schmeiß ick die Mülljungs gleich hinten mit rin.
Dit sag ick noch gähnend und leg meine Klunkern auf'n Nachttisch.
Macht's jut, eh. Ick hau mich jetzt hin.

Berlin ...

Don Juan aus Pankow
„Liebe Helga! Kannst du mir einen Rat geben? Ich habe ein Mädchen kennengelernt, bin mit ihr ins Kino gegangen, habe ihr ein Bierchen spendiert und sie dann nach Haus gebracht. Nun grübele ich, ob ich sie vielleicht hätte küssen sollen?"
Henne: „Auf gar keinen Fall, Eberhard, Sie haben für dit Mädel schon unheimlich viel getan!"

Palast der Republik
Ick gloobe,
die tiefsten Eindrücke hinterlassen hier
die gelben Sessel.

Mieterzorn
Jetzt hab ick die Dussels uff de Wohnungsverwaltung aber mal ordentlich Feuerwerk jejeben. Ick sage: „Hören Se mal, Herr Kommunaler, unsere Zimmerdecke ist so undicht, daß et bei dem Mistwetter jeden Tag ins Essen regnet. Wie lange soll denn dit so weiterjehn?"
Da kiekt der Mensch mir verwundert an und meint: „Kann ick Ihnen nicht sagen, gute Frau, ick bin schließlich kein Wetterprophet."

Arndt Bause
Erst die Texte, dann die Musik

Quermann hatte mich 1982 eingeladen, im „Sachsenkessel“ ein Medley mit meinen Hits zu dirigieren. Mit meiner Frau Angret sollte ich nach Leipzig kommen, ins Interhotel „Stadt Leipzig“. Von dort gingen wir zum „Haus der heiteren Muse“ ins Fernsehstudio, zur Probe. Auch Helga Hahnemann und Dagmar Gelbke probten ihren „Cha-Cha“, mit Kamera. Abends wollte ich mit Angret zum Essen, da stieg eine Etage tiefer in den Lift eine Frau ein, nein, sie kam hereingerauscht: „Ach, der Herr Komponist.“

„Guten Tag, Frau Hahnemann.“

„Für unsereins schreibt er ja nicht. Unsereins ist nicht groß genug.“

Ich sagte: „Wieso denn nicht? Bis jetzt hat noch niemand gesagt, daß ich für Sie nicht schreiben soll. Sie nicht, und andere auch nicht.“

Wir setzten uns friedlich an einen Tisch.

Frau Hahnemann bestellte eine Flasche Kronentau, Interhotel-Abfüllung. Wir aßen, tranken, quatschten, aßen wieder, tranken, quatschten. Der Abend verging, und wir beschlossen, für Helga Hahnemann Lieder zu machen. Es gab eine Angela Gentzmer, die ich nicht kannte, die soll „sehr gute Texte machen“.

Also, erst die Texte, dann die Musik. Irgendwann stand der Kellner neben unserem Tisch und sagte ganz bescheiden: „Frau Hahnemann, ich habe seit einer Stunde Feierabend.“

Wir guckten hoch und sahen, das Lokal war leer, nur wir saßen und tranken und quatschten. So fing das an.

Frau Hahnemann kam nach Biesdorf und holte aus ihrer Tasche die Texte: „Jetzt kommt dein Süßer“ und „Happy Ende“. Daraus mußte man unbedingt Lieder machen. Aber wie?

Ich sagte: „Ich produziere im Moment alles im Privatstudio in Wilhelmshagen. Fürs Fernsehen.“

„Ach, fürs Fernsehen? Dann rede ich mit Adamo“, das war der Spitzname für Heinz Adameck, den Fernsehdirektor, „das muß der bezahlen, für mich macht der das. Evelyn Matt oder Adameck, die machen das.“

Sie haben es und wir haben es gemacht. Helga hat sich vorher die Musik angehört, fand sie eigentlich gut, dann haben wir aufgenommen. Ein Männerchor fehlte uns noch, den haben wir zusammengestellt, der heulte im Hintergrund „Jetzt kommt die Süße ...“

Am 1. Mai 1983 kam Frau Hahnemann mit einem unübersehbaren Freßkorb, der ab dann immer und in jedes Studio mitgebracht wurde und mit Rotwein, Weißwein, Schokolade, Pralinen und Käse aus dem Delikat-Laden gefüllt war, sogar mit Obst, sogar mit Bananen. In der anderen Hand hatte sie einen Stock mit einem selbstgemalten Schild, auf dem stand: „Alle Verrückten, vereinigt euch.“ Die Proletarier verstanden sich für sie wohl von selbst.

An unserem 1. Mai 83 wurde gearbeitet. Und dann hatten wir plötzlich einen Hit. Das kann man nie voraussagen, und man kann sich auch gänzlich irren. Also, die Prophezeierei hatte ich mir längst abgewöhnt. Ich wollte mit dem Lied in den „Kessel“, spielte also der Chefredakteurin Evelyn Matt vor, und mit diesem Titel im „Kessel“ hatte Helga ihren Namen weg, Henne sowieso, aber nun hieß sie die „Süße“.

Damals begann für uns eine neue Art von Zusammenleben mit einem Interpreten, mit Krach, mit

Zank, mit Streit, mit wunderbaren Stunden. Wenn wir zwei Monate lang nicht miteinander gesprochen hatten, weil wir bis ans Lebensende verfeindet waren, kam Henne mit ihrem obligatorischen Freßkorb nach Biesdorf, tat, als sei nichts gewesen, und verlangte: „Los, pack die Skatkarten aus, wir spielen jetzt."

Dann haben wir zu dritt bis früh nach drei Uhr gespielt, und keiner war mehr richtig nüchtern. Eine Taxe wurde bestellt. Der Chauffeur stieg aus, guckte: „Ah, Frau Hahnemann!"

„Halt die Klappe, Blödi, fahr mich nach Schöneiche."

Das Auto wurde am nächsten Tag geholt, und es kam wieder eine Phase, wo wir richtig gut miteinander auskamen.

Es gab ihr erstes Lied für Berlin, „Die größte Quasselstrippe von der Welt". Als ich es komponiert hatte, lud ich die Henne und Angela Gentzmer ein. Sie saßen hinter mir auf der Couch, ich spielte das Lied ab, und es blieb still. Ich dachte, nun möchte ich doch mal wissen, was das wird. Die sind so zickig und so anspruchsvoll, denen machte man selten etwas auf Anhieb recht. Das Lied war nach fünf Minuten zu Ende gespielt, aber es kam keine Reaktion. Ich drehte mich um und sah die beiden Weiber, denen die Tränen übers Gesicht liefen. Die heulten über dieses Berlin-Lied Rotz und Wasser. Das hat mir gefallen.

Helga wollte nun unbedingt eine Platte machen. Aber zu dieser Zeit war Bause für die Platte tabu. Da lief nichts und würde nichts laufen. Ich habe zu Helga gesagt: „Wir können Lieder machen ohne Ende. Das Fernsehen wird sie produzieren und spielen, aber mit mir kriegst du keine Platte. Die haben was gegen mich. Eine Platte kriegst du mit mir nicht."

Sie: „Na, das wolln wir doch mal sehen."

Der Außenminister wollte, daß Henne auf seiner Betriebsfete singt, aber Henne sagte: „Nee. Wat soll ich in einem Land bei einem Minister singen, wo ich keine Platte kriege."

„Wie bitte? Wieso denn nicht?"

„Ich krieg hier in diesem Land keine Platte, da brauch ich auch nicht für euch zu singen."

„Bitte bleiben Sie am Apparat."

Erster Anruf: „Professor Hager, wieso kriegt Frau Hahnemann keine Platte?"

Hager: „Ich rufe zurück."

Zweiter Anruf, bei Ursel Ragwitz, Zentralkomitee: „Wieso kriegt Frau Hahnemann keine Platte?"

„Moment, ich rufe zurück."

Dritter Anruf, beim Abteilungsleiter Jürgen Hagen: „Wieso kriegt Frau Hahnemann keine Platte ?"

Vierter Anruf beim Ministerium: „Wieso kriegt Frau Hahnemann keine Platte?"

Nächster Anruf bei Herrn Schäfer, künstlerischer Direktor beim VEB Deutsche Schallplatten. „Wieso kriegt Frau Hahnemann ..."

Letzter Anruf bei Betriebsarzt Büttner: „Wieso kriegt Frau Hahnemann keine Platte?"

Er konterte: „Mir liegt kein Material vor." Damit war er geplatzt. Die Autoren hatten kein Material? Denkste! Wir hatten, wir wollten, und wir konnten. So ändert sich die Welt manchmal von einem Moment auf den anderen. „Ihr könnt ins Studio, wann ihr wollt. Tag und Nacht, Sonnabend, Sonntag, das Studio wird für euch reserviert, solange ihr wollt."

Wir haben gearbeitet. Der Chefredakteur Büttner meldete sich an, an einem Sonnabendmittag, als wir gerade fertig waren. Er wollte zum Abhören kommen, aber ich bin nach Hause gegangen. Das wollte ich mir nicht antun, diesem Mann gegenüberzusitzen. So beliebt waren die Amiga-Leute nicht. Sie haben ihre konkurrenzlose Situation reichlich und in vielerlei Weise ausgenutzt. Die Pudercremetorte im Gesicht von Dr. Büttner sei nicht ausführlicher geschildert, aber der Kollege Horst Krüger, dessen Lebenwerk nun abgebrannt ist, im Wortsinn, hatte mit Produzent Andrä eine tätliche Auseinandersetzung, noch in der DDR.

Die Austragungen waren sicher nicht von feinster Art, erzählen aber etwas über die Aggressionen, die von den Amigaleuten verursacht wurden. Sie gaben sich immer von oben herab, auch wenn sie selber nicht eben von Arbeitseifer besessen waren. Da kam es dann zu solchen Vulkanausbrüchen.

In der Regel ließ sich der sogenannte Produzent einmal sehen, quatschte ein bißchen herum und setzte dann seinen Namen auf die Platte.

Büttner, habe ich mir sagen lassen, kam, fand alles recht nett, die Platte recht gut und fragte dann, wer der Pianist sei. Wer da spielt. Henne sagte: „Na wer wohl? Mein Blödi hat jespielt." Das wollte er nicht glauben. Er dachte, dieser Schlagerfuzzi kann das nicht und nichts.

Wir hatten also unsere erste Platte.

Frau Hahnemann wurde immer populärer, immer beliebter. Die Texte waren es – neben ihrer eigenen Begabung, es gab nur diese Texte für sie, es waren die richtigen Melodien und Arrangements. Das machte die Henne aus. Sie hatte sich zwei Künstler gesucht, die ihr gaben, was sie haben wollte.

„Dicke sind gemütlich" hat sie mir in der Anlage beinahe vorgesungen. Ich hatte ihr den Text vertont, das war ihr zu zahm, sie wollte es deftiger. So hat sie vor mir gestanden: „Dicke sind so dick ... so verrückt ... so muß das gehen, Blödi." Ich habe es dann so angelegt. Alles hat sich ergänzt, ähnliches habe ich danach nicht mehr erlebt. Angela Gentzmer hatte mit keinem anderen Interpreten solche Erfolge. Helga hat auch mal ein Lied von jemand anderem gesungen, aber der Erfolg war gleich Null.

Vor der großen Friedrichstadtpalast-Eröffnung, der Riesengala vor Honecker, dem Politbüro und dem Diplomatischen Corps, kam Henne nach Biesdorf, war am Ende und sagte: „Ich glaube, ich haue ab."

Was war passiert? Sie sollte zunächst unbedingt das Berlin-Lied vor Honecker & Co. singen. Aber im Text kam vor: „Wickelt sie mir (im Tante Emma-Laden) die arschfrischen Eier ins Zentralorgan ein ..." Das Zentralorgan war das „Neue Deutschland", Organ der Partei. Und die Partei hat immer recht. Ein ganz eifriger, übereifriger Genosse, später von uns mit Klarnamen erkannt, hatte angeordnet, dieses Lied findet an dem Abend und vor diesem Publikum nicht statt. Frau Hahnemann sagte, dieses Lied findet statt, oder ich finde nicht statt.

Einen Tag später kam sie zur Probe, da wurde ihr ein neues Berlin-Lied vorgespielt, das hatte Gerd Natschinski (nicht zu verwechseln mit dem begabteren Sohn) im Auftrag des Friedrichstadtpalastes mal eben für die Eröffnung komponiert. Das sollte Frau Hahnemann singen. Sie sagte, da spielt sich nun überhaupt nichts ab. Entweder mein Berlin-Lied, oder gar keins. Zu uns sagte sie: „Also Leute, ich glaube, ich fahre jetzt nach Westberlin und komme nicht wieder. Ich habe die Faxen dicke."

Die Zuständigen hätten wissen müssen, daß mit ihr so nicht umzugehen war. Als sie merkten, es funktioniert nicht, ließ man sie machen, unter dem Motto, nach uns die Sintflut. Die Gala ohne Frau Hahnemann, das ging gleich gar nicht. Da man sie schlecht in Handschellen vorführen und das Lied

Komponist und Interpretin privat

von G. N. singen lassen kann, und da sie doch schon angekündigt war, haben sie die größere Flatter gekriegt und es irgendwie doch genehmigt. Intern muß es noch andere Querelen gegeben haben, aber das weiß ich nicht so genau.

Wir saßen dann, nicht angeschlossen an alles, was hinter den Kulissen passierte, als Ehrengäste links auf einer Empore. Frau Hahnemann kam raus, sie ging an den äußersten Rand der Rampe und sang ihr Lied. An der bestimmten Stelle kniete sie sich mit dem Mikrofon in der Hand vor Erich Honecker hin und sang sie ihm vor, ihm unablässig in die Augen guckend. Samt arschfrischen Eiern im Zentralorgan.

Das Publikum plus Politbüro war besonders still. Wie sollte man reagieren? Als das Lied gesungen war, klopfte sich Herr Honecker auf die Schenkel und fing an zu lachen. „Spontan" lachten die Mitglieder des Politbüros auch und klatschten Beifall. Henne hatte gesiegt.

Aber der Clou kam noch. Honecker hatte sich so in das Lied verliebt, daß er von da an, als seinen persönlichen Wunschbefehl, das Lied in jedem Jahr zum 1. Mai während der Maiparade spielen ließ. Es war eingeflochten in das Laufband, von dem alle Märsche und Kampflieder abgespielt wurden. Zwischendurch lief dann immer das Berlin-Lied von der Henne. Ich habe das noch auf Video. Wie er auf der Tribüne stand, der Saarländer, mit seinem Strohhut, und wie er fleißig mitsang. Man hört ihn zwar nicht, aber man sieht an den Bewegungen seiner Lippen, daß er das Lied „draufhat".

Clärchens Ballhaus

mit Hartmut Schulze-Gerlach

Er: Darf ich bitten?
Sie: Gern! (Ach, du heiliger Bimban! 'n Kopp größer als 'n Dackel!)
Er: Ich liebe Tango! Sie auch?
Sie: Und wie! (Wär schön, wenn er'n nun auch tanzen könnte!)
Er: Sie sitzen ja so allein am Tisch?
Sie: Ja – was soll man machen? (Auf so'ne Dampfwalze wie dich wart ick natürlich schon den janzen Abend!)
Er: Äh – Ihr Allerwertester ist heute nicht mit?
Sie: Wir leben getrennt! (Kaum een Been uff der Tanzfläche, da wird er schon intim.) Und Sie? Sind Sie verheiratet?
Er: Noch – ja! Aber meine Frau ist sehr leidend!
Sie: Oh, tut mir leid! (Dit haben wir gerne! Die Frau hat sich für den halbtot jerackert – und der Alte macht hier Hully-Gully!)
Er: Sie sind die einzigste charmante Frau hier im Saal!
Sie: Finden Sie? (Bei der Stange Jeld, die ick für Kosmetik investiert habe, hätt' ick mindestens 'n Belmondo verdient!)
Er: Sie haben so etwas Natürliches und Frauliches an sich!
Sie: Ich bin auch sehr viel in der Natur. (Hat mir noch nich' einmal ins Jesichte jeguckt – nur auf'n Busen!)
Er: Darf ich Sie nachher zu einem Glas Sekt einladen?
Sie: Aber nur eins! Wegen meiner Linie! (Der wird sich wundern, wat ick vertrage! Denkt wahrscheinlich, er kommt mit'm Zehner aus.)
Er: Sind Sie eigentlich von hier? Ich meine, gleich in der Nähe?
Sie: Nein! Ich bin von außerhalb! (Dit könnte dem so passen: Einmal über'n Damm stolpern und schon am Ziel!)
Er: Ich könnte Sie ja nachher in meinem Wagen mitnehmen!
Sie: Das wäre ja reizend! (Landen tun wir natürlich auf'm einsamen Waldweg, wo er mir denn seine Klappsitze vorführt!)
Er: Ich hätte nämlich noch Appetit auf – einen Kaffee!
Sie: Können Sie denn danach schlafen? (Wenn ick mir den Schlips und Kragen vorstelle – brrrrr!)
Er: Äh, sind wir dann so weit? Ich gehe schon vor, ja?
Sie: Schön, wir kommen dann gleich hinterher! (Ha-ha – jetzt klappt ihm der Unterkiefer runter!)
Er: Wir? Ich – äh – versteht nicht! Haben Sie noch eine nette kleine Freundin bei sich?
Sie: Nein, keine Freundin! (Dit wär dir sympathisch, wat? Gleich zwei Weiber, die abwechselnd – Kaffee kochen!)
Er: Ja, und auf wen warten wir dann noch?
Sie: Auf meinen Bruder – den Saxophonspieler! Wir beide sind immer heilfroh, wenn sich 'n Dummer findet, der uns nachts von ‚Clärchens Ballhaus' bis nach Strausberg rausjockelt!

Probleme?
Fragen Sie Frau Helga!
Übrigens – die Frau Hahnemann habe ick ja neulich „Saures" jejeben. War se auch total verdattert, wat bei ihr selten vorkommt. Ick habe se nämlich angebläkt: Haben Sie nich' von der Bühne runter behauptet, wenn eine Frau ihrem Mann sein Abendbrot in schwarze Unterwäsche mit Strapse auftischen tut, denn wird ihre Ehe wieder wie neu? Ick dummes Ding habe dit natürlich jeglaubt und meinem Ollen Bratkartoffeln in schwarze Spitze serviert. Na – ick dachte, den trifft der Schlag. Nich, weil er nun Appetit uff mir jekriegt hat – nee, weil er dachte, mit seine Mutter is wat passiert.

Prominenten-Rennen in Karlshorst

Das war ein riesiges Erlebnis für mich. Stellen Sie sich vor, im ersten Rennen war ich sogar Zweite. Ehrlich! Mein Hengst „Jaros" und ick – wir sind jelaufen wie die Götter. Obwohl man doch allgemein sagt, wenn man was werden will, sollte man lieber kriechen statt laufen. Allerdings – in der ersten Zeit hatte ich ziemlichen Respekt vor den Pferden – also, wenn die angetrabt kamen, bin ich vorsichtshalber 'n bißchen aus'm Weg gesprungen. Hat mein Trainer mich grinsend gefragt: „Na Helga, Angst?"

„Quatsch", hab ich großspurig geantwortet, „dit mach ick aus purer Höflichkeit."

Casting

Jeden Tag habe ich Reiten jeübt und jehofft, 'ne Rolle in einem Indianerfilm zu ergattern, aber den Filmvertrag hat leider mein Pferd jekriegt.

Unkollegial

Leider war ich im letzten Rennen bloß 6. – obwohl ich vom Start prima weggekommen bin – aber nachher hatten mich O. F. Weidling, Lippi und Uwe Jensen regelrecht eingekeilt und haben mich einfach nicht durchgelassen. Mein Trainer war auch nicht so richtig zufrieden und hat tadelnd gesagt: „Helga, eigentlich hättest du schneller sein müssen."

„Wollte ich ja", hab ick jemeckert, „aber du hast mir doch eingeschärft, daß man immer beim Pferd bleiben muß!"

Reizen Sie meinen Hund nicht!

Als ich zur Parade einfuhr, hat die Kapelle gespielt: „Jetzt kommt dein Süßer", und Traudl hat dit Lied lauthals mitjesungen. Daraufhin fing ein Pudel, der in der Nebenloge saß, an zu knurren. Meint Traudl zu seinem Herrchen: „Sie – will der Köter wat von mir?"

„Ach wo", hat der Mann sie beschwichtigt, „so reagiert der auf jedes Gejaule."

Horse-shoes are lucky

Zu guter Letzt hatte ich dann aber doch noch mächtiges Glück – jawoll!

Ich habe vier Hufeisen gefunden: Die habe ich meinem Wallwiener (Trainer) unter die Nase gehalten und gejubelt: „Kuck mal, was ich hier habe. Weißte, was das bedeutet?"

„Natürlich", hat der gebrabbelt, „dein Pferd läuft jetzt barfuß."

Karriere als Klofrau

Wat meinen Se, wat ick für die paar Closetts hier Pacht zahle? Für dit Jeld kriegen Se'n Luxus-Appartement inne Karibik. Eigentlich müßte hier noch 'n Stall dran sein für den Esel, der die Wucherpreise bezahlen muß.

Durch die hohen Steuern komm ick natürlich langsam auf'n Hund. Aber beschwerste dich darüber auf'm Finanzamt, brummen die einem noch Hundesteuer uff.

Deshalb fahre ick auch immer noch Trabant, der kostet kaum Steuern, weil er praktisch als motorisiertes Nummernschild jüldet.

Mein Jeschäft hier is natürlich Streß pur. Wenn ick überlege, daß den Tag über fast die janze Welt durch meine Toilettentür jeht, wunder ick mich, daß ick noch so normal jeblieben bin.

Jottseidank bin ick sprachbejabt, denn man kann ja nich' verlangen, daß Touristen, die aus so 'ne kleene Länder wie z.B. Australien kommen, wegen ihr menschliches Bedürfnis Deutsch lernen.

Allerdings is' mir schon passiert, daß ick mich bei einer Französin statt „merci" mit „merde" bedankt – und einen Herrn Yamamoto mit „Hossa hossa, Senor" anjetrieben habe.

Ick meine, denken tu ick oft wie „Götz von Berlichingen", aber hören tun se von mir nur: „Mit 5 Mark sind Sie dabei, gnä Frau" – „wünsche einen schönen Gaudeamus, Herr Professor".

Junge, wenn ick noch an meine Anfangszeit denke, da mußt ick außerdem noch die Ausweise kontrollieren, wegen dem Umrechnungskurs.

Da stand ick mit einem Bein kurz vorm Herzintakt. Die janzen Pässe – dazwischen mit'm Lappen über die Damen und Herren – und im Kopp die Wechselkurse. Rejelrechte Dramas haben sich da vor meine Brillen abjespielt, wenn ick sagen mußte: „Tut mir leid, meine Dame" – oder uff römisch: „Tutti mio Lido, Bambina", wenn Se Ihren Paß und die Umtauschbescheinigung nich' ordnungsjemäß bei sich führen, müssen Se die paar Troppen leider leider ...!

Aber nun sind wir ja alle gleich. Diese bekloppten Erfindungen vonne Politiker: Ost – West – Nord – Süd – allet Quatsch. Schnell muß et jehn. Müssen müssen se alle – ob arm oder reich. Und ick bin die Konzern-Chefin, zu der se alle kommen, um ihr Jeschäft zu machen. Wo solln die Touristen ooch hin, bei die Preise, wa? Die kommen ja meistens erst bei mir uff de Toilette zur Besinnung.

Na ehrlich: 8 Tage Spanien, davon 4 Tage im Stau – eenmal übernimmt Vater für 20 Meter dit Steuer – denn Mutter für die nächsten 10 Meter – die wissen ja hinterher jar nich' mehr, wo se überall waren – da müssen se erst uff ihre Kofferanhänger kieken. Und wat haben se schon jesehn?

Hochwasser in Venedig – Hinterhöfe in Las Palmas – und ein Essen, so einen Fraß hätten se zu Hause ooch haben können. Wissen Se, wat 'ne Dampferfahrt auf'm See Genezareth kostet? 30 Dollar! Keen Wunder, daß Jesus da lieber zu Fuß rüberjeloofen is.

Meine Karriere – also der Handel mit Viktualien – is mir natürlich nich' anne Wiege jesungen worden. Ick persönlich halte mich für'n Allround-Talent – aber dit war ja bei uns nich' jefragt. Für allet brauchteste 'n Schein – und um den zu kriegen, haben einen janze Kommissionen über Maximum-Lenimum ausjequetscht, bis de vor lauter Verzweiflung jestanden hast, daß du den erfunden hast.

Trotzdem: Hier drinne fühle ick, daß ick dit Zeug zu eine erstklassige Serien-Darstellerin hätte. Schon in unserem Mehrzweck-Theaterzirkel war ick so dramatisch, daß die Leute sich vor Lachen jebogen haben. Und dit is selten bei „Iphigenie".

Der Jeburtstag!

„Mausi weeste, wat ick mir jedacht hab!"
sagt neulich abends mein Mann zu mir!
„Am Sonnabend is' doch dein Jeburtstg,
da jibt's 'ne große Party hier!
Du hast damit jar keene Arbeit,
denn Hauptperson bist nämlich du!
Du schwingst dich in dein jutet Abendkleid,
setzt dich schön hin und kiekst bloß zu!
Denn diesmal werd ein Ding ick starten –
wirst sehn, die Jäste rührt der Schlag!
Ick selber kümmer mir um'n Braten,
steh inne Küche 'n janzen Tag!

An dieset Fest – is' keine Frage,
da denkste ewig und drei Tage!

Am Sonnabend werd ick plötzlich munter
von einem Ach- und Weh-Jebrüll!
Ick sause inne Küche runter
und denk, mir steht dit Herze still:
Mein einz'jet, jutet Meißner Zwiebel
liegt uff de Erde – kurz und kleen!
Mein Oller latscht mit seine Stiebel
druffrum und meint: „War aus Versehn!"
Der Braten – ach, wat sag ick – Braten!
Dit war 'ne Kohle – weiter nischt!
Ick fühl verkooft mir und verraten –
doch Ejon trinkt 'n Schnaps und spricht:

An dieset Fest – is' keine Frage,
da denkste ewig und drei Tage!

Und inne Ecke, da sitzt Paule –
von Ejon 'n Freund – und grinst mich an!
Ick sage: „Na? Macht ihr 'ne Sause?"
„Ach wat!" lallt Paul, „ick helf Ihrem Mann!"
Nun bind ick mir 'ne Schürze um,
denn langsam reicht mir dit Theater,
renn wie 'ne Angestochne rum,
da bimmelt's! Wer kommt? Tante Hertha!
Jetzt werd ick hektisch! Nischt is' fertig!
Der Tisch is' ooch noch nich' jedeckt!
Da komm' die Jäste! Mensch, verdammich!
Und ick – ick sitz im schönsten Dreck!

An dieset Fest – is' keine Frage,
da denkste ewig und drei Tage!

Happy birthday
Am Dienstag hatte ick ziemlich viel Besuch zu Hause, Sie wissen ja, mein Jeburtstag. Ging hoch her, wie dit so is, wenn man dit janze Ballett vom Friedrichstadtpalast mit Jetränken satt machen muß. Jegen Morgen hab ick dann mehrere Taxen bestellt und den Fahrern jenaue Anweisungen jejeben, wo jeder der Volltrunkenen aussteigen muß. Aber nach 10 Minuten war ein Taxi schon wieder da, und der Fahrer meinte: „Frau Hahnemann, könnten Sie bitte die Fahrgäste noch mal durchsortieren? Ick mußte nämlich eenmal scharf bremsen, und nu liegen se leider alle durcheinander."

Henne in ihrem geliebten Bühnenanzug „mit Herz“

Fahr doch allein Karussell
Jetzt hab ich mir doch tatsächlich ein Glas Selters zu Gemüte geführt, damit ich wenigstens inwendig nicht vertrockne. Gerade hat meine Freundin Gine mir angedroht, daß sie mich heute abend heimsuchen wird. Wollte sie wissen: „Hast du viel Besuch?"
Ick sage: „Keine Ahnung. Ich laß die Tür offen, und wer will, kann mitfeiern."
„Hach", sagt sie, „da wird sich ja sicher wieder alles um mich drehen."
„Ja, sag ick, wenn du wieder so viel säufst wie im vorigen Jahr, dann allerdings."

Nun schlepp ick Stühle, schlag die Sahne,
renn mit dem Kaffee hin und her –
denn Ejon, der hat längst 'ne Fahne,
als wenn det SEIN Jeburtstag wär!
Die Jäste schrein: „Mensch Mädel, komm doch
und setz dich endlich ooch mal hin!
Für Onkel Karl fehlt een Jedeck noch!
Und – Kaffee is' ooch nich' mehr drin!"
Dazwischen höre ick se grölen:
„Hoch soll se leben! Dreimal hoch!"
Und Opa, der fängt an zu nölen:
„Se will nich'? Mensch, denn laß se doch!

An dieset Fest – is' keine Frage,
da denkste ewig und drei Tage!

Die Stimmung is' nich' mehr zu stoppen!
Ich aste Flaschen und Salat!
Mir qualm' vom Loofen schon die Socken!
Mein Mann lallt: „M-Mausi – ha-haste was?"
„Och nee, dit wär ja wohl noch schöner!"
sag'n die Verwandten, „bei dem Mann?
So, wie dein Ejon is' doch keener!
Kiek dir dit Prachtstück doch mal an!
Wie der dit allet arrangiert hat,
da kannste wirklich stolz druff sein!
Und – dette dir nich' mal bedankt hast
für seine Mühe – is' jemein!"

An dieset Fest – is' keine Frage,
da denkste ewig und drei Tage!

Der Bungalow

Ort: Vor einem (angedeuteten) Bungalow haben Traudl und Hugo es sich in Liegestühlen bequem gemacht. Auf einem Campingtisch steht eine Kanne Kaffee, daneben ein Berg „Bienenstich".

Traudl räkelt sich und sagt stolz: War dit nich'ne jute Idee von mir, Hugo, hierher zu fahren uff diese vereinsamte Seezunge?

Hugo träge: Ja – manchmal haste eben ooch lichte Momente!

Traudl: Vor uns plätschern de Wellen – über uns de Vögel – und inwendig sind wa voll möbliert mit Angelkahn und Innen-Toilette!

Hugo: Bloß anne Bierkästen läßt de Jewerkschaft einen reene dot puckeln! Deswegen ha ick letzten Monat ooch keen FDGB bezahlt!

Kuck mal, wer da pennt! Nachdem unser 17. Urlaubstag auch verregnet war, sind wir für eine Nacht ins Warnemünder Hotel „Neptun" jezogen. Leider war da aber nichts weiter frei als dit Hochzeitszimmer. Und da is oben an der Decke 'n riesiger Spiegel, ja? Ick kann Ihnen sagen: Da konnte ick zukucken, wie mein Mann sich im Bette rasiert hat.

Traudl: So'ne unverwüstliche Natur muß den Joethe damals ooch uff'n Jeist jeschlagen sein, wat ihm zu den Schlager-Text „Über alle Witwen is Ruh" injeziert hat!

Hugo: Is dit eijentlich uff de Landkarte druff?

Traudl: Wer? Dit Jedicht?

Hugo: Dit Kaff hier!

Traudl: Biste verrückt? Mann, du liegst mit dein' Hintern mitten inne Diplomaten-Jagd!

Hugo: Hoffentlich ist Schonzeit! Sonst ballern die dir nachher noch eens zwischen de Hörner!

Traudl: Du erzählst v'lei een Käse! Uff die kleenen Waldweje bleiben die doch mit ihre großen Autos stecken, Mensch!

Man hört eine Frau „Huhu" rufen!

Hugo sitzt jetzt kerzengrade und sagt ärgerlich: Da! Da jeht se schon los, die Tijerjagd!

Traudl: Dit wär ja harmlos! Aber ick fürchte viel wat schlimmeret: Grete mit die Kinder!

In diesem Moment taucht Grete mit Mann und mindestens fünf Kindern auf!

Grete ruft schon von weitem: Hier habta euch also beede verkrochen! Wir loofen schon stundenlang durch de Botanik! Is dit hier überhaupt noch DDR? Kinder – kommt, sagt Tante Traudl „Juten Tag"! Und schlingt den Bienenstich nicht so runter, sonst bleibta euch vor'm Magen stehn! Nee – nee, mach dir bloß keene Umstände, Traudl, ick trink gleich aus deine Tasse! Und die Kinder kriegen Brause! Haste doch, wa?

Karl, ihr Mann, stöhnt: Ick muß ma erstmal setzen!

Hugo steht auf und Karl streckt sich auf seinem Liegestuhl aus: Nett von dir, Hugo! Weeßt ja, mein Kreislauf! Zu Hause bringt ma ja 'n Schnaps immer wieder uff de Beene!

Grete, mit vollem Mund: Na hör mal, hier biste doch zu Hause, wat, Traudlkin? Wo hat'n dein Oller seine Medizin? Ick kann die Pulle ja holen!

Traudl: Nee – also – Saufen wird hier heute nicht jespielt, Kinder! Denn hättet ihr euch wat von zu Hause mitbringen müssen!

Grete beleidigt: Da kannste mal sehn: Die eigene Schweste kiekt kaltblütig zu, wie der Schwager an Herzintakt einjeht!

Sie steht ruckartig auf: Aber – wir können ja ooch wieder jehn!

Sie sucht ein Taschentuch und schluchzt vor sich hin!

Traudl: So war't doch nich' jemeint, Grete! Hugo holt'n ja schon!

Sie schubst Hugo, der sich störrisch weigert! Dabei flüstert sie ihm zu: Du jibst dem Idioten jetzt'n Schnaps! Um so schneller isser blau und haut wieder ab!

Grete ruft ihm nach: Wenn de schon eenmal uff'm Weg bist, denn bring glei noch 'n paar Bier mit!

Traudl: Seit wann trinkst du denn Bier?

Grete: Ick doch nich! Aber Uwe mit seine Freunde! Die müssen gleich hier uffkreuzen!

Drei Motorräder kommen auf die Bühne geknattert (Uwe, zwei Freunde und drei Mädchen)! Die jungen Leute kommen mit großem „Hallo" an, nehmen sich Kuchen, machen Musik und reden alle durcheinander: Eh, wo hat der uns denn hier hinjebrettert? Mann, is dit ne trockene Luft hier!

Traudl entrüstet: Die kriejen von mir keen Bier, Grete! Sollen die sich etwa voll wie die Amtsmänner am Steuer setzen, hä?

Karl, verschmitzt: Die paßt uff, Eure Tante, wat? An die is'n Wachtmeister verloren jejangen! Aber mach dir mal keen' Kopp, Traudelchen, der Bengel hat nämlich 'ne komplette Zeltausrüstung mit! Da können 24 Fijuren drinne pennen!

Traudl: So? Denn könnta ja quer drinne liegen!

Karl: Denkste! Dit wird ja noch knüppeldicke voll!

Grete: Ja – dit wollt ick euch ja noch sagen: Karl seine Brigade kommt noch! Hast doch hoffentlich nischt dajegen, Traudl? Ick sage immer: Wo eener satt wird, reicht et ooch für 20! Stimmt's?

Hugo: Bloß – wißt ihr eijentlich, daß et in die Jegend hier von Wildschweine nur so wimmelt? Sooo'ne Keiler – mit soo'ne Elefantenzähne, sag ick euch! Wenn die einen uffspießen – na, Hallelujah!

Grete: Ach, Schweine in freie Wildbahn benehmen sich ville manierlicher als so'ne, die nachts uff alle Viere aus de Kneipe kommen!

Karl sauer zu Hugo: Mann, ob ick dit mit die olle Xantippe hier 14 Tage lang aushalte, is noch sehr die Frage!

Er zwinkert ihm zu: Aber Jottseidank kriegen wa nachher ja noch 'n paar knackije Weiber! Na? Wat sag ick? Wenn man vom Deubel spricht …

Die Brigade – (ca. 10 Männer und 6 Frauen) – kommt anmarschiert! Alle singen: „Wir haben Hunger, Hunger, Hunger, haben Hunger, Hunger, Hunger, haben Hunger, Hunger, Hunger, haben Durscht!"

Karl schreit: Uwe! Los, laß die Bierkästen anrollen! Siehst doch, det die Kumpels schon die Zunge aus'n Hals hängt!

Urlaubsfreuden
Schön – über Thüringen kann man eigentlich nich' meckern – bloß in unserm Hotel, da hatten se nich' mal Vorhänge anne Fenster. Hab ick natürlich sofort reklamiert, aber die Wirtin meinte janz locker: „Aber, meine Gudste, außer dem Thüringer Wald guckt Ihnen doch niemand in die Fenster nein."
Ick sage: „Dit is nich' die Frage, liebe Frau, bloß – mit wat sollen wir denn nun unsere Schuhe putzen?"

Urlaubssendung aus Hiddensee
„Auf, Matronen, olé"
Hach, ist das ein irre-schönes Gefühl: Ick liege hier – kuck mit einem Auge träge aufs Wasser – und alles, was mich gestern noch so furchtbar aufgeregt hat, is plötzlich soo klein – sehn Se mal – wie dieses Sandkörnchen hier.

Urlaubstip
Ihren Urlaub können Sie verlängern, indem Sie morgens um viere aufstehen!

Kinder an die Macht
Eben bettelt 'n kleiner Junge, der hier mit Mutti und Oma am Strand sitzt: „Mama, darf ich noch mal ins Wasser gehn?" – „Nein, Rico, du hast für heute genug gebadet." Mischt sich die Oma ein: „Mein Gott, Trude, laß ihn doch ruhig noch mal reinflitzen." – „Wenn ich sage: Nein, dann meine ich auch nein. Der Junge soll lernen, seiner Mutter zu gehorchen." Meint der Nackedei: „So – und warum gehorchst du deiner Mutter nicht?"

Hugo aufgebracht: Wie issen der verdammte Bengel an mein Versteck ranjekommen, hä?

Karl lacht sich tot: Na, du bist ja jut! „Uffstöbern von feindliche Reserven", det lernen se ja heute schon bei de Pioniere!

Er verteilt Bierflaschen und stimmt dabei an: „Ein Glück, daß wir nich' saufen!"

Die Kinder kommen angerannt und betteln: Pappa, dürfen wa'n Lagerfeuer machen? Können wa Kahn fahren?

Grete: Nein! Heute nich' mehr! Dazu habta ja noch vier Wochen Zeit!

Karl ruft: Uwe! Haste denn bloß so'ne Mist-Musike druff?

Uwe: Ick mach doch keene Disco für Scheintote, eh!

Er dreht die Musik noch lauter!

Grete kreischt: Denn vapfeift euch mit euer Jejaule woanders hin! Wir brauchen unsre Erholung, stimmt's, Traudl? Traudl? Wo biste denn?

Traudl und Hugo stehen mit gepackten Koffern da!

Grete: Wat issen nu los? Wollt ihr jetzt etwa noch inne Pilze?

Traudl: Ne, wir müssen dringend nach Hause – hier ham wa keenen Fernseher und ohne dülüdüdüt (Aktuelle Kamera) könn' wa abends nich' einschlafen!

Grete: Ach so, dit versteh ick! Aber, wenn euch mal wieder so is', könnt ihr uns ruhig auf 'n Stündchen besuchen komm'n!

Heißer Tip
Ein Hörer meint, ich sollte jeden Tag schwimmen gehn, da nimmt man ab. Na – ick weeß nich – Nilpferde schwimmen dauernd und sind auch nicht schlank.

Süßes Geheimnis
Soll ich Ihnen mal verraten, was mein Lieblingsinstrument is? Ein zarter Essensgong!

„Hmm, dit schmeckt schön! Davon will ich das Rezept haben" – Helga an einem ihrer Diättage

Big Helga – The bright side of live
Alles auf der Welt geht natürlich zu – nur mein Rock, der jeht natürlich nich' zu.

Über Diät
Ich denk gar nicht dran, vor Hunger zu sterben, bloß um ein paar Jahre länger zu leben!

Erfolgsrezept
Ich habe gerade eine ganz irre Knoblauch-Schlankheitskur gemacht und in einer Woche 6 Pfund verloren!
Tönt es aus der Regie: „Und obendrein zehn Freunde!"

Ingeborg Krabbe
Henne, wir vermissen dir

Wenn ich an Henne denke, wird mir warm ums Herz.

Welch ein lebensfroher und lebenstüchtiger Mensch, was für eine sympathische Frau, die Höhen und Tiefen des Lebens erfahren hat und ihm immer wieder die Schokoladenseite abgewinnt! Sie war mir eine zuverlässige, hilfsbereite Freundin und eine zielstrebige, ehrgeizige Kollegin. Ihre „helfende" Kritik konnte bis an die Schmerzgrenze gehen, aber sie erkannte jede gute schauspielerische Leistung neidlos und voll Lob an. Ob privat oder beruflich: mit Henne konnte jeder bedenkenlos durch dick und dünn gehen.

Wenn sie etwas für richtig hielt, konnte sie ihren Willen mit Überzeugungskraft und einer frappierenden Sturheit durchsetzen. Ich erinnere mich mit Vergnügen daran, wenn sie während einer ihrer Nichtraucherphasen ein ganzes Ensemble zur Enthaltsamkeit verdammte. Versammlungen, Arbeitsbesprechungen und sogar Proben verkürzten sich dadurch erheblich. Aber wenn sie sich dann wieder eine Zigarette an der anderen ansteckte, konnte der blaue Dunst nicht dick genug sein.

Während unseres letzten Telefonates hustete sie ununterbrochen. Auf meine Vorhaltung erwiderte sie nur: „Mach dir keine Sorgen, ich flieg jetzt in die Sonne, da wird alles gut. Wenn ich wieder da bin, sehn wir uns."

Leider ist es dazu nicht mehr gekommen. Henne, wir vermissen dir, eine waschechte Berlinerin mit Schnauze, aber noch viel mehr Herz.

... und stillgestanden!
„Was is denn dein Lieblingsessen?"
„Kartoffelpuffer."
„O ja – die eß ick auch für mein Leben gern. Bloß – die olle Backerei – mit zwee Pfannen – denn kleben se unten an – man kriegt se nur in Fetzen raus."
„Nö, ich hab da meine eigene Methode: Ich stelle die Puffer in der Pfanne hochkant."

Verkannt
Ich stehe vor einer Schule, weil 'ne Freundin mich gebeten hatte, ihre Tochter abzuholen. Und wie ich so warte und immer auf den Schulhof linse, kommt 'n Lehrer raus und fragt mich: „Entschuldigen Sie, erwarten Sie ein Kind?"
„Nee", hab ick jesagt, „ich bin immer so dick."

Dicke da
Jestern wollt ick mir'n Kleid kaufen, aber in meiner Größe – na ja, alle Molligen können davon ein Lied singen, stimmt's? Schließlich hab ick 'ne Verkäuferin anjeranzt: „Gibt's denn überhaupt nichts Fertiges, das mir paßt?"
Meinte sie spitz: „Selbstverständlich, meine Dame. Im Erdgeschoß: Regenschirme, Taschentücher ..."

Berechenbar
Ich besitze jetzt eine Waage, die maximal 50 Kilo anzeigt.

Big Helga
Meine Stimme füllt nicht nur den Saal, sondern auch – die Kantine.

Überraschung
Heute früh bin ich auf nüchternen Magen mit meinem Kater Pitti zusammen auf die Waage geklettert und dachte, mich tritt 'n Pferd: So ein kleinet Tierchen und hat in der letzten Woche 4 Pfund zugenommen.

In der Kantine
„Hinten ran, Kollegin. Meinste, wir haben uns hier zur Polonaise aufgestellt?!"

Schuldfrage
Ich glaube, mein Süßer ist schuld daran, daß ich schon wieder dicker geworden bin. Der sagt nämlich immer: Von einer schönen Frau kann man nie genug haben.

Einnehmendes Wesen
Beim Ausfüllen der Steuererklärung: „Wat steht hier? Einnahmen! Hm – muß man da alle Einnahmen angeben? Ja? Also denn: Morgens 20 Tropfen wegen Kreislauf – mittags 1 Rudotel – abends 'ne halbe Baldrian ..."

Dicke da!

Entzugserscheinungen
Dit Rauchen hab ich mir ja nun endlich abgewöhnt. Dafür steh ick jetzt nachts in der Küche und koche mir in der Pfanne Bonbons.

Was hab ich alles versucht!
Hab mit Diät mich gequält
und jeden Bissen gezählt,
ich wollte zierlich
und schlank sein!

Für mich war Torte tabu,
ich aß nur trockenen Quark
und blieb trotz alledem stark
und wollte zierlich
und schlank sein!

Dabei sind die Dicken lustig
und gar nicht blöd!
Dünne sind so schusselig
und nervös!

Dicke habn 'ne breite Brust,
da heult es sich gut!
Dicke habn zum Tanzen Lust,
denn das liegt ihnen im Blut!

Dicke sind zum Glück
auch nich' so verrückt!
Die Dünnen haben immer gleich
was Hektisches im Blick!

Dicke bleiben immer friedlich,
reg'n sich nie auf!
Denn auf ihr Kreuz
da geht 'ne Menge drauf!

Klaret Ding
Mir ist 'ne gesunde Verdorbenheit lieber als 'ne verdorbene Gesundheit.

Ich hab Gymnastik gemacht,
bin durch die Wälder gehetzt,
hab mich ins Schwitzbad gesetzt,
ich wollte zierlich
und schlank sein!

Ich lag vor Hunger nachts wach,
hab meine Pfunde verflucht
und nach Rezepten gesucht,
ich wollte zierlich
und schlank sein!

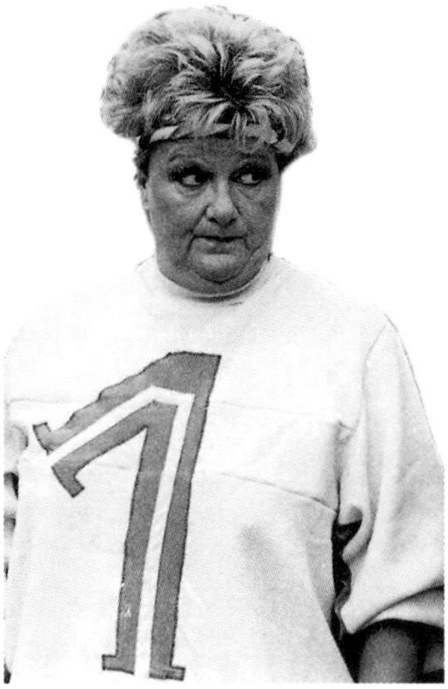

Wat denkt ihr denn!
Ich sehe verschlafen aus? Nee, Kinder, dit kann nich' sein, ick war ja heut nacht jar nich' im Bette.

Der feine Unterschied
Was sind Begriffe wie „Haus und Hof" und „Heim und Herd" gegen solche wie zum Beispiel „Spinat und Ei".

Dabei sind die Dicken lustig
und gar nicht blöd!
Dünne sind so schusselig
und nervös!

Dicke habn 'ne breite Brust,
da heult es sich gut!
Dicke habn zum Tanzen Lust,
denn das liegt ihnen im Blut!

Dicke sind zum Glück
auch nich' so verrückt!
Die Dünnen haben immer gleich
was Hektisches im Blick!

Ick bin dick und bleibe dick
und bin dicke da!
Weil ick noch nie
'ne lange Dürre war!

„Fisch macht schlank!"
Hab ick probiert. Ich sage im Restaurant zu dem Ober: „Bringen Sie mir bitte 'ne kleine Portion Walfisch."
Hatten se nich.
Dann eben Haifisch – oder Sägefisch – oder gedünsteten Goldfisch.
Hatten se auch nich.
Als ick schließlich ganz verzweifelt 'n Stück Schwertfisch verlangte, hat der Kellner mich einfach sitzen lassen.
Tja – an mir liegt es nich, daß meine andere Hälfte hier immer noch neben mir auf'm Stuhl sitzt.

Die Fahrschule

Ort: Eine ruhige Nebenstraße, in der ein (nicht fahrbares) Fahrschulauto (Kabriolet) steht.

Der Fahrlehrer, Herr Kaiser, sitzt in dem Wagen – wartet und raucht nervös! Plötzlich kommt Wally – seine Fahrschülerin – angehetzt! Sie trägt einen engen Rock – eine Rüschenbluse – hochhackige Sandalen und ein albernes, kleines Schleierhütchen auf dem Kopf!
Als der Fahrlehrer seine Schülerin so aufgedonnert sieht, schwingt er sich mit einem Satz aus dem Wagen, stemmt die Fäuste in die Hüften und mustert das Mädel sprachlos!
Wally stakst auf ihn zu – reicht ihm die Hand wie zum Handkuß und sagt lächelnd: Hallo, Kaiserchen! Endlich mal ein Mann, der seinen Hintern spontan erhebt, wenn eine Dame ihn begrüßt! Warten Sie schon lange, mein Lieber!

Er, sauer: Eine geschlagene Viertelstunde, Nr. 17!

Wally schnattert: Ja, Pünktlichkeit ist meine absolute Stärke! Ich sage mir immer: Lieber ein Viertelstündchen später anfangen – dafür aber fünfzehn Minuten früher aufhören! Wie ist es? Haben Sie schon gefrühstückt? Oder essen Sie morgens immer nur warm? Ich meine den Glimmstengel, den Sie da im Mundwinkel zu hängen haben!?

Sie nimmt ihm die die Zigarette aus dem Mund – wirft sie auf den Boden und macht sie mit dem Fuß aus!

So – für heute haben Sie genug gequarzt! Jetzt brauchen wir beide erst mal 'ne feste Unterlage! Ich weiß hier nämlich ganz in der Nähe ein entzückendes, kleines Café – allerdings nicht ganz billig! Sie haben doch hoffentlich genügend Geld eingesteckt? Obwohl – wir müssen ja nun nicht gleich schon am ersten Tag Sekt trinken, nicht? Oder wollen wir lieber irgendwo rausfahren? Um diese Jahreszeit ist am Müggelturm z. B. ...

Kaiser unterbricht wütend ihren Wortschwall: Ruhe, zum Donnerwetter!

Wally *erstaunt:* Ach – tatsächlich? So – das wußt' ich nicht, daß die heute Ruhetag haben! Na gut – dann dürfen Sie jetzt einen Vorschlag machen! Aber bitte – in keine Bar, da würde ich mich in meinem Arbeitssachen nicht so recht wohlfühlen!

Kaiser geht mit auf dem Rücken verschränkten Armen langsam um sie herum, betrachtet kopfschüttelnd ihr Schuhwerk und sagt: Wollen Sie mit diesen blödsinnigen Abendsandaletten etwa Auto fahren?

Wally stellt ein Bein auf das Trittbrett – zieht den Rock etwas höher und meint: Ja – warum denn nicht? Ach so – Sie meinen, weil die Farbe nicht zum Auto paßt? Das ist allerdings nicht hübsch! Sagen Sie, Kaiserchen, kann man das Vehikel nicht schnell noch umspritzen lassen? Vielleicht ein helles Rosé? Dann paßt es auch gleich noch zu meinem Nagellack!

Kaiser streng: Steigen Sie ein!

Wally kokett: Gerne – aber dummerweise ist ja keine Tür offen!

Kaiser reißt ungeduldig den Wagenschlag auf: So! Das erste und das letzte Mal, daß ich für Sie den Wagenschlag öffne! Hopp – rein! Aber – 'n bißchen dalli!

Wally lächelt verschmitzt: Sie Schlimmer! Jetzt wollen Sie mich aber ganz schön

Schicksalsergeben
Nach dem janzen Proben-Streß abends noch eine Vorstellung auf irgendso'ner Dorfbühne. Auf der Rückfahrt noch 'ne Autopanne mitten auf der Landstraße. Außer mir kein anderes Auto weit und breit, da hab ich mich schließlich reingesetzt in die Kiste, warm eingemummelt und wehmütig an die Zeit zurückgedacht, als ich mir Strafzettel eingehandelt hatte, weil ich zu schnell gefahren bin.

Häppchenweise
O – Telefon! Ach – du! Bringst du mir heute mein Auto wieder, ja? Was is? Der linke Spiegel ist kaputt? Na ja – den kann man doch auswechseln. Geht nicht? Wieso? Weil mein Auto auf dem Spiegel draufliegt?

anführen! Auf diesem Platz sitzt nämlich eigentlich der Chauffeur! Hab ich richtig geraten?

Er redet jetzt wie zu einem kleinen Kind: So ist es! Und was macht ein Chauffeur mit seinem kleinen Autochen? Na?

Sie droht mit dem Finger: Sie sind wohl hier auch noch ziemlich neu auf dem Bock, was? Also schön – dann verrat ich Ihnen mal ausnahmsweise: Er fährt wie ein Henker – flucht vor sich hin – droht mit der Faust und zeigt den anderen Idioten einen Vogel!

Kaiser setzt sich neben sie, reicht ihr den Zündschlüssel und sagt lässig: Na, Nr. 17 – dann zeigen Sie mal diesem Idioten hier, wie man den Schlitten überhaupt startet! Hier ist der Schlüssel!

Dann verschränkt er abwartend die Arme!

Wally wirft den Schlüssel ins Handschuhfach und sagt errötend: Na na! Nicht so stürmisch! Immer hübsch eins nach dem anderen!! Ihren Hausschlüssel können Sie mir ja später noch geben – jetzt brauch ich erstmal Streichhölzer – damit ich das Gas anzünden kann!

Er fährt heftig zusammen: Streichhölzer??? Wissen Sie, was dann passiert, Nr. 17? Dann fliegen wir beide in die Luft!

Sie, geschmeichelt: Traun Sie mir da nicht'n bißchen zuviel zu, Kaiserchen? Ich meine – hoch würde ich ja wahrscheinlich noch kommen – aber ob die Landung mir so glatt gelingen wird?

Er reißt nervös an seiner Krawatte: Ihnen trau ich so langsam alles zu! Ich nehme an, Sie wissen nicht mal, wozu das Lenkrad überhaupt da ist?

Wally eingeschnappt: Och – wollen Sie mich beleidigen? An irgendwas muß man sich ja schließlich festhalten – wenn das Ding erst mal rollt!

Er nimmt ihre Hände und klatscht sie auf das Lenkrad: Na also – dann legen Sie jetzt beide Hände ran!

Sie zieht eine Hand wieder weg – hält sie zum Fenster hinaus und sagt: Nö nö! Eine! Genügt völlig! Die andre brauch ich nämlich unbedingt, um all meinen Bekannten zuzuwinken! Ich hab doch schon allen erzählt, daß Sie mir heute das Fahren beibringen! Was meinen Sie – länger als 'ne Stunde wird's doch wohl nicht dauern? Haben Sie meine Fahrerlaubnis eigentlich schon mit? Dann können Sie gleich dieses Foto von mir draufnieten!

Sie kramt aus ihrer Handtasche ein Foto, auf dem sie sich in einem Bikini am Strand sonnt und reicht es ihm!

Er wirft einen Blick darauf und gibt es ihr wieder: Was soll denn der Quatsch? Menschenskind – Sie sollten ein Paßfoto mitbringen!

Sie, erstaunt: Ja – na und? Auf dem Foto paßt doch alles wie angegossen!

Er, unwirsch: Außerdem müssen Sie ja auch damit rechnen, daß die Verkehrspolizei mal'n Blick draufwerfen will!

Sie, fröhlich: Na sehen Sie! Warum soll man denn den Jungs bei ihrem schweren Dienst nicht auch mal was Hübsches gönnen?

Er prophezeit: Ich schätze, Sie werden Ihre „Pappe" sowieso kaum länger als drei Tage in der Tasche haben!

Sie pflichtet ihm bei: Da könnten Sie recht haben, Kaiserchen! Hach – ich bin ja so schusselig! Ich ha' neulich sogar einen BH verbummelt – und konnte mich beim besten Wissen nicht mehr erinnern, ob ich ihn beim Arzt oder sogar beim Zahnklempner liegengelassen hatte! Wissen Sie was? Ich nehme einfach die Fahrerlaubnis von meinem Mann! Wenn ich die dann verliere, dann hab ich wenigstens meine noch als Ersatz!

Verkehrsunfall
Gestern hat's bei uns an der Ecke mal wieder geknallt und die beiden Typen haben sich angeschrien:
„Blöde Sau, du!"
„Arschgeige, besengte!"
Zum Glück hat aber gleich ein Polizist eingegriffen und gesagt: „Moment, meine Herren, Ihre Personalien werden von mir festgestellt."

Überholen ohne einzuholen
Als Techniker Achim zu spät zur Arbeit kam, entschuldigte er sein Zuspätkommen mit einer Autopanne. Henne: Jut jut – ick nehme alles zurück – dein Trabant ist kaputtgegangen. Du mußt den mal gründlich überholen lassen. In der Werkstatt, meine ich – nich' von Fußgängern.

Henne über ihren „Saporoshez"
Dit einzige, was an dem richtig funktioniert, ist die Hupe.

Kaiser trommelt nervös mit den Fingern auf dem Armaturenbrett herum: Ich warte – Nr. 17!

Wally fragt gespannt: Ach ja? Auf wen denn? Meinen Sie, es wird jemand kommen, der uns schiebt?

Kaiser dumpf: Ich warte darauf, daß Sie endlich anfahren!

Wally eifrig: Aber gerne! Vorwärts oder rückwärts? Ich meine, soll ich den Baum dort – oder lieber die Laterne hinter uns anfahren?

Kaiser schreit: Wir – fahren – vorwärts! Und zwar mit dem ersten Gang!

Wally schmollt: Also, Kaiserchen, entschließen müssen Sie sich nun aber schon! Fahren wir nun? Oder machen wir erst noch 'n kleinen Gang?

Kaiser, mit unterdrückter Wut: Nr. 17! Ich erkläre jetzt alles noch mal ganz idiotensicher, capito?

Wally überlegen: Selbstverständlich weiß ich, was Capito is'! Das ist das durchlöcherte, runde Ding, das in Rom steht! Da haben früher die antiken Gladiolen drin gekämpft!

Kaiser nimmt mit irrem Blick den Zündschlüssel in die Hand und läßt ihn vor ihrer Nase hin- und herbammeln: Sehen Sie, was ich hier habe, Nr. 17? Na? In welches olle Loch soll der Kaiser den jetzt stecken, hm?

Wally gelangweilt: Ach nein! Nun hören Sie doch endlich auf, mich mit Ihrem dämlichen Hausschlüssel zu nerven!

Er brüllt: Das ist nicht mein Hausschlüssel!

Sie zuckt mit den Schultern: Na – meiner auch nich'! Dann schmeißen Sie ihn doch am besten in den Gully, wenn er Sie stört! Ich dachte, Sie wollten mir erklären, wie wir die Karre hier mal richtig in Schwung bringen! Oder wissen Sie's etwa selber nicht?

Sie droht schelmisch mit dem Finger: Du – du! Ich soll doch fahren lernen – das andere kann ich ja schon! Da braucht mir keiner was beizubringen!

Kaiser schreit hysterisch, seine Stimme überschlägt sich: Schluß jetzt! Das ist der Schlüßzündel – Zundschüssel – schietegal – jedenfalls muß der da rein! Wir drehen uns nach rechts! Djum! Da springt die alte Krücke uns an! Linkes Kniebein – djoing – auf die Verkupplung! Knüppel in die rechte Pfote – und 1. Gang reinschmeißen! Alle übrigen Beine aufs Gaspedal! Ein Auge schielt in den Spückriegel – das zweite nach vorne – hinten – und das dritte in den Außensiegel! Und – Winker! Blonken! Gas! Jawoll! Die blöde Kupplung langsam kommen lassen! Und – Start! Djum – djum – djum – Kupplung! Zweiter Gong! Gas! Wauh! Kupplung! Pfote! Dritter Gang! Gas! Links-rechts! Kupplung! Nachtisch: 4. Gang! Und Feuer! Feuer Iiiiiaaaah!

Kaiser hält erschöpft inne, dann sackt er auf seinem Sitz, nach Luft ringend, zusammen!

Wally hat ihm die ganze Zeit fassungslos zugehört! Dann klettert sie mit ihrem engen Rock mühsam über ihn hinweg, steigt aus dem Wagen und sagt: Nehmen Sie's mir nicht übel, Kaiserchen, aber, irgendwann hat meine Geduld nun auch mal 'n Ende! Bei Ihnen muß man ja Angst haben, daß Sie einem die Fahrerlaubnis regelrecht eindreschen! Was wollen Sie Nervenbündel denn machen, wenn Sie mal 'n Fahrschüler kriegen, der nich' so'ne schnelle Auffassungsgabe besitzt wie ich?

Sie stelzt empört davon!

Der Glaube versetzt Berge

Von mir behaupten die Leute, daß ick 'ne große Klappe habe, aber jestern bin ick an einen Tankwart jeraten, der noch 'n Zahn schärfer war. Ich fahr an die Zapfsäule ran und sage: „Volltanken, Meister." Da latscht der um mein kostbares Auto rum und sabbelt: „Volltanken? Glooben Sie wirklich, daß die Karre noch so ville Kilometer macht?"

Helgas Top(p)-Musike dringt in die kleinste Hütte

Also hab ich die Krücke wieder mal in die Werkstatt gebracht, und eigentlich wollte der Meister mir ja heute noch sagen – oh, Telefon – siehste, wenn man vom Deubel spricht – na? Seid Ihr fertig, Jungs? Nein? Aha, dauert noch 'n paar Tage. Fehlt wieder 'n Ersatzteil für 17 Pfennige, was? Wie bitte? Sie können mir sogar was Positives berichten? Was denn? Na prima: Mein Auto-Radio läuft schon wieder.

Hennes Adlershöfische Version von „Dallas"

Ick frage mich die janze Zeit: Sind unsere Kunst-Erzeuger nun so bekloppt oder tun se bloß so? Wo jedet Kind heute schon weiß, daß die janze Welt sich nur noch von Fernseh-Serien ernährt. Wenn die Macher nich' immer bloß bis drei zählen würden, könnten wir mit unsern Produkten längst in die Übersee-Mattscheiben einjebrochen sein. Leute, die zu allem fähig sind, ham wa doch. Hatten wir jedenfalls. Obwohl se einem durchs Fernsehn nich' verloren jehn, wa? Aber ooch schon der kleinste Werktätige is ja bei uns 'n großer Schauspieler. Was für 'ne Vorstellung muß der jedesmal jeben, um an die lumpige Prämie ranzukommen, stimmt's?? Na – und Jeschichten für die schönsten Familientragödien liegen doch überall inne Kühltruhen von jedem Konsum rum.

Z.B. könnte Herbert Köfer 'n unjelernten Werkleiter spielen. Aber nun nich' an so 'nem kahlen Schreibtisch, mit hinter seinem Rücken dit Brett mit dem fingierten Plan – nee, anne Bar lümmelt der sich rum und telefoniert mit seine Mutter: „Mum? What's about the Plan?"

Ach Quatsch – englisch! Dit soll doch 'n Zonen-Knaller werden. Entschuldigung! Also: „Mamma? Sag mal, liegen wir mit 80 % Ausschuß eigentlich noch gut im Rennen? Jaa – wir produzieren im Moment nur Kacke. Dafür kann ich aber nichts, Mamma, wenn mein ‚Großer Bruder' mir nur Müll zuliefert. Was sagste? Warum wir die Piepeliene nich' anzapfen? Mensch Mamma, weißte denn überhaupt, wo die liegt?

Nein – nich' deine versoffene Schwiegertochter – die Trasse, wo unsere Künstler-Agentur sämtliche Singezähne bis zum Erbrechen ‚Kalinka' jodeln läßt."

Nun kommt seine Sekretärin – sowat wie Jutta Hoffmann – und sagt in schönstem Hochdeutsch: „Horsche mal, Ätsch-Kä, draußen steht e Sohn von dir. Darf er rein?"

„Hm – kenn ick den?"

„Geene Ahnung. Ich gann mich schließlich nich' um jeden Dreck gümmern."

„Hat er seinen Ausweis bei sich?"

„Nee, nur e Grabstein mit seinem Namen, aber ooch noch falsch geschrieben – ‚Ewing' mit ‚U' vorne."

„O.k., sollen die Staatlichen Organe den erstmal in die Mangel nehmen. Is jut, Erna, kannst wieder an deinen Kaffetopp gehn."

„Soll er nu rin oder nich? In Folge 399 haben se ihm doch schon eens vor de Rübe gegäben und sterben lassen."

„Mein Gott, denn kriegt er eben eene neue Visage – wo is denn da das Problem?"

Jetzt ruft er seinen Kumpel an: „Grüß Gott, Genosse, Ätsch-Kä hier, hör mal, Igon, wir beede haben doch damals zusammen die Talsperre gebaut in – richtig – sag mal, hab ick da etwa noch wat anderes jebaut? Hier taucht so'n Bengel auf – wie bitte? Ja – jenau – rote Haare wie so'n Feuermelder. Hm? Ach – du Scheiße! Hör uff – ‚Wanderpokal' haben wir die jenannt. Alles klar, Igon!! Ciao!"

Grade will er seine „Blauen Jungs" aus de Kantine in die Werkstatt scheuchen, wo se mit'n Kännchen Öl die Bremsen vonne Trabanten schmieren sollen, da klotzt so'n Lulatsch mit'n Cowboyhut auf'm Dez int Zimmer, schmeißt die Beene auf'n Tisch und grunzt: „Hi, Pappa!"

Ätsch-Kä erkennt natürlich gleich an dem seinen großen Zinken, daß ihm dit Malheur ähnlich sieht, macht aber auf Monogramm und tut so, als wenn Fremdgehn 'n Fremdwort für ihn is', worauf sein Filius ihm freundlich seine Faust in die Magengrube packt und nett erinnern tut: „So, Alter, ick gratuliere dir zu deinem neuen, verantwortungsvollen Posten. Ab morgen bist du Soli-Marken-Verkäufer! Ick bin nämlich der neue Parteisekretär und hab dich einstimmig gewählt."

Ach Oma!

mit Peter Zintner

Ort der Handlung: Omas „Gute Stube“. Dort befindet sich: Ein großer Tisch (den man natürlich auch ausziehen kann) mit einer handgearbeiteten Tischdecke, ein Sofa, groß und bequem. Um den Tisch herum stehen Stühle (auf denen man, wie Oma sagt, „schön grade sitzen“ kann). Dann ein Bufett (hinter der Glaswand sieht man das „gute Geschirr“). An den Wänden hängen Bilder, darunter viele Familienfotos. In einer Ecke des Zimmers ein Nähtisch, auf dem ein großer Fernsehapparat steht. Davor ein wuchtiger Ohrensessel und eine Fußbank. Am Fenster steht ein Vogelbauer mit „Hansi“, dem Wellensittich.

Der Apfel fällt nicht weit vom Stamm
Neulich hat Hugo seinem Jüngsten eine Riesenstandpauke gehalten: „Paß mal uff, du fauler Bengel, in deinem Alter, da war der Genosse Honecker Klassenerster, verstehste?"
Hat sein Filius aufjemuckt: „Ja – und in deinem Alter, da war er Staatsratsvorsitzender."

Oma sitzt vor dem Fernseher und hat gerade „Sandmännchen“ gesehen. Danach schaltet sie den Apparat ab, geht zu ihrem „Hansi“ hinüber und spricht mit ihm: So, mein Kleener, nun gehste auch inne Heia! Nein, keine Widerrede, du hast doch jehört, wat dit Sandmännchen jesagt hat: Artije Kinder marschieren um sieben in't Bett! Und er is' doch Oma's Bester, nich', mein Süßer? Hier haste noch'n Betthupfer – aber, nich' alles auf einmal futtern, sonst kriegt er nachher noch schlechte Zähne!

Sie hängt ein Tuch über den Käfig und sagt dabei: Nu' schlaf man schön! Nein, Oma geht nich' weg! Die setzt sich jetzt hier hin und häkelt noch 'n bißchen! Und den Fernseher läßt se auch aus! Oma denkt jar nich' dran, sich dis Jedudel vom Schlagerstudio anzuhören, wo se von dir nu, weiß Jott, besseren Jesang jewöhnt is'!
Es klingelt!

Oma legt ihre Häkelarbeit weg und sagt erstaunt: Nanu? Wer kann denn dit jetzt noch sein?

Sie steht auf, geht zur Wohnungstür und spricht dabei beruhigend auf „Hansi“ ein: Bleib janz ruhig, Hansi! Neumanns Katze kann et nich' sein, die kommt an unsre Klingel nich' ran – und alle andern wimmelt Oma sowieso ab! Nach sieme empfangen wir beede keenen Besuch mehr!

Sie geht in den Korridor hinaus, dann hört man, wie sie freudig ruft: Kai! Isses denn die Möglichkeit? Ja, wat stehste denn da noch rum? Komm rin, mein Kleener!

Sie schiebt ihren Enkel Kai, Doktor der Physik und Mitglied der Akademie der Wissenschaften, in ihr Wohnzimmer! Kai Bergedorf ist elegant gekleidet, er stellt einen ledernen Aktenkoffer ab und umarmt seine Großmutter: Hallo Omi! Ich stör dich doch hoffentlich nicht?

Oma entrüstet: Du mich stören? Also – dit wär ja nun wohl dit Letzte! Im Gegenteil – ick hab grade vorhin zu Hansi jesagt: ick hab so'n komischet Jefühl in mein linket Bein! Paß uff! Heute passiert noch wat! Na siehste – und schon isset einjetroffen! Aber – nu laß dich doch erstmal ankieken, mein Jungchen! Mein Jott, bist du jewachsen! Dabei warste immer so'n schlechter Esser! Grüne Bohnen haste grundsätzlich nur mit „Rotkäppchen“ zusammen jejessen! Und denn mußte man noch aufpassen wie so'n Luchs, daß de dir die Bohnen nich' bloß in deine Beuteltaschen schiebst – und draußen nachher wieder ausspuckst!

Sie kneift ihn liebevoll in seine Wange! Dann mustert sie seine Kleidung und

sagt: Und so'n schöner Mantel! Den trägste doch aber wohl nich' inner Woche? Komm, jib her, Oma hängt den schön glatt auf'n Bügel!

Kai wehrt ab: Oma, ich bitte dich! Das kann ich doch selbst machen!

Er nimmt den Bügel, den sie ihm reicht, und hängt den Mantel irgendwie drauf!

Oma zieht den Mantel zurecht und sagt tadelnd: So'n jutet Stück muß man aber ordentlich hinhängen, Kaichen! Sonst jibt et nämlich Beulen!

Da Kai nun etwas hilflos im Zimmer herumsteht, tätschelt sie seine Hand und sagt: Aber blaß sieht er aus, der Junge! Zeig mal deine Zunge!

Kai reißt seinen Rachen auf – Oma stellt sich auf die Zehenspitzen und betrachtet kopfschüttelnd seine Zunge: Ach herrje! Janz belegt! Und die Mandeln sind ja ooch janz jeschwollen!

Kai, mit offenem Mund: Unmöglich! Die sind ja längst raus!

Oma sachkundig: ja, als de sieben warst! Inzwischen können se ja wieder nachjewachsen sein! Schläftste dich denn auch immer ordentlich aus?

Kai lachend: Selten, Oma, selten! Meine Nächte sind meistens kurz! Heute hab ich bis drei Uhr an meinem Vortrag gearbeitet, den ich morgen halten muß!

Oma führt ihn zum Sofa und drückt ihn in die Kissen: So so! Also wieder alles auf'n letzten Drücker! Und – wie isses mit deinem Stuhlgang? Kannste immer regelmäßig? Sonst geb ich dir gleich mal einen von meinen Früchtewürfeln, sollste mal sehen, wie dis denn flutscht!

Kai sagt grinsend: Ach wo, Oma, is' alles bestens, ich bin augenblicklich bloß'n bißchen im Streß – die Vorbereitung auf die Konferenz morgen –

Hörerpost
Ach – dit is ja hier niedlich. Ein Kind schreibt mir: „Liebe Helga, ich bin so sauer, weil ich als jüngstes Kind in unserer Familie immer die alten Klamotten von meinen Geschwistern auftragen muß."
Ach Gottchen. Du ... aber dit mußte ich früher auch. Und meine Schwester Lena ist sogar 10 Jahre älter. Was denkste, da waren die Plünnen schon längst unmodern. Ach so – Moment – hier steht ja noch was: „Das wäre auch alles gar nicht so schlimm, wenn ich nicht der einzige Junge unter meinen Geschwistern wäre."

So nicht!
Eine Kollegin erzählte mir vorhin: „Als meine Tochter eingeschult wurde, bin ich gleich nach dem 3. Tag zu ihrer Lehrerin hingegangen und habe sie gebeten, den Kindern nicht solche blöden Rechenaufgaben zu stellen: ‚Wenn 1 Bier 10 Pfennig kostet – wieviel kosten dann 3 Biere?'
Is doch wahr – mein Mann konnte vor Aufregung die ganze Nacht nicht schlafen."

und meine Forschungsarbeit auf dem Gebiet der Kernphysik – das schlaucht eben alles 'n bißchen!

Oma wiegt bedächtig ihren Kopf und meint: Na ja, und denn biste ja auch viel zu dünn anjezogen! Zeig mal, haste denn wenigstens warme Unterhosen an?

Kai zieht sein Hosenbein etwas hoch: Also – lange trag ich nicht! Und mein Unterhemd ist auch nicht aus Barchent, Oma, wenn du das meinst!

Einsicht
Familie is' jut. Aber – wenn man dauernd „auf Achse" sein muß, ist es besser, man hat bloß zwee Kater.

Oma nickt: Ja, dit meint' ick! Jetzt weiß ick auch, was de dringend brauchst! 'n Paar schöne, wollene Strümpfe und 'n dicket Unterhemde, eens, wat bis über de Nieren jeht! Such ick dir nachher gleich raus! Noch von Opa! Der hat sowat immer jetragen und war kernjesund, als er starb!

Kai: Aber Oma, ich bin doch kein kleines Kind mehr! 'n schönen, starken Kaffee könnt ich jetzt vertragen!

Oma verbessert ihn: Kakao, mein Kleener, Kakao! Den hab ick vorhin schon für Hansi'n und mich jekocht! Hier, trink! Der is' noch schön heiß!

Sie nimmt den Kaffeewärmer von einer Kanne und schenkt ihrem Enkel eine Riesentasse Kakao ein! Dabei klopft sie ihm sachte in den Rücken und ermahnt ihn: Und sitz schön grade, sonst kommt er nich' runter bis in'n Bauch! Kaffe abends – dit is' doch dies reinste Jift! Denn brauchste dich nich' zu wundern, wenn de dir nachher im Bette rumwälzt und de Schafe über de Hecken springen siehst!

Kai: Oma, wer spricht denn vom Schlaf? Ich hab heute abend noch 'ne wichtige Verabredung!

Oma entsetzt: Was denn? Mitten in der Nacht willst du dich noch rumtreiben? Kenn ich dies Mädel?

Kai: Was du wieder denkst! Ich treffe mich mit einem Mann!

Oma jammert: Mit'm Mann? Kai, Kai – nach wem kommst du bloß? Bis jetzt haben bei uns inner Familie immer nur die Frauen die Kinder jekriegt – und nu soll sich dit uff einmal ändern?

Kai schlürft seinen Kakao und sagt vergnügt: Oma, ich schwöre, ich bin stinknormal! Der Mann, mit dem ich mich treffe, ist ein Kollege – und es geht da um einige spezifische Fragen in der Grundlagenforschung! Wenn unser Auftrag klappt, sparen wir in Zukunft Millionen ein!

Oma erleichtert: Ach so! Et jeht bloß um 'n paar lumpije Millionen! Na, da sagste natürlich ab! Deshalb wirste dich doch nich' um deinen wohlverdienten Schlaf bringen! Kannst dem Herrn ja sagen, deine Oma is' nich' damit einverstanden, daß man sich wegen so'ner Lappalie die Jesundheit ruiniert! Basta! Wenn de ausjetrunken hast, mach ick dir dein Bett! Hier auf'm Sofa! Weißte noch, da haste doch als kleinet Kind immer so jerne jeschlafen!

Kai: Oma, das ist lieb von dir, aber ich will dir wirklich keine Umstände machen! Außerdem ist mein Hotelzimmer schon reserviert!

Oma energisch: Das kommt ja überhaupt nich' in Frage! Du wirst doch nich' in so'nem kahlen Hotelzimmer kampieren, wenn du's bei Oma schön warm hast! Ick mach dir nachher noch'n prima Pfefferminztee – und morgen früh, wenn Hansi dich jeweckt hat, jibt Oma dir Jeld und denn holste vom Bäcker anne Ecke frische Schrippen!

Sie lächelt vielsagend: Vielleicht triffste denn da ooch gleich die Hannelore!

Kai überlegt: Hannelore – Hannelore?

Oma eifrig: Na ja – die Verkäuferin, die blonde, hübsche! Ihr habt doch beede immer so jut harmoniert!

Kai: Ach die! Aber Oma, das ist doch schon so lange her! Ich glaube kaum, daß die Hanni mich heute noch haben will!

Oma: Du meinst, weil se ihren Facharbeiter schon inner Tasche hat? Ein Grund mehr, dich auf'n Hosenboden zu setzen!

Kai: Weißte! Ich arbeite doch nun wirklich wie ein Verrückter! Und grade als Kern-Physiker, da lernt man nie aus!

Oma: Na siehste, dit isses ja eben! Kuck mal hier den Bernd an, der is' mit dir zusammen inne Schule jegangen – heute isser Elektro-Meister! Der stellt natürlich wat dar, und wenn de nich' aufpaßt, denn schnappt der dir die Hanni noch vor der Neese weg!

Kai vergnügt: Laß ihn doch, Oma! Meine Helga wäre sowieso kaum damit einverstanden, wenn ich während meiner Dienstreise alte Liebschaften wieder auffrischen würde!

Oma erstaunt: Ach, du hast schon 'ne Braut?

Kai zeigt auf seine „hohe Stirn“: Schon ist gut! Ich bin 35! Wenn ich das nächste Mal komme, bringe ich sie mit! Die wird dir auch gefallen! Sie ist Malerin, weißt du?

Oma skeptisch: Malerin? Als Frau?

Kai: Warum denn nicht? Sie ist sogar eine sehr gute!

Oma zweifelnd: Hm! Und wat macht se, wenn du weg bist?

Kai: Sie arbeitet gerade an einem Wandgemälde! *Er grinst:* Hoff ich!

Oma ärgerlich: Weißte, du solltest dich schämen! Gondelst durch de Weltjeschichte – und dit arme Mädel muß inzwischen deine Wände anstreichen!

Kai: Oma! Sie malt Bilder! Aquarelle und Ölbilder ...

Er zeigt auf ein Blumen-Stilleben über ihrem Sofa: So was, wie du da zu hängen hast – bloß etwas moderner natürlich!

Oma stolz: Dit war'n Künstler, der dis jemalen hat – sieht man ja, wie echt allet aussieht!

Kai: Ja – sicher! Aber Helga ist auch Künstlerin!

Oma mißtrauisch: Kann se Opa'n abmalen?

Kai erstaunt: Opa? Ja – aber, der ist doch lange – ?

Oma bestimmt: Vonne Fotografie, mein ick!

Sie zeigt auf ein altes Foto an der Wand: Natürlich muß se ihm mehr Haare uff'n Kopp malen, als er hier hat! Und dit Bild kann ruhig 'n Meter groß werden – und in Öl! Opa hattet verdient!

Kai sieht sich das Foto an: Na schön! Ich werd Helga fragen!

Oma: Aber daß ick Opa'n nachher ooch wiedererkenne! Nich', daß se een Ooge hier und dit andre aus'n Bauch kieken läßt, wie diese neumodischen Expreß-Maler die Leute so entstellen!

Kai: Geht in Ordnung, Oma! Ich werde Helga davon überzeugen, daß Opa Opa bleiben muß!

Oma: Dit soll se natürlich nich' für umsonst machen! Ick weeß ja, daß man mit sowat keene müde Mark machen kann! Also – von mir kriegt se dafür 10 Gläser einjemachte Sauerkirschen! Kirschen sind immer jut ...

Kai und Oma zusammen: ... besonders, wenn einer mal Fieber hat!

Kai umarmt seine Oma: Ach Oma – du bist schon ein Unikum!

Dann sieht er auf seine Armbanduhr und sagt: Oh, schon gleich acht! Ich muß los!

Frau Wirtin hatte eine Helga
Früher, als ick noch in Leipzig an der „Pfeffermühle" war, habe ick jahrelang zur Untermiete jewohnt. Bei einer sehr kultivierten Dame. Kultiviert war die natürlich nur, solange man seine Miete pünktlich jezahlt hat.

Ein Abwasch
O – wieder Telefon. Na, bist du klarjekommen mit den Gören von Gaby? War schwer? Glaub ich. Hättest du mich doch angerufen, ich wäre als Verstärkung gekommen. Was war? Eins von den Kindern, so'n kleiner Rothaariger – der wollte sich nicht ausziehen lassen? Äh – Moment mal – ein Rothaariger? Is dit nich' der Mann von Gaby?

Ungleiche Maßstäbe
Mir kloppen se bei 1,3 den Führerschein ein – während mein Neffe mit 1,4 sogar noch 'n Studienplatz kriegt.

Oma entschieden: Nix da! Du putzt dir jetzt de Zähne, ziehst Opas Nachthemde an und kriechst inne Federn!

Kai: Omilein – das wäre alles wunderbar – und ein anderes Mal machen wir das auch ganz bestimmt – aber leider muß ich morgen früh schon um sieben in der Kongreßhalle antanzen und mein Werk vortragen!

Oma: Ach, haste 'n Jedicht jeschrieben, ja?

Kai: Na ja – nicht direkt! Das ist so'ne Art Rechenschaftslegung! Der Steuerzahler will schließlich wissen, wo sein Geld, das er in die Forschung gesteckt hat, geblieben ist!

Oma erschrocken: Ach, du lieber Gott! Junge, dit hast du dir doch nich' etwa einjesteckt? Deiner alten Oma kannstes doch ruhig sagen! Um wieviel handelt es sich denn? Warte –

Sie geht ganz aufgeregt an ihr Nähtischchen, nimmt ein Kästchen heraus und bringt es an den Tisch: ... hier, ick hab für alle Fälle immer 'n Notgroschen parat! Eigentlich solltest du dit kriegen, wenn aus dir wat Ordentliches jeworden is' – aber, wenn ick dich damit von deine schiefe Bahn abbringen kann – damit wär Opa bestimmt ooch einverstanden – warst ja immer sein Goldjunge!

Sie holt einige Scheine und viel Kleingeld aus dem Kästchen und fragt ungeduldig: Also, nu sag schon, Jungchen, wieviel isset, watte die Steuerzahler wegjenommenm hast?

Kai nimmt ihr alles aus den Händen, legt es wieder zurück und sagt: Oma, das haste jetzt aber alles gründlich mißverstanden! Kannst es glauben – dein Enkel hat keinen Mist gebaut! Im Gegenteil! Ich werde wahrscheinlich bald eine Professur kriegen!

Oma erleichtert: Is' wahr? Professor wirste? Da bin ick aber beruhigt, daß et nischt Schlimmeret is'! Nu paß bloß uff, daß de nich' jenau dieselben Fehler machst wie die andern alle!

Kai erstaunt: Was für Fehler denn?

Oma: Na, die sind doch meistens so schusselig, daß se ofte ihr eigen Fleisch und Blut nich' wiedererkennen! Hier, der Prof. Knackfisch, der über uns wohnt, der hat neulich inner Straßenbahn, als 'n kleenet Mädchen ihm ihren Platz anjeboten hatte, zu ihr jesagt: „Das ist aber brav! Wie heißt du denn, mein Kind?" Da mußte dit arme Ding nu sagen: „Ulrike Knackfisch, Pappa!"

Kai lacht: Ach, Oma, das sind doch alles alte Witze, die man den Professoren andichtet!

Oma bestimmt: Nee, nee, Junge, ick weiß, wat ick weiß!

Sie sagt leise, aber bedeutungsvoll: Jestern hatta mich auf der Treppe jefragt: „Na, Oma Bergedorf, was macht denn Ihre Angina Pectoris?" Stell dir mal vor! So eene hat nie bei mir zur Untermiete jewohnt!

Kai amüsert sich: Aber Oma, der meint dein Herz!

Oma: Na eben! Der olle Charmeur! Soll sich mal lieber um de Kranken kümmern! Na – mein Jungchen – Hauptsache, du kriegst nun bald dein Krankenhaus!

Kai: Mein –? Aber Oma, als Physiker? Ich dachte, du hättest mich vorhin verstanden: Ich beschäftige mich doch mit der Kernspaltung!

Oma nickt: Eben! Und von einem Professor kann man ja nu unmöglich verlangen, daß er dauernd mit'm Hammer Kerne kaputthaut!

Ach Karl

So lange sitz ick nun
schon ohne dich auf dieser Bank.
Du hast es hinter dir
und deine Ruhe, Jottseidank.

Du fehlst mir ofte, Karl,
dit merk ick leider viel zu spät.
Ick brauch doch ein' zum Reden,
dem ick sag'n kann,
wie es 'ner alten Frau so jeht.

Bei uns zu Hause, Karl,
is' alles noch jenau, wie du's verlassen.
Der Has wollt' deine Uhr.
Doch ick laß keenen ran
an deine Sachen.

Ick komm mir manchmal
vor wie'n Regenschirm,
der janz verjessen inner Ecke steht.
Ach Karl, dit is kein schlechter Platz –
Wo't heut bloß um Jeld und Autos jeht,
da bist'e sonst im Weg.

Die Kinder? Tja – wat soll ick sag'n?
Die haben sehr wenig Zeit.
Und ick kann Bahnfahrn nich' vertrag'n –
Du weißt, die wohn' sehr weit.

Der Piepmatz is' noch da
und singt jenau wie eh und je.
Er und die Mietze sind
die einz'jen Menschen,
die ick täglich seh.

Ick komm mir manchmal
vor wie'n Regenschirm,
der janz verjessen inner Ecke steht.
Ach Karl, bis jetzt hat
– außer 'nem Hund,
der immer Gassi jeht –
sich keener nach mir umjedreht.

Ick weiß nich', wat dit is',
ick sitze oft janz faul bloß rum und döse.
Find meine Brille nich' – dabei, wirst lachen,
sitzt se uff de Neese.

Die Enkel sind schon groß,
die schreib'n mir ab und zu 'ne Karte.
Die brauchen nich' mehr Omas Schoß.
Ick frag mich ofte selbst, auf was ich warte.

Ick hab so manche Nacht
jegrübelt über unser Leben
hin und herjedacht.
Ach Karl, obwohl wir beide
nie wat Weltbewegendet vollbracht –
wir hams schon jut gemacht.

Dit war's mal wieder, Karl.
Ick wünsch uns beiden eine ruhje Nacht
und daß ick auch bald sagen kann:
Mein Gott, es ist vollbracht.

Ick werde hier janz still
und ohne viel Brimborium verschwinden
und dich, mein Brubbelkopp,
da oben oder inner Hölle finden.

Denn hier komm ick mir vor
wie'n Regenschirm,
der janz verjessen inner Ecke steht.
Ach Karl, ick will nich' jammern,
weil't dir auf de Nerven jeht.
Doch – besser war's zu zweet.

Mit Karacho kam dann Hilfe
Janz Berlin is
uff de Beene!
Becher? Flaschen her!
ATA

Autor-Pflegedienst

Ort: Arbeitszimmer des TV-Autors Gustav Schnieplich. Es ist teilweise antik eingerichtet. Schwere Bücherschränke – ein großer, in der Mitte des Zimmers stehender Schreibtisch. Davor ein bequemer Stuhl mit Rückenkissen. Auffallend viele Tischlampen. Auf dem Schreibtisch ein angefangenes Manuskript, eine Schreibmaschine, ein Tonbandgerät. Überall fliegende Blätter mit Notizen. Bücher und Nachschlagewerke liegen verstreut umher. Der Papierkorb ist übervoll.

Schnieplich – ein nervöser, überarbeiteter Mensch – sitzt hemdsärmelig an seinem Schreibtisch und bespricht ein Tonband: Helene weicht entsetzt vor seinen kaltfunkelnden Augen zurück! Sie weiß jetzt: Er war es! Und er würde es wieder tun! Noch drei Schritte bis zur Tür – ihre zitternde Hand greift nach der Klinke, doch das, was sie bereits ahnte, wird zur grausigen Gewißheit: Die verdammte Tür ist verschlossen! Sie fühlt ein Würgen in ihrer Kehle, als sie mit letzter Kraft aufschreit ...

Die Tür wird mit Gepolter aufgerissen und Traudl Schulze, Raumpflegerin, kommt mit einem Aufwischeimer ins Zimmer und schreit los: Ach, du dicker Vater! Hier sieht et ja aus wie bei Hempels untert Bett!

Sie läuft ungeniert im Raum umher, besieht sich die Einrichtung und meckert: Mann – Else, die traut sich v'leicht wat! Von wejen: Schöner, jepflegter Haushalt mit'n einzelnen, ruhigen Herrn!

Über einen Schriftsteller
Dit wichtigste Utensil, wat dieser Mensch braucht, is'n Papierkorb.

Sie zeigt auf die fliegenden Blätter auf dem Schreibtisch: Sie ham wohl hier grade 'ne Schnipseljagd veranstaltet, wat?

Schnieplich hat verwundert ihre Gänge verfolgt und fragt sie nun ungehalten: Darf ich fragen, wer ...

Die Schulzen schneidet ihm das Wort ab: Moment! Im Augenblick stell ick hier erst mal die Fragen! Wer ick bin, brauch ick ja wohl nich' lange zu erklären! Else kann nicht, also hab ick ausnahmsweise den miesen Job übernommen, Ihre Bude uff Vordermann zu bringen! Hätt ick natürlich jeahnt, daß et sich hier statt 'ne Komfort-Wohnung um so'ne Art Ersatzteillager handelt, hätt ick natürlich uff die lumpijen 10 Mark, die Se mir pro Stunde zahlen, verzichtet!

Er fragt entsetzt: Wie bitte? Sagten Sie: 10 Mark?

Sie setzt sich auf die Schreibtischkante und sagt: Ja! Da staunen Se, wat? Ick schinder sozusagen für'n Appel und 'n Ei! Aber – wenn Se sich jenieren, daß so'ne arme, alte Frau Ihnen den Dreck für'n Dumpingpreis wegräumt, können Se ja noch 'ne Stange druffflegen! So! Nu zur Tagesordnung: Wo ham Se denn dit Handwerkszeug?

Er zeigt auf eine Tür: Das finden Sie alles in der Besenkammer!

Sie verschränkt die Arme und sieht ihn zweifelnd an: Ach nee! Kaffe – den schließen Sie inne Besenkammer ein? Oder wollen Se etwa, det ick hier blind durch de Jegend feje? Ohne meinen Topp Kaffe hab ick nämlich überhaupt noch keine Oogen, verstehen Se?

Er meint unsicher: Ich dachte, Sie wollten vielleicht lieber erst mal ...

Sie hakt sofort ein: ... ach so – wat essen? Klar, eh' ick mir schlagen lasse! Ihnen is' langweilig, stimmt's? Na, denn haun Se man ab inne Küche und machen Sie wat Schnuddelijet zurecht! Hier stören Se ja doch bloß! Aber – keine Kochwurscht! Die verträgt meine Jalle nich'! Dafür aber den Kaffe schön stark und gefiltert.

Da er immer noch wie versteinert dasteht, faucht sie ihn an: Na – wat stehen Se denn da noch rum? Sie können de Leute wohl stundenlang bei de Arbeit zukieken, wat?

Er sagt beschwörend: Ich wollte nur noch sagen ...

Sie, streng: Also – zu sagen ham Se hier nu nischt mehr! Ab jetzt übernehme ick dit Kommando und Sie jehn'n am besten in volle Deckung! Wenn Se fertig sind mit den Imbiß, denn kloppen Se an, damit Ihnen nich' aus Versehen mein Scheuerlappen um de Ohren fliegt!

Sie schiebt ihn zur Tür hinaus, und er sagt noch zwischen Tür und Angel: Aber bitte – an meinem Schreibtisch nichts verändern!

Sie setzt sich auf seinen Stuhl am Schreibtisch und brabbelt vor sich hin: Blödmann! Wat denkt der sich denn? Daß ick an sei'm Schreibtisch vielleicht de Beene absäge?

Dann entdeckt sie das Tonbandgerät und sagt vergnügt: Mal sehen, ob er hier wenigstens vernünftige Musike druffhat!

Sie fährt das Tonband zurück und hört sich die letzten Sätze an: „Sie fühlt ein Würgen in ihrer Kehle, als sie mit letzter Kraft aufschreit: Ach, Du dicker Vater! Hier sieht et ja aus, wie bei Hempels untert Bett!"

Sie nickt anerkennend: Sehr jut! Könnte direkt von mir sein! Ach – jetzt weeß ick! Dit soll wahrscheinlich so'n Ding von Pritschebitschebilski sein! Mann – da muß aber noch ville mehr passieren in dem Schinken! Wo issen hier dit Loch zum Rinquatschen? Is' keens! Na – nehm ick mal dit Mikroskop hier!

Sie drückt auf einen Knopf – läßt das Band abfahren und spinnt den Faden weiter: Helene sieht, det ihr Oller grade bei's Rasieren is'! „Haste Bier mitjebracht?" fauchta ihr an! „Oh, Bier ha ick verjessen!" – „Na – wat is' denn da in die janzen Pakete drin?" – „Ach", meint Helene leichthin, „'n Kleid und 'n Paar Schuhe – und 'n Hütchen – und – nein, nicht doch! Hilfe! Was willst du denn?"

Dann spricht sie mit tiefer, heiserer Stimme: „Ick hab dir schon dausendmal jesagt, du sollst mir nich immer so'n Mist erzählen, wenn ick det Messer inne Hand habe."

Sie drückt auf „Stop" und sagt zufrieden: Au wacke! Krieg ick ja richtig Jänsehaut! Muß ick mir glei noch mal anhören!

Sie will das Band zurückfahren – löscht es aber dabei! Verwundert fragt sie: Wat'n nu? Jetzt hat der sich wohl ooch noch'n Schlund durchjeschnitten? Oder warum hör ick nischt mehr? Wat steht hier? Löschtaste? Ach herrje! Denn wird wohl aus Versehen Wasser rinjekommen sein!

Sie zieht das Band heraus: Na – denn werd ick dit erst mal zum Trocknen uffhängen!

Sie hängt das Band über die Stuhllehne. Dann wirft sie einen Blick auf den Schreibtisch und meint: So – und den Krempel hier – den schmeiß ick jetzt weg!

Sie nimmt sämtliche Manuskriptblätter, zerreißt sie und wirft sie in den Papierkorb! Dabei fällt ihr eine Vase runter – eine Tischlampe kippt beim Staubwischen um und geht entzwei – Bleistifte und Kugel-

schreiber fliegen durch die Gegend – aber die Schreibtischplatte ist leer!

Schnieplich klopft an!

Sie ruft: Kommen Se ruhig! Sie werden v'leicht Oogen machen!

Er kommt mit einem vollen Tablett herein – rutscht über die herumliegenden Bleistifte aus und fällt hin! Sie stemmt die Arme in die Hüften und keift: Na, sagen Se mal! Können Se denn noch nich' mal freihändig loofen? Eben hab ick hier sauberjemacht – da kommt dieser Unglücksrabe und reißt mit seinem Hintern allet wieder um! Wat soll ick'n nu in meine wohlverdiente Pause essen, hm?

Er rappelt sich hoch – geht auf den Schreibtisch zu und fragt wutschnaubend: Wer war das?

Sie hat vom Fußboden noch ein belegtes Brot gerettet, setzt sich in einen Sessel, beginnt zu kauen und sagt mit vollem Mund: Na, wer wohl? De Heinzelmännchen! Ick hab dit nich' so jut wie Sie – det mir eener mein' Müll nachräumt!

Er stottert fassungslos: Meine sämtlichen Notizen – alles weg!

Sie schmatzt: Dit kommt davon, wenn man so liederlich is'! 'n ordentlicher Mensch kooft sich 'n Notizbuch und da schreibt's sich die Geburtstage vonne Verwandten rin!

Er wühlt im Papierkorb, und sie fragt ihn neugierig: Wat suchen Se denn? War da irjendwat wichtijet dabei? Ne Telefonnummer oder Ihr Einholzettel? Warten Se, wenn ick uffjejessen habe, such ick Ihnen den Fetzen schon raus!

Er sackt am Schreibtisch auf seinen Stuhl und stöhnt: Ich kann mich erschießen!

Sie, mitleidig: Weil Se mit dit Tablett hinjeknallt sind? Na – nu machen Se sich man deswejen keenen Kopp! Ick kann ja wat anderet trinken? Ham Se 'n Glas Wein da?

Sie geht an einen Schrank, tippt auf die Tür: Isser hier drin?

Er schreit: Nein! Da ist nichts! Gar nichts!

Sie macht seelenruhig den Schrank auf. Dort stehen mehrere Flaschen – und sagt tadelnd: Dit hab ick mir jedacht! Typisch Junggeselle! Weeß in seine eigenen vier Wände nich' mal Bescheid! Wollen Se ooch 'n Gläschen?

Sie überlegt sich ihren Vorschlag jedoch gleich wieder und gießt nur für sich ein Glas ein: Obwohl Se't eijentlich jar nich' verdient haben, nich'? Bis jetzt hab ick nämlich noch nich' mitjekriegt, det Se sich über meine saubere Arbeit hier doll jefreut ham!

Sie schlürft laut den Wein: Aber – dit können Se wieder jutmachen, indem Se Handfejer und Müllschippe nehmen und den Schamott hier uffejen!

Er kniet sich hin, besieht die Scherben seiner Lampe und jammert: Die Lampe! Mein Gott! Alles hin! Wissen Sie, wie alt die war? Fast hundert Jahre!

Sie, ungerührt: Wahrscheinlich isse ooch ebenso lange nich' staubjewischt worden! Außerdem: Scherben bringen Glück! Soll'n Se mal sehen, uff wat für ulkije Einfälle Se gleich kommen werden!

Er quetscht zwischen seinen Zähnen hervor: Am liebsten würde ich Sie umbringen!

Gewußt wo!
Übrigens, meine Nachbarin, die hatte in Geografie sogar 'ne 5 und weiß trotzdem, wo die Bermudas liegen. Nämlich im Schrank – zweites Fach von oben. Sehta!

Zu Gast in der Top(p)-Musike:
Traudl Schulze, Hennes (angebliche) Nachbarin
„Stellen Se sich mal vor, mein Oller looft jeden Tag 10 km, weil er abnehmen will."
Staunt Henne: „10 km? Dit is aber viel. Hat er dadurch denn schon an Gewicht verloren?"
Traudl: „Keine Ahnung, inzwischen is er ja nun schon 380 km weit weg."

Sie, begeistert: Sehen Se! Wußt' ick doch, det Se jetzt anfangen, an Ihr Stück weiterzuspinnen!

Sie setzt sich wieder hin, kippelt mit dem Stuhl und überlegt: Also jut – nehmen wa mal an, Helene is' dot! Und weiter? Spucken Se ruhig erstmal alle blöden Einfälle aus, dit sortieren wir nachher schon! Oder soll ick den Joethe, oder wat für'n Musiker dit is', ooch schnell noch zertöppern, damit Se in Schwung bleiben?

Sie springt auf und greift nach einer Gipsbüste, die auf dem Schrank steht!

Er läuft erschrocken auf sie zu und redet wie mit einem ungezogenen Kind: Geben Sie mir sofort die Büste! Um alles in der Welt – nicht fallenlassen! Ich verspreche Ihnen, daß ich nachher eigenhändig mit dem Staublappen einmal drübergehen werde, aber – Sie werden doch einsehen, daß so ein Kunstwerk nicht in ungeübte Hände fallen darf!

Niederträchtig
„Janz schlimme Typen, die neuen Nachbarn. Ick bin mit die Ohren fast inne Wand rinjekrochen, aber die Luders quatschen so niederträchtig leise, daß ich nicht einen Ton verstanden habe."

Sie hat ihm mit wachsender Verwunderung zugehört. Dann dreht sie ihm abrupt den Rücken zu und schimpft vor sich hin: Na – Else kann ja wat erleben! Mir an so'nen Lustmolch zu verhökern! Tsss! Mit'm Staublappen will er nachher über meine Büste jehn!

Dann sagt sie spitz: Soll dit 'n Porno werden, wat Sie da schreiben?

Er hat die Büste an sich genommen – doch jetzt fällt sie ihm beinahe selbst aus der Hand, als er sie verdattert fragt: Wie bitte? Wie kommen Sie denn darauf?

Sie, schlau: Tun Se bloß nich' so scheinheilig! Sie brauchen jar keene Raumpflejerin, sondern bloß 'n Sex-Objekt, wat?

Er braust auf: Also – das ist doch wirklich die Höhe! Hören Sie mal, gute Frau, ich schreibe Lustspiele!

Sie, deutlich: Dit sagte ick ja!

Sie geht suchend durch den Raum und meint argwöhnisch: Aber ick werd dit Biest schon noch finden!

Er geht ihr hinterher: Darf ich fragen, wen?

Hausmusik
Ick hab mir überlegt, daß ick Traudl mein Klavier vermachen werde. Bei mir steht es ja doch bloß auf der Veranda rum – alle Jubeljahre klimper ick eenmal „Brüderlein fein". Ick hab Traudl allerdings darauf aufmerksam jemacht, daß es sehr verstimmt is. Hat se sich diebisch jefreut: „Dit is doch prima! Damit will ick ja sowieso bloß die Neumannsche unter uns ärgern."

Sie klettert auf einen Stuhl und lugt hinter ein Bild. Dabei sagt sie: Na – die Kamera, die mir bei meine Lustspiele fotografieren soll!

Er lacht hysterisch: Entschuldigen Sie, aber Sie sind ja komplett –! Alleine schon die Vorstellung – wie Sie da alles niederwalzen –! Meinen Sie nicht, daß ich, wenn ich schon so was, ja? Daß ich dann vielleicht ein etwas zierlicheres Modell – mit einer etwas kleinformatigen Büste –

Er prustet los!

Doch sie sagt streng: So! Meinen Se! Und wat sagen Se zu Rubenz? Der hat doch nur dicke Weiber abfotografiert! Sein Se froh, det ick Ihr janzet unanständijet Jeschmiere in'n Papierkorb jeschmissen habe! Hier – dit is' nämlich der eindeutige Beweis!

Sie nimmt wahllos einige Schnipsel aus dem Papierkorb und liest vor: Am besten – wir gehen schlafen! Wir beide? Blöde Frage! – Ich kenne Sie ja kaum! – Na – Sie werden doch wohl schon öfter – ? – Sie sind heut schon der 13.! – Keine Angst, ich bin nicht abergläubisch! –

Sie wirft ihm die Zettel hin und sagt: Ick nehme an, Sie werden mir jetzt gleich erklären, daß dit 'ne neue Folge von Sandmännchen wird!

Er klatscht sich vor die Stirn: Sie sind ja völlig verrückt! Nehmen hier wahllos die Schnipsel aus'm Korb und – ja, meinen Sie vielleicht, so was Idiotisches würde mir jemand abkaufen?

Sie meint: Nee! Da haben Se Pech! Weil Se damit ooch 'n bißchen spät uff'n

Markt kommen, nich'? Inzwischen rennen se ja nu schon in jedem Film haufenweise als Nackedeis über de Leinwand!

Er winkt müde ab: Ach – was soll ich mich mit Ihnen über künstlerische Fragen streiten! Fakt ist, Sie haben mein Werk vernichtet, also sehe ich mich gezwungen, noch mal von vorn anzufangen! Also – wenn Sie mich jetzt bitte in Ruhe lassen würden?

Sie lenkt ein: Na – passen Se mal uff – damit Se sehen, daß ick keen Unmensch bin! 'n bißchen wat werden Se doch wohl noch in Ihrem Schädel drinbehalten haben! Also – an wat Se sich erinnern können, det diktieren Se mir jetzt, und ick tipp' dit gleich inne Maschine rin!

Sie setzt sich an die Schreibmaschine und legt einen Bogen ein!

Er sagt zweifelnd: Können Sie denn überhaupt Schreibmaschine schreiben?

Sie: Na ja – nich' so schnell natürlich! Aber da Sie ja sowieso dauernd stottern, wird dit schon hinhau'n! So, aber nu keene Müdigkeit vorschützen, während ick hier wie'n Weltmeister inne Tasten greife, können Sie schon mal kurz uff de Leiter turnen und de Jardinen abnehmen! Die waschen Se denn, wenn ick weg bin!

Er, sauer: Ich? Soll die waschen?

Sie, erstaunt: Ja – wer'n sonst? Ick bin ja schließlich keen Orang-Utan, det ick vierhändig spielen kann! Also – wie heißt Ihr Ding?

Er erklimmt gerade die Leiter – fällt vor Schreck fast wieder herunter! Sie sieht ihm kopfschüttelnd zu und rügt ihn: Na – na! An wat denken Se denn nu schon wieder? Ick rede von Ihre 3-Groschen-Oper! Die muß doch 'ne Überschrift haben!

Ihm ist die Gardine über den Kopf gefallen! Er sagt darunter dumpf: „Karl-Dieter, der Phantast!"

Sie tippt mit einem Finger und redet dabei laut: Karl-Dieter, der – ? Sie! Ick mach Ihnen druff uffmerksam, daß ick den Phantast mit „F" schreiben muß! Dit „V" is' hier nämlich kaputt! Außerdem is' der Titel sowieso Käse!

Er kämpft mit der Gardine und verteidigt sich: Reden Sie keinen Stuß! Das ist der beste, der mir je eingefallen ist!

Sie zuckt die Schultern: Ihnen! Dit gloob ick jerne! Sie sind ja sojar zu dußlig, 'ne Jardine runterzuholen! Ick würde besser finden: „Karl-Dieter im Knast!" Der hat drei Frauen gleichzeitig die Ehe versprochen – und nu isser froh, det er sich mal 'ne Weile ausruhen kann!

Er stolpert von der Leiter: Ach Blödsinn! Karl-Dieter ist ein ganz biederer Autoschlosser!

Sie sieht ihn erstaunt an: Na – da paßt der Titel doch wie de Faust uff't Ooge!

Er erklärt ihr: Wie oft soll ich Ihnen denn noch sagen: Der Mann arbeitet. er hat 'ne Braut ...

Sie zeigt auf die andere Gardine am Fenster: Die is' aber ooch nich' mehr janz sauber! Am besten is', Sie stecken beede gleich inne Wanne!

Er begreift nicht: Wer? Wen? Karl-Dieter und Helene?

Sie: Mann! Die Jardine! Aber – Sie ham mir uff 'ne Idee jebracht! Passen Se uff: Karl-Dieter is' also Autoschlosser und man sieht, wie der 'ne Motorhaube uffmacht – eenmal ringähnt, wieder zuklappt und 'ne saftije Rechnung ausstellt!

Er brüllt dazwischen: Menschenskind, begreifen Sie denn nicht? Der ist unschuldig, der Junge!

Revue mit Pauken und Trompeten

Als ick gerade zum Friedrichstadtpalast fahren will, kommt Hugo, mein Nachbar, zu mir und sagt: „Sagen Se mal, könnt ihr meine Olle nich' in euern Programm jebrauchen? Denn könnt ick endlich mal wieder in meine Kneipe jehn, wo ick schon tausend Jahre nich' mehr war."

Ick sage: „Traudl? In der Revue? Die is doch überhaupt nich' musikalisch."

Meint er erstaunt: Wat is die nich? Haben Se denn etwa noch nie jehört, wie die allet ausposaunt und wie 'ne Verrückte die Nachbarschaft zusammentrommelt?"

Sie, gelassen: Ach, dit sagen se alle! Aber meinetwegen: Karl-Dieter is' unschuldijerweise hinter „Schwedische Jardinen“ jeraten – und Helene, seine Braut, kommt ihm eines Tages besuchen und fragt: „Na, Schocker –?“

Er kommt – mit der Gardine um den Hals – auf sie zu und fragt verstört: Schocker??? Wer ist denn nun wieder Schocker?

Sie: Ruhe! Sehn Se nicht, wie die Musen über mir herfallen? Jawoll! Dit wird 'ne Story! Karl is – anjefangen bei seine arme Kindheit, für die er sich durch Banküberfälle rächen will – dummerweise in'n Knast jeraten, und Helene, seine Braut, kommt als traurige Fijur zur Besuchszeit mit'm Kuchen, in welchen sie statt Rosinen mühsam 'ne Eisenfeile rinjepopelt hat. Karl, der geistlich schon immer'n Depp war, frißt in seine Gier die Feile leider mit, so daß ihm dit Monstrum in stundenlanger Kleinarbeit wieder rausoperiert werden muß und er – wegen juter Führung – vorzeitig den Bau verlassen darf. Nun stehta zu Hause vor der Glotze, sieht mit eenem Ooge Fußball und mit dem anderen rasiert er sich. Indem kommt die unter Pakete versteckte Helene anjetänzelt und Karl fragt mürrisch: „Haste Bier mitjebracht?“ – „Oh“, meint se schreckhaft, „deine Marke, nach die de immer so jut riechst, war alle.“ – „Und wat ist in die ollen Schachteln hier drin?“ – „Och“, schwindelt se ihm voll, „nur'n paar feste Botten und'n Chiffon-Fummel für'n Winter.“ Nun jeht se vorsichtig nach rückwärts, wobei se neugierig fragt. „Wat ist denn, Karl? Dieser stelzt nämlich mit grauenvollen Nüsternblähungen auf ihr zu und sagt ohne Ton: „Ick hab dir schon 100 mal jesagt, du sollst mir nich' immer so'n Scheiß erzählen, wenn ick dit Rasiermesser inne Hand habe!“

Der Autor ist ohnmächtig zusammengesackt.

Die Putze staunt: Na sag mal, sieht dieser Mensch denn nie Kinderfernsehen?

Jürgen Rummel
Von der belebenden Wirkung des ... Kaviars

Helga Hahnemann war gefragt auf den Bühnen zwischen Kap Arkona und Fichtelberg. Wenn ich den Veranstaltern interessante Angebot machen wollte, kam ich an Helga nicht vorbei. Dagmar Gelbke hatte mich mit ihr bekannt gemacht, und eine erste Veranstaltung – unter Aufbietung all meiner Überredungskünste –, war vereinbart: Auftritt im „Haus der Nationalen Volksarmee“ in Löbau. Mit dem Berlin-Sextett und Rudi Richter, „dit is' klar, sonst jeht jar nüscht“, hatte Helga mich wissen lassen.

Bei den Löbauern war die Freude groß – und die Nachfrage nach den Karten entsprechend. Also wurde für den darauffolgenden Abend eine zweite Veranstaltung angesetzt.

Der erste Abend – gespannte Erwartung, halb Löbau schien im Saal anwesend – nur der sehnsüchtig erwartete Star fehlte. Die Stimmung drohte fast zu kippen, da rauschte Helga heran – ziemlich schlecht gelaunt. „Rummel“, fuhr sie mich an, „Rummel, das is' ja am Arsch der Welt!“, verschwand in der Garderobe und stand Minuten später auf der Bühne. Von schlechter Laune keine Spur, ihr Auftritt war perfekt.

Eine Übernachtung für Helga hatte ich nicht besorgen sollen, sie wollte nach der Veranstaltung nach Hause fahren, lud Rudi Richter in ihren Mazda und brauste los in Richtung Berlin.

Am nächsten Abend die gleiche Situation: Noch später, noch schlechter gelaunt traf Helga ein. Sie hatte bei der Rückfahrt, als Müdigkeit sie überkam, Rudi ans Steuer gelassen, und der war in eine die Straße querende Wildschweinherde gerast, hatte „een armet Schwein“ angefahren, und der Mazda war arg lädiert. „Rummelchen“, sagte sie, „ick brauch doch 'n Auto. Kannst du mir nicht deinen alten Citroen pumpen.“ Ja, konnte ich. Aber Helga kam mit der Hydraulik nicht zurecht, setzte den Wagen auf Bordsteinkanten und andere Hindernisse. Ich weiß nicht mehr, wie oft in den nächsten Tagen das Telefon bei mir klingelte, „Rummelchen, wie krieg ick die Zitrone wieder hoch?“

Das war der Beginn unserer Bekanntschaft und Zusammenarbeit. Und bald kam ich hinter ein Geheimnis, das eigentlich keins war ... Denn in Helgas Freundeskreis wußte jeder, wie leidenschaftlich gern sie Kaviar aß, den echten russischen, am liebsten den roten. Der war nicht einmal als Bückware zu bekommen, es gab ihn quasi nicht. Aber ich hatte gute Beziehungen zu einer Sowjetbürgerin, die mich gelegentlich mit der roten Köstlichkeit versorgte. Manchmal, wenn ich Termine mit Helga zu verabreden hatte, deutete ich am Telefon an, daß wir ja bei einem Kaviar-Imbiß beraten könnten ... „Pack dit jute Zeug ein und komm raus zu mir ...“, meinte sie dann.

Es war 1989, ein Freund hatte einen Herzenswunsch: Zu seinem runden Geburtstag sollte Helga Hahnemann auftreten.

„Dit mach ick nich', Rummelchen.“

„Geld spielt keine Rolle, Helga ...“

„Nee, ick trete uff keener Fete uff ...“

Ich nannte ein erkleckliches Sümmchen.

„Nee, mach ick nich' ...“

„... und ich leg noch eine große Büchse Kaviar drauf ...“

Da schwieg sie ausnahmsweise ... und mein Freund bekam die schönste Party seines Lebens.

Ja, Henne und das Geld. Ich hatte in einem Dresdner Hotel übernachtet, und wie der Zufall es wollte, traf ich Helga am Frühstücksbüffet. Wir plauderten, und dann schoß es ihr durch den Kopf: „Weeßte wat, du kennst dich doch hier aus, laß uns mal durch die Antiquitätenläden bummeln.“

Helgas Popularität war in Sachsen nicht geringer als in Berlin; höchst ungewöhnlich bei den stetigen Querelen zwischen Hauptstädtern und dem „Rest der Republik“. Frau Hahnemann jedenfalls wurde in jedem Laden nicht nur sofort erkannt, sondern freudig begrüßt, und so manche ansonsten wohl guten Kunden vorbehaltene Schublade öffnete sich ihr. In einem der Läden präsentierte ihr die Verkäuferin wunderschöne, große Ohrringe aus Weißgold. Helga war sofort begeistert, legte den Schmuck an, musterte sich im Spiegel, strahlte. Ihr Lächeln verschwand, als ihr der Preis genannt wurde. „Wat meinste, Rummelchen, soll ick die Klunkern koofen?“

„Na, wenn du es dir leisten kannst, dann mach dir doch die Freude!“

Sie zögerte einen Moment, dann ermunterte sie sich selbst: „Ach, is' piepejal, wer weeß, wie lange ick noch lebe!“ und zückte das Portemonnaie.

Ich habe später die „Klunkern“ bei mancher Fernsehshow an ihr bewundern können.

Die Gründung Berlins

mit Alfred Müller

Beide in pseudo-historischen Kostümen. Alfred Müller zieht einen bepackten Karren – (ähnlich dem der „Mutter Courage“).

Obenauf sitzt Helga – sie wickelt sich fröstelnd in ein Umschlagtuch und fragt ängstlich: Alfred? Bist du noch da?

Alfred: Na logo! Wat denkste denn, wer dich hier zieht, hä?

Helga: Ick gloobe, wir sind nich' ganz richtig!

Alfred: Dit kannste laut sagen! Vor allen Dingen icke! Sonst hätt' ick mir uff so'ne Nacht- und Nebelaktion nie einjelassen!

Helga: Soll ick mich mal 'ne Weile vor den Karren spannen?

Alfred: Sag mal, wo lebst du denn? Mutter Courage und den 30jährigen Krieg kriegen wa doch erst noch! Im Moment sind wa jutet Mittelalter!

Helga: Du vielleicht. Ick bin noch Frühe Gotik!

Alfred: Daher dein jepflegtet Althochdeutsch inne Aussprache!

Helga: Besser als dein Althochdeutsch inne Liebe!

Alfred tappt im Dunkeln herum und flucht: Mist, verdammter! Dit is ja hier duster wie im Sack!

Helga: Hoffentlich fallen wa nicht noch Wegelagerer inne Hände.

Alfred: Die können mir jar nichts! Mit der Karre fahr ick ja höchstens 15 kmh!

Helga mault: Ick hab Hunger! Is hier nich' v'lei 'n Rasthaus?

Alfred: Ha ha – uff'n Montag?

Helga: Du jehst ja wieder mal nach'm Mond. Heute is Dienstag!

Alfred: Und? Die ersten drei Tage inne Woche ham se alle jeschlossen jeschlossen!

Henne ruft plötzlich aufgeregt: Halt! Alfred – halt mal an! Wir sind da!

Alfred: Spinnst du? In dem Modder hier?

Helga: Mann, schnupperste denn nischt? Hm – hach – da könnt ick ma dotriechen an die Luft!

Alfred hustet: Pfui Deibel, da kriegste ja de Krätze an' Hals! Ick denke, wir wollten dahin völkerwandern, wo't 'n Meer jibt und Palmen!

Helga: Palmen! Ick bin ja keen Affe – wie du!

Alfred: Siehste nich', det ick hier bis anne Knie im Sumpf stehe?

Helga: Früher haste bis zum Hals im Sumpf jesteckt und dit fandste sojar noch prima!

Sie springt vom Wagen!

Alfred haut Mücken tot und meckert: Und die ollen Mücken – die fressen einen ja bald uff!

Helga: Klar, weil se von dein'm Blut so schön besoffen werden!

Alfred: Los – komm, wir haun ab nach drüben! V'leicht is' da besser!

Helga: Ach ja? Haste denn da Verwandte?

Alfred: Nee, aber dit sieht doch 'n Neandertaler, dette in die Brühe hier keen Haus rinsetzen kannst! Dit versackt doch!

Mit den Regisseuren Karl Gerhard Seher und Winfried B. Teubner

Helga: Denn stellen wir't eben uff Pfähle!

Alfred: Bei dir merkt man echt, daß dein Großvater noch von Baum zu Baum jehopst is! Wat soll denn mit die janze Passage dadrunter passieren, mh?

Helga: Legen wa trocken – und denn kommt 'ne Boutique rin!

Alfred: Ne Budike? Dit is ne Idee! Hier kommt zwar nie eener vorbei – aber wenn mal eener kommt, der säuft denn ooch gleich drei Tage lang!

Helga: Wat heißt, hier kommt keener? Wetten? Aus de janze Welt werden se anjeloofen kommen – bis nach Saconia, kannste glooben! Ick hab ooch schon 'n Namen für dit Nest! Wie findst'n: Hahnemann-Dorf?

Alfred: Von mir sprichste jar nich, wat? Äh – Alfredos Casa Clanca hört sich ja wohl ooch nich' übel an!

Helga: Psst! Sei mal still! Da ist doch wat im Busch, eh!

Film Einblendung:

Hahnemann/Müller – als sächsisches Ehepaar – mit mehreren Kindern schlägt sich mit Gepäck durch die Büsche! Ottilie, die Ehefrau, stutzt plötzlich, stößt ihren Mann an und flüstert: Oddo, gugge mal, was sind'n das da für Individuümmer?

Mann: Dis wär'n se sin!

Frau: Großer Godd von Holz, warum haben die denn so e riesengroßes Maul?

Mann: Was weeß denn ich? Andere Haufendörfer – andere Sitten, ne wohr? Mir stellen uns jedenfalls ganz dumm! Hört Ihr, Kinnersch? Mir sind dumm und damit basta! Nu gäh schon vor, Oddilie!

Frau: Ich? Ich bin doch nich' beglobbt, Babba! Nachher fressen die vielleicht Menschen!

Mann: Also – denn mache dich hier fort! Immer muß der Babba in de Hehle des Lewen! Scheen guden Morjen, Herr Nachbar! Gestadden Se, daß mer näher treden?

Alfred: Klar! Immer kommen Se! Wat hat Sie denn hierher verschlagen?

Mann: Nu, Se werden's nich' glooben – mei Riecher! Stimmt's, Oddilie?

Frau: Freilich! Uff dän sei Zinken, da is Verlaß! Nett ham Se's hier, ne wohr, Oddo?

Alfred: Nett? Also, dit würde ick meinem ärgsten Feind nich' jönnen, hier zu kampieren!

Henne: Außerdem – wir sind ja noch jar nich' so weit!

Mann: Och – dis wär'n mir schon hinkriegen, ne wohr, Oddilie? Hauptsache is, man hat immer e Plan vor Oogen!

Frau: Äben! Mir sind ja bescheiden! E gleenes Pennhaus – und mir sind iberglicklich!

Henne: Ach – und wo bleiben wir?

Mann: Nu – zur Nod vermieden mir äben under, was meensten du, Oddilie?

Frau: Freilich! Mir Berliner missen doch zusammenhalden!

Henne – leise zu Alfred: Man o Meter, wär der bloß mit seine Olle nach Amerika abjedampft, eh!

Alfred: Mensch, olle Columbus hat doch Amerika noch jar nicht entdeckt!

Mann: Keene Sorge, Frolleinchen, sollde der Gerl es eenes Tages emal entdecken, denn machen mir da ooch noch hin! So – hopp hopp, Kinnersch, packt aus, mir essen zeitig!

Film Ende!

Alfred krempelt sich die Ärmel hoch und behauptet: Soooo – jetzt fang wa gleich an! Als erstet brauch ick mal –

Henne: 'n Bier!

Alfred: Quatsch – 'n Grundriß! Schließlich sollen ja hier mal 700 Häuser stehn, nich'?

Henne: Ick werd verrückt: 700?

Alfred: Wat denkst du denn? Ne Großstadt wird dit!

Film Einblendung:

Hahnemann/Müller als Raubritter! (Alfred als Homosexueller)
Er fuchtelt mit einem Degen herum und ruft: Architekt! Nun mal hoppchen

und die Pfötchen hoch, Süßer! Und schön auspacken, was du in deinem Beutelchen drin hast!

Henne – als derber Raubritter – kommt dazu, versetzt ihm einen Knuff und schnauzt: Mach bloß'n Satz ant andre Ufer, du Dämlack!

Äfft ihn nach: Architekt! Bist doch hier nich' inne Nacht-Revue! Die müssen ja denken, der edle Stand der Raubritter besteht nur noch aus Idioten und Transmestizen! Los – du nimmst die beeden jetzt aus wie 'ne Weihnachtsjans! Ick jeb dir von hinten Feuerschutz!

Travi: Von hinten? Toll!

Henne: Mach die Socken scharf, eh! Ick will schließlich wejen die paar Puseratzen nich' bei Kunijunden zu spät kommen!

Travi: Was soll ich denn machen?

Henne: Du sollst dem reichen Sack da wat rauben, klar?

Travi: Aah – vielleicht 'n Küßchen, ja?

Henne: Mann – Jold – Diamanten – Fliesen für de Burgküche – Ersatzteile für Pferde –

Travi enttäuscht: Hach, wegen so'nem profanen Mist mußten wir extra von unserer gemütlichen Ritterburg durch diese Hohle Gasse kommen?

Henne: Dit war keene Hohle Gasse – sondern 'n Engpaß, du Eierbatz!

Alfred leise zu Henne: Sag mal, die vom „Stamme Nimm", die jibt et noch? Ick denke, irjend'n Brandenburjer Kurfürst soll dit Märkische Raubrittertum längst ausjerottet haben?

Der Ritter Henne grinsend: Dit möchteta, wat? Nee nee, du! Uns wird et wohl bis in alle Ewigkeit jeben! V'lei, daß wa in andrer Form ufftreten – als Handwerker verkleidet oder so – aber, jeraubrittert wird feste weiter!

Beide Ritter stiefeln los!

Film Ende!

Alfred buddelt weiter – Henne mißt mit großen Schritten den Raum ab! Dabei sagt sie: Ick gloobe, wir müssen noch anbaun!

Alfred: Können wa ja! Ick will später sowieso noch die Dörfer Pankow, Lichtenberg und Marzahn dazukoofen!

Henne: Aber – nur zum Taxpreis!

Alfred: Zum Taxpreis! Dit war v'leicht mal inne Steinzeit, dette die Grundstücker für'n Appel und 'n Ei jekriegt hast! Heutzutage mußte für die kleenste Kate hinblättern, watte früher für'n Schloß bezahlt hast!

Henne: Kiek mal – hier drüben – dacht ick –legen wa unsern Lustjarten an!

Alfred: 'n Lustjarten? Im Winter ooch?

Henne: Mann, für Kartoffeln!

Alfred: Iiih – eß ick nich'!

Henne: Denn mußte zu deine Mutter zurückjehn – bei mir jibt's die nämlich nur!

Film Einblendung:

Alfred als Hugenotte! Er verbeugt sich zierlich und sagt: Bon soir, mes amis!
Alfred erstaunt: Wat is denn dit für'n Tango-Bubi?
Henne: Wird'n Masseur sein! Die sind aus Paris – hier einjewandert!
Hugenotte: Aaah, ich küsse Ihre And, Madame!
Alfred: Wat sind'n dit für neumodische Sitten, hä? Die ihre And is zum Arbeiten da, verstanden? Ihre And für ihr Produkt, klar?
Hugenotte: O so kleine, zarte And! Ihr Err Gemahl, Madame?
Henne: Äh – mal ja – mal nich, nich?
Hugenotte: Und Monsieur immer viel Bier trinken – und schnarchen – anstatt? Rien de vas plus, abe ich recht?
Henne läuft jetzt von der Bühne und in das Filmbild hinein! Dort fällt sie dem Hugenotten schluchzend um den Hals und beschwert sich: Ach – mmnsignore, Sie glooben ja nicht, wat für'n oller Sacre queur der is! Kennt bloß: Dawei – dawei, rabotajet – und icke, als Notre Dame, intressier den überhaupt nich!
Hugenotte: Oh la la – Ihre kleine Erz macht bum-bum!
leise: Vous les vous couchez avec mois?
Henne: Klar koch ick für dich, cheri! Sojar französisch!
Hugenotte: C'est si bon! Tres delicat!
Henne: Delikat? Haste denn sovielle Franc bei dir?
Hugenotte: Ich abe genug für Zigarette – Bagette – Omelette – Musette –
Alfred sauer: Closett!
Hugenotte: Oh, der Err Gemahl ist eifersüchtig!
Alfred: Eifersüchtig? Bon Scherz, Monseiur!
Dann schreit er: Wat is' denn nu, Jenossin? Ick bin hier schießlich nich' alleene für den Kampfplatz der Arbeit und die Einführung der Null-Fehler-Produktion als vorrangige Aufgabe in den Brigaden –
Henne unterbricht: A votre chantrè, monsieur, ick muß weiter travaillieren! Mit Berlin wolln wa nämlich mal mächtig Arc de Triumphen, verstehste?
Sie geht aus dem Bild – kommt wieder auf die Bühne und sagt zu Alfred: Dit is'n Hugenotte!
Alfred – höhnisch: Ach nee! Ick dachte, Monsieur 100 000 Volt!
Hugenotte – leise zu Alfred: Ich glaube, dir muß ich bessere Manieren beibringen, cher ami!

Geht ab

Auf der Suche nach einer Urlaubsvertretung

„Nein, Chef, ich bin grade erst dabei. Bei was? Na, mir 'nen Stellvertreter zu, suchen. Ja – ich weiß, Chef, nicht bloß'n Halbleiter – voll muß er sein. Jawohl, ich gehe an die größten Koniferen ran – Müller zum Beispiel. Nein, Chef, nicht der Bäcker an der Ecke, der immer so kleine Brötchen backt, obwohl er so riesige Pranken hat – ich meine mehr den ‚Sein-oder Nichtsein'-Müller."

Sie legt auf – wählt neu und brabbelt: „Junge Junge, kennt nicht mal den ‚Osterspaziergang', der Alte. Hallo? Schönen guten Morgen, Frau Müller. Ist der Alfred da? Der schläft noch? Würden Sie ihn bitte mal wecken? Ich möchte ihm was ins Ohr flüstern. Wie? Er läßt sich prinzipiell von fremden Frauen nichts flüstern? Fremd is gut! Wir spielen ja schon seit Monaten ein Ehepaar. Weiß doch ganz Berlin – außer Ihnen anscheinend. He – nun sein Sie doch nicht gleich eifersüchtig – spätestens im Februar kriegen Sie Ihren Mann ja wieder. Hallo? Tss – aufgelegt.

Also weiter imText. Warte mal: Traudl! Na klar, Traudl muß her, sonst drängelt sie sich ja auch immer vor. Hallo, Traudelchen? Nein, ich bin nicht die Frau vom Klempner. Achherrjeh, bei Ihnen is'n Wasserrohr geplatzt? Und? Kümmert sich Ihr Mann nicht? So – der hält schon 'ne halbe Stunde die Hand auf das Loch. Aha – dabei testet er gleichzeitig seine wasserdichte Armbanduhr. Wie hoch steht denn dit Wasser? Bis ans Knie? Geht ja noch. Haben Sie denn schon mit dem Klempner gesprochen? Aha – nur mit seinem Anrufbeantworter. Na denn: Petri Heil. *Legt auf.*

Mist! Nun steh ick wieder da. Möchte mal wissen, was beim ‚Wassermann positiv' positiv sein soll?

Ihr Telefon klingelt, Henne müde: Ja? Wer? Was für 'ne Dagmar? Ach Daggi Mädel, du kommst ja wie gerufen. Sag mal, kannst du nicht mal meine Sendung übernehmen? Ja? Super! Is doch zu schön, wenn man Freunde hat. Wie? Was habe ich?

Auf 'ner Party erzählt, du hättest nicht alle Tassen im Schrank?

Aber nicht doch – das haben die anderen alle gesagt.

Bitte? Was noch? Ich soll behauptet haben, du wärst zickig?

Nee du – dit stimmt zwar – aber gesagt habe ick dit nie. Alles klar zwischen uns? Also, meine Kleene, dann schmeiß dich in deinen lutscherfarbenen Strampelanzug und – – wie? Du kannst frühestens in 14 Tagen? Jetzt mußt du zum Karate? Mensch – du bist doch die blödeste Kuh – – aufgelegt! Na ja – ick wußte ja schon immer, daß die'n Sprung in der Schüssel hat.

Hach, wen habe ich denn hier noch in meinem Büchelchen zu stehen?

A – wie Armleuchter – B – wie Bause. Na bitte. Olle Arndtchen. Bloß – der hat jetzt solchen Dauerstreß mit meiner L.P. Ach – ich sage einfach, daß er 'n Referat halten soll, und wenn der erst mal angefangen hat, hört er sowieso nicht mehr auf.

Hallo Arndt? Hier ist Henne. Hen – ne! Himmeldonnerwetter – Hah – ne – mann!!

Fragt der, welches Programm? Hast du Bohnen in die Ohrn?

Nein, ich habe keine Noten verlorn.

Mann, da kriegste ja 'nen Knall bei dem. Bestimmt macht der Demobänder mit 100000 Volt, eh. Kannst du den Krach nicht mal abstellen? Abstellen – nicht Handschellen! Zwecklos! Dann bastel mal schön weiter. Jawoll, jetzt hast du's: Hier spricht der Hund vom Kneiper."

Traudl macht Urlaubsvertretung
Der Tontechniker erklärte Traudl das Nötigste, und schon legte sie los: „Ja – is jut, ick hab's kapiert, bin ja nich' bescheuert. Du brauchst nur mit deinen Oogen zu klappern hinter deine Scheibe, denn reiß ick meine Klappe auf und sage, wat die Uhr jeschlagen hat. He, wat is denn nu? Siehste nich, daß die rote Lampe hier noch brennt? Wie? Ihr fahrt immer bei rot? Na – denn braucht Ihr Euch nich' zu wundern, wenn Ihr eines Tages unter die Räder kommt. Huhu! Liebe Hörer, können Sie mir sehn? Oma, hier bin ich! Die Frau Hahnemann hat mir nämlich händeringend die Pistole auf de Brust jesetzt, heute mal die Top(p)-Musike zu – äh – konferenzen. Ick bin ja nun 'n feines, stilles Wesen, von mir werden Sie nich' viel zu hören kriegen – höchstens, was der freche Kerl von Wachtmeister vorhin am Tor zu mir jesagt hat, als ick höflich von ihm wissen wollte: Komme ick durch dit Tor hier in'n Rundfunk rein?
Da meint der Kerl: ‚Warum sollen Sie denn da nicht durchkommen? Unsere Ü-Wagen passen ja auch durch.'„

Dit is' lange her

Wenn ick manchmal so meen' Moralischen krieg,
dann wünsch ick uff eenmal als Kind mir zurück –
im Hof, mit Zöppe, den Kopp voller Unsinn und Träume!
Ick fühl direkt, wie Mutter mir eene schmiert,
weil ick mir die Oogen mit Tusche verkliert!
Ick fand dit janz irre! Wat macht man nich' allet mit neune?
Beim Spiel'n hab ick dauernd zu dir nur jekiekt,
doch du warst ja nach Fußball verrückt!
Für dich war ick irjend'n Jör mit verdammt dünne Beene:
Und denn – eines Tages, da zogste aus!
Ich seh noch die Möbel vor unserem Haus!
Und ick hab jeschluckt wie blöde, damit ich nich' weene!

Abschied von Henne: Die Bühne im Friedrichstadtpalast

Unter tausend fremden Leuten
hab ick dich von weitem
gleich an deine Beene erkannt!
Mann, die jing'n beim „Tutti-Frutti"
los wie Jummi-Jutti,
und wir ham dich Elvis jenannt!
Eenmal haste aus Versehen
mir'n Kuß jejeben,
danach lag ick drei Nächte wach!
Dit is' lange lange her!
Weeßte dit nich' mehr?
Siehste, ick denk oft noch darüber nach!

Is wat? Du kiekst mich so leicht komisch an!
Natürlich is' heut bißchen mehr an mir dran!
Ick gloobe, du kannst et wohl immer noch gar nich' fassen,
daß ick diese Kleene aus Pankow bin,
na, die mit de Boll'n inne Strümpe drin!
Dit Dummchen, wat sich wejen dir hat so oft dreschen lassen!
Du siehst noch jenauso wie damals aus!
Na jut, sag'n wa, vielleicht haste 'n bißchen mehr Bauch!
So isset im Leben, da mußte dir nischt draus machen!
Wat hältsten davon, wenn wir'n Bier trinken jehn?
Ick hoff, deine Frau, die hat nischt dajeg'n,
daß wir von alte Zeiten so rummspinn' und einfach mal quatschen!

Unter tausend fremden Leuten
hab ick dich von weitem
gleich an deine Beene erkannt!
Mann, die jing'n beim „Tutti-Frutti"
los wie Jummi-Jutti,
und wir ham dich Elvis jenannt!
Eenmal haste aus Versehen
mir'n Kuß jejeben,
danach lag ick drei Nächte wach!
Dit is' lange lange her!
Weeßte dit nich' mehr?

Mir is', als wenn et jestern grad' erst wär!

Dagmar Frederic
Ein Lied für Henne

Wir waren wieder einmal in Moskau auf Tournee. Ich habe zum Abschluß des Programms *Auf Wiedersehen, ihr Freunde mein* gesungen, eine Strophe in Russisch als Geste an das Publikum. Jeden Abend jubelte dieses wunderbare, begeisterungsfähige Publikum. Nach der Vorstellung gab er [Wolfgang E. Struck, Intendant vom Friedrichstadtpalast] in seinem Zimmer, das einen riesigen runden Tisch hatte, für die Künstler einen Wein aus. Er hatte gern Menschen um sich, und wir alle liebten seine Geschichten.

Als wir schon fast aus der Tür waren, sagte Strucki so ganz nebenbei: „Wenn ich mal tot bin, mußt du für mich dieses Lied singen." Ich erstarrte innerlich, nahm es aber doch einfach als Joke und sagte: „Ja klar, mach ich doch." Dann machte sich dieser Mann, der sehr krank war, nach der Eröffnung des neuen Palastes einfach davon, stirbt, und die, die seinen Wunsch kannten, mahnten mein Versprechen ein.

Die Riesenbühne im Friedrichstadtpalast, volles Haus, er war ein sehr beliebter Chef und Mensch, ein überlebensgroßes Bild von ihm, und ich stand daneben und sang wie versprochen. Das war eine große Kraftanstrengung! Ich gab mir Mühe, an etwas anderes zu denken. Als die Feierstunde vorbei war, kam die Henne, nahm mich in den Arm (was sie höchst selten tat) und sagte: „Alte, du hast aber schön jesungen, det mußte bei mir ooch singen!" – O mein Gott, ich war so froh, es mit Würde und Stimme überstanden zu haben, daß ich wieder dieses verhängnisvolle Ja viel zu spontan sagte. Niemand aber wäre auf die Idee gekommen, daß bei diesem vor Kraft strotzenden Vollweib die Energielampe so schnell erlöschen würde, daß sie so krank war. Sie tat alles, was sie tat, sehr gerne: arbeiten, schwimmen, ihr Balletttraining, kochen, essen, trinken, feiern und rauchen. Als sie wegen ewiger Bronchitis den Rat ihres Arztes befolgte, das Rauchen aufzugeben, wurde sie zur militanten Nichtraucherin. Niemand in drei Kilometer Entfernung sollte nach Qualm riechen oder etwa selber rauchen.

Sie war auch eitel ohne Ende, hat nie ihr Alter zugegeben. Als sie wieder mal zur großen Party einlud, sie hatte am gleichen Tag wie meine Mutti, am 8. September, Geburtstag, sickerte durch, daß sie 50 wird. Ich hatte eine Veranstaltung, konnte ihr nur vormittags gratulieren. Kam aufgemotzt wie immer, auf Stöckelschuhen zu ihr.

Sie bat uns nach hinten in den Garten, wo an ihrem Pool die Neuerwerbung stand. Damals waren diese aufklappbaren Plasteeier modern. Wir hatten ein Glas Sekt in der Hand, nahmen Platz und ich natürlich hintenüber, machte eine Rolle rückwärts. Das war nach ihrem Geschmack, konnte sich überhaupt nicht wieder einkriegen. Schadenfreude ist ja nun mal die größte Freude.

Ich restaurierte mich, wir mußten leider los. Am nächsten Tag hörte ich von anderen Gästen, sie hätte jedem, der kam, unter lautem Gebrüll erzählt, wie ihr „Dackel" – das war mein Spitzname bei ihr – die Rolle machte.

In einer denkbar anderen Stimmung stand ich dann einige Zeit später wieder im Friedrichstadtpalast in einem kleinen schwarzen Kostüm auf der Bühne und wäre am liebsten in der Erde versunken. Viele Kollegen hatten Reden gehalten über sie, für sie gesungen, und jetzt stand ich ganz allein und sang wieder dieses Lied. Jeder kam noch einmal heraus, legte direkt vor mich eine rote Rose für Henne. Als das Lied zu Ende war, lag ein riesiger Rosenstrauß da. Die Fernsehkamera ging direkt von meinem Gesicht auf die Blumen.

Ich hatte durchgehalten, innerlich war ich ein Eisblock.

Frech wie Rotz!

Henne als „Schulkind"
Ich weiß schon, was 3 hoch 1 is: Ein Hund, der sein Bein hebt.

Zu früh gefreut
Der Jüngste von meiner Nachbarin – der Bonario – kam aus der Schule und sagte schadenfroh: „Du Pappa, der Sven bleibt sitzen."
Meinte der Pappa: „Keen Wunder, dit hat der Bengel von seinem Vater. Dit is der größte Idiot, den ick kenne."
Bonario kleinlaut: „Pappa, ick bleib aber ooch sitzen."

Frech wie Rotz!
Aufgemotzt! –
Blick knallhart –
Seele zart –
Bleiche Haut!
Leicht versaut!
Abgehetzt !
Knitterfest –

Berlin – Stadt mit der Pferdenatur!
Berlin – Action läuft rund um die Uhr!
Berlin – hast oft unsre Nerven jeklaut –
Berlin – und selbst nah am Wasser jebaut!
Bist laut und jibst gern unheimlich an,
aus Angst, daß dir v'leicht doch eener kann!

Deine Klappe, die kriegt keener dot,
hast vor jar nischt Respekt!
Kamst janz knapp bloß – bei Stulle mit Brot –
wieder raus aus'm Dreck!
Hast dein Licht wieder anjeknipst
nach der finsteren Zeit
und auch deinen berühmten Schlitz
trägste wieder im Kleid!

Menschen sind in Eile!
Sie trinken nur im Stehn ihren Kaffee!
Keine Zeit! Keine Zeit!
Denn Time is money!
Doch – vor 'nem Bauzaun,
da stehn se stundenlang und staunen!

Und das läuft – und das rollt!
Und das läuft – und das rollt!

Einschulung

Au backe, ab morjen jehör icke zu de Kopfarbeiter! Die Tüte hist is' aber bloß Probe! Ph! So'n poplijet, kleenet Ding! Da denken ja die Leute aus unser Haus, Pappa und Mamma lassen mir verkommen! Nee – morjen kommt noch die Hi-Fi-Stereo-Anlage und die Auto-Anmeldung dazu! Eijentlich wollt' ick ja 'n Fahrrad ham! Hab ick mal jesehen, wie so'ne Freiluft-Artisten damit über'n Seil jefahren sind! 100 Meter hoch! Aber Pappa sagt: Ja, sowat is'einfach! Aber im Straßenverkehr isset zu jefährlich!

Meinen Betrieb hab ick mir schon anjekiekt! Und meinen Lehrer! Jar nich' so übel! Sieht aus – wie'n Disc-Jokey! Aber Pappa hat jesagt: Die kommen einfach in Jeans – und unsereener muß sich bei de Einschulung 'n Schlips um'n Hals würjen! Klamotten sind mir wurscht! Hauptsache – der Lehrer kann jut zeugen! Zeugnisse sind nämlich wichtig! Jedenfalls – solange man Kind is'! Und – wenn mal mal'n Blödsinn macht – kriegt man von seine Eltern dafür Backpfeifen! Wenn man groß is', kann man damit nu wieder Jeld verdienen! Da nenn' se dit: Komiker! Unjerecht! Mein Bruder – der hat ja de Schule schon gleich hinter sich! Der is' schon inne zweete Klasse! Für jede eins kriegta fünf Mark!

Wat meinen Se, wat Pappa schon für Jeld jespart hat! Wie war'n Sie'n eijentlich inne Schule? Alle super, wa? Ick möchte mal wissen, wat aus die schlechten Schüler so jeworden is! Die können doch unmöglich alle bei't Fernsehen sein! Au! Dit darf ick ja nich' sagen! Bei uns im Haus da wohnt 'ne janz alte Frau von 20 – die war früher ooch janz schlecht inne Schule! Hat se mir selber jesagt! Und jetzt hat se sojar 'n Doktor! Zwee sojar! Mit dem ersten hat se ja Schluß jemacht! Mathe kann ick ooch schon! Ick weeß sojar, wat drei hoch eins ist: 'n Hund, der dit Been hebt! Ick laß mir sowieso bei meine Schularbeiten nich' helfen! Mann – dit Jebrüll immer, wenn Opa Pappa'n erklärt, wie die Uffjaben jerechnet werden müssen! Wat aber doof is – ick gloobe, wir haben inne Woche überhaupt keene Schließtage! Nich' mal sonnabends! Die Alten liejen noch inne Betten rum – und uns kleene Kinder schicken se uff Arbeit! Na ja – dafür kann ick mir ja später, wenn ick'n Beruf habe, inne Arbeitszeit ordentlich ausruhen!

Verständnisvoll

Als es Schulferien gab, bin ich mit zwei kleinen Jungens ins Gespräch gekommen und frage: „Na? Wie sehn eure Zeugnisse denn aus, hm?" Sagt der Größere: „Na ja – nich' besonders. Zwei Dreien."

Ich sage: „Na hör mal, das ist doch ‚Befriedigend' – da kannste doch nicht meckern. In welchen Fächern denn?" „Musik und Geografie. Und mein Bruder hier, der hat in Musik sojar 'ne 4!" Daraufhin hat der Lütte aufgeheult: „Ja – und ick muß immer nach vorne kommen und vor der janzen Klasse falsch singen. Und denn lachen se alle wie die Blöden."

Na – ich hab die beiden getröstet und gesagt, daß ich ihre Zeugnisse in Ordnung finde – ihren Eltern hatten sie die Dinger nämlich noch gar nicht gezeigt, und davor hatten sie Schiß. Logo, weil Eltern ja früher alle Musterschüler waren, nich?

Aber nun mal zu Ihnen, liebe Erzieher: Wat kann denn so'n kleenet Wurm dafür, daß et kein Pavarotti is, hm? Also – ick würde mir lieber die Pfoten abhacken, als dafür 'ne schlechte Note aufs Zeugnis zu knallen. Außerdem – dieses „vor der ganzen Klasse singen", obwohl man weiß, daß dit Kerlchen dazu nicht in der Lage is – sowat nenne ick Psycho-Terror, Freunde.

Hurvinek und Speijbl

Helga Hahnemann als Hurvinek – Jiří Korn als Speijbl, dessen Vater

Der kleine Hurvinek schiebt sich vorsichtig wie eine Marionette auf die Bühne und schreit: Vatiiiii!
Der Vater kommt hinterher und fragt tadelnd: No – was schreist du so? Mußt du alle Leute aufwecken?
Sohn – leise: Vati, wie sind die Menschen hier alle reingekommen?
Vater: Nun, sie haben sich ganz normal eine Karte für den „Kessel" gekauft!

Sohn: Vati, du warst wohl lange nicht mehr in der DDR?
Vater: Es gibt ja auch noch andere gute Unterhaltung, nicht wahr? Zum Beispiel die Mai-Parade – oder ein anständiges Foul-Spiel beim Fußball – oder die lustige Sage vom Wetter –
Sohn: – oder Pornos!
Vater: Das ist sehr ungehörig von dir, so etwas in den Mund zu nehmen! Pornos – das sind Ausschweifungen der monopolkapitalistischen Gesellschaftsordnung und haben nichts mit unserer Auffassung von gesundem Sex zu tun!

Nachbarskinder
„Tante Helga, dürfen wir mal aus Versehen unsern Ball in deinen Pool werfen und dann wieder rausholen?"

Sohn: Und warum schickt Ihr mich dann ins Bett, wenn es so gesund ist?
Vater: Weil es im Bett schöner ist! Brave Kinder gehen um 7 Uhr schlafen! Zur Belohnung erzählt der Vater ihnen dann ein uraltes Märchen!
Sohn: Das Märchen, was du der Mamma immer erzählst? Von den Überstunden?
Vater: Dein Vater hat es nicht nötig zu lügen! Die einzige Ausnahme sind die Elternabende an deiner Schule! Da gehe ich grundsätzlich unter falschem Namen!

Wie ein Ozonloch entsteht?
Weil auf der Erde das Blaue vom Himmel runtergelogen wird.

Sohn: Ich möchte auch nicht in deiner Haut stecken!
Vater: Was soll das heißen?
Sohn: Du hast ja jetzt schon Schwierigkeiten mit meinen Matheaufgaben, wie soll das erst werden, wenn ich in die 2. Klasse komme?
Vater: No – hast du nicht neulich erst eine Eins dafür bekommen?
Sohn: Das war gelogen! Du hast mir so leid getan!
Vater: Wenn du so weitermachst, wird es mit dir mal ein schlimmes Ende nehmen!
Sohn: Ja – ich werde Ententrainer, wie diese dicke Frau hier!
Vater: Wen meinst du?
Sohn: Na – die so aussieht wie unsre Frau Hrdlitschka, die den Gerichtsvollzieher Hrdlitschka geheiratet hat, damit keiner merkt, daß er dienstlich kommt!
Vater: Wie kannst du so respektlos von unserer lieben Gastgeberin sprechen? Sie ist eine bemerkenswerte Frau, die ihre Augen und Ohren weltweit offen hält – und manchmal auch ordentlich zupackt!
Sohn: Sag ich ja – wie die alte Hrdlitschka!
Vater: Du setz dich lieber auf deinen Hosenboden, dann kannst du später mal einen technischen Beruf ergreifen – z.B. einen Computer füttern!
Sohn: Das kann ich jetzt auch schon, Vati! Du brauchst mir nur zu sagen, was er frißt!

Grüne Bohnen

's jibt Frauen,
da sag'n die Kerls:
„Dit is'ne Traumfrau!"
Ph, Traumfrau!
Und hier ob'n 'n bißchen doof!

Von andere schwärm' se:
„Man, hat die ein' Vorbau!"
Wenn ick'n Bauch einzieh,
hab ick den ooch!

Doch
keene kocht so irre grüne Bohnen!
Mit jeder Kelle wächst beim Mann dit Glück!
Und hab ick erstmal een' bei mir zu wohnen,
den mach ick'n mit Eintopp verrückt!

's jibt Frau'n,
da sag'n die Kerls:
„Ach, is' die niedlich!"
Ph, niedlich!
Später hat se ooch 'n Doppelkinn!

Und die da
find'n se frisch und appetitlich!
Mahlzeit!
Wenn die morjens uffwacht,
is' ihr Make up ooch hin!

Doch
keene kocht so irre grüne Bohnen …

's jibt Frau'n,
die bild'n sich ein,
sie wär'n so sexy!
Bloß, weiß se sich mit schwarze Wäsche ausstaffiert!
Bei mir, da sind die Männer janz perplexi
und frag'n: „Is mit Oma wat passiert?"

Doch
keene kocht so irre grüne Bohnen ...

Ick hatte schon so viel bei mir zu wohnen,
drum sind die meisten Männer ooch verrückt!

Als Henne sich beim Radio vorstellte
Chef: Sie sehen recht unbeweglich aus.
Henne: Brauchen Sie einen Moderator – oder einen Vorturner?

Die besondere Zielgruppe
Neulich hat mich ein Reporter gefragt, ob ich mir vorstellen könnte, daß eines Tages der Rundfunk die Zeitung voll ersetzt. Hab ick spontan jesagt: „Ganz ausjeschlossen. Sehn Sie mal, mit Ihren Rundfunkjerät werden Sie zum Beispiel nie 'ne Fliege totschlagen können."

Auf Sendung
So, liebe Hörer, das war's für heute. Nachdem wir uns pausenlos amüsiert haben, wird es Zeit, daß wir uns unserem sozialistischen Alltag wieder an den Hals werfen. Achim! Dreh mal den Hahn ein bißchen zu, Telefon hat gebimmelt.
Hallo? Ach Sie, Chef!
Mensch, leiser, du Idiot!
Nein, Sie doch nich, Chef! Ich bin ja ein viel zu kleines Licht, um zu beurteilen, was Sie sind. Wie finden Sie denn meine Idee, die Sendung mit dem Schluß anzufangen ...? Au, nicht doch so laut, Chef.
Darf ich – könnt ich – – gestatten Sie? Nein? Denn eben nich! (Sie legt auf.)
Intersortierter Hydrant! Dabei hatte ick mich bloß an seine Anordnung gehalten, die Sendung ab sofort anders zu gestalten. Glauben Se, liebe Hörer, daß ick mich schon kaum noch zu lachen traue? Ehrlich. Weil der Alte mich dann sofort für vergnügungssüchtig hält.
Als ich hier anfing, hat er mich gefragt: „Ich hoffe, Sie sind wenigstens ein bißchen ehrgeizig?"
Habe ick eifrig gestammelt: „Sie können sich auf mich verlassen, Chef. Ich werde nicht eher ruhen, bis ich auf Ihrem Platz sitze."

Ostern im Studio
(Zu den Kollegen:) Fertig! Könnt reinkommen und suchen.
Schönen guten Morgen, liebe Hörer, das is' vielleicht 'n Bild hier: Meine Kollegen kriechen auf allen vieren vor mir rum und schnüffeln in alle Ecken. Na, sagt mal, Ihr Blödis, seht Ihr denn den Wald vor lauter Bäumen nicht? Hier sitzt doch Euer Osterei. Mann Mann. Dabei hab ick mir extra noch 'ne Schleife um meinen hübsch bemalten Eierkopp gebunden.

Mit 'nem Teelöffel Zucker ...
Vorhin war mir jar nich' jut. Irgendwas muß mir auf'n Magen jeschlagen sein. Jedenfalls bin ich vor der Sendung hier regelrecht zusammenjesackt. Meine Kollegen wollten sogar einen Arzt holen, bloß Achim hat gesagt: „Quatsch! Wat die braucht, is'n Cognac!"
Aber die andern waren nich' zu bremsen, wollten sojar 'ne Trage oder wat aus der Hausapotheke anschleppen. Bis ick dem Treiben ein Ende jemacht und jesagt habe: „Zum Donnerwetter, hört doch endlich mal auf Achim!"

Déjà-vu
„Achim, wie heißt denn die neue Kollegin da?"
„Dit is Bruni!"
„Und weiter?"
„Inselsberg."
„Siehste, die kam mir doch gleich so bekannt vor. Die kenne ich nämlich aus Tabarz."

Klare Sache
Bei unserem Chef kommt man sich immer vor wie in der Prüfung. Neulich wollte er wissen, was ich von Storm halte. Hab ich jesagt: „Gar nichts, Chef. Ich bin für windstilles Wetter und Sonnenschein."

Kulturvoll
Goethe, Schiller, Kleist –
sind für die Leitung doch bloß
Einschaltquotentöter.

Schinderei
Achim, mein Tontechniker, stöhnt, daß er hier für drei arbeiten muß! Damit meint er sicher seine Frau und zwei Kinder!

Böse Nachrede
Mein Kollege sagt mir eben, die Maria Brandauer soll bei ihren Kollegen nicht sehr beliebt sein. Also – erstens ist die Maria keene Maria, sondern ein Mann, gell? Und zweitens, mein Süßer, ist das purer Kollegen-Neid, verstehste? Und diesen Neid, den muß man sich hart erarbeiten.

Anruf vom Chef
Ja sicher haben wir in der DDR auch gute Theater, Chef. Selbstverständlich kenne ich das Deutsche Theater, Chef, und ich weiß, daß wir hervorragende Schauspieler haben – und tolle Bühnenbilder – dit heißt, meistens stellen sich die Akteure ja leider davor. Wie bitte? Als was ich Goethe bezeichnen würde, wenn er noch lebte? Tja – äh – vielleicht als den ältesten Bewohner unseres Landes?

Det haut dem Faß die Krone aus
Chef, wo haben Sie denn gesteckt? Wir suchen Sie überall!
Sie sitzen im Büro und arbeiten?
Dit kann ja nu keiner ahnen!

Sonderwünsche
So – und was soll dit hier sein, Achim? Ein Musikwunsch? „Spielen Sie bitte am 20.2. um 9.27 Uhr den Titel: Talg is bottu. Aber pünktlich, weil ich um diese Zeit meinen 8 Monate alten Sohn aufs Töpfchen setzen muß und er bei dieser Musik besonders gut – u.s.w." – Also Kinder, ihr könnt mich doch nich' erpressen – und schon jar nich' ein jeschäftemachender Säugling, eh. Los, fahr den Titel ab, Achim. Welchen? Junge: „Talking about you" natürlich.

Abgelehnt
Als der Chef sie fragte, ob sie noch einen Mitarbeiter gebrauchen könnte, antwortete sie erfreut: „Aber immer. Der könnte hier gleich den Kantinen-Zimmer-Service übernehmen. Wie meinen? Der Kollege ist zum Arbeiten da ... Na, was meinen Sie, wie schwer die Tabletts mit den Biergläsern sind? Wie heißt denn der Neue? Rainer Feierabend? Nee, Chef, dit is nich' drin. Rainer Alkohol – oder Rainer Zufall – dit ginge ja noch – aber stellen Sie sich mal vor, ich brülle hier: Feierabend! Da machen die doch alle sofort die Hacke."

Wer schreibt, der bleibt
Telefon! Ja – Chef? Bitte? Wieviel ich getrunken habe? Aber Chef, ich bin nüchtern wie ein Leitartikel!

Radioansage
Jetzt wird ich mal 'ne Peepshow hinlegen: Piep – piep – beim letzten Ton war es 9 Uhr.

Een kleenet Menschenkind!

Ick in ein stark berlinerndet
nach oben hin nie dienerndet –
ein über'n Witz laut lachendet –
und manchen Mist verzappendet –
uff Jeld und Auto pfeiffendet –
zu Hause manchmal keifendet –
een tanzendet und springendet –
im Ton zu tief meist singendet –

ick bin – wat alle sind:
Een kleenet Menschenkind

Ick bin ein übermütijet –
zu Hund und Kind jütijet –
ein öfter mal besoffenet –
uff Anerkennung hoffendet –
ein stets uff Pump nur lebendet –
vor Katastrophen bebendet –
een zartet und empfindlichet
und im Jemüt wat Kindlichet!

Ick bin – wat alle sind:
Een kleenet Menschenkind!

Ick bin ein ewig schuftendet –
uff Sitzungen verduftendet –
mit Menschen jerne quatschendet –
in machen Fettnapp latschendet –
ick bin ein Maul aufreißendet –
uff Mißkredite sch.....det –
een durchschnittlich aussehendet
uff beede Beene stehendet –

Ick bin – wat alle sind:
Een kleenet Menschenkind!

Bin ein dit Leben liebendet –
de Schlüssel oft versiebendet –
een ville Fehler machendet –
und öfter sich verkrachendet –
een oft vor Angst laut heulendet –
sich beim Spagat verbeulendet –
ein durch die Welt sich boxendet –
vor Widersprüchen strotzendet –

Ick bin – wat alle sind:
Een kleenet Menschenkind!

Emöke Pöstenyi
Aus der Reihe tanzen

Von der Ballettschule in Budapest war ich nach Meiningen gekommen, von dort nach Dresden, und dann kam ich in Berlin an, im Dezember 1961, engagiert im Friedrichstadtpalast. Es gab die Mauer, aber auch die halbe Stadt kam mir wie die ganze Welt vor. Das lag vor allem an der Kantine im alten Palast. Da saßen Artisten aus vielen Ländern, Musiker, Sänger, die Schauspieler vom Berliner Ensemble und vom Deutschen Theater, und abends nach der Vorstellung fiel ich da mittenrein. Von meinem Leben bis dahin war es die beste Zeit. Ich tanzte in der Reihe und aus der Reihe, mit Freude und ohne Verantwortung, und war nur neugierig.

Damals habe ich Henne kennengelernt. Wir zogen manchmal durch die Berliner Nächte. Sie trank gern und vertrug es, fast jeder war mit ihr befreundet. Ich war zwanzig, und sie war wenig älter. Wir hatten vor, lange und locker zu leben. Dann wurde es außer Spaß auch Mühe und Arbeit, und wir trafen uns wieder, immer noch im Friedrichstadtpalast, der in ein neues Haus gezogen war, oder beim Fernsehen. Hier wie dort war Henne eine abendfüllende Attraktion geworden. Wenn sie ihre vielen Talente miteinander verband, sah ich ihr als Choreographin sozusagen auf die Füße.

Sie war für das Tanzen begabt. Sie war ehrgeizig und diszipliniert und trainierte im Ballettsaal und zu Hause. Obwohl sie schwerer geworden war, bewegte sie sich leicht. Zur Verwunderung aller Kollegen, aber noch mehr des Publikums, konnte sie den Spagat. Und als sie als Ballerina auftrat, hoben die Tänzer sie mit Liebe und zu dritt.

Als ich aufhörte zu tanzen, gab es einen Abschiedsfilm mit Susan Baker und Walter Schumann, und zu unser aller Freude spielte Helga Hahnemann einen ballettverliebte Garderobiere.

Zuletzt habe ich Henne im Fundus in Adlershof getroffen, wir sahen uns Kostüme an für eine nächste gemeinsame Sendung. Sie freute sich darauf. Sie hat mir nicht gesagt, wie krank sie war.

Hallo, Taxi!

mit Václav Neckář

Auf der Bühne steht ein Taxi! Helga – als brummiger Taxi-Chauffeur – steht daneben und ißt eine Bockwurst!

Vaclaw – als Fahrgast – sportlich gekleidet und einen Camping-Sack auf dem Buckel – geht auf den Fahrer zu und fragt: Sind Sie frei?

Chauffeur: Darf ick mal fragen, wat'n wildfremden Menschen meine Familienverhältnisse anjehn?

Václav: Ich meine natürlich das Taxi?

Chauffeur: Dit is' frei! Oder – sehn Se dadrinne eenen sitzen?

Václav: Dann kann ich also einsteigen?

Chauffeur: Se sehn doch, daß ick esse! In zehn Minuten! Sollten Se noch 'ne Frage ham, kommt die uff de Rechnung mit ruff, verstanden?

Václav: Tja – was mach ich denn nun bloß solange?

Chauffeur: Dadrüben stehn doch hundert Leute und warten uff 'ne Droschke! Fragen Se doch mal, v'leicht spielt eener mit Ihnen Schafskopp!

Václav: Ick kann ja im Wagen warten, bis Sie aufgegessen haben!

Chauffeur: Wollen Se damit andeuten, daß Se für mein' Untersatz 'n Nachschlüssel besitzen?

Václav: Aber nein!

Chauffeur: Na also! Solange ick meine jewerkschaftliche Pause rumbringe, is' die Bude zu!

Václav: Könnte ich dann wenigstens schon mein Gepäck reinlegen?

Chauffeur: Sie meinen doch hoffentlich nich' den dreckijen Sack, den Se da uff'm Ast haben?

Václav: Doch! Den meine ich! Warum machen Sie nicht die Kofferklappe auf?

Chauffeur: Hören Se zu, Männeken! Wann bei mir die Klappe uffjerissen wird, bestimme ick! Klar? Wooo woll'n Se denn überhaupt hin? Fragen wa mal so!

Václav: Zur Florastraße! Die ist – glaube ich – in Pankow!

Chauffeur: Glooben Se't nu – oder wissen Se't?

Václav: Ich – ich weiß es!

Chauffeur: Aber – 'n ollen Mann erst verscheißern, wat? So – nu können Se langsam einsteijen! Aber – mit Pankow, dit wird nischt!

Václav: Was heißt – das wird nichts?

Chauffeur: Dit heißt, daß ick inne halbe Stunde Feierabend habe und jetzt in Richtung Stall fahre, kapiert?

Václav: Und – wo steht Ihr Stall?

Chauffeur: Sein Se vorsichtig mit Ihre Ausdrücke, ja? Ick hab'n Eijenheim mit alle Schikane, verstehn Se?

Václav: Pardon, ich werde doch wohl noch fragen dürfen, wo Sie mich jetzt hintransportieren wollen?

Chauffeur: Ick – will – Ihnen – irjendwo hintransportieren? Nu passen Se mal uff! Ick hab wirklich 'n Jemüt wie'n Fleischerhund – und laß ma ooch vonne Jäste dumm und dämlich kommen! Aber – wenn mir eener durch seine dußlije Vergnüjungsfahrt meinen

Doppelt oder nichts
Dit darf doch nich' wahr sein: „Dicke zahlen doppelt!" Wo is denn dit? Ach – in Simbabwe. „Damit werde Forderungen der Taxifahrer Rechnung getragen, die sich immer wieder über die übergewichtigen Fahrgäste geärgert hätten. Jeder Dicke nehme soviel Platz ein wie zwei dünne Fahrgäste." Na, da können die in Simbabwe lange auf mich warten, eh.

Übern Löffel balbiert
Taxe fahren wird mir zu teuer. Ich habe noch vom letzten Mal die Nase voll. Ich steige aus – gebe dem Fahrer einen l00-Mark-Schein und sage: „Hier, Meister, ziehn Sie ab!!"
Sagt der: „Mach ick, junge Frau."
Gibt Gas und donnert mit meinem Hunni los.

Im Taxi
Taxifahrer: Nun kieken Sie sich dit da vor mir an: So bescheuert kann bloß 'ne Olle fahren.
Henne: Ach ja? Ick seh in dem Auto aber 'n Kerl am Lenkrad.
Taxifahrer: Von mir aus, denn isset eben 'n Mann, der wie 'ne Olle fährt.

	Feierabend versaun will – da werd' ick zum Tier! Hier ham Se 20 Pfennich – fahren Se mitte S-Bahn!
Václav:	Nein danke! Mit einem Stier würde ich sowieso nicht fahren! Können Sie mir wenigstens noch sagen, wo hier eine Bank ist – wo man Geld wechseln kann?
Chauffeur:	Wat? Ne Wechselstube? Klar, Mann! Steigen Se ein! Di is' bei mir hier drinne!

Trost

Zwei junge Hörerinnen schütteten Henne ihr Herz aus. Sie hätten für ihre Schul-Disco einen tollen Sketch geschrieben, aber kein Schwein konnte darüber lachen.

Henne: „Ach, meine beeden Hübschen, da dürft Ihr euch nischt draus machen. Was meint Ihr, wie oft mir dit so geht? Manchmal steh ick auf der Bühne, spiele mich wund – und die Leute sitzen unten und sehen mich tieftraurig an. Neulich bin ick aber mal ausgerutscht und verdammt schlimm auf'n Hintern jeknallt – da haben se alle jelacht und sich auf die Schenkel jehaun. So leicht sind Menschen oftmals zu amüsieren."

Gänsesängerin – bei Aschinger

Wissen Se, daß ick früher mal Sängerin werden wollte? Ehrlich! Ick hab zu Hause den ganzen Tag Tonleitern geübt – auf'm Klo und so – wo ick grade was zu tun hatte. Bis die Nachbarn gemerkt haben, daß ick kein normaler Mensch bin und jesammelt haben – damit ick bei einem Jesangslehrer Unterricht nehmen konnte.
In 'ner anderen Stadt natürlich.

Auf Wolke sieben

Gestern bin ich wieder Fernsehliebling geworden. War auch 'ne kleine Feier anläßlich, mit 'nem Täßchen Sekt und so. Danach kam der „Liebling" nach Hause – so richtig auf Wolken angeschwebt, und mein Mann hat begeistert ausgerufen: „Wo hast du dich denn wieder rumgetrieben? Kein Brot im Haus – die Betten sind nicht gemacht – und Kartoffeln sind auch keine da."
Deshalb hab ich ihm heute zum Frühstück, als er sich hinter seiner Zeitung verschanzte, statt Zucker Salz in den Kaffee geschüttet. Na – der hat vielleicht gespuckt: „Pfui Deibel, hast du etwa Salz in die Zuckerdose getan?"
„Erraten", sag ich, „ich wollte mal wieder deine geliebte Stimme hören."

I want to Tango

Da hab ich mal wieder so richtig das Tanzbein geschwungen – mit Regine Daum (Solotänzerin am Friedrichstadtpalast). Zusammen haben wir die Tanzfläche abgeräumt nach „Armer Gigolo, schöner Gigolo". War schau.
Regine hat gestaunt: „Woher kannst du denn überhaupt Tango?"
Ich sage: „Wirst lachen, den hab ich mir selber beigebracht – nach einem Lehrbuch."
Darauf Regine: „Aha – deshalb tanzt du auch alle Druckfehler mit."

Wochenenderlebnisse

Letztes Wochenende hatte ich 'ne Mugge in – ach, weiß ick jetzt gar nicht mehr – jedenfalls frage ich vor Beginn den Programmgestalter: „Wie isses? Soll ich nur meine Lieder singen – oder vielleicht noch ein Sprech-Solo vortragen?"
Meint der – völlig geschafft: „Das ist mir vollkommen wurscht. Hauptsache, Sie fassen sich kurz, damit es zwischen dem kalten Buffet und der Disco nicht solchen gemeinen Durchhänger gibt."

Unsere Genossenschaftsbäuerin Helene Matzke

mit Hans Wolfram

Helga – als Genossenschaftsbäuerin – kommt mit einer Kuh auf die Bühne! Dabei ruft sie schon von weitem:
Und Lilo! Ick hab meine Dicke nämlich gleich mitjebracht, damit se ihre Kundschaft mal persönlich kennenlernt!

Hans: Ja – das ist ja zwar sehr nett, daß Sie Ihre Kollegin mitgebracht haben – nur – äh – die ist ja schwarz-weiß und wir machen die Sendung doch in Farbe!

Helga: Schließlich is' Lilo 'ne Kuh und keen Paradiesvogel!

Hans: Schade! Aber – das werden wir gleich haben! Maske! *Eine Maskenbildnerin kommt.*

Helga: Wat'n? Wollen Se Lilo etwa anstreichen – oder make up uff de Schnauze klatschen?

Hans: Wir wollen nur die persönliche Note des Tieres etwas unterstreichen.

Helga: Sie, dit können Se vielleicht mit Ihre Kühe hier machen! Lilo is'n Naturkind, die haut Ihnen ihren Schwanz um de Ohren, det Se denken, Sie kriegen 'ne Naßrasur!

Hans: Na – vielleicht können wir den Schwanz mit etwas Strippe festbinden!

Helga: Kommt nich' in Frage! Dit hätten Sie ja wohl ooch nich' so jerne – oder?

Hans: Na schön – aber ein paar bunte Bänder können wir doch wenigstens um die Hörner drapieren!

Helga: Versteh ick nich'! Hier treten doch so ville Herren im Fernsehen uff – aber bunte Bänder hab ick an die ihre Hörner noch nie jesehn!

Hans betrachtet seine Einstellung und sagt begeistert: Jaaa – da ist doch schon sehr viel Hübsches dran! Frau Matzke, rücken Sie jetzt bitte mal ganz dicht an die andere Kuh ran!
Äh – Maske und Kostüm! Kuckt Euch doch mal das Bild an, ja? Seht Ihr denn nicht, daß die Frau neben dem Rindvieh völlig verblaßt? Frau – äh – Matzke – Sie können natürlich nichts dafür, daß die Kuh so attraktiv ist!

Helga: Na – 'ne Schönheit sind Sie ja nu ooch nich' grade!

Hans: Dafür haben wir ja unsere Maskenbildner, die Sie mit wenigen Handgriffen 20 Jahre jünger machen!

Helga: Und warum hat se't an Ihnen noch nich' ausprobiert?

Hans: Ich würde sagen, wir setzen ihr 'ne rote Perücke auf – das paßt dann auch gleich zum Text!

Helga: Sie wissen ja noch jar nich', wat ick sagen werde!

Hans: Selbstverständlich! Hier – auf dem Zettel stehen doch schon Ihre ganz persönlichen Worte! Die paar Sätze haben mich drei schlaflose Nächte gekostet!

Helga: Kann ick meine Worte, die mir nachher janz plötzlich einfallen, schon mal haben? *Sie liest – während ihr eine Perücke aufgestülpt wird:* Ausgehend von neuesten wissenschaftlichen Erkenntnissen des chemischen sowie organischen Düngers – eh, habt ihr mal 'n Eimer da?

Hans: Einen Eimer? Wollen Sie den ganz locker auf den Schoß nehmen?

Helga: Nee – Lilo'n unter'n Hintern halten! Ick gloobe, die muß!

Hans: Das wäre ja herrlich! Also – Kamera, sowie die Kuh sch..., schwenkt Ihr sofort auf den Fladen! So was sind ja Traumeinstellungen, die kann man ja mit niemand inszenieren!

Helga: Sie – v'leicht könnte ick noch 'n Tütü vonner Tänzerin anziehen – und Lilo 'ne Glocke um'n Hals hängen – denn könnt Ihr doch die Musike „Wenn die Abendglocken läuten" drunter legen – und ick melke denn uff Spitze!

Hans: Die Frau hat ja direkt Ideen! Kostüm – bringt doch mal das Paillettenjäckchen!

Kostüm bringt ein buntes Flitterding und zieht es Helga an!

Hans: Jaa – das ist doch die Wucht! Jetzt werden wir langsam realistisch! So richtig aus dem Leben! So – nun schießen Sie mal los!

Helga hält beim Lesen den Text so dicht vor ihrem Gesicht, daß man von ihr nichts mehr sieht: Ausgehend von den neuesten, wissenschaftlichen Erkenntnissen –

Hans ruft: Tiefer, bitte!

Helga, mit Baßstimme: ... daß Höchstertragskonzeptionen durch gemeinsame ...

Hans: Aus! Frau Matzke, den Text tiefer halten, sonst verdecken Sie ja das schöne Jäckchen! Und lächeln, ja?

Helga lächelt verkrampft.

Hans: Jawoll! Man muß merken, daß Sie bei dem Text so richtig dahinter stehen!

Helga: Also – wat denn nu? Lilo steht vorne, hält den Text im Maul und ick dahinter?

Hans: Nein! Der Text muß von innen heraus kommen!

Helga skeptisch: Tja, ick gloobe kaum, daß Lilo den Text frißt!

Hans: Mein Gott – nein – Sie sollen ihn fressen, verstehen Sie?

Helga: Sagen Se mal, Sie sind wohl als Kind mal jegen 'ne Maus jerannt, wat? Fressen Se Ihren Text doch alleene! Komm, Lilo!

Hans: Halt! Moment! Wo will die Kuh denn hin? Frau – äh – was wird denn jetzt aus meiner Sendung?

Helga: Lassen Se doch die Japaner jodeln!

Hans: Ja, haben Sie denn einen?

Helga: Logo. Hollolodriooo!

Hinter der Bühne hört man das Echo: Hollolodriooo!

Helga: Sehn Se, der is' schon mit'm „Mazda" unterwegs! Aus Tokio ...!

Amphitrion

Na, mein Göttergatte wird ja kieken, bei wat für 'ner Eule der heute landet! Nämlich bei mir! Ick meine, ich hab ja nischt dajegen, wenn er sich woanders Appetit holt – aber, jejessen wird zu Hause! Nu könnt' ick ja jemein sein, inne Trickkiste greifen und aus seine Angebetete 'n Stinktier machen! Aber, ach – denn riecht der mir hinterher drei Tage lang wie so'n oller Harzer Käse – und unser himmlischet „Rewatex" is' ja ooch nich' mehr dit, wat et vor 1000 Jahre mal war! Mein Jott, wenn ick an die Urzeiten zurückdenke, wo der noch nischt war – nich' mal 'n Halbgott – da hatte der manchmal noch richtije menschliche Züje! Aber seit er nu janz oben uff'n Thron sitzt, macht er den ganzen Tag nischt und auch nur widerwillig. Manchmal krieg ick den tagelang nich' zu Jesichte, weil er uff seine dußlijen Jötterversammlungen rumsitzt! Denn darf ick ihm zum Frühstück keenen starken Kaffee kochen – sonst kann er da nich' schlafen! Und wenn ick 'n denn anschließend frage: Na? Wat is' denn bei Euer Jeschwafel nu rausjekommen? Denn sagt er: Janz wichtije Sache! Habe anjeordnet, daß dit Tote Meer stirbt! Aber, nich' weitersagen! Wat ma am meisten stört, is', det die Jötter dauernd besoffen sind! also – bei uns da drob'n auf dem Berg, da trinken se Nektar und Ambrosius! Dit is' sowat ähnlichet wie Wodka-Cola! Schon 'n paar Dinger davon haun einen glatt inne Unterwelt! Und denn dit laute Jegröle! Da is' nischt mit Harfenklänge und so! Dit jeht von „Himmlische Nächte sind lang" bis „Singt, mei Gödder, singt!" Wat hab ick nich' schon mit Engelszungen jepredigt: Du alter Himmelhund! Hör uff mit den Alkohol! Du weeßt, der macht blöde! Hatta mir anjeschielt und jelallt: Dit könnte stimmen! Nüchtern hätt' ick mir so'ne Xantippe nie in mein Luftschloß jeholt! Da hab ick ihm jedroht, det ihm vielleicht noch mal der „Jötterarsch mit Grundeis" hochjehen wird, wenn wir Frauen erst mal unsere Gleichberechtigung erkämpft haben! Aber, da hatta sich an seine Jestirne jetippt und jegrinst: Ach nee! Wie wollt Ihr denn dit anstellen? Mit dit bißchen Stroh im Kopp? Wenn et nach Euch Zimmerlinden jinge, denn jäb's ja nich' mal mehr 'n bißchen Krieg uff de Welt! Kannste mir mal sagen, wobei die Männer sich denn die Köppe einhauen sollen? Kiek du lieber in dein' Kochtopp! Wozu biste denn schließlich die Jöttin für Heim, Herd und unsre himmlischen Einkaufshallen!

Und bums! war er schon wieder weg – uff Dienstreise! Ick kam grade noch dazu, wie er sich in so'nen Schwan oder 'ne Ente jezwängt hat! Und als ick'n fragte, wat der Quatsch wieder soll, hatta aus'n Schnabel rausjequäkt: Er will sich Leder (Leda) koofen! So'n Blödsinn! Leder trägt selbst bei uns hier keen Deibel mehr! Wir tragen Bettwäsche! Dit is' bequem – und außerdem billig! Neulich isser ja, als er wieder in sein Jeflügel-Kostüm da unten rumjeflattert is', beinahe uff 'n Schnabel jefallen! Da muß'n nämlich eener einjefangen und als „Polnische Jans" für Valuta nach drüben verkooft haben! Da wär er um een Haar vom Jegner uffjefressen worden! Mußt ick mir erst als Rentnerin verkleiden und den aus dit „Trojanische Kühlpferd" rausholen! Aber kaum war er uffjetaut, da hat er schon wieder mit 'ne andre Maskierung jeliebäugelt: Als Bulle! Na – dit war'n glatter Reinfall! Durch 'n Zufall hab ick dit Theater mitjekriegt! Ick sitze vor de Galaxis und kieke inne Ferne – ick gloobe, et jab 'n „Kessel Eintopp" oder so, plötzlich denk ick: Mensch, den Eierkopp da unten haste doch schon mal jesehen! Da is' dit mein Oller! Stelzt da wie so'n Hahn um so'ne irdene Dirne rum, bestellt Brause mit doppelt Ananas – also, ick meine Chruschtschow-Brause, ja? Und denn röhrt der wie so 'n Hirsch: Na, mein kleines Erdäpfelchen, was würdest du denn sagen, wenn heute nacht plötzlich ein preisgekrönter Bulle vor deiner Tür steht und Einlaß begehrt? Da fährt die hoch und keift: „Ach, so is' dit! Du Spinner bist jar keen Meterologe, sondern vonne Polente! Denn will ick aber erstmal den Durchsuchungsbefehl sehen!" Seitdem verkleidet er sich bei seine „Vertrauen is' jut – Kontrolle is' besser-Fahrten" nur noch als Mensch! Da kann er wenigstens nischt verkehrt machen – denn uff de Erde is' ja schon fast jeder 'n Chef!

Henne als Göttergattin Hera, Dagmar Gelbke als Pallas Athene

Happy Ende

Ick schmier es dir uff jede Stulle –
ick wieneres auf deine Schuh –
ick jieß dir't inne Thermospulle
und steck et dir als Kleinjeld zu!
Ick koch's in jede Pellkartoffel –
mal's mit'n Staubtuch uff's Bufett!
Ick schieb et dir in die Pantoffel –
servier et dir als Sahnen-Baiser!

Ick flöß mit „Halb und Halb" dir ein:
Du sollst mein Happy-Ende sein!

Ick plätt et heiß in deine Hemden –
spül deine Socken damit weich!
Ick häng dich uff an allen Wänden
und schneid' et mir in't eig'ne Fleisch!
Ick grab'et inne Erdbeerbeete
und schnitz'et in deine Reifen ein!
Verzier dir damit die Tapete
und stempel's in dein' Führerschein!

Ick jeb mit Baldrian dir ein:
Du sollst mein Happy-Ende sein!

Ick strick es dir in dein' Pullover –
gravier's in dein Rasierer ein!
Ick klopp' et kräftig in dein Sofa
und schmuggel's in dein Skatblatt rein!
Ick heul et heimlich in dein Kissen
und binde dir's als Schal um'n Hals –
ick deklarier's als dein Jewissen
und brat es um in Jänseschmalz!

Ick hämmer in't Jehirn dir ein:
Du sollst mein Happy-Ende sein!

???
Den oder keinen?
Dann lieber keinen!

Gedichtetes
Ist der Mai kühl und naß
macht's auch mal
im Trabi
Spaß!

He, Ihr Männer!

Was ist schon ein Mann?
Er gibt an!
Und er hält sich für die Krone der Schöpfung –
für die Erfüllung –
nach der das Weib sich reißt!
Er glaubt, er ist ein Hauptgewinn –
beim Lotto der Preis!
Doch – wenn er dann hat,
was er will –
ja, dann wird ihm plötzlich alles viel zu viel!

He, Ihr Männer!
Nehmt Euch nicht so wichtig!
Seid still!

Später geht er dann fremd!
Sagt kein Wort, wo er pennt!
Doch auf einmal ist „Sense"!

Dann kommt er nach Haus –
alt und grau –
und er schwört, daß keine Frau so wie du ist –
er haßt das „Miststück" –
und, daß er dich so braucht!
Daß die andre dumm ist
und ihm viel zu viel raucht!

Dann nimmt er ein Bad –
pfeift ein Lied!
Und er ruft noch,
daß er mächt'gen Hunger hat!

He, Ihr Männer!
He, Ihr Männer!
He, Ihr Männer!
Manchmal hat man es mit euch satt!
List und Tücke
brauche icke
für die „Krücke!"
Ick hab's!
Ick mach ihm ein – Kind!

„Fräulein, dürft ich Ihnen an der Bar bitten!"
Gestern habe ich 'ne Dampferfahrt gemacht. Und Chancen hatte ich. Ehrlich. Ich stand so an der Reeling, habe mein goldblondes Haar im Wind flattern lassen – da quatscht mich 'n Passagier an: „Na, gnä Frau, fahren Sie auch mit diesem Schiff?"

Dumme Ausrede
„Eh, Richy, kommste morgen abend mit inne Disco, Weiber uffreißen?"
Meint der: „Jeht doch nich, Mann, du weeßt doch, det ick morjen früh heirate."
Mario erstaunt: „Ick rede von abends, Alter."

Viva la familia
Er selber hatte mit der Heiraterei nichts am Hut, und wenn sein Vater Hugo ihn drängelte, sich endlich was „Festes" zu suchen, kam er mit Ausreden – die eine liebt er nicht, vor der anderen hat er keine richtige Achtung – bis sein Vater endlich ausrastete: „Hörste, Mutta, wat dein Sohn da für'n Stuß von sich jibt? Haben wir uns je jeliebt – oder jeachtet, Menschenskind?"

Heiß und kalt

Da sitzt ihr nun zu Hause,
eener da – und eener dort,
verbiestert wie immer.
Die Pfeile ham grad Pause,
der Gedanke an Mord
schleicht sich aus dem Zimmer.

Ick hab mir mal so überlegt ...
... weshalb so viele Ehen eigentlich auseinanderjehn – und bin da uff einleuchtende Gründe jestoßen: Fragen Se doch mal'n x-beliebigen Ehemann, wat der machen würde, wenn seine Frau sich wegen ihm aus'm Fenster stürzen wollte! Also – von 100 Kerls nich einer, der se nich wenigstens anne Beene festhalten täte! Oder – anjenommen, der Ehemann schwimmt im Urlaub janz weit raus und kommt v'lei überhaupt nich mehr wieder! Logo, daß die Frau nach 5-6 Stunden schon unruhig wird, wo der wohl bleibt und'n Rettungsdienst alarmiert, nich? Also – ick meine, die Bereitschaft, 'ne harmonische Ehe zu führen, is' bei allen schon da! Wat fehlt, sind halt solche Extremsituationen, die man dazu unbedingt braucht! Bloß so – v'lei janz ohne Anlaß den Partner anzulächeln, dafür is' den meisten ihre Zeit ville zu kostbar!

Will sie's kalt –
will er heiß –
und sagt er: Schwarz –
sagt sie natürlich: Weiß.
Will er 'n Bier –
will sie Wein –
macht er das Fernsehn aus –
sie schaltet's ein.

Durch das ewige Hüh und Hot
geht die Liebe total bankrott!

Ihr plant die neue Schrankwand –
Eure Reisen – das Geld –
sojar Eure Kinder!
Nach Plan gibt's Sonne – Goldstrand
doch im Herzen bei euch?
Da ist nur noch Winter!

Will sie's kalt –
will er heiß –
will sie Kartoffeln –
will er nur noch Reis.
Will sie nach rechts –
will er nach links.

Sagt sie: Die Luft ist rein!
Sagt er: Hier stinkt's!

Durch das ewige Hüh und Hot
geht die Liebe total bankrott!

Mensch, sag doch mal:
Ich liebe dich!
Mein Freund,
dit find ick jar nich' lächerlich!
Los, sagt es Euch –
jetzt gleich, wenn's jeht!
Kann sein, is' morgen schon zu spät!

„Ohne Teddy Ballermann – fängt die Show erst gar nicht nicht an!“ Helga Hahnemann parodiert einen drittklassigen Conférencier

Nach einem Besuch in „Wien, Wien, nur du allein!“

Hab i Eahna schon erzählt, daß i heuer in der „Weaner Burg“ war? Da, wo der Herr Brandauer sein „Hier steh i – i kann auch anders“ zu den Rängen hochflüstert, gä? Als ich mir ein Billett kaufte, hab ich das Madel an der Kasse gefragt, ob der Platz auch schön nah an der Bühne dran ist. Meinte sie lieb: „Freili, gnä Frau, noch a Platzerl näher und Ihr Name würde im Programmheftl stehn.“

Teddy Ballermann

Teddy kommt ans Mikro getänzelt und singt dabei: Ohne Teddy Ballermann – fängt die Show erst gar nicht nicht an! Hallöchen, meine Lieben! Und hier ist wieder Teddy Ballermann, Ihr beliebter Conférencier – bekannt von Bühne, Funk und Fernseh-Kantinen! Trotz meines Termin-Kalenders, der genau so voll ist wie ich – bin ich soeben beim Fernsehen raus- und bei Ihnen hier eingeflogen! Denn – in diesem Haus wird ja noch richtige Unterhaltung gepflegt – fast in jedem Stockwerk 'ne Kneipe, in der man sich unterhalten kann – hahahaha!

Zu einer Zuschauerin: Gnä' Frau blicken mich so an? Recht so! Teddy Ballermann ist nämlich wie ein Vulkan: Jedes Jahr ein Ausbruch! Für meine Brötchengeber hier bin ich ja so was wie ein Gott! Sowie ich die Tür aufreiße, brüllt schon alles: O Gott – o Gott! Schon wieder dieser dicke Komiker! Dabei geht mein Humor nie unter die Gürtellinie – höchstens bis zum Schnie- bis zum Schnürsenkel, gnä' Frau, hahahahaha! Vorhin hab ich meinen Freund – den Oberkellner von dort oben gefragt: Hör mal, was passiert eigentlich mit Gästen, die ihre Getränke nicht bezahlen können? Meint er: „Denen würd ich kräftig in den Hintern treten.“ Ist doch 'n Wort! sag ich – hab mich gebückt und gerufen: Ober, zahlen!

Aber – das ist ja gerade das Gemütliche an einer Kneipe: Man ist nicht zu Hause – und doch nicht an der frischen Luft, stimmt's, mein Herr? Trinken Sie auch gern ein Bierchen? Am liebsten Freibier, was?

Unsre Musik-Bande spielt ja auch nur unter „Strom“! Hört man ja an ihrem Gedudel. Gestern hab ich 'ner Dame – d.h. Dame ist übertrieben – ich dachte erst, sie wär eine – hinterher hat sich aber rausgestellt, es war die Hahnemann! Jedenfalls hab ich ihr – aus Versehn – Rotwein über die Kledage geschüttet! Schade um den schönen Stierblut, ich Ochse! Ich mein Scheckbuch gezückt und gesagt: Gnä' Frau, ich ersetze Ihnen natürlich den Fummel! Wieviel? Meint se keß: 300! Kleinigkeit! sag ich! Hier ist der Scheck – 600 – kaufen Sie sich dafür zwei solche häßlichen Fetzen. Hinterher meint Erwin – mein Kumpel: „Bist du wahnsinnig, Teddy? Der Lumpen ist doch höchstens 50 Mark wert!“ Ich sage: Bleib ruhig, Junge, meine Schecks sind überhaupt nischt wert!

Ich sage ja: Frauen sind wie Ostereier: Außen immer hübsch bemalt – aber innen hart gesotten!

Sie sind auch verheiratet, mein Herr? Herzliches Beileid! Müssen Sie auch heimlich auf dem Clo rauchen? Meine hat mir die Qualmerei ja völlig abgewöhnt! Jetzt drück ich dauernd meine Kekse im Aschenbecher aus!

Ja – meine Frau kann sich über mich nicht beklagen! Ich frage sie jeden Morgen beim Frühstück: Schatzi, brauchst du mich noch? Oder kann ich mich jetzt anziehen? Dafür revanchiert sie sich dann auch, indem sie mir, wenn ich von meiner schweren Arbeit nach Hause komme, ein nasses Handtuch auf die Stirn legt! Wenn ich allerdings nach 12 Uhr komme, haut sie es mir um die Ohren!

Vorhin hab ich sie angerufen und gefragt, was es zu essen gibt! Zischt se durchs Telefon: „Gift!“ Prima! sag ich, kannst meine Portion mitessen!

Von Kochen hat sie nämlich sowieso keine Ahnung! Gestern hat sie – statt Haferflocken Seifenflocken in die Suppe geworfen! Können Sie sich vorstellen, gnä' Frau – wie ich geschäumt habe!

Das ist Stimmung – da leuchtet die Kopfhaut!

Schief gelegen

Da hatte sich 'n Artist angeboten, der eine Jungfrau zersägen wollte. Ich hab zu dem gesagt: „Dit is doch ein ganz alter Rummeltrick, damit locken Sie heutzutage keinen mehr hinterm Ofen vor."

Aber er meinte hoheitsvoll: „Irrtum, Frau Hahnemann, ich zersäge die Tanten nämlich der Länge nach."

Originell

Eigentlich sollte im Programm ja noch 'n Löwen-Dompteur seine Nummer abziehen – 'ne irre Sache übrigens. Der steckt nämlich seinen Kopf in dit Maul von dem Löwen und singt dabei noch.

Aber unser Redakteur meinte: „Love me tender" – so'ne olle Kamelle will doch kein Mensch mehr hören.

Hörerpost aus Radebeul

„Haben Sie, Frau Hahnemann, schon mal was von dem Sprichwort ‚Man schätzt andere genau so dumm ein, wie man selber ist' gehört? Mich interessiert, ob man in Berlin über Ihre Witze lacht, bei uns tut es keiner."

Hennes „Ratgeber", Dr. Holger Hennemann, antwortet: „Nun – schon Georg Christoph Lichtenberg sagte: Wir irren allesamt – nur jeder irret anders. Und auch Geheimrat Wolfgang von Goethe würde – was die unkonventionelle Art der Moderatorin betrifft, sicher folgenden wertvollen Hinweis geben: Behandelt die Frauen mit Nachsicht. Aus krummer Rippe ward sie erschaffen. Gott konnte sie nicht ganz gerade machen."

Ansage auf hochdeutsch

Henne: Im Rahmen meiner kleinen Kammermusik hören Sie die Arie: „Blök ich herum im edlen Kreise."

Achim korrigiert: Blick ich herum!

Henne: Bei 'ner Rundfunksendung isset doch wurscht, wo ick hinkieke, du Pfeife!

Gute Frage

Als Henne ihre Hörergemeinde ermunterte, sich ein paar Quizfragen auszudenken, kam sogleich die erste gutmütige Reaktion aus dem Prenzlauer Berg: „Ick frage mir, for wat Se überhaupt Ihr Jeld kriegen, wenn wa ooch noch Ihre Arbeit machen sollen?"

„Komisch", hat Henne sich gewundert, „genau dit hat mein Chef gestern auch jefragt."

Verteilte Rollen

„Sag mal – hat dir die Rolle als Tierdoktor Spaß gemacht?"

„Klar, schön, aber anstrengend. Du kannst dir ja vorstellen, wenn man einen Bernhardiner auf den Behandlungstisch heben muß – ohne meine drei Zehen Knoblauch morgens hätte ich das nicht durchgehalten."

„Hat dich auch mal einer gebissen?"

„Ach wo – ich hatte doch immer Helfer dabei, die mußten dann während der Dreharbeiten die Schnauze halten."

Tapetenwechsel

Ick überlege, ob ick mal an einen anderen Sender gehen soll – zum Beispiel an den Nord-Ostsee-Kanal.

Zweideutig

(in Richtung Kollegen): Wißt Ihr eigentlich, daß ich in einem Verein bin, dessen einziges Bestreben der Umsturz ist?

(Dann zu den Hörern): Wat meinen Se, wie die jetzt alle schlottern!

Dabei meine ick schlicht und einfach meinen Kegel-Verein.

Gast und Kellner

mit Rolf Herricht

Herricht (als Kellner) führt die Hahnemann (als Gast) an den Tisch: Guten Abend! Gnädige Frau! Tisch am Fenster gefällig mit Aussicht auf unsere strahlenden Leuchtreklamen: Berlin bei Nacht!

Henne liest: Wat heißt dit? Mit Opa?

Rolf: Nein, Gnädigste! Mitropa! Das „R“ wird seit zwei Jahren repariert!

Henne: Aber am Fenster will ick nich' sitzen! Da zieht et imma so!

Rolf: Nein! Bei uns zieht, außer sehr hohen Trinkgeldern, gar nichts mehr! Und wenn gnädige Frau mal ihr kleines Plappermäulchen nach der Bestellung wieder schließen würde, kann uns auch aus dieser Richtung nichts mehr passieren!

Henne: Na gut! Ick laß ma hier nieder! Wat muß'n weg?

Rolf: Ich verstehe nicht! Es sei denn, gnädige Frau sprechen vom Imperialismus?

Henne: Ick spreche von ihre Speisen! In jedet Lokal jibt et wat Altet und Verjammeltet!

Rolf: Nein! Da muß ich gnädige Frau enttäuschen. Dieser Koch arbeitet schon seit 3 Monaten nicht mehr hier!

Henne: Na, da bin ick ja beruhigt! Und wat hier steht, kann man allet essen?

Rolf: Ja, selbstverständlich! Es sei denn, gnädige Frau haben schon nicht mehr alle Beißerchen, da müßte der alte Ochse in der Küche dann zu einem Ragout durchgemantscht werden!

Henne: Ick kann det überhaupt nich' allet entziffern! Sagen Se ma, ham Se mir vielleicht die chinesische Karte jejeben?

Rolf: Aber! Gnädige Frau müssen die Karte anders herumdrehen! Sehen Sie, nun ist es japanisch! Was man ja auch unschwer an den kleinen Pinselhäkchen erkennt!

Henne: Na, Herr Ober, dann bringen Sie mal: Oxtail-clair!

Rolf: O-Suppe! Geht clair!

Henne: Dann Filet „Stroganoff“.

Rolf: Einmal den ollen „Stroganoven“.

Henne: Eine Birne „Helene“ –

Rolf: Wieviel Watt?

Henne: Watt? Wollen Se mir vielleicht 'ne Glühbirne servieren?

Rolf: Gnädige Frau haben mich mißverstanden! Ich meine, womit darf ich Ihre Birne garnieren? Mit heißer Himbeersoße oder Schlagsahne? Ich hab's! Wir gießen ein Gläschen Cognak darüber und zünden sie an: sozusagen flambierte Birne oder: Glühbirnchen schimmere!

Henne: Ne, det muß nich' sein! Ick werde imma so schnell blau, und ick brauch heute noch mein Kopp zum Nachdenken. Aber 'n Kaffee können Se mir denn noch bringen!

Rolf: Für Kaffee ist es schon etwas spät!

Henne: Mir macht det nichts aus! Ick schlafe nach Kaffee wie'n Maulwurf!

Rolf: Das bezweifle ich nicht, gnädige Frau! Es fragt sich bloß, ob wir

Dinner for four
Hallo, ich möchte für heute abend einen Tisch für vier Personen bestellen. Zu 19 Uhr. Ach, eine Frage noch: Ab wieviel Uhr ungefähr können wir mit dem Kellner rechnen?

Osterüberraschung
Wir sind Ostern zu Hause jeblieben. War aber auch janz nett. Ick hab mir stadtfein jemacht, und mein Süßer hat mir die teuersten Lokale jezeigt. Von außen!

„Das ist ja ganz billiger Weinbrand-Verschnitt!"
„Verschnitt ja, aber billig nich'!"
Henne mit Rolf Herricht in einem Sketch im Friedrichstadtpalast

wegen der einen Kaffeebohne heute noch eine Büchse öffnen sollen!

Henne: Und wenn ick nu'n Mokka-duble bestelle?

Rolf: Das ist etwas anderes! Ein Double zwei Bohnen! Eine echte, eine kaschiert! Sonst noch Wünsche?

Henne: Ja, dat et schnell jeht, Herr Oba!

Rolf: Rasend schnell, gnädige Frau! Die O-Suppe können Sie schon, wenn wir noch eine Büchse auf Lager haben, in der nächsten dreiviertel Stunde schlürfen! Den ollen Stroganoff haben wir in spätestens 1 1/2 Stunden zusammengeschlagen! Pünktlich eine Stunde später wird ihre Birne begossen und der Kaffe serviert! Das heißt, wenn die Kaffemamsell sich wieder bei der Bohne mit dem Hammer auf den Finger haut und in die Poliklinik muß, wird es natürlich ein bissel später.

Henne: Ne, danke! Herr Oba! Mann, dit is ja vielleicht 'n Saftladen! Sie brauchen vier Stunden, um dem Gast eenmal Mittag zu servieren? Mensch! In der Zeit ha ick ja 'nen janzen Haushalt jemacht – de Wäsche jebüjelt und bin sojar noch 'n paar Runden schwimmen jejangen! Also, unter diese Umstände vazichte ick uff Ihr mickeriget Mahl!

Rolf: Gnädige Frau! Darf ich Ihnen zu Ihrem Entschluß, überhaupt nicht zu speisen, gratulieren?

Henne: Gratulieren? Schämen müßten Se sich!

Rolf: Nein, im Gegenteil, gnädige Frau! Sehen Sie, gleich als Sie hier reinkamen, dachte ich so bei mir: Dieser dicke Pummel sollte lieber einmal eine anständige Fastenkur machen, anstatt sich bei uns den Bauch vollzuschlagen! Sehen Sie, und jetzt verzichten Sie sogar von sich aus – ist das nicht wunderbar? Gnädige Frau, kommen Sie noch 5 oder 6 Tage lang zu uns zum Speisen und ich garantiere Ihnen: Sie können sich endlich wieder mit ihrer Figur in jedem Gourmet-Tempel sehen lassen!

Ich hab Angst

Kein Mensch mehr da,
der morgens das Klo blockiert.
Keiner mit Drei-Tage-Bart,
der inne Zeitung stiert.

Kein Drama mehr wegen 'nem Frühstücksei –
ich muß auch nich' gleich nach Hause,
hab immer frei.

Und – daß ich zu laut lache
und so aufgekratzt bin –
das ist, weil ich ganz neu beginn.

Wenn da bloß nich' so'n blöder Kloß im Hals wär –
so'n Würgen – das ist direkt unfair.
Als wenn mir einer grad' den Hahn zudreht
und jetzt mein Leb'n ohne dich nich' weitergeht.
Ich hab Angst – so Angst –
ach, wird schon gehn.

Herrlich – so'n Abend mit mir allein,
ganz ungestört träumen – bei Kerzen und Wein.
Bei dir gab's doch nur noch Fernsehn und Bier.
Deine Pulle mit Schnaps steht noch immer bei mir.
Alles Geld ist jetzt meins –
ich hab's auf Kante gelegt.
Du siehst, wie gut es mir geht.

Wenn da bloß nich' so'n blöder Kloß im Hals wär –
so'n Würgen – das ist direkt unfair.
Als wenn mir einer grad' den Hahn zudreht
und jetzt mein Leb'n ohne dich nich' weitergeht.
Ich hab Angst – so Angst –
ach, wird schon gehn.

Jetzt liegen hier auch keine Klamotten mehr um –
keine Kippen – verloren im Djum.
Unser'n Hochzeitstag, den hast du ewig verschlampt,
doch jedes Pokalspiel, das war dir bekannt.
Ich bin jetzt auch morgens nicht mehr so kaputt,
der Schlaf, der tut mir echt gut.

Wenn da bloß nich' so'n blöder Kloß im Hals wär –
so'n Würgen – das ist direkt unfair.
Als wenn mir einer grad den Hahn zudreht
und jetzt mein Leb'n ohne dich nich' weitergeht.
Ich hab Angst – so Angst –
ach, wird schon gehn!
Ich hab Angst – so Angst –
daß das nich' geht!

Ich will raus

Wieder schlecht geschlafen!
Aufstehn mit Gewalt!
Kaffee – und Tabletten drauf!
Ich glaub, ich werde alt!

Wieder Streit mit Eddy!
Dann haut er ab!
Ich fühl mich so schlapp!

Ich nenn mich im Spiegel eine blöde Kuh!
Und ich schrei: Ich hab es satt!
Jetzt laßt mich bloß in Ruh!
Liebe – Sex – alles Schall und Rauch!
Ich will raus!
Ich will raus!
Ich will raus!

Ich steh hinterm Vorhang –
fünf Sekunden noch!
Eddy wird schön sauer sein,
wieder nichts gekocht!

Text – mein Gott – wo bist du?
Weg! Alles weg!
Ein Clown – ohne Gag?
Gleißend trifft das Licht mich –
hart wie eine Faust!
Ich weiß, die Show muß weitergehn –
mein armes Herz setzt aus!
Erster Schritt – niemand hält mich auf!
Ich muß raus!
ich muß raus!
Ich muß raus!

Instrumental – darüber gesprochen:

Ha – ha! Da ist sie wieder – Eure Ulknudel – die sich beim „Großen Internationalen Lach- und Streit-Festival" den „Goldenen Schreihals" unter den Nagel reißen konnte! Aus meinem Buch: „Lach oder stirb!" möchte ich Ihnen eine Probe meines hellschwarzen Humors in den Saal schleudern: Zu 'ner Dame kommt'n Leichenbestatter – schon saukomisch, wat? Und – die Dame sagt – nee, er sagt zu ihr – denn sie hatten ja vorher beide – und äh – Moment mal, da muß mir wat durch-'nander jekommen sein – ach ja, er sagt – denn er hat ja auch den Zylinder auf – nich? Und – und – er steht an der Tür und sagt – und sagt:

Gesungen: Notausgang! Schnell!

Wie komm ich hier raus!
Es ist aus!
Es ist aus!
Es ist aus, es ist aus, es ist aus!
Aus

Im Mathias-Keller

mit Nelly Issman und Tibor

Helga kommt auf die Bühne gestürzt und sagt: Du, Nelly, ick hab vorhin noch 20 Forinthen jefunden! Was hältsten davon, wenn ick dich jetzt in einen echt-ungarischen Weinkeller einlade?

Nelly: Oh – 20 Forinthen? So viel? Nein, das kann ich nicht annehmen! Wir machen halbe-halbe, ja? Ich übernehme die Rechnung – und du bezahlst die Garderobe, gut?

Beide setzen sich an einen Tisch! Plötzlich zuckt Nelly zusammen uns sagt: Jesses! Mein geschiedener Mann!

Helga: Wooo? Zeig mal!

Nelly: Dieser Kerl, der jetzt kommt!

Helga: Los – mach schnell 'n glücklichet Jesichte, Nelly!

Während der Ober (der geschiedene Mann) sich dezent dem Tisch nähert, schnattert Nelly plötzlich auf Helga ein: Siehst du, Liebling, diesen Ring hat mir mein Verlobter geschenkt – echte Smaragde – das war an dem Tag, als ich ihn auf seinem Schloß am Gellertsberg besuchte!

Tibor: Guten Abend, gnädige Frau! Servus, Nelly! Möchten die Damen gleich bestellen – oder erst den Schluß der Märchenstunde abwarten?

Nelly: Die Karte! Aber sofort!

Tibor: Sehr wohl! Darf ich Sie mit meinen bloßen Händen bringen – oder besteht die Dame auf einem goldenen Tablett?

Nelly: Verschwinde – du Scheusal!

Tibor: Ich sehe, die Dame fühlt sich schon ganz wie zu Hause!

Tibor ab!

Nelly: O Gott, ist mir das peinlich! Wollen wir woanders hingehen?

Helga: Wieso denn, Nellychen? Der is' doch 'n dufter Typ! Weshalb haste dich denn von dem eigentlich scheiden lassen?

Nelly: Weil er ein Geizhals ist!

Helga: Dit sind doch alle Männer! Stell dir vor, meiner hat mir ditselbe Kostüm jekauft, was meine Nachbarin auch hatte!

Nelly: Wie unmenschlich! Und – was hast du getan?

Helga: Wir sind natürlich sofort in 'ne andere Gegend gezogen!

Nelly: Aber er – sie macht eine Kopfdrehung – muß ein ungarischer Schotte sein! Nicht mal einen neuen Pelz hat er mir bewilligt!

Helga: Aber dein Lammfellmantel is' doch noch janz neu, Nellychen!

Tibor kommt mit den Speisekarten und sagt zu Helga: Gnädige Frau müssen bedenken, daß das Lamm den Pelz schließlich auch schon jahrelang geschleppt hat! Wünschen die Damen Wein?

Nelly: Aber bitte den teuersten! Bei mir und meinem Verlobten gibt es in puncto Geld nämlich keine Schwierigkeiten!

Tibor: Er zahlt es ein – und du hebst es ab, wie?

Dann zu Helga: Sie sehen heute übrigens ganz entzückend aus!

Nelly: Da hörst du, wie er lügt!

Helga: Ja? Du, sei nich' sauer, Nelly, aber ick steh' uff so 'ne Männer!

Ick gloobe, wenn der mich so'ne Weile mit seine Oogen ankiekt, denn zieh' ick aber meinen Fummel hier aus!

Nelly: Bei dem? Da mußt du aber vorher erstmal den Stecker vom Fernseher ausziehen!

Tibor kommt und serviert: Bitte sehr – die Getränke!

Nelly spinnt weiter: Und weißt du, Helga, mein Verlobter ist ganz verrückt nach mir!

Tibor – beim Einschenken: Ich würde vorsichtig sein! Auch Verrückte haben manchmal lichte Momente!

Helga: Sagen Sie mal – lieber Herr Ober – gibt's denn hier jar keene Zigeunermusik!?

Nelly: Um Himmels willen! Liebste, bitte laß uns das nicht antun!

Tibor zu Helga: Für eine schöne Frau spielt ein richtiger Zigeuner immer!

Nelly: Helga, bitte, ich hab so schreckliche Migräne!

Tibor: Die kenne ich! Sie fing jedesmal nach dem Essen an – und endete, wenn ich das Geschirr abgewaschen hatte!

Helga: Na, sag mal, Nelly, hast du wat jegen Musik?

Nelly: Nein, ich hasse nur Stehgeiger!

Tibor kommt mit seiner Geige und spielt Helga eine ungarische Volksweise ins Ohr!

Nelly: O Gott, jetzt wird er gleich sagen: Dieses Lied hat schon meine Mamma gesungen!

Tibor – leise zu Helga: Dieses Lied hat schon meine Pappa gesungen!

Er singt jetzt die Melodie!

Helga, zu Tränen gerührt: Nelly, haste mal'n Taschentuch?

Nelly zu Tibor: Da siehst du, was du angerichtet hast!

Tibor: Ich habe mit meiner Geige bisher noch jede Frau zum Weinen gebracht!

Nelly: Logisch! So falsch, wie du spielst!

Helga, sich die Tränen abwischend: Ach – ick muß immer heulen, wenn die Musik mit so 'ner Leidenschaft über mich herfällt!

Tibor: Dann möchten Sie jetzt vielleicht noch einen Czardas hören?

Helga: Au ja! Den möcht' ick aber auch tanzen! Nelly, darf dein Ex-Mann mir den beibringen?

Nelly: Aber Liebling, du siehst doch, wie mühsam er sich an seiner Geige festhalten muß! Warte, ich werde dir den Tanz zeigen! Meinem Verlobten führe ich ihn ja auch jeden Tag vor!

Tibor: Wahrscheinlich immer, wenn das Essen angebrannt ist!

Tibor spielt einen Czardas!

Nelly zeigt Helga die Schritte! Dieser macht es großen Spaß – sie wirbelt auf der Bühne herum und juchzt dabei.

Helga: Joi, Mamma!

Zum Schluß hat sie sich derart überdreht, daß sie sich beim letzten Ton der Musik auf den Podex setzt!

Jetzt kommt dein Süßer

„So, nu kuck mal wie'n Engel!" „Wie kiekt'n der?" Fototermin für die Platte „Jetzt kommt die Süße"

Da heißt et nu: Jesang is schön!
Ick sing ooch – hin und wieder –
beim Kochen und Boulettendrehn,
doch een Jesang is mir zuwider!
Dit is der Song, den Hugo singt –
mein Oller – blau wie'n Veilchen!
Wenn man ihn mir zu Hause bringt,
hör ick ihn unten kreischen:

Jetzt kommt dein Süßer!
Dein kleinet Engelein!
Dem tut der Kopp weh
vom Heiljenschein!

Jetzt kommt dein Süßer!
Dein kleinet Engelein!
Der steht hier unten
und kann nich' rein!

Denn weeß ick, wat die Glocke schlägt,
is' meistens früh um zwee!
Wie'n Hahn, der uff'n Mist rumkräht,
er voll – und leer sein Portemonnaie!
Mein Jott, wenn Karel Jott watt singt,
komm' mir die Trän'n, da ween' ick!
Doch – wat mein Oller von sich jibt,
jeht mir durch Mark und Pfennig:

Jetzt kommt dein Süßer!
Dein kleinet Engelein!
Dem tut der Kopp weh
vom Heiljenschein!

Jetzt kommt dein Süßer!
Dein kleinet Engelein!
Der steht hier unten
und kann nich' rein!

Doch eenmal dreh den Spieß ick um,
dit hab ick mir jeschworen!
Ick sitz nich' Nacht für Nacht mehr rum
und wart uff den Ganoven!
Denn werd ick um die Häuser jehn –
bei Charly'n, anne Ecke –
mir ein jewalt'jet Ding eindrehn
und hol mein' Oll'n aus Bette:

Jetzt kommt die Süße!
Dein kleinet Engelein!
Mir tut der Kopp weh
vom Heiljenschein!

Jetzt kommt die Süße!
Dein kleinet Engelein,
dit steht hier unten
und kann nich' rein!

Gesprochen:
Hugo! Kannst du bitte mal runterkommen und dit Haus festhalten? Ick kann dis Schlüsselloch nich' finden! Eh, Herr Nachtportier, tun Sie doch nich' so, als wenn Sie stumm auf beide Ohren sind! Ich – hick – fühl mich wie eine Briefmarke – wenn ich anjefeuchtet bin, bleib ick kleben!
(Geräusch: Eimer Wasser)
Mensch, meine Flügel sind ja klatschnaß! Siehste, du kannst keinen Spaß vertragen! Du willst nich? Schön, muß ick mir eben 'ne andere offene Kneipe suchen!

Jetzt kommt die Süße!
Dein kleinet Engelein!
Mir tut der Kopp weh
vom Heiljenschein!

Jetzt kommt die Süße!
Dein kleinet Engelein,
dis steht hier unten
und kann nich' rein!
Hugoooooo!

Wußten Sie
... daß ick Jeheimnisträger bin? Ja – wat meinen Se, wat hier nich allet hinter verschlossenen Türen abjewickelt wird? Un dit Schärfste an dem Jeschäft: Bei dem kleinsten Fehler, den de machst, kennen se plötzlich deinen Namen nich' mehr! Lassen se dich fallen wie ne heiße Kartoffel!
Zeigt Pillen: Hier – meine Hauptmahlzeit: Faustan! Und eh de denn wieder uff de Strecke jeschickt wirst, können Jahre vergehn! So hart sind die Bräuche bei unserm Horch-Konzern!
Sie stutzt: Äh – ick meine den inner Brunnenstraße – nich' den inner Magdalenenstraße! Amiga! Bei uns jibt's doch bloß die eene Plattenbude! Und da wollt ick Ihnen mal verraten, wen ick so uff meiner „Schwarzen Liste" habe!
Hält Platte hoch: Ach – wat soll ick da lange rumerzählen – los, Fischi, jetzt machen wir den ersten fertig, eh!
Singt: Keine Liebe mehr ...

Keine Liebe mehr

Seit Jahr und Tag
bin ick in „Bruno's Bar“ Stamm
und schmeiß meine Lagen,
denn: Bruno schreibt an!

Seit heute nun
hat unsre Freundschaft 'n Stich,
olle Bruno will Jeld sehn,
dit macht man doch nich'!

Eb'n fühl ick mich grade
noch rundherum jut –
da macht dieser Stänker
mir allet kaputt!

Es is'
keine Liebe mehr
unter den Menschen!
Keine Liebe mehr –
nur böset Blut!

Und is'
keine Liebe mehr
unter den Menschen,
denn jibt et bald jar nischt mehr,
wat ei'm jut tun tut.

Seit Jahr und Tag
fahr ick schon bei „rot“ über'n Damm –
und stoppt Polizei mich,
denn grien ick se an!

Seit heute nun
hat unsre Freundschaft 'n Stich –
die Jungs woll'n mein Schein sehn –
dit macht man doch nich'!

Eb'n fühl ick mich gerade
noch rundherum jut –
da stempeln die Stänker
mir allet kaputt!

Es is'
keine Liebe mehr
unter den Menschen!
Keine Liebe mehr –
nur böset Blut!

Und is'
keine Liebe mehr
unter den Menschen,
denn jibt et bald jar nischt mehr,
wat ei'm jut tun tut tut!

Seit Jahr und Tag
lieb ick noch'n zweiten Mann,
damit sich mein Süßer
schön ausruhen kann!

Seit heute nu
hat unsre Ehe 'nen Stich –
mein Mann pocht uff Scheidung –
dit macht man doch nich!

Eb'n fühl ick mich grade
noch rundherum jut –
da stänkert der Stänker
mir allet kapputt!

Es is'
keine Liebe mehr
unter den Menschen!
Keine Liebe mehr –
nur böset Blut!

Und is'
keine Liebe mehr
unter den Menschen –
denn jibt et bald jar nischt mehr,
wat ei'm jut tun tut, tut!

Kurschatten

Sie sitzt auf einer Bank im Kurpark und trinkt ihren Brunnen! Er kommt – ebenfalls mit einem Trinkgefäß in der Hand angeschlendert – lüftet seinen Hut und fragt artig: Pardon – ist auf Ihrer Bank noch ein Plätzchen frei?

Sie: Ja – dort hinten – am äußersten Ende!

Er: Verbindlichsten Dank!

Nach einigen Sekunden lehnt er sich weit zu ihr hinüber und fragt: Äh – Entschuldigung, meine Dame, darf ich fragen, an welcher Quelle Sie sitzen?

Sie: Drei! Vegetative Dystonie!

Er rückt näher: Drei? Aber liebe, gnädige Frau, wie konnten Sie sich denn diesen Sprudel aufschwatzen lassen? Wissen Sie denn nicht, daß man dieses Rinnsal in Fachkreisen die „Mackenquelle" nennt?

Sie: Tatsächlich? Bis jetzt hab ich noch nichts gemerkt!

Er: Das kommt noch, meine Liebe! Nach der 3. Ladung kriegt man regelrecht einen verblödeten Gesichtsausdruck! Ich habe das Zeugs drei Jahre hintereinander schlucken müssen!

Sie: Was soll ich denn machen? Ich bin im Kurieren doch noch so unerfahren!

Er rückt noch näher: Auf mich hören, Gnädigste!

Sie: Mir hat man eine gräßliche Diät aufgebrummt!

Er: Sie – und Diät? Typisch! Da werden die letzten herrlichen Busen und einladenden Hüften zum Aussterben verurteilt!

Sie – leise: Ich kriege doch hier schon ein kleines Doppelkinn!

Er: Wer sagt das? Bitte, zeigen Sie mir mal Ihr Profil!

Er zeichnet ihr Kinn mit der Hand nach!

Sie, ängstlich: Sehr schlimm?

Er: Schlimm? Das ist fantastisch – einmalig! Sie kennen doch die Venus von Milo, ja?

Sie: Nein! Ich bin ja gestern erst angereist!

Er: Liebste, Beste, ich meine doch diese Frau aus Marmor – die ohne Arme!

Sie: O Gott! Soo schlimme Fälle haben wir hier auch?

Er, versonnen: Ihre beiden Profile gleichen sich wie ein Rad dem anderen! Noch sehr sehr brauchbar! Und – ich bin Fachmann: Autoschlosser! Verstehe was von Karossen und Fahrgestellen!

Sie: Ich bin Künstlerin!

Er: Sehen Sie, ich habe sofort gewußt, daß Sie etwas Besonderes sind!

Sie: Ich habe nachts grauenvolle Träume. Da sehe ich mich auf der Bühne stehen – kann nicht spielen – nicht singen – nicht tanzen – dann möchte ich am liebsten das ganze Show-Business an den Nagel hängen!

Er: Aber meine Liebe, wenn Sie selbst schon insgeheim fühlen, daß Sie kein Talent haben, warum tun Sie es dann nicht?

Sie heult: Geht leider nicht! Ich bin schon ein Star!

Er: Ja – dann hilft nur eins: Sie müssen einfach mal abschalten!

Sie: Das tun die Zuschauer ja schon!

Sie legt heulend ihren Kopf an seine Schulter!

Er tröstet sie.

Sie: Aber – da ist noch etwas, was mich stark bedrückt!

Er: Man hat Ihnen doch hoffentlich nicht diese Wahnsinns-Therapie verordnet, bei der man Kartoffeln sortieren muß? Die guten nach links – die faulen nach rechts! Nach einer halben Stunde ist man zu Tode erschöpft!

Sie: Von der körperlichen Arbeit?

Er: Ach was! Von den vielen Entscheidungen, die man jede Sekunde treffen muß!

Sie: Mein Problem liegt etwas tiefer, mein Herr!

Er: Gnädigste, wie tief es auch sein mag – ich schweige wie ein Grab!

Sie: Ja – also – das ist so bei mir: Immer, wenn ich ein Glas Wein trinke, dann – dann werfe ich mich dem nächstbesten Mann an den Hals!

Er: Aber liebe kleine Frau, das ist doch nicht so schlimm! Passen Sie auf, jetzt gehen wir beide erstmal in ein gemütliches Restaurant – trinken zusammen ein Gläschen – und dann unterhalten wir uns in aller Ruhe über Ihr Problem.

Leben!

„Leben hat ja doch kein' Sinn!"
So maulste wieder rum
und schmeißt alles hin!

Dann spring doch aus'm Fenster!
Ick reiß es für dich auf!
Ach – da stehste nich' drauf?

Eh du! Nimm dir'n Wäschestrick!
Hoppla! macht's und du bist weg!

Oder – du ersäufst dich!
Schluckst 'ne Prise Jift!
Schieß ins Herz – falls de triffst!

Du blöder Hund,
jetzt hör mal her:
Bist kernjesund!
Wat willste mehr?
Nein, du hast kein' Grund!

Weißte, wie borniert du bist?
Und wie lächerlich dein Gejammer is'?
Solltest dich verlieben!
Dit wär jut für dich!
Wie? In wen, weißte nich?
Mensch, in mich!
Du, in mich!

Was Hennes Arzt zum Besten gab
„Zwei Tage vor Weihnachten untersuche ich eine junge Frau und stelle fest, die ist schwanger. Als ich ihr das mitteile und denke, daß sie sich darüber freut, erklärt mir das Mädel allen Ernstes, daß das unmöglich ist, weil sie noch nie mit einem Mann – und überhaupt. Na schön – habe ich mich also ans Fenster gestellt und lange lange angestrengt in die Nacht rausgeguckt. Hinter meinem Rücken höre ich ihr ängstliches Gestammel: ‚Um Gottes willen, was ist denn, Herr Doktor?' – ‚Kann ich Ihnen sagen', habe ich sie aufgeklärt, ‚so was wie bei Ihnen, ist vor rund 2000 Jahren schon einmal passiert – und da ging am Himmel ein leuchtender Stern auf. Den suche ich jetzt.'"

Lutz Hoff
„Helga, bis die Tage!"

Ich bin als Berliner Kind in dem Milieu aufgewachsen, das Helga Hahnemann in den Liedern besingt und in ihren Sketchen so herzerfrischend parodiert. Auf dem zweiten Hinterhof inmitten all der Traudels und Hugos, mit all den kleinen und doch meist großen Sorgen der Schulzes und der Lehmanns. Meine Mutti hat hundert Mal die düstere Wohnung mit Außenklo verflucht, in der wir leben mußten, und hundert Mal gehofft, daß es ihrem einzigen Sohn mal besser geht. So, wie sich das Mütter wünschen. Und sie hat es erleben können! Ich habe studiert und meinen überaus ordentlichen Beruf überaus gut gemeistert. Und sie hat mich auf der Bühne erlebt mit der Hahnemann, die ihr doch so aus der Urberliner Seele sang. Nicht annähernd geahnt haben wird sie, wie diese von ihr verehrte Berlinerin ihrem Sohn den Start ins Künstlerleben geebnet und erleichtert hat.

„So jeht det aba nicht, wie du det machst!" war wohl einer der ersten Sätze, die mir Frau Hahnemann, wie ich damals artig sagte, in ihrer freundlich direkten, eben Berliner Art entgegenbrachte, Anfang der achtziger Jahre im Kulturhaus in Finsterwalde. Und schon da erreichte mich das Augenzwinkern, ein Zwinkern, das man spürte konnte. Das mir sagte, die meint es gut mit dir! Der konnte man nichts übelnehmen. In der Tat, sie half mir zum Beispiel sofort, meine damals noch spärlich gesetzten Pointen auf der Bühne effektvoller zu präsentieren.

Ich kannte die Hahnemann nicht. Persönlich schon gar nicht und aus dem Fernsehen kaum, ein paar Schwänke vielleicht. Schließlich habe ich als waschechter Ostberliner schon aus Prinzip kein Ostfernsehen gesehen ... außer „Sport aktuell" am Sonnabend, so hieß dieser Wochentag damals, wegen der Fußball-Oberliga. So lernte ich Helga Hahnemann auf, noch besser hinter der Bühne kennen. Tagsüber trieb ich seinerzeit als Diplomingenieur die DDR-Wirtschaft voran, und abends erheiterte ich als Amateur-Conférencier die werktätigen Massen. Ich hatte somit zwei Jobs, war flexibel einsetzbar, örtlich variabel mit quasi unbegrenzter Arbeitszeit. Das alles ohne Jobcenter und Arbeitsagentur. Die Kaderabteilung der Elektro-Apparate-Werke Berlin-Treptow sorgte für meinen Schreibtischeinsatz in der Kombinatsleitung, nach heutigem Verständnis die Managementzentrale, und mein privater Arbeitsvermittler war der alte Fuchs Rudi Richter, Chef des „Berlin-Sextetts". Dieser ließ mich schon vor meiner Fernsehkarriere die DDR-Stars ansagen, die seine Band begleitete. Das waren wirklich alle. Alles, was im Fernsehen der ewig jungen Republik auch nur einen halben Hit hatte, war ebenso vertreten wie die Stars, die im Kessel Buntes auch unsere Brüder und Schwestern jenseits des eisernen Vorhangs verzückten. Da wurde ich hineingeworfen und moderierte, was das Zeug hielt. Ein ideales Terrain, um meine Bühnengeilheit auszuleben. Ich wollte unbedingt dabei sein. Da ich ansonsten gutbezahlt meinen Industrieamtsschimmel ritt, ging ich völlig und sicher auch naiv an die Aufgabe, selbst ein Star zu werden. Bis heute habe ich mir genau gemerkt, wer mir damals geholfen hat. Und noch mehr habe ich mit gemerkt, wer mir nicht geholfen hat. Zu ersteren gehörte eben diese Hahnemann. Deren Stamm-Band war das Berlin-Sextett. Sie hat mich von

Anfang an wie einen ebenbürtigen Profi behandelt, der ich später, viel später dann auch wurde. Ich sog jeden Tip, jeden Hinweis von ihr auf. Immer pendelnd zwischen Schreibtisch und den Kulturhäusern und Festplätzen in bedeutenden Gastspielorten wie Meinsdorf, Lindau, Prora usw. in der damals immer noch größten DDR der Welt.

Und ich konnte der großen Dame des Spaßes schon einen Gag bieten, der bei jeder Vorstellung zu Ihren Lieblingswitzen aus meinem Repertoire gehörte:

Es ging um den IFA-Vertrieb. Das waren diese Läden, die PKW-Anmeldungen verwalteten, verarbeiteten, verlegten, verschoben oder ähnliches, aber auf keinen Fall vor dem Ablauf von dreizehn Jahren einen Trabbi herausrückten. In meiner Geschichte aus dieser Zeit kommt also ein junger Mann in solch eine Geschäftsstelle.

„Guten Tag, ich hätt gern ein Auto, aber bitte morgen."

„Oh", sagt der Verkäufer, „einen Wartburg 353 habe ich erst nächste Woche für Sie, einen LADA 2107 kann ich Ihnen in 14 Tagen anbieten, aber auf einen Peugot müßten Sie schon gute drei Wochen warten."

Sagt der junge Mann: „Hörn Sie doch auf, mich zu verscheißern!"

Darauf der Verkäufer: „Na, wer hat denn damit angefangen ...?"

Das Ding war ein Brüllet! Damals haben die Leute über die Mißwirtschaft lachen können, heute können sie über die Wirtschaft auch nur noch lachen. Damals gab es Lacher auch für diesen: Ich gehe in ein Eisenwarengeschäft und sage: „Ich hätte gern ein Sicherheitsschloß."

Der Verkäufer: „Ham wa nich."

„Hätten Sie ein Vorhängeschloß?"

„Ham wa nich."

„Dann nehme ich einen einfachen Riegel!"

„Ham wa nich."

„Was haben Sie denn überhaupt"

„Wir haben durchgehend geöffnet."

„Na, wenn Sie nichts haben, können Sie Ihren Laden doch einfach zumachen."

„Können wir eben nicht."

„Warum nicht?"

„Wir haben kein Sicherheitsschloß, kein Vorhängeschloß und keinen Riegel ..."

Über jeden Lacher, den ich einheimste, freute sich Helga. Sie gönnte mir jede der Sprossen, die ich auf der Karriereleiter erklomm. Das ging dann auch sehr schnell, denn Horst Lehn entdeckte mich bei einem meiner Auftritte fürs Fernsehen.

Als ich 1983 das Angebot bekam die Sendung „Schätzen Sie mal" zu übernehmen, machte Helga mir spontan Mut. Vielleicht war sie sogar ein bißchen stolz, schließlich bekam ich als Nobody eine schon zehn Jahre bewährte Top-Sendung des Ostfernsehens. Als ich mit Evelyn Matt, der großen Lady der DDR-Fernsehunterhaltung, in die Redaktion der „FF – dabei" kam, um mein allererstes Titelfoto für die seinerzeit einzige und damit größte Fernsehzeitschrift zu machen, trafen wir im Foyer zufällig Helga Hahnemann. „Da mußte ich jahrelang für schindern, und Lutz bekommt auf Anhieb dieses Titelfoto", frotzelte sie. Wieder mit diesem einzigartigen Augenzwinkern. Solch leichter Umgang ließ mich manch neidvolles Gehabe von damaligen nationalen Wortkunstgrößen locker ertragen, noch mehr, so etwas erreichte mich überhaupt nicht. Die Hahnemann gab mir von Anfang an Rückendeckung, wobei ihr das selber wahrscheinlich nie bewußt war. Wir sprachen auch nicht drüber. Wieviel „Dreher", „Überflieger", „Aufschneider", arrogante und bornierte Mitmenschen mußte ich in meinem Berufsleben ertragen. Wie anders war das bei Helga! Unsere Zusammenarbeit war fruchtbar, aber eigentlich völlig unspektakulär. Nahezu selbstverständlich.

Als meine erste Fernsehshow aufgezeichnet war, stand ich zur Zeit der Ausstrahlung auf der Bühne des Berliner „Palasthotel". Da es Mitte März war, sicher zu einer der zahlreichen Frauentagsfeiern, moderierte natürlich Helga Hahnemann. Aber Helga sah sich die Wiederholung am nächsten Vormittag an. Aufgeregt rief ich sie danach an und holte mir höchstes Lob ab: „Haste gut gemacht. Aber irgendwie lahmarschig." Sie war eben eine Perle.

Wie war eigentlich das Verhältnis? Freundschaftlich, kollegial, mütterlich. Bestimmt von allem etwas. Wie auch immer, zu Helga hatte ich über all die Jahre eine wohltuend respektvolle Distanz. Ich habe zum Beispiel nie „Henne" zu ihr gesagt, wie viele Kollegen heute von sich sagen und noch mehr von sich behaupten. Was Helga und mich, so verschieden wir auch waren, hundertprozentig verband, war der Spaß an diesem Beruf, für den wir alles getan und so manchen vertan haben.

Apropos getan. Ich tat am 31. Dezember 1984 ein Schritt, den ich bis heute nicht bereut habe: Ich hinterließ in der Elektroindustrie eine gewaltige Lücke und kündigte meinen sicheren und ruhigen Ingenieurposten. Den hätte ich übrigens bis zur Rente ausüben können, wußte ich damals. Heute weiß ich es besser: Es hätte nur bis zur Wende geklappt. Ich war also jetzt freiberuflicher Künstler und konnte mich voll auf diese Arbeit konzentrieren und hatte trotzdem noch viel mehr Zeit für meine inzwischen acht und zehn Jahre alten Söhne Tim und Tom.

Der Kontakt zu Helga wurde noch enger. Mein erstes Tourneeprogramm hieß folgerichtig „Jetzt kommt die Süße" und wurde von der Konzert- und Gastspieldirektion Halle produziert. Erwähnenswert deshalb, weil ich einen Text für einen Sketch für Helga und mich schreiben durfte. Mein handschriftliches Konzept legte ich ihr im Schöneicher Garten vor. Das Geschreibsel gefiel Helga sofort. Sie fügte einige Ergänzungen ein, wir probten das Ding einmal, und fortan spielten wir diese Fassung. Das Manuskript habe ich übrigens bis heute aufbewahrt wie Goldstaub! Mitte der achtziger Jahre des vergangenen Jahrhunderts lachte man über diesen Dialog:

Ich mimte einen Reporter der „Aktuellen Kamera" im Sprachdiktus der Berichterstattungen von Jahrestagen, Erfolgen der Planwirtschaft und Planübererfüllungen. Helga kommt als zickige Dame.

Lutz: Ich bin hier, liebe Zuschauer, mitten auf den Alexanderplatz. Hauptstadtatmosphäre.

Hier am Fuße des Telespargel, von den Berlinern auch liebevoll Fernsehturm genannt, ja, hier steht man mit unseren Medien auf du und du. Darf ich Ihnen mal eine Frage stellen, ich komme vom Fernsehen der DDR?!

Helga: Wat, die DDR hat Fernsehen?

Lutz: Ich bitte Sie, Sie werden doch d i e Unterhaltungssendungen unseres Fernsehens kennen!

Helga: Ja, wir unterhalten uns immer sehr gut beim Fernsehen.

Lutz: Nein, nicht beim, im Fernsehen. Schlager, Quiz, gute Laune, Sie wissen schon ...

Helga: Ach so, Sie meinen „Schätzen Sie mal aber dalli, dalli" oder „Das Krankenhaus am Rande des Schwarzwaldes" oder „Tatort 110", die „Spielspaßpyramide" oder so was wie „Sprunggrube" und „Fundbrett". Also „Welches Programmerl hättens denn gern?"

(Helga ab)

Lutz: Danke für das Gespräch. Da beweist es sich wieder, liebe Zuschauer, trotz aller Versuchungen: Mit Sendungen unseres Fernsehens ist es wie mit unserer Mikroelektronik ... einfach nicht kleinzukriegen.

Jetzt sind wir aber zu Gast in der sächsischen Metropole, in Dresden.

Meine Dame, was sehen Sie im Fernsehen am liebsten?

Helga (sächselnd): An der Spitze steht EWG.

Lutz: Hier in Dresden EWG?

Helga (sächselnd): No, EWG ... Een wunderboarer Gessel.

Und so weiter und so weiter. Das waren damals sichere Bänke. Befreiendes Lachen beim Publikum. Die Leute damals konnten hervorragend zwischen den Zeilen lesen, also lachen. Und die Zuschauer spürten, daß wir uns selbst auf die berühmte Berliner Schippe nehmen konnten. Die da sehen das genauso wie wir. Ja, die Hahnemann war damals schon und blieb das immer: Ein Star zum Anfassen. Auch der ewige Dualismus zwischen Sachsen und Preußen war vergessen. Und mit Verlaub, auch das habe ich abgeguckt: „Wir machen Spaß, aber dein Publikum mußt du immer ernst nehmen." Dieser Satz meines großen Vorbildes macht mir heute noch Gänsehaut. Ich wollte ihn auch immer weitergeben, aber einen jungen Kollegen, der mir zuhört, habe ich noch nicht gefunden. Diese werden doch wohl heute als Superstars geboren, dann gesucht, gefunden, gecastet, gelobt, geliebt und ... meist vergessen. Im vergangenen Jahrhundert haben wir uns eben auf jede Veranstaltung noch akribisch vorbereitet.

Waren wir beispielsweise in der abgelegensten LPG, sagte Helga: „Lutze, je mieser die Bühne, je besser ziehst du dich an. Hol deine besten Bühnenklamotten raus. Die Mädels freuen sich, wie jut du aussiehst!" Helga hat nicht nur davon gesungen und gesprochen, sie hat es wirklich getan, sie hat ihr Publikum geliebt. Der größte Garant für einen anhaltenden Erfolg, wie ich meine. Und so tourten wir landauf, landab mit der Band und dem bulgarischen Sänger Miro Fabian. Jedes Publikum war anders, jede Vorstellung anders. Und manchmal gab es auch was Besonderes.

So am 8. September 1985. Ich holte Helga wie immer in der Otto-Schröder-Straße in Schöneiche ab. Sie fuhr gerne mit mir. Nachts fahren war nicht ihr Ding, und sie konnte so in Ruhe ihr Glas Wein (oder manchmal auch drei) in der Garderobe leeren. Außerdem, und das gefiel Helga besonders, fuhr ich einen nagelneuen Golf Diesel. Ein GENEX-Geschenk aus der Erbmasse meines gerade verstorbenen Westonkels. Ich habe ihn nie kennengelernt, spontan war er aber mein Lieblingsonkel. Damit ist klargestellt, daß man mit Fernsehpräsenz nicht automatisch volkseigene PKW-Wartefristen umgehen konnte. Zumindest ich nicht. In dieses schmucke Gefährt legte ich also wie gewöhnlich Helgas Sachen. Ihre Tasche, deren Inhalt ich genau kannte: Hochhackige Schuhe, blau, grün oder gelb, knallbunter Hosenanzug, Schminkzeug und eine Flasche Wein. Aber diesmal hatte ich noch eine zweite Reisetasche von ihr zu verstauen: In der klapperte es gewaltig. So, als wären Junge Pioniere mit der Altstoffsammlung unterwegs. Ich wußte als junger, aber in dieser Hinsicht erfahrener Bühnenkünstler sofort: Das wird heute ein schöner Abend für die Band. Und richtig! Im Kulturhaus angekommen – ich glaube, es war Riesa – wurde die wertvolle Fracht sofort dem Orchesterchef Rudi Richter zugeführt. Der Inhalt war hochprozentig, sowohl was die von Helga liebevoll dafür eingesetzten Valutamittel anbelangte als auch den Promillegehalt. Die Hahnemann wußte: Das Berlin-Sextett ist musikalisch bestens, fleißig, zuverlässig und trinkfest. Also zuverlässig trinkfest, was die Musiker auch befähigte, wie immer eine erstklassige Vorstellung abzuliefern. Als die Jungs nach dem Grund für die edle Spende fragten, antwortete Helga; „Ach Mensch, Ihr seid doch meine Lieben.“ Nur Gitarrist Uli ahnte etwa, und erst unmittelbar vor der Heimfahrt hatten es alle geschnallt: Henne hatte Geburtstag. Sie wurde an diesem Tag 48. Auf der Rückfahrt plauderte Helga mit mir wie immer über „Jott und die Welt“, und als ich sie wie immer zu Hause absetzte, hörte man wie immer im verlassenen und stillen Randberlin schon in ihrem Garten: Hinter der Haustür miauten ihre Katzen. Dann das immer gleiche Ritual: Helga schloß auf und kraulte erst einmal, für mein Empfinden unendlich lange, ihre Stubentiger. Dann erst Küßchen und ihr Spruch: „Machs jut, mein Kleena! Bis die Tage.“ Ich fuhr nach Hause nach Hohenschönhausen, ein Neubaugebiet, das zwei Uhr nachts wie ausgestorben war, wo ich mich leise in meine Wohnung schlich, weil meine Familie schon lange schlief.

Ein ganz normaler Arbeitstag war zu Ende. Und doch bis heute ein besonderer für mich. Meine von mir bewunderte Entertainerin hatte Geburtstag. Vom Publikum und von vielen Kollegen unbemerkt. Erst Jahre später war mir klar, daß ich miterlebt hatte, wie der Clown nach großem Applaus, Scheinwerferlicht und Jubel allein in der Einsamkeit seinen Erfolg, Menschen froh gemacht zu haben, genießt. Oder sentimental daran zurückdenkt? Ein Klischee war für mich fortan Realität. Dieses kleine Erlebnis hat es belegt. Denn auch ich war jetzt so ein Clown. Bis heute bin ich das natürlich gerne und mit voller Überzeugung. Ich sammle übrigens immer noch Clowns, aus Porzellan, Keramik, Stoff usw. Angefangen hat diese Sammelleidenschaft Mitte der achtziger Jahre. Daß da ein Zusammenhang zu meinen nächtlichen Hahnemann-Heimfahrt-Erlebnissen bestehen könnte, merke ich erst jetzt.

„Aus'n Augen, aus'n Sinn“, eine Weisheit, die mir meine Mutter, als nach ihrer Meinung Berliner Redewendung, mit auf den Weg gab. Wie so oft im Leben hatte sie recht, aber eben nicht so bei Helga. Nach Ihrem 50. Geburtstag, an dem ich ihr ein eingerahmtes goldenes Ei schenkte, hatten wir tatsächlich einen etwas loseren Kontakt. Grund waren sicher auch meine privaten Irrwege ... oder wie Helga treffender erkannte: „Ick merke doch, dir sticht der Hafer.“ Kurzum, ich habe dann einen DDR-Rekord aufgestellt. Schätzen Sie mal, wieviel Zeit zwischen Scheidung und Hochzeit vergeht? Zwischen der urkundlichen Trennung und der standesamtlichen Heirat mit meiner Aufnahmeleiterin habe ich im Sommer 1988 vier Wochen gebraucht. Helga hat das von weitem argwöhnisch beobachtet, wie mir zugetragen wurde. Ich wiederum beobachtete, wie Helga wohl ihren Karrierehöhepunkt genoß. Friedrichstadtpalast, Kessel, Auftritte im Westen, die legendäre Gerichtsszene mit Alfred Müller ... Ein bißchen eifersüchtig war ich schon. Meine zwischenzeitlich neue Liebe überdauerte keine Sketchlänge. Nach sortiertem Hormonhaushalt nahm ich auch beruflich wieder neuen Anlauf. Ich bekam die zusätzliche Quizsendung „Hätten Sie's gewußt?“, und nach sieben Jahren „Schätzen Sie mal“ konnte ich mir die Interpreten fast aussuchen. Zur ersten Live-Sendung wollte ich natürlich unbedingt Helga Hahnemann in meiner Show begrüßen. Doch sie hatte an diesem Sonntag, es war der 30. September 1990, gemeinsam mit Alfred Struwe und Alfred Müller Vorstellung im Berliner Friedrichstadtpalast, die planmäßig bis 20 Uhr lief. Glücksumstand war, daß in dieser chaotischen Zeit die 79. Folge von „Schätzen Sie mal“ aus Berlin kam und nicht, wie vorher und nachher üblich, aus Karl-Marx-Stadt, welches ich dann Chemnitz nennen durfte. Doch für Helga keine Frage, sie raste, auf alle Blitzer, Stempel und Ampelschaltungen pfeifend, vom Friedrichstadtpalast ins Studio S1 in Berlin-Adlershof und traf pünktlich ein, nachdem meine Sendung schon eine halbe Stunde lief. Mein Thema war die bevorstehende Einführung des 200-DM-Scheins. Ich wollte unbedingt „Wo ist mein Geld bloß geblieben“. Das passierte auch. Es wurde der aufregendste Fernsehmoment für mich: Vor zehn Jahren durfte ich die schon bekannte und beliebte Helga Hahnemann ansagen, jetzt war „BIG HELGA“, „Unsre Henne“ Gast in meiner TV-Show. Während sie ihren Hit sang, lief bei mir in Bruchteilen von Sekunden ein klitzekleiner Lebensfilm ab: Als ich von diesem Beruf nur geträumt habe, war Hansjoachim Kuhlenkampff mein großes Vorbild, dann wollte ich sein wie O.F. Weitling, aber schließlich hatte ich das Glück, ein Stück Weg an Helgas Seite zu gehen, um die berühmten „Bretter“ zu erobern – Lied aus, Applaus, Interview und Schätzrunde mit Helga, alles lief wunderbar. Ich schenkte ihr in wohl einer ihrer letzten Fernsehlivesendungen ein Mini- Sparschwein, das so klein war, daß in den Schlitz nicht mal ein Pfennig paßte. Helga reagierte spontan: „Das ist wohl für ganz klein gefaltete Scheine?“ Wieder mit diesem schmunzelnden Augenzwinkern, wohlwissend, daß Sparen nun wirklich nicht ihre Sache war.

Unser Telefonkontakt wurde wieder häufiger, und alsbald lud mich Helga ein, am 23. Februar 1991 ihre Show im Hygienemuseum in Dresden zu moderieren. Eine hervorragende Adresse für Unterhaltungskunst. Die Veranstaltung hieß „Big Helga“, in Anlehnung an ihre aktuelle LP. Ich war sehr gespannt, wie die Sachsen reagieren würden, nachdem sie nun mit Video, Reisen und D-Mark die große Freiheit in den Händen hielten. Es wurde ein toller Erfolg. Ernst Günter schrieb danach in der Sächsischen Zeitung: „... Die Hahnemann ist mehr als die Ulknudel, zu der sie die Medien stempelten. Jedes ihrer Lieder, eingängig wie tiefgängig, macht sie zu einem Minitheaterstück (beim Monolog der Witwe heult der ganze Saal), jede ihrer Parodien zu einem Ereignis. Eine Komödiantin par excellence, die es glaubwürdig schafft, mehr zu geben als Unterhaltung. Auch weil sie keine Distanz zu ‚denen da unten' kennt.“

Ich erkenne genau meine Eindrücke von unseren allerersten gemeinsamen Auftritten wieder, spüre wieder, was sie mir beigebracht hat auf den Dorffesten und bei den Warenhausveranstaltungen. Und genauso ist es bei diesen zwei ausverkauften Vorstellungen in dem traditionsreichen Dresdener Saal, wo unsere Fans nun erstmals mit Westgeld bezahlten. Wie zum Beweis meines richtigen Weges an Helgas Seite schreibt der Kritiker weiter: „Als Conférencier Lutz Hoff, der ihr ein gutes ‚Bett' macht. Nonchalance und – die richtige Mischung von ironischem Zeitkommentar und Nonsens.“ Ja, das habe ich immer getan, und das Publikum verstand uns wieder hervorragend, wie bei diesem Sketch:

Lutz: Siehst du im Dezember auf dem Feld noch Rüben ..., dann ist der Bauer drüben.“

Helga: Heute gibt es kein hüben und drüben, heut sind wir alle DRÜBEN.

Lutz: Ja, so hat sich das Blatt der Geschichte gewendet.

Von uns mußte sich niemand wenden, Helga nicht und ich nicht. Die Zuschauer wendeten sich nicht ab – warum auch. Allseits Zufriedenheit. Ich nahm sie im Auto wie so oft mit nach Berlin, gemeinsam mit Lothar P. Cramer, genannt „Paule“. Er unterstützte das „Berlin-Sextett“ als Pianist. Wir redeten wieder über „Jott und die Welt“, über einfach alles, außer über Krankheiten. Ich brachte sie nach Schöneiche, wie immer, die gleiche Verabschiedung. Aber! Ich habe Helga Hahnemann nie wiedergesehen.

Erst an ihrem Grab, also fast neun Monate später, wurde mir bewußt, daß meine Helga schon krank gewesen war. Ihre letzten Worte vergesse ich deshalb nie: „Die Blumen sind für deine Frau, die hat doch heute Geburtstag. Mach's jut und bis die Tage.“ Es stimmte, meine Frau wurde an diesem Tag vierzig. Ich fuhr damals nach Hause, wo die Geburtstagsfeier schon längst vorbei war. Ich saß allein, und mir war überhaupt nicht klar, daß ich soeben die allerletzte Begegnung mit Helga hatte.

Das Unfaßbare wurde langsam Realität. Aus dem Sinn kam uns Künstlern zwischen Elbe und

Oder die Henne natürlich nicht. Wir müßten Henne wieder auf die Bühne bringen. So sinnierten Dagmar Gelbke und ich um die Jahrtausendwende auf langer Autofahrt zu einer ihrer Buchlesungen von „Im Osten kocht man auch sein Süppchen“. Eine Show, so richtig nach Helgas Geschmack, war unser Anliegen. Meine langjährigen Versuche, die MDR-Oberen von einer solchen Idee zu überzeugen, hatte ich schon als gescheitert abgehakt. In Zeiten, wo die dortige Unterhaltungschefetage Leute für die „Goldene Henne“ vorschlägt, die denken, Hahnemann war die Aktivistin der Geflügelzucht der DDR, kann das nicht funktionieren. Also machten wir es selbst. Den Titel für die Show fanden Gelbke und ich schnell: „Die Helga-Hahnemann-Revival-Show.“ In meinen Augen ist das Gedenken an eine solche große Künstlerin nicht mit der x-ten Wiederholung eines Hits oder immer desselben Sketchs abgetan. Die Henne fühlbar werden zu lassen, sozusagen leibhaftig auf die Bühne zu bringen, war Ziel unseres Vorhabens. Dagmar Gelbke, irgendwie ähnlich gestrickt wie Helga, hatte den notwendigen Dickschädel, ein solches Projekt durchzuboxen. Zahlreichen Unkenrufen zum Trotz konnten wir gemeinsam viele Stars zum Mitmachen überreden und überzeugen. Der Erfolg gab uns Recht, und die gewollten Emotionen und sentimentalen Erinnerungen kommen auf, wenn in der Show Nina Lizell aus Schweden „’ne Frau sein“ singt, die GEBRÜDER BLATTSCHUSS „Wo ist mein Geld bloß jeblieben“ intonieren, Günter Gollasch auf der Klarinette „Happy End“ spielt und Angelika Mann mit Hennes Berlinliedern brilliert. Mike Damboldt, der ehemalige Solotänzer des Fernsehballetts, das Helga so liebte, hat für seine Dance-Company eine herrliche Choreografie gemacht. Unter anderem läßt er „Jetzt kommt die Süße“ als Menuett tanzen. Wunderbar!

Und immer sage ich am Anfang der Show: „Helga Hahnemann sieht uns aus dem Himmel zu und sagt: Lutze, jut macht Ihr det! aber tragt nich’ so dicke uff.“ Und wieder spüre ich das Augenzwinkern. Wenn Dagmar Gelbke mit Wolfgang Flieder vom Kabarett „Die Oderhähne“ die Hahnemann-Sketche live und teilweise aktualisiert auf die Bühne zaubert, tobt der Saal wie eh und je. Die Hits von Henne haben nichts an Charme und Emotionen eingebü0t. Und meinen Gag mit den nicht im Angebot befindlichen Autos erzähle ich heute, 20 Jahre später, mit nicht im Angebot befindlichen Arbeitsplätzen. Das klingt nun so:

Kommt ein 58 Jahre alter Diplom-Ökonom in das Job-Center von Dresden-Reick und sagt: „Guten Tag, ich hätte gern eine Arbeit für etwa 3000 Euro monatlich, aber bitte ab morgen.“ Sagt die Vermittlerin: „Einen Job als Planer bei Siemens für 3500 habe ich erst nächste Woche für Sie, eine Arbeit bei Mannesmann für 4000 kann ich Ihnen in 14 Tagen anbieten, aber auf den Platz in der Chefetage von Daimler müßten Sie schon gute drei Wochen warten.“ Sagt der Diplomökonom: „Hörn Sie doch auf, mich zu verscheißern.“ Darauf die Vermittlerin: „Na, wer hat denn damit angefangen?“

Wenn im Finale dann alle Künstler singend feststellen, wir sind, was alle sind, nämlich „Een kleenet Menschenkind“, dann spätestens ist die Distanz zwischen oben und unten, zwischen Rampe und Parkett nicht mehr vorhanden. Ganz im Sinne der einzig wahren „Goldenen Henne“.

Und sollte eines Tages ein ganz wichtiger Redakteur eines ganz berühmten TV-Senders wieder einmal die größten Entertainerinnen und Entertainer Deutschlands suchen, könnte ich mir vorstellen, daß Helga Hahnemann vergessen wird. Aber ich bin mit den Fans einig, wenn der Redakteur schon nicht mehr wichtig ist und der Sender schon nicht mehr berühmt: Helga Hahnemann bleibt Big Helga Superstar.

Und weil der Berliner so eine große Klappe hat, sage ich mit eben dieser: „Helga, du bist für mir die größte, irgendwann sehn wir uns wieder, Helga, also mach’s jut und bis die Tage!“

Oma Wanda und Opa Friedrich

Opa: Zeig mal unsern Wochenplan!
Oma: Den hast du doch zwischen deinen Rentnerausweis und den Kurantrag gesteckt, damit wir 'n immer griffbereit haben!
Opa: Wo denn?
Oma: Links! Friedrich! Neben deine Lesebrille!
Opa: Na, die hab ich doch auf der Nase!
Oma: Die is' doch die für die Ferne! Links is', wo der Daumen rechts ist!
Opa: Ach ja, hier! *Liest:* Übertrag!
Oma: Friedrich! Jetzt haste die Sammelliste vonne Volkssolidarität jejriffen! Kannst du denn keine Ordnung in deine Taschen halten? *Jetzt wühlt Oma in seinen Taschen und holt ein vollgeschriebenes Blatt Papier hervor:* Nehmen wir dis solange! So! Nu lies mal vor, aber langsam! Ich muß meine Optik erst suchen! *Jetzt wühlt sie in ihrer Tasche.*
Opa: 6 Uhr! Wecken!
Oma: Zu früh!
Opa: Nö! Zu spät!
Oma: Friedrich! Wenn ich sage, zu früh, dann isses zu früh! Wir haben heute unsern Romméabend! Da kommen wir vor 11 nicht in die Federn! Und gerade morgen will ich eben nicht aussehen, wie meine eigene Großmutter! Weiter:
Opa: 10 Uhr Abfahrt nach Bad Schandau mittels per Reisebus!
Oma: Und Frühstück?
Opa: Na, vorher, Wanda!
Oma: Ich frage ja, wann?
Opa: 8.15 bis 9.10 Uhr!
Oma: Geht gerade noch! Sonst hab ich während der Fahrt immer so'n hartnäckigen Schluckauf!
Opa: 13.00 Uhr Essen! 16.00 Uhr Kaffeetafel – anschließend Tanz!
Oma: Hoffentlich ham se 'ne vernünftige Kapelle!
Opa: Die „city-Kreis-rollers!“
Oma: Na ja, die ham ja 'n ganz vernünftigen Sound!
Opa: Die sind auch laut genug!
Oma: Der Tag ist jedenfalls hin!
Opa: Der ist hin!
Oma: Sehen wir mal Dienstag!
Opa: Der Dienstag ist für mich völlig ausgebucht! 9.00 Uhr Treff mit Jungen Pionieren! Da halte ich einen Vortrag über die Arbeiterbewegung – anschließend Diskussion, danach Rennbahn!
Oma: Rennbahn? Is Mittwoch! Du bist wohl wieder inne falsche Spalte gerraten?
Opa liest: Ich meine ja auch die andere Rennbahn: Die Bollen-Bahn!
Oma: Zeig mal her! Mit Otto und Karl zur Bowling-Bahn! Mensch, Friedrich! Ich denke, du hattest am Gymnasium in Rezitation 'ne Eins?
Opa: Du sollst mich nicht immer korrigieren, Wanda! Selbst gelernte Schauspieler brauchen auf der Bühne für ihren Text einen Dompteur!
Oma: Friedrich!! Auf welchem Posten stehen wir Mittwoch?
Opa: Bei dem vom „anderen Ufer“! Beim Friseur!
Oma: Dis heißt, du 3 Stunden und ich eine! Da kann ich dann noch schnell ein paar Besorgungen machen! Du brauchst unbedingt lange, wollene Unterhosen! Weiter!
Opa: Dann sind wir auf „Haifischjagd in der Karibik“.
Oma: Müssen wir da alle beide hin?
Opa: Ja, selbstverständlich! Da ist doch wieder derselbe Doktor, der im vorjen Jahr schon den Lichtbildervortrag gehalten hat! Der nimmt das nachher noch persönlich krumm, wenn einer fehlt!
Oma: Donnerstag?
Opa: Schöner unsere Städte und Feierabendvorgärten! Gemeinsames Unkrautzupfen mit Blasmusik! Essen aus der Gulaschkanone! Danach medizinischer Vortrag von Frau Dr. Bauerlein „Mit 66 Jahren da fängt das Leben an!“
Oma: Bleibt uns dann noch Zeit, irgendwie unsere Pflicht zu tun?
Opa: Wenig, aber wir können es ja versuchen!
Oma: Können wir uns Donnerstag wenigstens ausschlafen?
Opa: Wo denkst du hin? Donnerstag, Freitag,

Sonnabend – da geht's hier rund! Besuch des Bürgermeisters – feierliche Übergabe eines Farbfernsehers. Fortsetzung der Dreharbeiten für den populär-wissenschaftlichen Film! Oma und Opa – ein wichtiges Hilfsmittel der sozialistischen Kleinkind-Erziehung! Treffen mit Feierabendbrigaden im Club der Volkssolidarität unter dem Motto: Laßt das mal den Opa machen! Gemeinsam Musizieren mit dem Mittelalter-Chor „Fischer-Insel": „Das Lieben kostet Zeit"!

Oma: Dis heißt, danach sind wir fix und fertig!

Opa: Ich bestimmt!

Oma: Also? Was machen wir mit Marios Hochzeit?

Opa: Tja, der Bengel muß sie eben noch etwas verschieben – nach hinten! Nächste Woche hätten wir ja noch 'nen freien Tag!

Oma: Ja? Ach, das ist ja schön! Also los, wir schreiben ihm – 'ne Karte!

Opa: Brief! Is doch viel handschriftlicher!

Oma: Ja, Brief is gut! Wir können ja ordentlich viel Marken draufkleben, dann wird er noch gewichtiger!

Opa: Wir schreiben: Lieber Enkel!

Oma: Sohn! Enkelsohn!

Opa: Also, lieber Mario! Da wir zu Deiner Hochzeit –

Oma: Zu Eurer Hochzeit! Die Kati heiratet ja auch!

Opa: Am selben Tag?

Oma: Na ja, Die ist doch den Mario seine Braut!

Opa: Ach, das ist schön! Dann können wir das ja gleich mitfeiern!

Oma: Friedrich! – Da wir, lieber Enkelsohn, als Deine Großeltern ...

Opa: ... und Oma und Opa ...

Oma: ... gern zu Eurem Ehrentag anwesend sein würden, bitten wir dich ...

Opa: ... die Hochzeit um einige Monate zu verschie...

Oma: Red doch nich' so'n Quatsch! Viel zu lange! Nachher is vielleicht schon 'n Kind da!

Opa: Also gut – um einige Wochen –

Oma: Nein! Friedrich! Auf den nächsten Sonnabend 9.45 Uhr zu verschieben. Da Deine Großeltern sich ..

Opa: ... aufgrund enormer Verpflichtungen ...

Oma: augenblicklich nicht in der Lage fühlen, auf zwei Hochzeiten zu tanzen! Gruß und Kuß! Deine lieben Großeltern!

Opa: Nebst Oma und Opa! P.S.: Euer Hochzeitsgeschenk ist ein Volkswagen – Marke „Trabant"!

Oma: Gebt uns bitte Nachricht, ob Ihr den Wagen in grau, hellgrau, dunkelgrau oder hellschwarz haben möchtet.

Helga mit ihren „Alfreds" (links Alfred Struwe, rechts Alfred Müller)

Othello

mit Roberto Blanco

„Desdemona" liegt bequem in einem feudalen Bett und telefoniert mit ihrer Mutter: Ja, Mutter, ich weiß, daß du mir abgeraten hast, einen Schauspieler zu heiraten – aber du hast Othello ja noch nie spielen gesehen – der ist doch nun wirklich alles andere als'n Schauspieler! Bitte? Für seinen letzten Auftritt soll er 2000 Mark bekommen haben? Aber Mutter! 2000 Mark Steuern hatten sie ihm aufgebrummt! Gott sei Dank kann er die wohl absitzen! Wie? Ja – bei „Figaros Hochzeit". Hat er noch mitgefeiert – aber nun muß er dummerweise warten – der nächste Akt spielt zwei Jahre später! Was sagst du, Mutter? Am Theater werden doch jede Menge rollen verteilt? Ja, Klopapier, Mamma! Jetzt mimt er zu Hause den eifersüchtigen Othello! Othello, Mutter. Was du meinst, ist Nutella! Von Shakespeare! Nein, Mamma, für dieses Bier hat der Krug bisher noch keine Reklame gemacht! Der Mann ist ein berühmter Dichter! Mutter! Doch nicht Liebling Kreuzberg! Shake – na, is ja auch egal! Jedenfalls kenne ich in meinem Bekanntenkreis höchstens 'ne Handvoll, die so schreiben können wie – ja, Mutter, von mir aus Krug! Du solltest dir mal eine andere Lektüre zu Gemüte ziehn als immer nur für 5 Mark Twain, Mutter! Was sagst du? Weshalb mein Göttergatte so furchtbar eifersüchtig ist? Keine Ahnung, Mamma! Ich weiß nur, daß er einen ganz Falschen im Verdacht hat!

Auftritt „Othello" – mit gezücktem Dolch – er rennt mit wehendem Mantel um das Bett herum und zischt wutentbrannt: Sterben muß sie! Sonst betrügt sie andre!

D. berichtet ihrer Mutter: Da kommt er grade, dein versoffener Schwiegersohn! Sicher ist er wieder mit diesem miesen Jago um die Häuser gezogen! Männe, hör auf, mit dem Küchenmesser hier rumzufummeln, ich telefoniere mit Mutter!

Er – macht eine Verbeugung zum Telefon hin und ruft: Ich grüße die Alte und wünsche ihr eine frohe Himmelfahrt!

Sie: Schöne Grüße von ihm und einen guten Flug nach Mallorca, Mutter!

Er beugt sich über sie: Sie muß welken!

Sie: Wer? Ich? Bist du verrückt? Hab mich grade das dritte Mal liften lassen.

Er schnuppert an ihr herum: Oh – würz'ger Hauch!

Sie: Iiiiih – hau bloß ab, Mensch! Mit der „Fahne" bist du doch nicht etwa Gondel gefahren? Und nach Knoblauch stinkt dieser Mensch!

Er rückt noch näher an sie heran: Hast du schon zur Nacht gebetet, Mona?

Sie: Jawohl, mein Gemahl! Ich betete inständig, daß der Wirt von der Rialto-Bar dir endlich einen Tritt in deinen Hintern versetzen möge! Mutter? Stell dir vor, er verlangt, daß ich bete!

Zu ihm: Du willst mich wohl veräppeln, Mann?

Er läßt sich am Bett auf die Knie nieder und reißt eine Bodenvase um!

Sie kreischt: Mutter, hast du den Knall gehört? Jetzt ist der über meine kostbare 2000 Jahre alte Vase gestolpert

Dann entnervt: Ja, Mutter, ich weiß, daß wir erst 1990 schreiben – aber dieses verfluchte Monstrum war trotzdem so alt!

Er rappelt sich hoch und herrscht sie an: Schweig still, Metze!

Sie: Mieze? Das verbitte ich mir! So kannst du deine Kurtisanen titulieren!

Er zieht sie am Schlafittchen zu sich hoch und murmelt: Kannst Du dich einer Sünde erinnen?

Sie telefoniert verzweifelt: Mutter? Ich glaube, jetzt dreht er durch? Ich und sündigen? Beim Grabe meiner Mutter – entschuldige Mamma – ich habe meine Diät streng eingehalten! Zwei Kilo habe ich mir sogar schon abgehungert!

Er läßt sie ins Bett zurückfallen und lacht höhnisch: Ha! Zwei Kilo! Das ist wie 50 Mark Preisnachlaß bei einem Rolls Royce!

Sie leise: Du, jetzt jagt er mir langsam Angst ein! Ich glaube, ich muß mit ihm mal zum Arzt gehen! Ach – zu dem doch nicht Mutter! Nein, der am Markusplatz ist Ohrenarzt! Ja – deshalb kommen doch alle Tauben dort hin! Aber hier muß ein Psychiater ran! Da – jetzt schwenkt er auch noch'n Taschentuch vor meiner Nase rum! Bitte, Liebster, nimm den ollen Lappen da weg, gell?

Er knüllt das Tuch in seiner Hand und sagt tonlos: Das Tuch, das ich so wert hielt und dir schenkte – du gabst es Cassio!

Othello legt seinen Kopf aufs Bett und heult in die Kissen: Ich muß weinen! Doch sind's grausame Tränen!

Sie tätschelt ihn: Na ja – sagen wir mal: Sufftränen, mein Alterchen!

Er schluchzt: Du bist die einzige, die ich liebe! Ich bin die ganze Liste durchgegangen!

Sie: Die Botschaft hör ich wohl – allein mir fehlt der Glaube! Was sagst du, Mamma? Faust? Nein, erst versuch ich's mal im Guten!

Sie – ganz lieb: Hör mal, Schnuddelchen, wie man mir flüsterte, haddu dich auch schon in so so vielen vielen Kleiderschränken verstecken müssen, daß sogar die kleinen Motten dich duzen, stimmt's?

Er: Du hast mich nie geliebt!

Sie: Selbstverständlich! Bloß noch nie dabei telefoniert!

Er droht: Behüte dich vor Meineid!

Sie jammert ins Telefon: Mutter, er ist schrecklich, wenn sein Auge rollt! Und wie er an seiner Unterlippe nagt!

Er packt sie: Jetzt kommt die bewußte Stelle, wo das Publikum mir immer lebhaft zustimmt: Du liegst auf deinem Sterbebette!

Sie: Mutter, jetzt ist er endgültig übergeschnappt!

Othello legt ihr das Messer an den Hals: Kein Sträuben!

Sie: Ich sträub mich ja nicht – bloß das olle Käsemesser stört vielleicht 'n bissel –

Er: 's ist zu spät!

Sie: Wieso denn, Liebster? Ist doch erst 3 nach 9 – oder?

Er würgt sie!

Sie – halb erstrickt: Mutter? Kannst du mich noch verstehn? Ich – nehme an – er will jetzt sein Lieblingslied spielen – „Wiener Blut – Wiener Blut" – sollte ich – Mamma – man kann ja nie wissen – dann schicke – meine – Asche – bitte ans Finanzamt – mit einem – Zettel: jetzt – habt Ihr endlich – alles! Ich – rufe – gleich wieder – zurück, Mutter!"

Blackout!

Als das Licht wieder angeht, sitzen beide nebeneinander quietschvergnügt im Bett und frühstücken! Er schält mit dem Messer einen Apfel, zeigt auf ihren Hals und fragt: Zeig mal – sieht man was?

Henne: I wo? Wären wir ja schön blöd, uns in der Sendung hier abzumurksen!

Roberto: Haste recht! Es langt einem ja schon, wenn es in der Abendschau von Gewalt nur so wimmelt! Und – je später der Abend – desto mehr steigern sie sich dann noch!

Henne: Deshalb wollen wir uns man lieber schön vertragen, was, Roberto?

Roberto: So ist es, mein kleiner, süßer Käfer!

Beide singen. Musik: „Wir beide sind nicht Romeo und Julia!"

Das Scho(w)koladen-Mädchen

mit Gunther Emmerlich

Henne im Kostüm des Schokoladenmädchens, Gunther Emmerlich kommt auf die Bühne, die von unten beleuchtet ist.

Emmerlich: Ich denk, du machst dir gar nichts aus Scho(w)kolade?

Henne: Doch, aber die hier nicht, die macht dick.

Emmerlich: Überhaupt nicht, ich trink davon jeden Tag drei Kannen.

Henne: Sag mal, warum hast'n dein Sofa nicht mitgebracht?

Emmerlich: Wieso, gibt es in der Hauptstadt keine Sofas?

Henne: In der Hauptstadt gibt's alles. Denken die Südstaatler.

Emmerlich: Aber keine Sofas?

Henne: Mensch, ich wollte wie in deiner Show so'n Interview mit dir haben ...

Emmerlich: Ist doch auch ein schöner Platz hier. Guck mal, hier kommt die Erleuchtung mal von unten.

Publikum lacht, Einwurf Henne: Haben'se verstanden!

Henne: Weißt du, so wie du in deiner Show machst, immer so offen, nach vorne, optimistisch, gerade, ehrlich, ohne Schmus und Striche ...

Emmerlich: Ja, ich kann's gar nicht anders!

Henne lacht: Los fang an ...

Emmerlich: Liebe Helga, würdest du nicht gerne mal in meiner Show auftreten. *Zum Publikum:* Die bringt's fertig und kommt tatsächlich.

Henne: Liebend gerne, Gunther. *Zum Publikum:* Der muß doch wohl spinnen. Einer, der sich öffentlich nackicht inne Badewanne fotografieren läßt, pfui Teufel!

Emmerlich: Wir könnten auch gemeinsam was singen! *Zum Publikum:* Wenn sie jetzt Ja sagt, dreh ich ihr den Hals um!

Henne: 'ne prima Idee. Wie findst'en Butterfly. *Singt in höchsten Tönen.*

Emmerlich leise: Da fällt mir ein, ich muß meine Gartentür wieder mal ölen. *Laut:* Das klingt doch schon sehr schön!

Henne: Ich kann auch noch 'ne Oktave höher!

Emmerlich: Willst du's nicht erst mal im Guten versuchen?

Henne zum Publikum: Isser natürlich janz schön sauer, wenn eener besser singt als wie er!

Emmerlich: Deine eigenen Titel find ich sehr stark, zum Beispiel, Wo is' mein Jeld bloß jeblieben. *Zum Publikum:* Jeradezu jräßlich!

Henne: Ich würde dich ja auch gerne mal in meine Show einladen! *Zu den Zuschauern:* Dann muß der Herr Opernsänger früh um fünfe uffstehen, hihihi!

Emmerlich: Prima, vielleicht gleich in die nächste. *Zum Publikum:* Ich bin doch nicht lebensmüde und mach mir in Sachsen mein Image kaputt. *zu Henne:* Ich danke dir für dieses offene Gespräch ... in einer ... Atmosphäre ...

Henne: Und es wurden auch Fragen ...

Emmerlich: ... aber kaum Antworten ...

Henne: Sag mal, dit is' nu' 'n janz serjöser Opersänger von der berühmten Semperoper, kaum zu glauben. Herr Baß, was werden Sie uns denn jetzt zu Jehör bringen?

Emmerlich: Just a Gigolo, wenn's beliebt.

Henne: Ah, Bajazzo ...

Emmerlich: Na, nicht ganz ... ein Gigolo, das ist ein junger, schöner, schlanker, schwarzhaariger Unterhalter ...

Henne sieht ihn von oben bis unten an: Na, die Rolle is' dir ja wie auf 'n Leib geschrieben!

Emmerlich: Ja, so wie dir das Schokoladenmädchen ... aber tröste dich, Helga, wir beide sind nicht die einzige Fehlbesetzung in dieser Zeit!

Heinz Quermann
Frau Kollegin

Am 10. Februar 1991 gab es eine Demo vor unserem Haus. „Heinzelmann, geh du voran!“ forderten einige unserer Kollegen auf Transparenten. Vorgeblicher Anlaß für diesen doppeldeutigen Appell war mein 70. Geburtstag. Wenig später kam „die Süße“ zum Gratulieren. Wie gewohnt: mit kesser Klappe, aber weichem Herzen. 160 Pfund Lebendgewicht und damit echte Konkurrenz. Ein runder Geburtstag in jeder Beziehung! Und dazu trug sie quergestreift! Henne pfiff auf alle Regeln. Darum mochten wir uns seit Jahrhunderten. Unzählige Male standen wir bei Veranstaltungen zwischen Vogtland und Rügen auf

diversen dicken Brettern, die uns beiden die Welt bedeuten.

Noch ehe wieder Schnee lag, ging sie voran. Und war erst 54. Kein Alter. Und ein Riesenverlust.

Gunther Emmerlich
Ein witziger Mensch

... kann auch ein schlechter Mensch sein. Ein humorvoller nie. Helga Hahnemann hatte Humor und Güte.

Sie hat nicht nicht nur den Leuten aufs Maul geschaut – Herz und humorvoller Verstand lagen ihr auf der Zunge. Die Leute erkannten sich, mit all ihren heiteren, grotesken und liebenswürdigen Seiten, in ihr.

Sie sagte einmal zu mir, wir müssen in unserem Beruf uns selbst treu sein, nur dann können wir auf die Treue des Publikums hoffen. Die Verhältnisse verkomplizieren das zwar manchmal, aber die Leute leben ja in den gleichen Verhältnissen. Sie spüren, was du sagen wolltest, auch wenn du es nicht darfst.

Wir mochten und achteten einander.

Wie gern hätte ich mit ihr noch so manches ausgeheckt.

Meine Liebe, Babe

Capito?
Achim: Wer war'n der gutaussehende Herr, mit dem du in der Palast-Kantine gesessen hast?
Henne: Dit war mein Schwager, du Blödi! Mein Süßer darf das natürlich nich' erfahren, seine Eltern haben ihm nämlich erzählt, daß er'n Einzelkind is!

Entre nous
Vor der Sendung trinke ich nie Alkohol! –
Aber hinterher!!!

Up to date
Mein Lieblingstitel is:
„Abba am Abend, da spielt der Zigeuner."

Billigvariante
Traudl: Haben Sie eigentlich noch nie daran jedacht, sich liften zu lassen?
Henne: Nee, ick bin wie ick bin – und wen meine Lachfalten stören, der kann ja wegkieken. Außerdem – was meinen Sie, wat für 'ne Stange Geld so was kostet?
Traudl: Da haben Se recht, 'n Hut mit Schleier kommt Ihnen da billiger.

Bist wieder nich' zum Rendezvous gekommen!
Der Ober kiekt mich längst mitleidig an!
Hab vor Verzweiflung schon'n Likör jenommen,
weil'ck noch mehr Kaffee nich' vertragen kann!
Zwei Stunden schon! V'leicht hast'et nich' jefunden?
Herr Ober, noch 'n Schnäpschen! Irgendwas!
V'leicht mach'ste auch mal wieder Überstunden?
Oliven angeln – aus'm Cocktailglas!

'ne andre Frau
wär längst schon ausjestiegen!
Doch meine Liebe, Babe,
is' nich' totzukriegen!

So langsam dämmert's: Deshalb hast'e nämlich
uff Standesamt so leise ‚Ja' jehaucht!
Und unsereener is' ooch noch so dämlich
und nimmt, daß wir jetzt Vater werden in Kauf!
Herr Ober! Nein, ick brauch jetzt keinen Kaffee!
Der schmeißt mich ja um zwee, drei Stunden zurück!
Was sag'n Sie denn? Wo bleibt denn dieser Affe?
Sie ham ja ooch schon so'n verschwomm'nen Blick!

'ne and're Frau – verstehste –
wär schon längst ausjestiegen!
Doch meine Liebe, Babe,
is' nich' totzukriegen!

Hab ick dich nich' behandelt wie'n Klempner?
So rücksichtsvoll, du Kerl, wie'n rohes Ei?

Du merkst ja nich' mal, wenn ick von dir abhau!
Bei dir is' Sex doch nur noch drei plus drei!
Herr Ober! Eh, du hast ooch noch 'n Bruder?
Du! Ick hab allet für den Mann jetan!
Jetzt kann der lange pfeifen, dieset Luder,
da tanz ick nich' beim ersten Mal glei' an!

'ne andre Frau –
wär schon längst schon –
aber meine Liebe, Babe,
is' noch lange nich', versteh'ste?

Eines Tages – hatta immer rumjesponnen – wollt'a mit mir auf'n Mars! Mit 'ne Trompete – äh – 'ne Rakete! Ph! der ooch grade! Acht Tage Erzgebirge konnt'a uns nich'mal leisten! Dabei – hör mal – ick hab ihm mein sauret Jeld jejeben, ja? Sollte sich 'n Herrenzimmer koofen! Wat hatta anjeschleppt? So'n blödet Frauenzimmer! Ick quatsche ihm zu ville, sagt'a! Kann er sich ooch'n Papagei koofen! Von mir aus? Werd' ick mir eb'n 'n Esel zulejen!

'ne andre Frau
wär schon längst ein- und ausjestiegen!
Doch meine Liebe is' – hoppla,
beinah wär se in deine kalte Küche jefallen, eh!

Huhu! Waiter! Garçon!
Mensch, komm' her, du Eierkopp! Jetzt will ick noch'n Doppelten und denn – denn häng ick mich auf! Wat heißt: „Aber nich' hier im Lokal", hä? Denkste, ick will hier noch länger im Mantel rumsitzen?

La – la – la – la –
hoffentlich verdirbt dieser Idiot mir nich' den schauen Abend und kommt hier doch noch anjeschliddert!

Genießerisch
Holen Se mal tief Luft!
Ham Se?
Is Frühling!
Jut, wa?

Bankverbindung
Meine andere Nachbarin – 'ne nette alte Dame – hat jestern jeseufzt: „Ich bin erst wieder froh, wenn der olle Mai vorbei ist und die Liebespärchen endlich wieder die Parkbänke freigeben!"

Fanpost
Verehrteste, ich bin verrückt nach Ihnen. Wenn Sie nicht mit mir ausgehen, töte ich mich.

P.S.: Für den Fall, daß Sie nicht wollen, geben Sie diese Zeilen an eine Kollegin vom Ballett weiter.

U-Bahn-Beat

Frage
Hier steht: Reiche Lappen fahren mit Rentierschlitten. Hm – und arme? Aha, die gehen zu Fuß – als Fuß-Lappen.

Jeden Morgen denk ich fröhlich:
Au, heut fährste wieder U-Bahn!
Zieh mir meine bunte Bluse
und die neuen roten Schuh an.

Auch die andern denken ähnlich,
denn sie sind ja nich' so dämlich
und versäumen diese Sause,
deshalb bleib'n se nich' zu Hause.

Was alle in den Tunnel zieht.
das ist der U-Bahn-Beat!
Erst jehn wir vor
und dann zurück!
Denn jehn wir jar nich',
weil's nich' jeht!

Mensch, haste Sirup an de Beene,
dette festklebst, meine Kleene,
oder wie?
Nee, meine Tasche, oller Affe,
klemmt zwischen deine Knie!

Morjenstund hat Jold im Munde,
und so jeb ich noch 'ne Runde
von die Wörter, die ick kenne,
aber hier nich' weiter nenne!

Gekontert
Als Henne eine 10-Pfennig-Briefmarke kaufen wollte, konnte sie partout keinen Groschen in ihrem Portemonnaie finden und zückte einen 20-Mark-Schein. „Macht nix", hat die Postangestellte fröhlich gewiehert, „gleich werden Sie sogar 199 Groschen besitzen."

Sie zerquetschen meine Rippen,
meine Bluse hängt in Stücken,
und mein neuer Hut, der weiße,
liegt hier unten, so'ne Sch...!

Ewig singen wir dit alte Lied,
und zwar den U-Bahn-Beat.
Jetzt kommt se an,
nischt wie rin!
Denn fährt se los,
da falln wa hin!

Sie mit ihrem dicken Hintern
tun hier den Verkehr behindern!
schreit 'n Mann.
Und sie ham wat am Wirsing!
Brüll ick ihn dafür an!

„One – two – three – four – fire!"
Apropos Nichtraucher: Heute nacht hab ick auf'm Nachhauseweg schnell noch am Hauptbahnhof jetankt – und an der einen Zapfsäule, da stand 'n Mann und stand und stand, obwohl er überhaupt kein Auto bei sich hatte. Ick sage zum Tankwart: „Wat is denn dit für einer? Überlegt der, ob er eure Kasse klauen soll – oder is der nur nich' janz dicht?"
Meint der Tankwart: „Tja, der lungert hier schon stundenlang rum. Ick nehme an, der will sich dit Rauchen abjewöhnen."

Sagste noch mal: Alte Eule!
ziert dein Mondjesicht 'ne Beule!
Machst'n dicken Otto hier,
alter blinder Passagier!

Willst wohl die zwee Groschen sparen
und damit in' Urlaub fahren?
U-Bahn-Penner jibt et,
dit is' einfach nich' zu sagen!

Ewig singen wir dit alte Lied,
und zwar den U-Bahn-Beat.
Nu hält se an,
nischt wie hin!
Da fährt se los,
ick bin noch drin.

Und so'n Nilpferd, unjelogen,
tritt mir uff de Hühneroogen,
aber wie!
Ick hör die Engel jodeln
und zwar den U-Bahn-Beat.

Pustekuchen
Heute früh waren se ja schon wieder am Wirken! Wer? Na, unsere lieben, kleinen „Weißen Mäuschen" natürlich. Mich haben sie auch angehalten. Sollte ick pusten! Ich also das Ding genommen und dabei ganz mitleidig geschwätzt: „Ihr armen Kerle seid echt zu bedauern. Euern undankbaren Job könnten se mir schenken – und denn noch bei der miesen Bezahlung, stimmt's?"
Daraufhin ruft der Kumpel aus'm Funkwagen: „Hör uff, Heinz, die braucht nich' zu pusten, die Frau is vollkommen klar im Kopp."

Gisela Steineckert
Wir beede

Wir haben uns nie verabredet, aber da wir uns beide im selben Metier tummelten, befanden wir uns durchaus öfter im selben Raum, und dann fanden wir uns immer zusammen, klatschten über uns und die anderen, wählten dafür den von ihr bevorzugten eher schnoddrigen Ton, aber dahinter verbarg sich etwas Ernsthaftes.

Vor dieser Frau hatte ich Respekt. Ihren Spitznamen mochte ich nicht, der war mir zu albern.

Ich meine die Helga. Wie sie als Frau war, das weiß ich nicht, wie sie privat gelebt hat, da bin ich auf Hörensagen angewiesen, aber ich habe sie oft bei ihrer Arbeit beobachtet und wir uns gegenseitig einmal aus gutem Grund bei gleichzeitiger Ehrung.

Wir haben sie viel zu früh verloren. Die hatte noch eine Portion Humor im Herzen, die sie viel früher nicht loswerden konnte. Je reifer, je älter sie wurde, desto besser war sie. Die feine Abstufung der Nuancen von ulkig bis tragikomisch hatte sie erworben, Talent reicht da nicht aus. Und das weiß ich, weil ich jede Gelegenheit nutzte, sie beim Probieren zu sehen. Das stand mir als Jurorin oft zu, und ich wußte, daß man den Künstler auf der Probebühne am besten erkennt.

Heute sehe ich sie mir noch immer im Fernsehen an und stelle die besten ihrer Sketche neben Karl Valentin.

Was ich außerdem von ihr weiß: Sie war unerträglich wie alle Künstler, unabhängig vom Geschlecht. Im falschen Moment unbelehrbar, und bei ihr dauerte es besonders lange, ehe sie die Richtigkeit eines Einwands oder Vorschlags anerkannte. Aber dann hatte sie immer die Größe, es sofort – endlich! – einzuräumen.

Sie fand im Spiel, was ihr im Leben oft anders nicht glückte. Aus der kleinen Chance, mit der sie auf die Welt kam, machte sie durch Arbeit eine große, und die nutzte und bereicherte sie, solange sie lebte.

Als Zuschauerin habe ich sie geliebt. Ihre Zärtlichkeit hinter der Schnoddrigkeit, ihre Sensibilität gegenüber Schwächeren, und wem immer sie auf die Füße getreten ist, der Zeh war nicht ab. Sie war nie zynisch, und für Schwächere hatte sie eine warme Hand.

Bei einem Interpretenwettbewerb in Karl-Marx-Stadt bedurfte es bei der Auswertung eigentlich nicht meiner feurigen Redseligkeit, die Jury war sich über die Goldmedaille einig.

Vor der Abreise trafen wir uns im Foyer des Hotels, umarmten uns, und ich sagte noch etwas über die schöne Goldmedaille. Da wurde ihr Gesicht ganz mürrisch, und sie sagte übellaunig: „Valang' die Leute bloß noch mehr von ein'n."

Sie hätte nicht so gucken sollen, denn am Tag zuvor war sie Arndt Bause im Fahrstuhl begegnet und hatte ihm ebenso unfreundlich unterstellt, daß er ja für Leute wie sie nix schreibt. Er lud sie daraufhin sofort zu sich nach Hause ein, und was aus dieser Zusammenarbeit mit Bause und Angela Gentzmer geworden ist, nennt man Geschichte. Ihre schönsten und zeitlosen Lieder, als Süße, oder Kleene, als Menschenkind oder Berlinerin. Da gab es Tränen vor Rührung und eine große Freundschaft mit Krächen und Versöhnungen beim Skat.

Helga war in jeder Weise ohne Geiz. Sie gab von Herzen, ob aus der Börse oder aus dem großen Fundus ihrer Erfahrung.

Hier ist nicht der Platz zu erzählen, was ich für die Bühne von dieser Kollegin gelernt habe, aber genannt sei eins: die Nähe. Die da unten sind meine Leute, sie sind zu mir gekommen und ich schulde ihnen nicht weniger als alles.

So war sie. Und dann nach Hause und dann alleine.

Denke ich. Aber einmal kriegten wir am selben Tag den Nationalpreis der DDR, zweiter Klasse. Durch den Gang getrennt saßen Christa Wolf und Eva Strittmatter in Erwartung eines etwas Höherwertigen. Die Helga hätte das wahrlich auch verdient, aber es stand ihr als Unterhaltungskünstlerin nicht zu. Soviel ich weiß, hätten dann die Künstlerverbände gemeutert, und in dieser Hinsicht war die Partei besonders feige.

Helga und ich freuten uns, aber uns beschäftigte ein wichtigerer Gedanke: Würde uns beim Aufstehn und Nachvornegehn Bluse oder Rock am Hintern kleben, wie das durch die Beimischung von Chemikalien leider auch bei Kledage aus dem Exquisit unvermeidbar war? Wir übernahmen die Verantwortung für die andere, gingen danach auch gemeinsam in den Saal, in dem die Atzung ausgeteilt werden sollte, und wurden so ungewollt Mitwirkende in einer der peinlichsten Situationen, die ich je erlebt habe. Honecker war von seiner Tournee durch die Bundesrepublik zurück, also persönlich anwesend, und wie immer standen die Politiker hinter den Tischen des Büfetts, als seien sie so vor dem gemeinen Volk sicherer. Mehrere Türen öffneten sich, und ein geschultes Ballett von weiblichen und männlichen Kellnern versuchte zu schweben, während alle gleichzeitig mit Tabletts, Suppenkübeln und Warmhaltern bepackt waren.

Ehe einer davon etwas absetzen konnte, trat Honecker vor und begann zu reden, gutgelaunt und unabgestimmt. Er redete und redete, wie er sie alle mit seinen Antworten mundtot gemacht hatte, wie erfolgreich seine Reise und wie folgenreich sie gewesen sei – und er nahm weder die versteinerten Gesichter seiner Genossen noch die peinigende Lage des Personals wahr. Es war wie im Märchen von Dornröschen. Zigaretten schwebten unangezündet, alles blieb wie angenagelt stehen.

Es kam dann durch einen Blicktausch so, daß Helga und ich uns an den nächststehenden Kellner ranpirschten, ihm seine Last einfach offen abnahmen und aufs Möbel stellten, und daß andere unserem Beispiel folgten, auch wurden die Zigaretten angezündet, Leute wechselten das Standbein, und obwohl Honecker weiterhin redete, normalisierte sich die Lage im Raum. Und Helga sagte zu mir: „Du hast jesacht, det du bloß noch zwee Zijaretten am Tach roochst, aber dit is jetzt deine dritte. Bloß, dattet weeßt.“

Sie hat mich zum Lachen gebracht. Sie hat mich auch gerührt. Und schöne Frauen sehen nie so schön aus, wie weniger schöne, wenn sie gerade schön aussehen. Doch, das ist wahr, und traf auf die Helga besonders zu.

Bause war mein Freund und er fehlt mir. Helga war nicht meine Freundin, aber manchmal möchte ich mir mit ihr zusammen ein Programm ansehen und zu ihr sagen: „Die machen bloß noch Scheiße. Jeh mal ruff und zeig ihnen, wie't jeht.“

An „die da oben“
Wir Menschen haben dit nich' so gerne, daß wir einmal als Nachttopf und dit nächste Mal wieder als Trinkgefäß dienen sollen.

Gebildet
Meine Schule war schon damals ihrer Zeit weit voraus. Über unserem Eingang stand: Audio – Video – Disco.

Alles im Eimer, Marie
Himmeldonnerwetter, was trinkt man denn nun bloß? Kann man wenigstens 'n Pott Kaffe haben? Die Kaffeemaschine ist auch kaputt? Zeig mal her dit Ding. Habt Ihr Tomaten uff de Oogen? Die muß entkalkt werden, Mensch. Ne Sache, die bei Euch natürlich nicht mehr geht.

Dienstgespräch mit dem Malermeister
Sagen Sie: Zwei Zimmer, Küche, Bad – wat kostet dit? 500? Hm. Und wenn ick selber mithelfe? Denn 1000?

Nachdem sie sich das Rauchen abgewöhnt hatte
„Kinder, könnt Ihr nich' endlich aufhören mit Eurer Quarzerei? Dit sieht ja hier aus wie in der Hölle.“
Die Kollegen ehrfürchtig: „Henne scheint schon überall gewesen zu sein.“

'ne Frau zu sein

'ne Frau zu sein,
is' Wahnsinn, weeß ja jeder!
Besonders, wenn man
nich' janz taufrisch is'!

Dit Schönsein wird
ooch täglich immer schwerer,
denn jedet alte Haus
kriegt mal 'nen Riß!

Verbissen ackert man
an der Fassade!
Die Tricks haun alle ooch nich' mehr so hin!

Man klaut sich selber zwanzig Jahre,
und fragt sich schließlich:
Hat das eigentlich Sinn?

Beim Mann dajeg'n
spielt Alter keene Rolle!
Mit 50 wird der erst mal interessant!
Drum sagt'a sich:
Wat soll ick mit 'ne Olle?
Die tausch ick ein
und zieh mir'n jung'schet
Ding an Land!

'ne Frau zu sein,
dit muß man erst beweisen!
Man bastelt rum,
damit man dit ooch sieht!

Nich' Köppchen – nee,
den Busen mußte zeigen!
Ooch Hintern hat schon manchen Geist besiegt!

Doch wehe, wenn dir'n
jüng'rer Mann begegnet!
Da heißt et gleich:
Die Olle hat wohl'n Stich?

Der Knabe is' doch grad'
erst einjesegnet
und die hat schon
dit Leben hinter sich!

Gute Wahl
Ein neues Abendkleid mußte ick mir auch zulegen – hab nach langem Suchen auch eins entdeckt – wunderschön geblümt –, frage aber vorsichtshalber die Verkäuferin: „Bleichen die Farben auch nicht in der Sonne aus?" Darauf sie – pikiert: „Überhaupt nicht. Die sind ja nich' mal ausjeblichen, als der Fummel zwei Jahre lang im Schaufenster jelegen hat."

Selbsterkenntnis
Henne: Ick bin wie Frau „Striese".
Alles muß ick selber machen.

Rasant
Mich sollten se mal in'n Rennwagen stecken, wenn ick erst mal in Fahrt bin, kann mich keiner mehr bremsen.

Erste Liebe
Mit 16 war ich bis über beide Ohren in unseren Hausarzt verknallt. Ick kann Ihnen sagen, wenn der mich bei der Untersuchung gefragt hat: „Na Helgachen, wo tut's denn weh?", da hab ich jestottert: „Wo Sie wollen, Herr Doktor."

Lieferservice made in GDR
Eben treff ich auf'm Gang 'ne junge Kollegin und sage, mit Blick auf ihr Bäuchlein: „Täusche ich mich, oder wirst du bald Mama, meine Kleene?" „So isses. Bin schon im 5. Monat. Eigentlich wollten wir uns ja erst mal ein Auto anschaffen, aber dann haben wir uns doch für ein Baby entschieden, weil die Lieferzeit da kürzer ist!"

Beim Mann dajeg'n
spielt Alter keene Rolle!
Mit 50 wird der erst mal interessant!
Drum sagt'a sich:
Wat soll ick mit 'ne Olle?
Die tausch ick ein
und zieh mir'n jung'schet
Ding an Land!

Und hab ick einst
im Himmel meine Heimstatt
und Petrus ruft:
„Herjott, hier isse ja,
die, wo du aus Versehn
als Frau jeschöpft hast!"
Dann sag ick:
„Schon verziehn! Hallelujah!"

Reisegruppe

mit Alfred Müller

Nach dem Tanz kommen zwei DDR-Touristen den „Strand" langgestiefelt Sie sind mit Koffern, Tauchsiedern, einem Netz voller Konserven beladen und werden von den Hula-Hula-Mädchen mit Blumen bekränzt.

Die Urlauberin läßt sich verlegen die Blumen umhängen und sagt fassungslos zu ihrem Mann: Hier sind wir falsch, Erwin! Dit is doch nie und nimmer Heringsdorf!

Er – mit Blick auf die hübschen Mädchen: Nu bleib doch mal ruhig, Hertha, v'leicht sind wir hier grade in so'n Begrüßungsabend mit 'ne „Harzer Jodelgruppe" rinjeraten!

Am Strand
Hier neben mir liegt'n junges Ehepaar, die waren voriges Jahr auch schon hier – auf der Hochzeitsreise. Diesmal wollen sie aber mal baden gehn.

Sie: Mitten inner Woche?

Er: Haste recht! Würde kein DDR-Bürger wagen, sein Tanzbeen zu schwingen!

Sie: Unsre Urlauber singen doch nur, wenn se blau sind, sonst lassen se den Strandfunk uff sich eindudeln!

Er schnuppert mißtrauisch: Dit Wetter kommt mir hier ooch verdächtig vor!

Sie: Eben! Da kommen ja unsre Anoraks und Jummistiefel jar nich' zur Geltung!

Na logisch ...
Die Mehrzahl von Lebensgefahr? Warten Se mal: Lebensgefährtin!

Er: Ohne Reisegruppe stehst de da wie'n Idiot!

Sie: Der Reiseleiter läßt sich ooch nich' blicken, jetzt weeßte nich' mal, ob de zum 1., 2. oder 3. Durchjang jehörst!

Er: Nich' mal 'ne Bude, wo es keen Bier jibt, ham se!

Sie: Oder'n Andenkenladen! Is man schon eene Stunde da und hat noch keine Ansichtskarte jeschrieben!

Sie deutet mit ihrem Kopf in eine Richtung: Soll dit da drüben etwa die Ostsee sein?

Er: Ohne Strandkörbe?

Sie: Normal wär doch, daß man vor lauter Strandkörbe keen Wasser sieht, Erwin!

Er: Ja – langsam wird mir dit ooch unheimlich! Jetzt mach ick mir sachkundig! Ick werd mal bei die hübschen Hostessen da'n Versuch wagen!

Sie: Du bleibst hier! Reicht doch wohl, daß de für drei so'ne Versuche Alimente zahlen mußt, nich'?

Er stöhnt: Wären wir bloß nach Bulgarien jefahren!

Sie spitz: Tja, denn hätteste dir nich' mit meine Schwester in Hamburg verkrachen dürfen! Ohne Devisen kommste dir doch am Joldstrand vor wie der letzte Neckermann!

Er: Denn eben nach Rumänien – bei Ceauçescu!

Sie: Dit könnte klappen! Wo außer uns keener mehr hin will!

Er – grübelnd: Uff eenmal sind wir hier janz janz janz woanders jelandet!

Sie: Wir beede normal Sterbliche? Dit gloobste doch alleene nich!

Er: So – paß mal uff, dit werden wir jetzt gleich sehn, ob sich dit bei diese Seezunge hier um'n sozialistischet Ferienlager handelt oder nich'!

Er sieht auf seine Uhr: Jetzt isset jenau 14.30 Uhr –

Sie: Mach keen' Quatsch, Erwin, um die Zeit kannste doch keen Mittagessen mehr verlangen!

Er: Wer redet denn von Mittagessen, Hertha? Wir jehn jetzt und suchen die Schlange, wo se nach Abendbrot anstehn!

Tanztee

Ick hab noch dufte Beene
und bin auch sonst janz flott,
doch immer bloß alleene,
da wirst'e blöd im Kopp.
Uff meine Inserate:
„Frau mit Int. Lit. Mus. Reis." –
watt mir da schrieb – au warte!
Nich' ein Idiot mit Geist!

Drum sitz ich hier beim Tanztee rum
und kuck mich unauffällig um,
sortier im Geist die Männer
in bess're Herrn und Penner,
denn bei mir zählt nur Charakter
und nur der innre Wert.
Die Nieten jehn ad acta –
trotz Haus – und Pool – und Pferd!
Doch sollt ick ei'm begegnen,
der schön, gesund und reich –
tja, denn muß ick'n halt nehmen,
so'n Unglück stimmt mich weich.

Der Lange da am Neb'ntisch –
mit Club-Jackett und Flieje –
so'n ‚Keine Frau-versteht-mich',
quatscht nur von Mutterliebe.
Dem wird ick wat in't Ohr geig'n.
Wat denkt sich denn der Dussel?
Ick bin'ne Frau zum Vorzeig'n,
kein Küchen-Ödipussel!

Drum sitz ich hier ...

Der Glatzkopp da is'n Maurer,
dit seh ick, wie der sein Bier stemmt
und schon vor Feierabend
zu irjend'n Fremdbetrieb rennt.
Auch wenn der wat vermauert,
bei dem, da stimm' die Löhne,
wat der nich' selbst jebaut hat,
sind meist nur seine Söhne!

Drum sitz ick hier ...

Traudel und Hugo beim Abendbrot

mit Herbert Köfer

Traudel kommt mit raschen Schritten auf die Bühne! Sie ist ziemlich geschafft, trocknet sich die Hände ab und sagt: So, jetzt hab ick der Hahnemann schnell noch 'ne Kompresse jemacht! Is' zwar 'n Arzt bei ihr – aber, so'n junger und dit nützt ja nich' viel, weil die ja immer janz andrer Meinung sind als 'n erfahrener Patient wie unsereins!

Plötzlich stutzt sie, denn Hugo, ihr Mann, kommt auf die Bühne geschlurft. Sie keift ihn an: Hugo! Ick hab dir doch jesagt, du sollst zu Hause bleiben und fernsehen!

Hugo: Hab's ja versucht! War nicht auszuhalten!

Traudel: Wieso war't nich'auszuhalten?

Hugo: Na – dis' mit der Hahnemann!

Traudel: Wärste doch bei uns anner Ecke in't Kino jejangen!

Hugo: Da spielen se den „Baulöwen"! Is' ja noch schlimmer!

Traudel: Wieso?

Hugo: Na – ist mit dem Herricht!

Traudel: Und – wat willste nu hier – bei mir??

Hugo: Abendbrot essen! Is' neune!

Traudel: Na – also schön! Die Gruppe GES braucht sowieso noch 'n paar Minuten, ich hab da wat organisiert, setz dich schon an'n Tisch!

Beide setzen sich, er fängt sofort an zu essen! Sie fragt: Na? Schmeckt's?

Er antwortet nicht!

Sie beleidigt: Ick möchte mal wissen, ob andre Männer ooch so'ne Flappe ziehn und immer nur vor sich hinmuffeln!

Hugo: Is' dit 'n Wunder? Seit hundert Jahren seh ick diese olle jeblümte Kittelschürze!

Traudel: Ph! Ick kann ja im Abendkleid hier sitzen und mit de Pailetten de Krümel vom Tisch fegen!

Hugo: Wat ick ma überhaupt uffrege! Manche Frauen können anziehen, wat se wollen, denen steht ja doch nischt!

Traudel: Ja – und manche Männer können ausziehen, wat se wollen ...

Hugo: Also, ick muß blind jewesen sein, als du mir zum Standesamt jeschleppt hast!

Traudel: Ick dir? Du mir!

Hugo: Wenn Joethe mir jekannt hätte, denn würden se heute nich' im Theater: „Die Leiden des jungen Werther", sondern die „Leiden des alten Hugo" spielen!

Traudel: Ach – und an dit Drama soll ick nu schuld sein? Bloß komisch, det mein erster Mann nie an mir wat auszusetzen hatte. Der hat jeden Morgen „Morjen" jesagt und mir sogar 'n Kuß uff de Backe jejeben!

Hugo: Na, nu muß er's ja nich' mehr! Nu hat er endlich seine Ruhe!

Traudel: Det war wenigstens noch 'n Mann, der hätte ooch nie zu mir gesagt ...

Hugo: Schieb mal den Käse rüber, iih, der looft ja schon weg.

Traudel: Siehste! Sogar der Käse rennt weg, wenn er dein Gesichte sieht!

Hugo: Ick werd' immer dünner und du? Heute früh hab ick jesehn, uff de Waage, du hast schon wieder 'n Kilo zujenommen!

Traudel: Ick hatte ja noch Strumphosen an!

Hugo: Darf ick jetzt eine rauchen?

Traudel: Bitte, fühl dich wie zu Hause.

Hugo: Also nich'!

Traudel: Hoffentlich haste keene fremden Leute inne Wohnung jelassen???

Hugo: Iwo! Alles Bekannte!

Traudel: Und – haste hinterher wenigstens uffjeräumt?

Hugo: Selbstverständlich! Ich bin sechs Mal hin- und herjefahren!
Traudel: Wohin denn?
Hugo: Na – zu den Platz da! Wo immer Jerümpelaktion is'!
Traudel: Wat? Was haste denn da jemacht?
Hugo: Na ja, weeßte, die Möbel …
Traudel: Wat, unsere schönen Möbel haste hingeschmissen?
Hugo: Natürlich bloß Stuhllehnen, 'n kaputten Tisch und so!
Traudel: Der Tisch? Der Mahagonine? Der ist doch nagelneu!
Hugo: Ja – aber, als die Skatkarten drufflagen – isser plötzlich wegjeklappt!
Traudel: Wegen 'ne Skatkarte – aus Pappe?
Hugo: Na ja – natürlich mit 'ne Faust dran!
Traudel: So! Und wer bezahlt dit?
Hugo: Immer der, der verliert – natürlich!
Traudel: Haste mir nich' v'leicht ooch mal wat Positivet zu berichten?
Hugo: Ja! Ick war beim Organisten!
Traudel: Inne Kirche??
Hugo: Nee! Inne Poliklinik! Mein Leberbefund is' positiv!
Traudel: Denn hat dir der Doktor endlich Wein, Weib und Jesang verboten?
Hugo: Na ja – ick will nu erst mal mit Jesang uffhören!
Traudel: Haste dich wenigstens über den Abwasch jestürzt?
Hugo: Ja, jestürzt! Bin ick über Willi! Der lag komischerweise inne Küche rum!
Traudel: Haste nu abjewaschen oder nich'?
Hugo: Jaa – klar – bis auf ein Teil –
Traudel: Verjessen?
Hugo: Ach wo – ein Teil muß ersetzt werden!
Traudel: Ein Teller?
Hugo: Ein Service für 12 Personen!
Traudel: Wat! Du hast unser jutet Jeschirr zerschlagen?
Hugo: Ick doch nich'! Der Boi – der Boi – der Boiler.
Traudel: Du sollst nich' immer allet uff andere Leute schieben! Der Boiler hängt doch anne Wand!
Hugo: Hing, aber nur, bis Paul kloppte!
Traudel: Wenn Paul jejen de Türe kloppt, fällt der Boiler runter?
Hugo: Kanntest du eigentlich unseren schönen großen Spiegel, der im Flur stand?
Traudel: Ob ick ihn kannte? Du meinst mein einzijet Erbstück, wat ick mir von Tante Alize erkämpft hatte?!
Hugo: Jenau! Dieser Erbspiegel, der war im Wege!
Traudel: So? Dit is 'ne Erklärung wert!
Hugo: Paul wollte unbedingt den Flohwalzer spielen.
Traudel: Laß ma doch mit dein dußlijen Flohwalzer in Ruhe! Ick will wissen, warum, wenn Paul kloppt, mein Spiegel runterfliegt?
Hugo: Der hat ja mit'n Fuß jekloppt, denn der hatte doch schon 'n Klavier unterm Arm! Oder hatt' ick etwa verjessen, dir dit zu erzählen?
Traudel: 'n Klavier? Unterm Arm? Links – oder rechts?
Hugo: Also, nu nimm' doch bitte nich' immer allet so wörtlich! Wenn ick ehrlich bin – vierhändig!
Traudel: Und wo sollte dit dämliche Klavier hin?
Hugo: Siehste! Jetzt wirste langsam vernünftig! Paul meinte, die beste Akustik ist, wenn man das Klavier um 180 Grad dreht!
Traudel: Uff unsern winzijen Korridor kannste doch keen Klavier umdrehen!
Hugo: Nein, früher nich. Aber jetzt – is Küche und Korridor – alles ein einziger, schöner Raum!
Traudel: Ick bin sprachlos!
Hugo: So hat eben jedes Unglück doch noch wat Jutet!

Irren ist menschlich
Meine Nachbarin kam jestern ganz aufjeregt zu mir rüber und hat sich beschwert: „Unsere Post, die kann einen vielleicht erschrecken! Vorhin kriegt Hugo 'n Telegramm, wo drin steht, daß sein Vater in Dresden verstorben is. Natürlich wollte er sich gleich in tiefe Trauer auf de Socken machen und kieken, ob wat zu erben is, nich? Da sehe ick durch Zufall nochmal uff die Adresse von dit Telegramm – da ist dit jar nich' für Hugo'n, sondern Jottseidank bloß für seinen Bruder."

Schulze Schleicher
Meine Nachbarin hat jesagt: „Ja, ja – machen Se bloß, daß Se wegkommen, ick werde schon 'n Ooge auf Ihren Ollen schmeißen. Sie wissen doch: Bei mir stehn die Kerle stramm. Manchmal versuchen se zwar aufzumucken – wie Hugo: Kommt inne Küche rin und saftelt: ‚Komisch, da sagste immer, du bringst dir um vor lauter Arbeit, dabei ertappe ick dir dauernd beim Däumchendrehen.' Hab ick ihm zurechtjewiesen: Aber nur, weil du immer uff deine ollen Filzlatschen anjeschlichen kommst."

Auftritt mit den Puhdys

Life is' schwer

Alpträume
Himmel, war dit schrecklich heute nacht. Ich stand vor einer Tür, an der ein Schild baumelte, und habe versucht, mit meinem ganzen Körpergewicht diese Tür aufzustoßen – ging aber nicht. Mir is der Angstschweiß ausjebrochen – aber je doller ick mich dagegen schmiß, desto zu'er blieb se. Bis ick mit letzter Kraft noch mal 'n Auge auf dit Schild warf – und wat stand da? „Bitte kräftig ziehen!"

Kleine Nachtmusik
Weit nach Mitternacht hatten sich dann noch viele Kollegen in der Nachtbar zusammengerottet – ist ja klar. Dabei habe ich gehört, wie eine „Traumfrau" dem Gitarristen von „City" zuflüsterte: „Hättest du jetzt nicht Lust auf ein wunderschönes Spiel?" Hat der smarte Junge zu bedenken gegeben: „Schon, bloß – wo kriege ich um die Zeit noch 'ne Gitarre her?"

Die Welt, die kommt mir manchmal vor
wie'n großet Tanzlokal!
Erst warteste janz brav vorm Tor,
denn darfste rin in'n Saal!

Doch – eh' de dich da durchjewühlt
und richtig umjesehn,
wird schon der letzte Tanz jespielt,
da mußte wieder jehn!

Ja, life is' schwer wie Rock'n' Roll!
Weeß Jott, wer dit kapieren soll!

Du liebst – und schießt für een' kobolds!
Kiekst keinen anderen an!
Doch dann is' dieser Mensch aus Holz,
der will dich jar nich' ham!

Nu, denkste, biste auskuriert,
jetzt kann dir nischt verfriern!
Läufst uff's Parkett janz unjeniert –
und zwar: Uff allen Viern!

Ja life is' schwer wie Rock'n roll!
Weeß Jott, wer dit kapieren soll!
Du fällst uff's Kreuz – stehst wieder uff!
Gleich kriegste schon den nächsten Buff
und stöhnst beim Indiekniejehn:
Uff eene Art is' trotzdem schön!
Ja, life is' schwer wie Rock'n' Roll!
Weeß Jott, wer dit kapieren soll!

Vermauert

mit Alfred Müller

Ein Rentner-Ehepaar sitzt auf einer Parkbank und der alte Herr sinniert:

Weeßte, wat ick echt vermisse, Traudl?

Sie: Kann mir schon denken: Paule, den alten Suffkopp.

Er: Nee, unsre jute, alte Mauer.

Sie: Nun mach aber'n Punkt, Hugo, dit war doch hier dit reinste Jefängnis! Haste selber jesagt!

Er: Jaa – damals. Heute könnt ick mich ärgern, daß meine janzen schönen Privilegien futsch sind.

Sie: Privilegien! Ph! Wie so'n Kuli haste die Fernseher und Kotflügel mit Dei'm Asthma über'n Checkpoint jeschleppt.

Er: Jedenfalls war dit damals 'ne wunderbare Aufjabe für'n cleveren Ost-Rentner, wie der letzte Dorf-Depp die Zoll-Heini's ehrfürchtig anzuglotzen und dabei die umjetauschten Kohlen zwischen de Eier knistern zu lassen.

Sie: Dit war doch furchtbar, in dit enge Labyrinth anner Grenze: Edelgard und Hermann haben sich vor Angst jedesmal fast in die Hosen jemacht.

Er: Ja – zurück, weil se da für ihr Viertel Kaffe unser jutet Meißen in ihre Aldi-Beutel verschleppt haben.

Sie: Großzügig waren se aber auch. Edelgard hat nie wat inne Altkleider-Sammlung jejeben, sondern immer mir.

Er: Von wegen großzügig. Hermann war doch sowat von pikiert, als ick mir dit zweites Mal mein einmalijet Begrüßungsjeld abjeholt habe, daß ick'n jefragt habe, ob er dit aus seine eigene Tasche bezahlt.

Sie: Trotzdem. Manchmal haben se uns drei Wochen beköstigt, ohne wat zu verlangen.

Er: Na hör mal, als Dachdecker verdient Hermann ja ooch dreimal so viel wie der Bundeskanzler.

Sie: Der wird ja ooch nich' so jut'n Dach decken können wie dein Bruder.

Er: Haben wir Ossi's nich' ooch jeackert wie die Verrückten? Mit der Arbeit waren wir zwar immer'n paar Monate im Rückstand ...

Sie: Aber mit de Kaffepausen schon'n halbes Jahr voraus. Wat auch wunderbar war, daß wir dauernd unsere Tage hatten. „Tage des maledivischen Kulturfilms" – „Tage der Sozialistischen Hirtenflötenmusik" – oder „Tage des mittelalterlichen Bauwesens".

Er: Weeßte noch, wie die Betriebsleiter sich um mir jeerissen haben? In einem Jahr war ick uff acht Arbeitsstellen. Und – ein Ja-Sager war ick ooch nie! Wenn mein Generalsekretär „nein" jesagt hat, hab ick ooch sofort „nein" jesagt.

Sie: Krank konntest du werden auf Deibel komm raus, hat nich' einen Pfennig jekostet, der Spaß.

Er: Jawoll, alles ist seinen Sozialistischen Gang jejangen – wie bei Oskar: Mit seinem Parteibuch hat der sich vom Pförtner bis zum Direktor hochjedient.

Sie: Nu isser ja auch wieder Pförtner.

Er: Als kleener Ost-Rentner biste doch bloß'n Mensch 2. Klasse. Lieber lassen se die alten Nazis und ihre Witwen bei Kranzler Torte fressen.

Sie: Na ja – zum Sattwerden reichen die paar Piepen doch.

Er: Aber nich' für'n Durst. Wenn ick wenigstens 'n französischer Rentner wäre, denn würde ick jetzt meinen Rotwein trinken und anschließend in'n Puff jehn.

Sie: Du bist aber nun mal'n deutscher Rentner, du nimmst jetzt deine Herztropfen und jehst anschließend als Nachtportier.

Jeder nach seinen Bedürfnissen

Hab ich doch neulich 'nen Playboy im Hüftgürtel über die innerdeutsche Grenze jeschmuggelt, weil man von unserm Partei-Organ Neues Deutschland sexuell überhaupt nich' anjeregt wird. Außer erfundene Leitartikel passiert bei uns doch nischt – oder haben Sie schon mal jehört, daß 'n Werkleiter oder 'n anderet hohet Tier sich 'ne Milljon einjesackt hat und damit abjehaun is? (Pause) Jott, wo soll er ooch hin, nich?

Vorm Marx-Engels-Denkmal

Achherrje, euch haben ja die Piepmätze schon wieder bekleckert. Ja ja, für die Frommen singen se, aber die anderen be...

Versöhnt

Junge Junge – Engpässe über Engpässe – sogar im Blumenladen. Was soll ich Ihnen sagen, vor mir kauft 'n Mann sämtliche Nelken, die da waren, weg: 50 Stück! Erst wollte ich natürlich ausrasten, aber dann mußte ich doch über die Verkäuferin lachen, weil die kopfschüttelnd sagte: „Mein lieber Mann, Sie müssen ja was Dolles angestellt haben, daß Sie Ihre Strafe so hoch ansetzen."

Show

Also – 'ne Show beginnt so: Mitten inner Nacht – vormittags um elf – ruft mich'n Unterhaltungs-Boß an: ‚Hallo, Künstlerin! Wie wär's denn mit Showtime in unserm Etablissement?' Denken tut er natürlich: ‚Hoffentlich kann die! Is zwar unverantwortlich, sie noch auf die Bühne zu lassen, aber dit wär sonst schon die zehnte Absage!'

Übung macht den Meister
Ich übe meine Lieder von früh bis spät – gestern ging's sogar schon einigermaßen, da konnten die Kollegen das erste Mal ihre Watte aus den Ohren nehmen.

Zuschauerpost
„An Ihrer Show hat mir am besten gefallen, daß ich gleich einschlafen konnte."

Abgefahren
Jestern abend nach der Show kommen Dagmar Frederic und ick auf den S-Bahnsteig Friedrichstraße jehetzt – und da fährt die Bahn uns glatt vor de Neese weg. Konnte ick mir natürlich nich' verkneifen, Dagmar anzumeckern: „Hättste nich' so rumjebummelt, olle Anna, hätten wir den Zug noch jeschafft." Darauf Dagmar: „Und hättest du nicht dauernd gedrängelt, doofe Nuß, brauchten wir jetzt nicht so lange auf den nächsten zu warten."

Show – du Vagabund –
lebst so unjesund!
Dein hartes Brot ist Applaus!
Show – du Regenbogen – bist so schön verlogen!
Nur Irre halten dich aus!

Vier Wochen später: Große Sitzung wegen Besetzung! Wir denken an: Barbra Streisand mit „Wo ist mein Geld“ in englisch, Dustin Hofmann verkleidet als Ilse Gürtelschnalle, Peter Schreier vielleicht mit 'nem Heavy-Metal-Medley, dazu die Thomaner als Background-Chor und last not least:
J. R. und Alexis als Traudl Schulze und Hugo in einem Sketsch: ‚Wer andern eine Grube gräbt, stößt auf Öl‘!

Künstlerleben
Stundenlang sitz ick im Parkett und kuck zu, wie unser Ballett sich als „Glühwürmchen" rumschindert – neben mir hocken zwei Bühnenhandwerker, und der eene fragt, als die Musik losjeht: „Sag mal, is dit nich' Paul Lincke, eh?"
Meint der andere:
„Bist du bekloppt?
Kennst du Matti, unsern Klavierspieler nich, Mann?"

Show – du Vagabund ...

Vier Wochen später: Von der Streisand kommt 'ne Ansichtskarte aus Moskau, Dustin Hoffmann sieht sich außerstande, in seiner Schrankwand weitere Oscars unterzubringen, Peter Schreier Gewandhaus z. Zt. in L. A. und die Thomaner sind verstimmt. J.R. und Alexis fragen bei einem gewissen Mr. Hennemann an, wo eigentlich die Ranch DDR liegt!

Show – du Vagabund ...

Vier Wochen später: Die nächste Kultur-Preisstufe wird engagiert: Der Bruder der Maskenbildnerin hat'n Opa, der Ähnlichkeit mit Sammy Davis jun. hat. Der Cousin vom Tonmeister hat 'ne Tochter im Fleischkombinat, die wie Milva singt – bloß höher – und wie Inka aussieht – bloß breiter! Der Aufnahmeleiter hat aus seinen Lokalreisen noch 'n ausjebufften Magier, der in seinem Betrieb schon die unglaublichsten Sachen hat verschwinden lassen!

Nach der Wiederwahl zum Fernsehliebling
Sehn Se, Katarina Witt und icke, wir haben unsere Preise wieder erkämpft. Kati mit ihren sagenhaften dreifachen Sprüngen und ick mit meiner Doppelrolle: Funk und Fernsehen. Obwohl – 'ne jepflegte 8 könnte ich zur Not auch noch aufs Eis legen. Allerdings in römischen Ziffern.

Show – du Vagabund ...

Vier Wochen später: Als der Vorhang am Premierenabend sich hinter mir schloß, waren die Kritiker sich diesmal einig: Die Hahnemann – ein starkes Stück im Morast der Alleinunterhaltung! Sie macht nur, was sie nicht kann! Mit einem Satz: Wenn sie ein Haus wäre, müßte man es abreißen!

Show – du Vagabund ...

Traudl Schulze

Die 3. Lanze von links
Nachdem der Titel „La Paloma" mit Hans Albers verklungen ist, schluchzt Traudl: „La Paloma ade! Ick kann Ihnen jar nich' sagen, wie jerne ick heule.
Ick hatte ja sojar anjeboten, in dem Film, den die Frau Hahnemann jedreht hat, mitzuspielen, weil ick auf Bestellung heulen kann – Tränen bis auf de Erde. Aber die haben ja nur Männer als Komparsen jesucht, solche mit ‚ergebenem Gesichtsausdruck'.
Ehemänner habense bevorzugt anjenommen."

Ich bin die Nachbarin von der Hahnemann. Wir wohnen Durchreiche an Durchreiche, wissen Se? Also – wenn die Frau Herzkloppen hat, muß ick Baldrian-Troppen nehmen!
Nu kann se doch so schlecht kieken, wa? Ja ja – die is' kurzsichtig wie unsere Planung! Denn steht se immer da und jammert: „Mann, ick seh allet so verschwommen!" Hab ick ihr vorhin dit ND inne Hand jedrückt! Nu sieht se wieder klar! Obwohl – Bildung hat se ja! Doch! Einbildung! Die gloobt nämlich, det ihr Name schon inne janze DDR Weltruf hat! Dabei weeß doch jeder Dussel, det der Prophet in't eigene Land überhaupt nischt jüldet! Da muß er schon wenigstens aus eene von die Schweizer Kantinen stammen – oder aus Österreich hier einfliejen und melden, det de Wiener alle „reif für de Insel" sind! Aber so? Deshalb zerruppt die sich ja ooch reeneweg uff de Bühne – verkleidet sich – singt und hoppelt rum – bloß, weil se eben von hier is'! Sonst könnte se sich dit allet sparen!
So – damit Se nu aber wissen, weshalb Se heute abend eijentlich hier sind, werden Se dit gleich mal am eijenen Leibe zu spüren krijen! Det Se Courage ham, haben Se ja schon bewiesen, indem Se Ihren Grill und de Hollywood-Schaukel im Stich jelassen und hierher jetrampt sind! Oder – hat etwa eener zufällig eene von die beeiden Taxen erwischt? Die andere muß ja sowieso immer am Bahnhof Friedrichstraße stehn – als Reklame für Touristen! Na ejal! Wir werden jetzt jedenfalls den Abend hier so richtig optimal uff de Spitze treiben, damit et nich' heißt, bei uns inne Hauptstadt werden nach neune de Bürjersteije hochjeklappt! Deshalb werd' ick unsre Bejeisterung glei mal in verschiedene Blöcke einteilen!
Sie grenzt mit großen Gesten die Zuschauerblöcke ab:
Also – Ihr seid Block A – wie Alltag – Ihr hier Block B – wie bedient – und dit letzt hier is' C wie Centrum-Warenhaus! Dit heißt, von alle A's erwarte ick nach jede Darbietung spontan-stürmischen Beifall – die mit'n B vor jeben ihre Zustimmung durch rhythmischet Klatschen zum Ausdruck – und die Cesars trampeln wie die Kaputten! Is' dit klar? Ach – Momang! Jetzt brauch ick noch vereinzelte Bravo-Rufe! Wer will dit jezwungenermaßen freiwillig machen? Ham wa nich'n paar Fans von FC-Union hier? Die sonst immer grölen: „Schiedsrichter, alter Sack, Telefon!"? So – in der Lautstärke etwa! Ihr da oben? Jut! Na – hoffentlich könnta dito och, wenn Ihr nüchtern seid! So – Kollejen – und dit üben wa jetzt! Ick jeb Euch mal'n schönet Beispiel aus unserm sozialistischen Alltag, ja?
Sie schreit:
Wir begrüßen unsre Kollegen von den Handwerks-Innungen und beglückwünschen sie zu ihrem Verbesserungsvorschlag, den üblichen Stundenlohn von 20 Mark vereinzelt wieder in der landesüblichen Währung zu kassieren!
Als der Beifall ertönt, nickt sie zufrieden und sagt anerkennend:
Nich' schlecht, Kollegen! War schon fast volkskammerreif! Deshalb glei noch'n anderet dollet Ding: Ferner soll in unserem Handel angeregt werden, Waren des täglichen Bedarfs – nach eingehender Gesichtskontrolle – gegebenenfalls auch über dem Ladentisch zu verkaufen!
Nach dem Beifall sagt sie aufgekratzt:
Na prima! Die Bravorufe waren zwar noch'n bißchen mickrig – die müssen

denn nachher so dicke wie inne Zeitung kommen, is' klar, wa? So – hat jemand noch 'ne Frage?

Falls sich jemand meldet, meint Traudl entrüstet:

Wat? Dit is' ja'n Ding, Kolleje! Seit 30 Jahre stell ick nu schon diese Frage, aber heute isset dit erste Mal, daß ick, anstatt: Dit is' nich' der Fall! Dit is' doch der Fall sagen muß! Setz dir bloß hin, Mensch! Wir könnten schon ville weiter sein mit unsre janze Wirtschaft, wenn du nich' dauernd so'ne nich' einjeplanten Fragen uff Lager hättest! Nachdem wa nu alle brennenden Probleme ausdiskutiert haben, jehn wir zum jemütlichen Teil über! Dit heißt, Ihr könnt Euch jetzt in Eure Schlafsessel rumfletzen, während ick Euch jetzt den Song von der „Glücklichen Raumpflejerin“, Werkteil zwo, vorjodele!

Traudl
„Der Einbrecher liegt mit gebrochenen Knochen im Krankenhaus. Ick hatte den für meinen besoffenen Ollen jehalten."

Wilde Ehe
„Ich finde, Tiere sind sehr klug."
„Stimmt. Katzen sind oft klüger als ihre Herrchen und Frauchen."
„Weiß ich. Ich habe ja selber zwei. Sag mal, Alfred, kennst du eigentlich meine Nachbarin, Traudl Schulze?"
„Sicher. Ich war ja mal mit ihr verheiratet."
„Ach nee – wann denn?"
„Voriges Jahr – im Friedrichstadtpalast."
„Ach ja, stimmt. Da hat die dich doch angeschrien: 26 Jahre biste mit mir verheiratet, nun sollste ooch nich' mehr glücklich werden."
„Genau. Deshalb konnte ich mir auch nicht verkneifen, ihr noch eins mitzugeben: Lieber Gott, wenn du dieses Weib auch so lieb hast wie ick ihr, denn nimm sie doch bitte zu dir."

Die Verkäuferinnen

mit Dagmar Gelbke

Henne und Dagmar Gelbke als Verkäuferinnen beobachten die Kunden und unterhalten sich.

Henne: Na, sag mal, die drängeln sich hier wieder rum, diese Knalltüten! Können die nich' mitten inne Woche einholen? Ausjerechnet freitags falln se über ein' her wie de Heuschrecken – machen hier allet mistig und meckern obendrein noch, det se anne Kassen so lange anstehen müssen!

Dagmar: Schad' se gar nischt!

Henne: Wat haben Se denn da eben rinjeschmissen, junge Frau? Wat? Dit Eis is' jar nich' mehr im Karton? Sie ham wat am Karton! Bevor sie't inne Pfoten hatten, sah et nämlich noch janz manierlich aus! Da kannste mal sehen, Jacqueline, schmeißt dit einfach uff den andern Matsch wieder ruff! Dabei sieht et in die Kühltruhe sowieso schon aus wie bei Hempels untert Sofa!

Dagmar: Du – die will gar keen Eis – ich gloobe, die sucht Spinat!

Henne: Na, dit schlägt doch wohl dem Faß den Boden aus! Wenn Se noch lange suchen, junge Frau, werden Se zwischen dit Sahne-Eis vielleicht noch uff Öl stoßen, aber Spinat – den finden Se bei uns neben de Makrelen! Wir sind ja schließlich 'ne jut aussortierte Halle!

Dagmar: Mir halten nämlich den Hallenrekord.

Henne: Da is' keener drin? Na, denn isser eben alle! Mann, jetzt muß man die Leute ooch noch sagen, wat se kochen sollen! Für die paar Piepen! Wird Zeit, det et mal wieder 'ne Prämie gibt.

Dagmar: Wat ziehsten du an?

Henne: Zur Brigadefeier? 'n janz irren Fummel. Grün – mit Pailetten! Also, hier is allet so jezogen, wa? Tiefer Ausschnitt – keen BH drunter und 'n Chiffon-Schal – den wickel ick mir dreimal so um'n Hals – wat is, Oma? Wieviel der Käse kostet? Steht doch druff! Wenn Se nich' lesen können, müssen Se 'ne Brille tragen! Meine Jüte, Oma, wie kann man denn in Ihr' Alter noch so eitel sein?

Dagmar: Also ehrlich, hier loofen nu so viel junge Leute rum – gönnde ihr da nich' mal eener was vorlesen?

Henne: Ach, die ham doch alle keen Benimm! Siehste, jetzt haben se ihr sojar noch jeschubst! Halten Se sich an't Kuchenrjal feste, Oma! So, aber wenn't jeht, die Schrippen nich' mitte Hände anfassen – wegen der Hygiene! Wat is' los, Fräulein? Ob dit allet Angola is'? Wenn Se inne Schule besser uffjepaßt hätten, wüßten Se, det wir inne DDR leben!

Dagmar: Du, die meint Cola zum Trinken!

Henne: Ach – Cola? Ja, dit is' allet! Oder wollen Se sich an Cola etwa dotsaufen?

Dagmar gähnt.

Henne: Ick hab ooch so schlecht geschlafen. Am besten schlaf ick immer bei's Fernsehen. Aber sobald ich im Bett liege, bin ich hellwach.

Gut aussortierte DDR-Kaufhalle
Siehste, Klebstoff darf ich heute auf keinen Fall vergessen, ick hab nämlich immer noch nicht meine Urlaubsfotos eingeklebt. Gestern wollte ich mir zwar schon welchen kaufen, aber die Verkäuferin hat achselzuckend gesagt: „Ja, Klebstoff haben wir da, aber wir kriegen ihn vom Regal nicht los."

Pech gehabt
Neulich höre ich, wie der Verkaufsstellenleiter zu einer jungen Kollegin sagt: „Na, Fräulein Krause, Sie kommen ja eine geschlagene Stunde zu spät. Wohl die ganze Nacht bummeln gewesen, was?"
Meint die Kleine erstaunt: „Na hör mal, Robert, das mußt du doch am besten wissen."

Dagmar: Ick habe ooch keen Ooge zujemacht!
Henne: Haste Egon wieder mal nach oben genommen, wat?
Dagmar: Na, was sollt'sch denn machen? Sonst repariert der doch nich' mein Fernseher – ach, da kommt Karl!
Henne: Wat'n, unser AGLer? Den hab ick gefressen! Der wollte mir inne Versammlung mal kritisieren! Aber, dit hab ick gleich im Keim erstickt! Den hab ick erst mal meine janzen Orden und Ehrenurkunden unter de Neese jerieben! Und dann hab ick mir jegen seine oberflächliche und unsachliche Form janz energisch verwahrt! Zum Schluß hat er sich mit 'ne Pulle Wein bei mir entschuldigt! Und ick hab ihm 'n Wink jejeben, det er mein anjekratztet Image mit 'ne Prämie wieder uffpolieren kann!
Dagmar: Du, aber soviel ich weeß ...
Henne: Na, sage mal – is' denn sowat möglich? Jetzt stehn die schon hier hintenhin Schlange! Herrschaften, habt ihr denn nischt besseret zu tun, als hier unser Dienstjespräch zu belauschen?
Fahr fort, Jacqueline, aber 'n bißchen leiser! Du weeßt, wir sind Jeheimnisträger!
Dagmar: Ich wollte bloß sagen, daß ich gehört habe, daß du diesmals gar keene Prämoe kriegen sollst!
Henne: Icke? Keene Prämie? Da biste aber schief jewickelt! Mensch, wenn ick als Verkoofskraft mit Weltniveau schon keene Prämie verdient habe – wer soll'n denn eene kriegen?

So war das
In meiner Kaufhalle hole ick mir neulich 6 Pampelmusen, komme nach Hause und stelle fest, daß die Verkäuferin mir nur 4 Stück eingepackt hat. Ich wieder hin und moniert: „Zwei Dinger zu wenig – was soll denn dit?" Schmollt das Mädel: „Ick hab's ja bloß jut jemeint, oder wollten Sie die beeden verfaulten ooch noch mitschleppen?"

Henne zu einer Verkäuferin
Ich habe für 50 Mark eingekauft, dafür möchte ich jetzt aber auch ein nettes Lächeln sehn!

Dagmar Gelbke
Unsre Helga

Wie über sie schreiben, ohne ihr recht zu geben, wenn sie sang: „Show – du Regenbogen, bist so schön verlogen"? Jedes Erleben derselben Situation ist individuell, und die Zeit verfärbt die Erinnerung zusätzlich, auch meine. Und so werden wir wohl auch in diesem Buch nicht die ganze Wahrheit über diese Künstlerin erfahren, die zur Galionsfigur der DDR-Unterhaltungskunst wurde.

Aber ich fange am besten bei unserem ersten Treffen an: Irgendwann im Frühjahr 1976, vor genau dreißig Jahren also, klopfte es an meine Garderobentür in der Karl-Marx-Städter Stadthalle. Ich hatte gerade meinen Interpretenwettbewerbsbeitrag absolviert, bei dem ich singend, steppend und Liza-Minelli-kopierend – und von dem eigens dafür gegründeten Tanzduo „Papillon" auf Caféhausstühlen umrahmt – über die Bühne getanzt war. Das dabei gezeigte komische Talent hatten vorher der Friedrichstadtpalastdirektor Gerd E. Struck und der Opernregisseur der Stadt Gera, Lothar Arnold, für Planprogramme der KGD entdeckt und herausgekitzelt.

Herein kam eine kleine, verschmitzt lächelnde (ob sie rundlich war, könnte ich heute gar nicht mehr sagen) ältere Frau, die davon ausging, daß ich sie kennen müßte, denn sie stellte sich nicht vor. Kurz, sie fiel mit der Tür in die Garderobe und sagte: „Klasse, Mädel, wat Sie da eben jezeigt haben. Mit Ihnen würd ick jern wat zusammen machen. Ick arbeite komisch, bin sowat wie'n Clown. Und Sie – mit dit Vogelgesicht – Sie können ooch bloß komisch arbeiten!" Übrigens hätte ich bald gewußt, wer sie war, denn bei diesem Wettbewerb gewann Helga die Goldmedaille.

Aber mein Vogelgesicht war's bestimmt nicht, was sie in meine Garderobe zog! Wäre ich damals nicht so vielseitig und professionell gewesen, Helga hätte sich nicht für mich interessiert. Sie haßte Unprofessionalität. Meine Mutter (91, Sternzeichen Stier, nachtragend) hat es kürzlich auf den Punkt gebracht: „Die tun heute immer alle so, als wärst du ihr zu Dank verpflichtet, daß sie dich genommen hat. Die vergessen wohl, daß du schon alles konntest, was sie für ihre Show brauchte. Sie mußte erst noch was dazulernen. Und eigentlich hat sie dich wie ihren Chauffeur behandelt."

Man muß wissen, daß unsere Oma ziemlich sauer war, weil Helga sie wegen des sächsischen Dialekts und der Sirenenstimme respektlos als „Schmiesche" bespitznamt hatte, was ihr ganzer Hofstaat bis heute beibehält. Aber verziehen hat sie niemals, daß Helga, die seit etwa 1979 Gott und die Welt in ihrer Rundfunksendung „Helgas Topp-Musike" grüßen ließ, ihr nach einem schweren Autounfall nicht ein einziges nettes Wort ins Krankenhaus nach Anklam schickte. Und was ist Oma gerannt, um für uns Stoffe, Boas, Stepptanzeisen aus Westberlin rüberzuschleppen!

Trotzdem, die Begegnung mit Helga war der Glückstreffer meines Lebens. Natürlich neben anderen, ziemlich vielen, wenn ich anfange zu zählen. Immer öfter versuchen Journalisten aller-

Das Duo Gelbke-Hahnemann

dings, mich dazu zu bringen, Helga auch als die Bürde meines Lebens zu bezeichnen. Ja, vielleicht war sie das auch. Immerhin habe ich mich kürzlich mit der „Helga-Hahnemann-Revival-Show" fast ruiniert. Und wenn man heutzutage ausnahmsweise mal von „Dagmar Gelbke" spricht, dann nicht im Zusammenhang mit den beiden Kochbüchern, die ich geschrieben, oder den vielen, vielen Live-Programmen, die ich „nach ihr" mit anderen, ebenfalls wunderbaren Kollegen auf die Bühne gebracht habe. Nein, man sagt: „Das ist doch die mit der Hahnemann ..." Dagegen arbeite mal an!

Welchen Weg wären wir gegangen, wären wir uns nicht begegnet? Hätte ich den Job aufgegeben? Was wäre aus Helga geworden, hätte sie die Wende überlebt? Was wäre, wenn ...

Gott, ich weiß nicht, welcher Teufel Helga ritt, mich anzusprechen. Sie war damals im gestandenen Alter von 39, wahrscheinlich sah sie den vor ihr liegenden Lebensabschnitt „Frau vor den Wechseljahren" als ihre letzte Chance, den Weg nach oben zu gehen. Ihr Plan mußte um jeden Preis klappen. Wann, wenn nicht jetzt? Deshalb wohl ihr Ehrgeiz und ihre Konsequenz.

Helga hatte in den frühen 60er Jahren eine dreijährige Schauspielausbildung absolviert, hatte politisches Kabarett an der Leipziger Pfeffermühle gespielt, war ins Fernsehen zur „Tele-BZ" und von dort ins Fernsehensemble der DDR gekommen, in dem sie mit einem Gehalt von 1500, später 2100 Mark der DDR kaum überragende Rollen zu spielen bekam. Das war übrigens kein schlechtes Geld für DDR-Verhältnisse, Ärzte hatten meines Wissens weniger. Die glückhaften „Silvesterschwank"-Inszenierungen als Erna Mischke und die Aufgabe, der „Yvonne" aus der „Olsenbande" ihre Stimme zu verleihen (1974–1977), verdankte sie einer erkrankten Kollegin, von allein hatten die Regisseure sie nicht besetzt.

Ihr Haus hat sie aber, wie wir alle, von ihren „Muggen" bei der Konzert- und Gastspieldirektion finanziert, schon 1980, wenn ich mich richtig erinnere. Das müssen viele Muggen gewesen sein, denn bis zu unserem ersten gemeinsamen TV-Auftritt 1979 tingelte sie jahrelang für rund 200 Mark durch die Lande, und als sparsam konnte man unsere Henne nun wirklich nicht bezeichnen – Exquisit-Klamotten und vor allem -schuhe waren echt teuer.

Durch unsere gemeinsame „Nummer" erhielt sie dann die Einstufung „C", und mit den großen Plattenerfolgen ab 1985 hat sie sich die S-Einstufung von 500 M bzw. „Freie Vereinbarung" (bis 2000 M) erkämpft. Ach ja, wegen ihrer „C" kam es bei uns zu ersten Diskrepanzen. Ich durfte weiter für 170,-- M an ihrer Seite steppen ... Doch Schwamm drüber, die „C" habe ich mir später allein erkämpft.

Ich war übrigens nicht Helgas erster Versuch, ein Damenduo, als Gegenstück zu Herricht/ Preil, aufzubauen. Irgendwie hatte sie wohl die Vision, die viel später durch die „Missfits" realisiert wurde. Franziska Troegner war eins der ‚Kaninchen', auch die inzwischen leider verstorbene Ingeborg Naß. „Daggel, ich investiere so viel Kraft in uns, enttäusch du mich nicht auch ..." So jedenfalls hat sie es in einer stillen Stunde, nach unserem ersten großen Erfolg in Quermanns „Da liegt Musike drin" (1979) formuliert.

Aber noch bin ich im Jahr 1976: Nun hatte sie mich gefunden. Ich wußte anfangs nicht, wie diese Zusammenarbeit funktionieren sollte. Ich war 1,74, wog 58 kg und hatte die Beine, die mir bei den drei oder vier Fans, die ich hatte, den Ruf „Marlene

Dietrich der DDR" einbrachten. Wir waren ein sehr ungleiches Paar. Aber – ich sah ihr ähnlich, so ähnlich, daß wir oft gefragt wurden, ob wir Schwestern seien. Oder Mutter und Tochter, worüber sie sich dann doch mokiert hat: „Na, so jung ist die Gelbke ja nun auch nicht mehr." Das lange Kinn, der kleine Mund. Vielleicht sah sie in mir ihr alter ego, jedenfalls sprach sie manchmal von „Seelenverwandtschaft".

Allerdings sächselte ich furchtbar, selbst wenn ich meinte, hochdeutsch zu sprechen, und obwohl auch ich mein Handwerk von der Pike auf gelernt hatte, kämpfte ich ständig mit Selbstzweifeln. Gefundenes Fressen für Helga, die nach den ersten Proben in ihrem Wohnzimmer sagte: „Mit dir mache ich es wie mit einer Katze, ich breche dir das Rückgrat und bau dich ganz neu wieder auf."

Aber ich ließ mir nicht das Rückgrat brechen. Im Gegenteil. Helga hatte mir in Karl-Marx-Stadt die Adresse ihrer neuen Textautorin Angela Gentzmer gegeben. Gela war aus politischen Gründen beim Fernsehfunk der DDR rausgeflogen, ich aber hatte einen großzügigen (Wirklich! Gesang, Schauspiel, Ballett, Steppen – all der Unterricht kostenlos!) Fördervertrag bei der Konzert- und Gastspieldirektion Berlin. Gela bekam dadurch einen gutbezahlten Mentorenvertrag für mich, immerhin über den Zeitraum von zwei Jahren. Sie war eine phantastische Mentorin und ein wunderbarer Freund, auch wenn sie die Zusammenarbeit mit mir eher als anstrengend empfunden hat. Jedenfalls funktionierten Angelas alte Beziehungen noch, wenigstens im Untergrund. Friedrichstadtpalast, Künstleragentur der DDR (unsere Auslandsagentur), Rundfunk und Fernsehen standen mir offen. Es war ein toller Lebensabschnitt, trotz Abitur, das ich gerade an der Volkshochschule nachholte, trotz Fremdsprachenprüfungen, Studienbewerbungen, Wohnungsproblemen und Liebeskummer. Und in dieser Zeit begannen in Helgas damaliger Wohnung die Proben für einen ersten fiktiven gemeinsamen Auftritt.

Diese Wohnung befand sich in Berlin-Friedrichshagen, dort lebte sie mit ihrem „Thieme" im Parterre in nur, ich glaube, zwei hohen, aber kleinen Altbau-Zimmern. Ich erinnere mich kaum an die Einrichtung, irgendwie gab es ein paar Stilmöbel. Und peinlich aufgeräumt war Helgas Haushalt, denn eine Putzfrau hat sie sich immer geleistet. Von Natur aus war Helga nämlich nicht gerade ordentlich. Wenn wir ein Hotelzimmer betraten, sah es nach einer Minute aus wie ein Schlachtfeld, nicht nur in meiner Zimmerhälfte.

Und dann gab es eine Art Wirtschaftsraum, Gela nennt es, glaube ich, „Mädchenkammer", in dem Helga ungefähr 200 Paar Schuhe aufbewahrte. Pumps aller Couleur. Ja, Henne war verrückt nach hochhackigen Schuhen!

Die Proben gestalteten sich schwierig. Wenn wir abends loslegten, riefen die Nachbarn regelmäßig die Polizei. Dazu kam Helgas Lebensgefährte Ralf Thieme, ein intellektueller Fernsehredakteur, dem ihre Zusammenarbeit mit Angela ganz offensichtlich nicht gefiel und der sich ziemlich mufflig in das andere Zimmer verzog, wenn wir probten. Oder seine Meinung sagte, was auch nicht gerade aufbauend war. „Thieme" hatte früher für Helga und später auch für mich einige sehr hübsche Chansons geschrieben, sogar ein Tourneeprogramm für Bernd Besser und mich. Aber eines Tages hat sich Helga von ihm getrennt, und ich habe leider nie wieder von ihm gehört.

Unser erstes Repertoire bestand aus internationalen Titeln, die Angela für uns deutsch betextete. Helgas erster Publikumserfolg war der „U-Bahn-Beat“, allerdings nicht in der Arndt-Bause-Vertonung, sondern als deutsche Fassung von „Rock Around The Clock“. Für mich textete sie die amerikanische Rocknummer „Saved“ von Elkie Brooks, einer Rockröhre, die ich toll fand, zu „Ich hab Pep“ um, meinem Stepptanz-Dauerbrenner. In irgendeinem Ami-Musical fand ich eine herrliche Country-Schnulze, und Gela schrieb dazu: „Sie ist zu mollig – sie viel zu dünn – zu kleine Nase – zu langes Kinn. Wir sehen doof aus, ja, das ist wahr, wir sind ein ulkiges Paar ...“, unser erstes Duett. Und in den Evergreen-Cha-Cha „Tea for Two“ wollte Helga einen Steppteil mit Mokkatassen einbauen.

Also hieß es, steppen lernen. Später flogen wir dafür extra nach Prag zum Stepplehrer von Helena Vondráčková und Jiří Korn, aber Helgas erste Steppschritte habe ich ihr beigebracht, und darauf bin ich stolz, denn trotz ihres Ehrgeizes bedurfte das schon einiger Geduld, die ich eigent lich nicht habe. Aber im Schweiße meiner Füße habe ich das Kunststück vollbracht. Bevor es allerdings losgehen durfte, ließ sich Henne vom Theaterschuster des Metropoltheaters teure Steppschuhe anfertigen, die wir dann auf dem Parkettboden in ihrer Wohnung natürlich nicht benutzen konnten. Also, üben auf Strümpfen! Es funktionierte – nicht perfekt, aber so, daß es perfekt aussah und klang.

Später kamen ein paar blödelnde Dialoge hinzu, in denen ich nach Helgas angestrebtem Herricht-Preil-Vorbild die besserwisserische Sächsin und Helga die naiv-schlagfertige Berlinerin gab.

Ich weiß nicht mehr genau, wann der erste große Auftritt kam. Ende 1977? Aber er kam. Veranstaltet vom FDJ-Zentralrat im Friedrichstadtpalast unter dem Titel: „Rock für den Frieden“. Wir Jungfern vor 2000 Blauhemden. Eingebettet zwischen „City“, „Panta Rhei“, „Puhdys“ und „Elektra“, die mich alle noch als Rocksängerin bei Horst Krüger kannten ...

Ich bewundere mich heute noch, daß ich nach der Probe nicht einfach abgehauen bin. Was hatten wir ulkigen Wachteln mit – wie ich fand – kalauernden Gags dort zu suchen? Ganz einfach: Standing Ovations! Die Feuertaufe war bestanden.

Dann fuhren wir, im Frühjahr 1978, zum Interpretenwettbewerb, wo mir Helga als Moderatorin die Steppschuhe klaute und ich dafür, daß ich sie nicht zu Worte kommen ließ, eine Goldmedaille gewann. An die schönen Lieder, die ich sang, teils von Angela Gentzmer, teils von Monika Jacobs, teils von mir betextet, wird sich kaum noch jemand erinnern.

Sofort nach der Preisverleihung ging ich fünf Monate auf Auslandstournee, ohne Helga, und kam verheiratet und schwanger wieder. Als ich im vierten Monat war, gastierten wir, wieder vom Zentralrat der FDJ aus, an der Erdgastrasse in der

Am Strand von Mamaia; Henne, Dagmar und Baby Paula

Sowjetunion, wo mir Helga auf der holprigen Piste weiche Kissen unter den Hintern nötigte und ich sie aus dem Nichtraucherbus rausschmiß, weil sie dann doch rauchen wollte ... Ja, auch ich war zickig!

Danach wurde konzentriert auf den ersten Fernsehauftritt hin gearbeitet – war das wirklich erst 1979, nachdem ich Paula „geworfen“ hatte (Originalton Helga)? In „Da liegt Musike drin“ zogen wir unsere Nummer ohne Netz und doppelten Boden, mit großer Big Band, live ab, die Leute reagierten, als wären wir eine Sensation. Immer, wenn heute rbb oder mdr das Duo Gelbke/Hahnemann zeigen, sieht man uns mit Mokkatassen in der Hand zu „Tea for Two“ steppen, ehrlich, manchmal kann ich es nicht mehr hören und sehen! Neulich, in einer Revue des Friedrichstadtpalastes, hat man mich allerdings weggeschnitten und Kim

Fisher an meine Stelle gesetzt. Ja, das war mal was Neues!

Wir hatten so viel anderes, interessantes Repertoire. Aber leider wurde auf Hennes Anweisung hin nicht alles aufgezeichnet! Sie meinte, wenn so ein Witz erst mal auf dem Sender verbraten sei, könne man ihn in der „freien Wildbahn", also bei den Muggen, nicht mehr zeigen. Und wir zogen damals doch noch mehr über die Dörfer als durch die Fernsehkanäle.

Dabei erlebten wir dann aber auch „Events" wie die „Eulenspiegeleien" im Dresdner Kulturpalast. Wir als einzige Weiber zwischen Koryphäen wie Hansgeorg Stengel, Jochen Petersdorf, Heinz Jankofsky! Peter Ensikat erinnert sich heute noch, wie sich diese „Intellektuellen" allabendlich hinter dem Vorhang versammelten, um unsere Opernparodie zu hören und zu sehen. Und Oma „Schmiesche", Baby Paula und Ehemann Kiki waren immer dabei, was Helga ziemlich nervte, auch wenn sie mein Kind leidenschaftlich gern wickelte und ihm die ersten Bühnengesetze beibrachte: Requisiten und Schminke sind kein Spielzeug. Probe ist Arbeit.

Übrigens sind wir damals, 1979, auch einmal in West-Berlin aufgetreten, beim Pressefest des Parteiorgans der SEW und bei den Reichsbahnern. Diese wegen mangelnden Publikumsinteresses demotivierenden, aber mit 15,- Mark West bezahlten Muggen waren bei Künstlern hochbegehrt, konnte man doch, wenn auch 1:8 umgetauscht, geschmuggeltes Ostgeld in Tontechnik, Bühnenstoffe, „Abhörvorlagen", also Schallplatten oder Bücher, in Schminke und Klamotten umrubeln. Anschließend mußte Henne dann noch unbedingt ins „Maredo" am Kudamm, ein eigentlich ganz normales Steakhouse mit moderaten Preisen. Trotzdem fand ich acht Mark für einen Salat – das waren 64,- Ostmark – dann doch etwas übertrieben, nur um „einmal dazuzugehören" zu den Reichen und Schönen der HB-Welt. Ach ja, im Pornokino waren wir damals mit Rolf Herricht wirklich! Und so, wie es Gela beschrieben hat, sind wir rausgeflogen, weil wir so sehr lachen mußten.

Reisen – das war sowieso Helgas Sehnsucht, darin waren wir uns sehr ähnlich. Was hat sie mich beneidet, wenn ich im Sommer in Bulgarien oder Rumänien in einem Varieté am Schwarzen Meer singen durfte. Sie war überzeugt, daß unsere Darbietung international sei und überall funktionieren würde. Ich hatte sie zwar gewarnt, aber einmal, 1980, kam sie extra nach Mamaia geflogen, um das auszuprobieren. Es funktionierte nicht! Die Westtouristen konnten mit unserem Entertainment nichts anfangen, und so gab sie nach zwei Auftritten auf, machte das beste daraus und genoß die südliche Sonne wie später auf ihrer Trauminsel Fuerteventura.

Viel später, ich denke, 1988, habe ich sie auf einer meiner Studienreisen des Komitees für Unterhaltungskunst in einem renommierten Varieté in Stuttgart besucht, ja, auch ich hatte einen Studienreise-Paß. Leider war ihr auch dort nicht der Erfolg beschieden, den sie sich erträumt hatte. Jedenfalls empfand ich es so. Berliner Humor wird nicht bedingungslos geliebt in Deutschland.

Was unsere gemeinsame Arbeit angeht, kann ich mich nicht an echte Meinungsverschiedenheiten erinnern. Das funktionierte wirklich perfekt. Ja, wir hatten denselben Traum, den vom amerikanischen Entertainment: Barbra Streisand, Sammy Davis jr., und wie sie alle hießen ... In viele Rollen schlüpfen und die Leute zum Lachen bringen, das wollten wir beide! Ein bissel rumgemäkelt habe ich immer an den Texten, die Gela für mich schrieb. Ich fand, die paßten nicht zu mir. Und ich hatte recht, sie paßten einzig und allein zu Helga wie die Faust aufs Auge. Gela weiß auch, warum sie nie wieder für einen anderen Künstler geschrieben hat.

Und Helga war ihrer Gela bis zum unerklärlichen Bruch in den Endachtzigern absolut treu. „Meine" Autorin Monika Jacobs hatte mit Bernd Wefelmeyer für uns schöne Duette geschrieben. „Das Veilchen im Moose" und „Die Nachtbarattraktion von Klein-Paris" haben wir noch mit wiederholtem Erfolg can-can-tanzend im „Schlagerstudio" aufgeführt. „Wir ham die schönsten Beene wie dazumal Marlene" wurde aber schon nicht mehr produziert. Auch die LP mit neuen Berlin-Liedern von Monika lehnte Helga letztendlich ab. Die Platte wurde dann von – der ebenfalls großartigen – Ellen Tiedtke aufgenommen und zählt heute zu den Sahnestückchen im Eterna-Archiv.

Die Treue, die Helga für Gela bewies, verlangte sie für sich selbst auch von ihren Mitstreitern. Als Jürgen Schulz nach dem „Musike"-Auftritt seine „Runde halbe Stunde" im Fernsehen mir anbot, nörgelte sie lange rum: „Das ist doch viel zu früh, kein Mensch kennt dich, laß uns doch erst mal richtig populär werden ..." Gut, daß auch ich stur sein

konnte. Und Helga ist aus Trotz dann nie in Jürgens Kultsendung gegangen.

Ja, unsere Helga ... Sie war eine typische „Jungfrau“ und deshalb ein „vor Widersprüchen strotzendet kleenet Menschenkind“ – das ist ein Zitat aus dem für mich schönsten Lied, das Angela Gentzmer und Arndt Bause je für sie schrieben.

Auch 1980, als O.F. Weidling mir anbot, in seinem ersten Kessel seine „gute Fee“ zu sein, legte sie ein Veto ein. „Wenn du mit mir arbeitest, kannst du doch nicht mit einem anderen als Duo auftreten.“ Ich habe dem O.F. brav abgesagt und zu meinem Ruf als „zickig“ kam noch „unzuverlässig“ hinzu.

Meine Ehe kostete mich damals viel seelische Kraft. „Krisengeschüttelt“, wie sich Angela richtig erinnert, dachte ich manchmal verzweifelt daran, aufzuhören und nur noch Mutter und Hausfrau zu sein. Das mußte Helga irritieren und an ein Ende unserer Zusammenarbeit denken lassen.

Dennoch gastierten wir 1980 gemeinsam mit dem Friedrichstadtpalast-Ensemble im Metropol-Theater, weil das alte Haus abgerissen wurde und das neue noch nicht fertig war. Wir spielten Gelas Fassung von „Amphitrion“. Henne schwebte als Göttermutter Hera mit mir als Zofe auf Geheiß von Rolf Herricht, dem Götterboten Hermes, zu Klängen von „Saturday Night Fever“ zur Erde, und gesteppt haben wir da mit unseren Mokkatassen natürlich auch. Ich war damals zum zweiten Mal schwanger und wußte schon, daß meine Ehe zu Ende war. Ich ließ abtreiben und fuhr direkt aus dem Krankenhaus zur vielseitigsten Fernseh-Show meines Lebens, der ersten Ausgabe von „Helgas Topp-Musike“. Helga machte sich Sorgen, ob ich alles schaffen würde, aber genau genommen wußte sie, daß wir von gleichem Schrot und Korn waren, wenn's um die Arbeit ging.

Es war die Show mit der berühmten Szene, in der Traudl Schulze Heinz Quermann, Heinz Florian Oertel und Kammersänger Reiner Süß nicht zu Worte kommen läßt. Habe ich da überhaupt was mit Henne zusammen gemacht? Klar, ich ließ sie nicht zu Worte kommen, wir haben gesteppt und

Berliner Lieder gesungen. Gela baute mich überall ein, wo Platz war, ins Ballett, in den Cantus-Chor. Ich habe einen köstlichen Tango mit Miro Ungar gesungen, bei dem Henne sein komisches Talent entdeckte, und ich durfte Amanda Lear imitieren, und die Zuschauer dachten wirklich, sie isses, obwohl ich viel breitere Hüften hatte – und ich mußte mich so oft und schnell umziehen wie Henne selbst. Ja, in Gelas Konzeptionen durfte auch ich alle Rollen auf einmal spielen: Kind, Mutter, Großmutter, Hure, Nonne, Hexe und Teufel. Was ich dabei gelernt habe, läßt mich noch heute auf „meinen" Kabarettbühnen meinen Mann, na, besser meine Frau stehen!

Ich spielte in jener Hoch-Zeit allerdings auch mit anderen Kollegen Theater, z.B. in der Kinderrevue des Friedrichstadtpalastes mit Clown Ferdinand, Ellen Tiedtke und Bobby Bölke. Als Helga eines Tages aus heiterem Himmel, wie das so ihre Art war, sagte: „Wir machen vorerst keine Fernsehsendungen mehr gemeinsam", ahnte ich schon, daß unser Ende nicht mehr fern lag. Daß Helga, wie Gela kürzlich in einer Fernsehsendung preisgab, mich damals aber als einen Rucksack ansah, den sie schleppen mußte, wußte ich nicht, obwohl ich schon vorher bei einer Probe im Friedrichstadtpalast die Bemerkung des Regisseurs Volkmar Neumann aufgeschnappt hatte: „Henne, du mußt doch nicht mit der Gelbke, das kannst du doch auch allein." Klar, konnte sie allein. Aber ich auch.

Ich baute 1982 das oben erwähnte eigene Tourneeprogramm von „Thieme" mit Bernd Besser und dem Trio Solaris auf, stellte das Solo-Konzert „Ich muß mich neu finden" von Monika Jacobs und Christian Pittius auf die Bühne, und Helga knallte danach die von mir geborgten Schallplatten auf Monis Schreibtisch und sagte: „Nun find dich mal neu!" Und: „Das war's dann."

Ach Hennekin, ich glaube, wir waren beruflich zu ähnlich und menschlich zu unterschiedlich, als daß wir auf Dauer hätten miteinander harmonieren können. Wir waren wie Kehrseiten einer Medaille ... aber keine von uns wollte nur eine halbe Medaille sein.

Anfangs waren wir gleichberechtigt, aber später galt nur noch, was Helga wollte. Bei ihrem ersten Auftritt im West-Fernsehen, 1987 in einer Talkshow mit Elke Heidenreich, hat sie es deutlich ausgesprochen: Für die paar gebildeten Zuschauer im politischen Kabarett zu spielen – was mir gefiel –, das war ihr zu elitär, sie wollte die Massen begeistern. Eine Volksschauspielerin wollte sie sein, nicht mehr und nicht weniger.

Geschafft hat sie das letztendlich erst mit den Liedern von Arndt Bause. Das war wie mit den Texten von Gela, diese Gassenhauer konnte und durfte nur Helga singen! Arndt hat es ja selbst erlebt, als er seine Helga-Hits wie „Die Süße“ an eine Plattenfirma im Westen verkauft hatte, die sie mit einer anderen Interpretin aufnahm – und kläglich floppte.

Bis zur ersten LP und bis zu ihrem großartigen Auftritt als Kuhdompteuse bei der „Nacht der Prominenten“ ist Helga noch eine ganze Weile quer durchs Land getingelt. Lutz Hoff übernahm dort den Part des Sketch-Partners. Damals, sagt er, hat sie noch viel von mir gesprochen: „Mit Daggie habe ich das so gemacht ... Und: Daggie hat das so und so gesagt ...“ Ich glaube, sie hat mich anfangs wirklich vermißt.

Nun waren wir getrennt, aber wir waren einander niemals böse. Ich hab mir jede ihrer Shows angeschaut und kritisiert, wo es was zu kritisieren gab. Ich ging auch noch zu ihren lauten Gartenparties, aber am liebsten war ich mit ihr allein. Da war ihre Stimme leise und samtweich, und sie vertraute mir Dinge an, die nicht für jedermann bestimmt waren. Daß sie sich gern noch mal in einen tollen Mann verliebt hätte, zum Beispiel. Und dann war sie plötzlich tot.

Ich hatte ja erfahren, daß sie krank war. Doch niemals hätte ich geglaubt, daß Helga es nicht schafft. Aber vielleicht wollte sie einfach nicht mehr. In ihrer allerletzten Talkshow beim SFB, im August 1991, da klang sie so müde, als sie sagte: „Jetzt fange ich altes Eisen noch mal ganz unten an. Aber was soll's, is eben so.“

Tja, was noch? Wenn ich die Augen schließe und an sie denke, dann laufen wir während einer Tournee am Strand von Prora entlang, und sie erklärt mir, was Hühnergötter sind. Oder sie lacht sich halb tot, weil ich rufe: „Oh, gugge mal, das sind aber schöne schwarz-weiße Vögel!“ – „Mensch, das sind Elstern, du Huhn!“ Oder sie streichelt meine Wange, bis ich sie wütend beschimpfe, mich geweckt zu haben. Oder sie kriecht auf dem Boden in unserer Garderobe herum und schreit: „Keiner bewegt sich, bis ich meine Haftschale gefunden habe.“ Ich sehe ihr Kopfschütteln, weil ich mich immer erst schminkte, wenn ich schon im Kostüm war. „Ick brauch erst'n Ooge, sonst geh ich nicht raus.“ Sagte sie. „Siehste, und ich brauch erst den Fummel, das Gesicht strahlt von innen – das hast du mir beigebracht, Henne ...“

Weißt du, Hennekin, daß unser „Oderhähne“-Programm „Big Helga – een kleenet Menschenkind“ an deinem 69. Geburtstag die 200. ausverkaufte Vorstellung feiert? Und ich höre es noch wie heute, wie Arndt Bause – Gott hab ihn selig – nach der Premiere in seinem lauten Sächsisch sagte: „Da muß mor erscht in einen stickschen Keller in Frankfurt/Oder steigen, um zu wissen, daß Big Helga lebt!“

Traudls Talk-Show

Auftritt Henne – als Traudl Schulze! Sie sagt zum Publikum: Mann, jetzt hab ick v'leicht 'ne schwierije Uffjabe übernommen! Ick soll 'ne Talk-Show machen – und weeß noch nich' mal, mit wem! *Kammersänger Rainer Süß, Heinz Florian Oertel und Heinz Quermann betreten die Bühne!*

Henne: Ach, wat'n? Sie, ja? Na, Jottseidank! Ihnen hab ick alle schon mal irjendwo jesehen! Ick weeß zwar im Moment nich', in welche Kneipe – aber, Sie wissen ja sicher selber am besten, wo Se abends immer rumlungern! Also – haun Se sich hier ruhig inne Sessel rin! Ick muß erst noch 'n paar Regieanweisungen jeben!

Zur Kamera: Eh! Kamera! Du nimmst ihm da! Den Dicken! Den Quermann! Aber, nu nich' immer von vorne uff de Wampe – die Leute möchten'n ja schließlich ooch mal von hinten sehn! Und Kamera II und III teilen sich die beeden andern Typen! Also – eene macht sich an Oerteln ran und die andre versucht, aus den Kammersänger wat anständijet rauszuholen! Wenn natürlich eener dumm aus de Wäsche kiekt – zeigt ihr den andern sein blasset Image! Allet klar? Denn bejinn ick jetzt mit meine hinterjründije Fragerei!

Sagen Se mal, Herr Oertel – Ihnen kennt man ja nu von alle Nahkampfdielen – wat ick an Ihnen so jut finde, is', det Sie manchmal Einfälle haben – wie so'n altet Haus! Ick meine, selbst wenn uff'n Fußballplatz z.B. jar nischt passiert – weil sich eener mit sein „anjefoultet" Been stundenlang uff de Wiese rumwälzt – Sie machen dadraus jedetmal 'ne Schau, daß man denkt, mang die beeden Tore hätte sich der „Kessel Buntet" mit'n „Spielspaß" inne Haare jekriegt! Wie kommt et eijentlich, det Sie so jut spinnen können? Hat dit bei Ihnen schon als Kind anjefangen – oder erst später?

Sagen Se't ruhig, wenn ick Ihnen zu intim werde! Obwohl die Leute ja immer jerne erfahren möchten, warum eener wie Sie ooch bloß 'n Mensch is – wenn er ooch nich' so aussieht!

Stimmt's, Herr Kammersänger? Dit heißt, bei Ihnen liegt der Fall ja nu wieder 'n bißchen anders – weil Sie die Leute ja wenijer mit Reden belästijen – als vielmehr mit Singen! Dit, wat der Florian mit'n Mund macht, kommt bei Ihnen wohl mehr

aus'n Bauch und denn meistens zum Halse raus! Oder, holen Se die tiefen Töne etwa noch vonne janz andre Stelle? Wissen Se, wat ick mir mords vorstellen könnte? Wenn Sie mal 'ne Fußballreportage singen würden! Ja! Nach dit Friseur-Lied:

Sie singt: „Wat macht denn der da? Na – na – na – na! Was schleicht Ihr Ochsen denn da um den Ball herum? Ja – ja – ja – ja – ja – ja!"

Na ja – Sie sind ja nu nich' hier, um „Klamotte" zu machen! Dafür ham Se ja Ihre eijene Sendung! Außerdem will Herr Quermann ja ooch noch zu Worte kommen! Von Ihnen weeß man ja, daß Sie ständig uff de Lauer liejen, um junge Talente an't Schlafittchen zu kriejen! Sind Se nu eijentlich sauer, wenn Se hinterher merken, det die eijentlich janz woanders hinjehören als uff de Bühne – oder verbuchen Se dit einfach nur unter „Irren is' menschlich"? Obwohl ick sagen muß, det ick et ziemlich anständig von Ihnen finde, det Ihr „Herzklopfen" kostenlos is! ham Se eijentlich mit der Sendung hier ooch wat zu tun? Weil ick Ihnen dauernd inne Kantine sitzen sehe! Sowat deutet ja immer uff'n Leiter hin, wa? Herr Oertel – wollen Se etwa noch wat sagen? Aber, nich' etwa Ihre jesammelten Versprecher! Herr Kammersänger, haben Se nich 'ne schöne Arie druff? Z.B.: „5000 Taler!"? Sie können mir dit Jeld natürlich ooch in bar jeben! Na, Herr Quermann, möchten Se ooch noch wat stammeln? Nee? Jut! Sie haben ja ooch alle drei janz schön vom Leder jezogen. Oh! Ick sehe grade, der Uffnahmeleiter zeigt mir'n Vogel! Ach nee! De Uhr! Tja, meine Herren, Ihre Zeit is abjeloofen! Ick bedanke mich also für dit aufschlußreiche Jespräch und wünsche Ihnen noch viel Erfolg im persönlichen Leben! Auf Ihr Wohl! *Sie bietet Wein an und wendet sich dann ans Publikum:* Da können Se mal sehen! Drei so'ne hochdekolletierten Koniferen – und sooo zurückhaltend inne Konservation! Aber trinken! Wie de Weltmeister!

Heinz Florian Oertel
Sprinter-Dialog

Schauplatz, ebenso Gesprächsplatz, Funkhaus Nalepastraße in Berlin-Oberschöneweide, direkt an der Spree. 1951 zogen dort der Berliner Rundfunk, nach seinem Rausschmiß aus dem Funkhaus Masurenallee in Berlin-Charlottenburg, und Kollegen aus den Ostfunkhäusern Leipzig, Weimar, Halle, Dresden, Potsdam zur Gründung des Staatlichen Rundfunks der DDR ein. Solch kleiner Geschichtsschwenk ist gerade jetzt nötig, da dieses Funkhaus anno Sommer 2006 wieder in die Schlagzeilen geriet. Nach ebenso dubiosen wie für diese Welt typischen Besitzerwechseln kam das Haus untern Auktionshammer und mit seinen teils immer noch hervorragenden Technikräumen in neuerliche Besitzerhände. Wer weiß, was daraus wird? Weiterer Zerfall, Vergammelung oder Rettung der Reste?

Helga wird sich im Wilhelmsruher Grabe umdrehen. Eine Schande das alles, das wären noch freundliche Worte. Sie mochte das Haus, den Arbeitsplatz, Lebensheimat von rund 4000 Menschen. Wir alle waren dort gern zu Hause. Und an den Sonnabend-Vormittagen gab es oft einen Sendungsstaffelwechsel zwischen Helga und den Sportkollegen. Sie hatte vor unserer Berliner Rundfunk-Stammsendung „He, He, He – der Sport an der Spree" ihr Morgen-Programm. Dazwischen lagen die BR-Nachrichten, oft auch von Jens Riewa, jetzt ARD, gelesen, und klar, immer tauschten sich alle kollegial aus.

Mir ist besonders ein Dialog mit Helga in Erinnerung, der auch sendereif gewesen wäre, als Werbung für den Sport, was „He, He, He" bekanntlich wollte. Ich versuche nachzuzeichnen ...

Helga: Wat habt ihr 'n heute anzubieten?

HFO: Naja, Aktuelles zum Nachmittags-Spieltag der Fußball-Oberliga, dann vor allem was zur Leichtathletik, da gibt's auch ein Betriebssportfest bei Narva ...

Helga, unterbricht: Sag mal, Mensch, Leichtathletik, weeste überhaupt, det icke 'ne Riesensprinterin war?

HFO: Ich weiß nur, daß du fast alles kannst, warum nicht auch rennen ...?

Helga: Kannste dir sparen, deine billigen Elogen. Icke meine det ernst ...

HFO: Ich genauso, deshalb erklär mal, was Sache ist oder war.

Helga: Auf der Schule, Oberschule in Prenzlauer Berg, war icke die allerschnellste, mußte glooben. Bei jedem Schulsportfest zeigte ick den anderen die Hacken. 60 Meter, dann ooch die 100 Meter, ick war mehrmals Schulmeisterin – lach nich' so doof ...

HFO: Ich schmunzele höchstens, wenn ich mir das vorstelle ...

Helga: Weil de keene Ahnung hast von wirklichen Talenten.

HFO: Was bist du denn für Zeiten gerannt?

Helga: 60 Meter immer unter 9 Sekunden, dann die 100 um 12 herum, meine Bestzeit war 12.3 Sekunden ... Ja! Da kuckste ziemlich dämlich aus der Wäsche, was ...

HFO: Du übertreibst nicht?

Helga: Wat?! Du denkst, ick spinne? Keener spinnt doch mehr als du! Wenn de willst, könn' wa jederzeit gegeneinander loofen. Ick sach dir aber gleich, du hast keene Chance, auch heute noch nicht.

HFO: Mich zu schlagen, ist keine Kunst. Ich war ein einigermaßen guter Hochspringer, sonst ein langsamer Trottel. Ich kam nie unter 10 Sekunden, 60 Meter, meine ich, und über 100 nie unter 14.

Helga: Det paßt zu dir, okay, spinnste mal nich' ...

HFO: Aber mir fällt ein: bei den ganz Großen, ob Männer oder Frauen, gab es unter den Weltklassesprintern immer zwei Typen, die langen, mehr sehnigen, und dann die bulligeren, kräftigeren ...

Helga: Meinste mir?

HFO: Ich sag nur, was Sache ist. Genauso, klar, kann es auch schon bei Schulmeisterschaften und ähnlichem sein.

Helga, nach kurzer Pause: Willste dir mit mir anlegen, oder wat? Ick kann dir dann ooch noch sagen, im Kugelstoßen war ick ooch nicht Letzte, und det kann ick dir noch heute beweisen, willste's gleich spüren? Det kann doch wohl nich' wahr sein, einer Dame so wat zu sagn; dir hätt ich wat anderes zujetraut. Ooch mehr Ahnung, Herr Hochspringer. Na denn man jute Sendung, und erzähl den Hörern nicht ooch so 'n Scheiß. Bullige Typen und meint, icke sei's jewesen – oder bin es noch? Hau lieber ab, sonst jibt's heute keen He, He, He, oder wie der Quatsch heißt, det kann doch wohl nich' wahr sein ...

PS:

Spätere Nachfragen bei meiner Frau, die zur gleichen Zeit in die Prenzlauer-Berg-Schule ging, ergaben: Jawohl, Helga war dort auf jeden Fall der Turboblitz, egal, mit welchem Gewicht – sagte eine Frau von der anderen.

Nochmals PS:

Helga, du bist mir immer noch böse? Dann werden wir uns aber spätestens im Himmel wieder vertragen ...

Jogging for herself
Mann, hab ick wieder einen Muskelkater. Mein Ballettmeister hat mich wieder wie einen Sack Lumpen durchgewalkt. Ja – hilft nischt – muß sein, sonst hab ick auf der Bühne keine Kondition. Jut wäre natürlich, wenn ick öfter mal joggen würde, aber sowat jeht ja nur im Sommer, wenn die Nachbarn einen alle sehn. Jetzt rennste dir im Dustern die Lunge aus'm Hals – und alles ohne Beifall vom Publikum? Och nee.

„Sportsfreunde, wir heben unsere zwei linken Hände hoch! Auch Ihr da oben auf den billigen Plätzen!"

... oder es knallt
Außerdem wird Ilse wahrscheinlich auch bald ihren Turnbeutel schnüren müssen, weil sie neulich beim Schwimmfest alle Sportfunktionäre und Minister, die um ihr Becken versammelt waren, angeschrien hat: „Genossen! Bitte alle zurücktreten."

Ich liebe euch doch alle
Wat jibt's denn heute im Fernsehen? Ach, wieder Fußball. Also, ick mach mir nischt aus dem Jebolze. Mich reißt nich' mal Mielke sein Verein – also ick meine den anderen, „Dynamo" – vom Sessel. Von mir aus könnte es Fernseher jeben, die sich bei Fußball automatisch abschalten.

Mit 5 Mark sind Sie dabei
Wir – unser Team hier – haben uns vorgenommen, täglich nur noch höchstens 5 Zigaretten zu qualmen. Für jeden Glimmstengel, den man mehr raucht, muß man 5 Mark in unser Sparschwein stecken. Mir macht dit überhaupt nischt aus, jeden Tag bloß 5 Stück – aber unsere Bruni wird mächtig daran zu knabbern haben. Die is' nämlich Nichtraucher.

Anruf von Ilse Gürtelschnalle
„Sie haben mich sicher schon heftig vermißt, gell? Ich hatte nämlich eine Rennsteigwanderung unternommen."
„Dufte, richtig so mit Rucksack und Zelt?"
„I wo, mit meinem Trabi."
„Dann ist es doch keine Wanderung, Ilse."
„I wo, Sie kennen meinen Trabi nicht. Der hat sich von mir die Berge rauf- und runterschieben lassen."
„Was hat ihm denn gefehlt?"
„Benzin – was sonst?"
„Hätten Sie vielleicht mal tanken sollen."
„Wollte ich ja, aber der Tankwart war sehr unfreundlich, als ich ihm einen halben Liter Benzin abkaufen wollte. Und ein Becherchen Öl natürlich."
„Ach – einzeln geben se die Öltropfen nicht ab?"
„Ich habe mich ja gar nicht mehr getraut, darum zu bitten, denn dieser Mensch hat mich ganz hämisch gefragt, ob ich nicht noch Luft brauche, dann würde er mir mal kurz in die Reifen husten."

Herbst

Ich habe gestern schon mal einen Drachen steigen lassen, aber ehrlich gesagt – mein Hut is besser geflogen.

Hallo Berlin 7-5-0

Plaudereien über die letzte Vorstellung von „Hallo, Berlin 7-5-0" im Friedrichstadtpalast
Ich bin ja so furchtbar traurig. Heute sehe ich zwar alle noch mal, meine süßen, einzigen Kollegen, und dann nie wieder, weil alle bis ans Ende der Welt verschlagen sind – die einen nach Rostock – die anderen gar bis nach Suhl – was bleibt mir dann noch? Ach – war dit wieder eine schöne Zeit im Palast. Klar – manchmal hatte man auch die Schnauze voll und ist mit jemand zusammengerasselt, wa?
Einen Abend hat die Frederic auf'm Gang gestanden und geheult – und den nächsten Abend ick denn wieder. So hat sich dit eben ausjeglichen. Ansonsten haben wir uns beide wunderbar ergänzt.
Wenn ick zum Beispiel wütend war, hat Dagmar dit sofort richtig erkannt und für mich die Türen geknallt.

Von uns Berlinern, da sagt man doch immer, daß wir so'n unhöflichen Ton haben, wa? Jaa – dit hört sich für'n Außenstehenden im ersten Moment v'lei allet 'n bißchen schroff an, wa? Aber – dit meinen wir nich so, ehrlich! Kieken Se mal, mich hat jestern inne Kaufhalle ooch 'ne Verkäuferin anjeschnauzt: „Sie, junge Frau, haben Se keene Oogen im Kopp?! Da stehn die Körbe! Wir sind doch hier nich' im Tierpark zur Besichtijung freijejeben!" Ick sage: Oh, Entschuldijung! Ick war mit meine Jedanken eben janz woanders! Meint Se janz lieb: „Hab ick ja jemerkt! Deshalb sag ick's Ihnen ja ooch im Juten!" Oder – neulich: Ick will mit meinem Hund zusammen int Naturkunde-Museum rin, wa? Mann – da hat der Pförtner sich glei quer vor'n Einjang jestellt und losjebellt: „Mit die Töle nur über meine Leiche!" War ick natürlich ooch glei uff de Palme und hab zurückjemeckert: Töle? Den Hund nehm ick überall mit hin – sojar in meine Stammkneipe! Und – siehe da, uff eenmal sagta wie ausjewechselt: „Jaa – junge Frau, da stehn aber ooch nich so ville Knochen rum wie bei uns, nich'?" Jibt ooch Leute, die finden, det wir'n ausjesprochen „Schwarzen Humor" haben, ja? Wie mein Nachbarssohn! Der is mit seine Kumpels nachts immer uff de Baustellen und Fabrikjelände jeschlichen, hat die Wächter uffjeweckt und sich denn aus'm Staub jemacht! Also, ick will damit bloß sagen: Janz so schlecht wie unser Ruf sind wa jar nich! Oder meinta v'leicht, wir ham nich längst mitjekriegt, det wir Berlin nich' nur mit Berlinern uffjebaut ham? Wir sind doch nich' doof, eh! Und dit – obwohl die da unten in Thüringen weiß Jott jenug olle kaputte Burgruinen rumzuliegen haben, wa? Oder – denn de Sachsen, wa? Durch die herrscht hier uff unsre Baustelllen glei 'n viel jemütlicherer Ton, wa? Wenn da so'n Berliner Lehrling seinem Dresdener Meester 'n Kaujummi uff't Schemisett spuckt, denn sagt der bloß janz nachsichtig: „Hasde Glugg gehabt, mei Gudster! Wer der Kaugummi uff den frischgestrichenen Fußboden gefallen, hädd'sch dir eene gelatscht, du!" Oder – die von da oben – von „unserer plattdeutschen Küste, nöch?" Wat meinen Se, die „achten ganz s-treng darauf, dat dat Gerüst immer erst abgenommen wird, wenn die Tapeten fertig geklebt sind, vers-tehste?" Oder eener aus de Leipzijer Jegend – wenn dem mal aus Versehn 'n Ziejelstein uff de Omme donnert, denn ermahnt der die Kumpels – also, glei, nachdem er wieder zu sich kommt: „Kinners, sooo gäht man aber nich mit däm deueren Maderial um, ihr Schussels!"

Naja – und denn haben wa hier noch jede Menge andre Helfer – ick weeß jar nich', ob ick da aus de Schule plaudern darf, aber ick hab et aus janz zuverlässijer Quelle läuten hören, eh! Da war hier irjendwo 'ne Grundsteinlegung – oder 'n Richtfest oder sowat – jedenfalls waren se da alle da, wa? Vom Rat der Stadt und was weeß ick – eener hat die Laudatio jehalten – und hinterher jab's denn 'n Täßchen Sekt – und da hat so 'n Kumpel vom Bau denen dummerweise erzählt, watta so verdient! Na – die ham nich' mal ihre Maßanzüje mehr ausjezogen! Aber – trotzdem – schau isset jeworden, unser Berlin, wa? Hätten wa vor'n paar Jahren noch nich' jedacht, stimmt's? Also – ick bin nu bestimmt keene, die ville und große Worte macht, eh! Aber – man kann beim besten Willen einfach nich' meckern, eh!

Nach einem Gastspiel in Stuttgart
Schweres Arbeiten. Ick meine, in Berlin bin ick bekannt wie'n bunter Hund – aber für die Stuttgarter war ick so bekannt wie ein Kommunalpolitiker aus der Mongolei. Endlich wieder daheim, hier in meinem kleinen Rundfunkchen und bei Euch, liebe Hörerchen. Hier ist alles noch so, wie ich's verlassen habe – sogar die kaputte Tasse mit dem vergammelten Kaffeesatz steht immer noch rum – und meine goldigen Kollegen haben mich auch gleich wiedererkannt und einander zugeraunt: „Achtung, der alte Besen ist wieder da." Meine Nachbarin hat mich auch gleich überfallen: „Na, Sie haben's aber bei die Schwaben lange ausgehalten. Sind die Spätzle Ihnen nich' zu de Ohren rausgekommen? Mir brauchen Se von die ‚Sturgarder' nischt zu erzählen, ick war einmal da – bei meine Cousine – dit hat mir gelangt. Sind se mit mir Ins Theater jegangen, ja? Und – was ick jetzt erzähle, is keine Spinne: Der zweite Akt von dit Stück hat fünf Jahre später jespielt. Hab ick zu meine Verwandten gesagt: Also – wenn Ihr so lange warten wollt, mir isses egal, ick hau jedenfalls ab."

Wo is' mein Jeld?

Ick rauche nich' – ick trinke nich' –
nur höchstens am Jeburtstag,
da schlag ick zu janz fürchterlich,
obwohl ick jar keen Durst hab!

Na schön, Silvester mal 'n Glas Sekt –
'ne Kiste Wein zu Neujahr –
auch Whisky, der mir jar nich' schmeckt –
zur Not, weil nischt mehr da war!

Und trotzdem reicht mein Jeld nie aus,
is' futsch schon nach drei Tage!
Bin arm wie so 'ne Kirchenmaus,
drum stell ick mal die Frage:

Wo is' mein Jeld bloß jeblieben?
Wo? Wo? Wo?
Wo werd'n die Taler jetzt liegen?
Wo? Wo? Wo?
Nun irrt et sicher frierend durch die Nacht
und wird von Fremden kurz und klein jemacht!

Ick jeh nie aus – sitz brav zu Haus –
mach höchstens mal'n Bummel
so durch de Läden – rin und raus –
und koof mir'n Dutzend Fummel!
Na schön – ooch mal 'n Plaste-Nerz,
der schmeichelt unjeheuer!
Ick hab für Tiere eb'n 'n Herz
und: Is' ja ooch nich' teuer!

Und trotzdem reicht mein Jeld nie aus,
is' futsch schon nach drei Tage!
Bin arm wie so'ne Kirchenmaus,
drum stell ick mal die Frage:

Wo is' mein Jeld bloß jeblieben ...

Ick jönn mir nischt – ich leist mir nischt –
na schön, bis uff Klaus-Peter!
Und wenner ooch die Mollen zischt,
uff meinen Trabbi stehta!

Der Wagen is' nu leider Schrott
seit seine letzte Reise!
Die Werkstatt macht 'n grade flott
für janz kulante Preise!

Als Kollege Achim Geld pumpen wollte
... gut, aber nur, wenn du mir versprichst, nich' böse zu sein, wenn du mir die Knaddeln nich' wiedergeben kannst!

Unter Kollegen
Ja, Junge, ich weiß, du bist'n oller Geizkragen. Wenn du 'nen Hunderter aus der Tasche ziehst, blinzelt Karl Marx richtig geblendet, weil er bei dir nie Tageslicht zu sehen kriegt.

Rien ne va plus
Siehste, ick hab wieder vergessen, Lotto zu spielen. Na ja – hab ick Jeld jespart, ich jewinne ja doch nie. Beim Skat isset anders, da räume ick jedetmal ab. Jaa – wenn se mich beim Lotto mal mischen und jeben lassen würden.

Kleingeld
Als ich neulich dem Klempner Trinkgeld geben wollte, hatte ich dummerweise bloß 'n Hunderter. Meint er locker: „Macht nischt, junge Frau, manche Kunden jeben sojar noch weniger."

Und trotzdem reicht mein Jeld nie aus,
is' futsch schon nach drei Tage!
Bin arm wie so 'ne Kirchenmaus,
drum meine Gretchen-Frage:

Wo is' mein Jeld bloß jeblieben?
Wo? Wo? Wo?
Wo werd'n die Taler jetzt liegen?
Wo? Wo? Wo?
Nun irrt et sicher frierend durch die Nacht
und wird von Fremden kurz und klein jemacht!

Falscher Fuffziger
Stell dir vor, Achim, jestern hat mir in der Kaufhalle jemand 'n falschet Jeldstück anjedreht. Doll, was? Nee, kann ick dir nich' zeigen, damit hab ick doch längst beim Bäcker bezahlt.

Weißt du noch?

Stimme aus Off: Helgas Topp-Musike immer ihrer Zeit voraus! Wir blicken jetzt in das Jahr 2007!

Helga Hahnemann, Margot Ebert und Ingeborg Naß als Omas beim Kaffeeklatsch.

Henne sitzt allein am gedeckten Tisch – gießt erst sich selbst Kaffee ein und füllt dann eine zweite Tasse! Dabei sagt sie: Für die Ebert werd ick mal ooch gleich einjießen! Wenn se ooch 'ne olle Zimtzicke is' – dafür kommt se aber immer pünktlich wie'n Maurer! Na? Wat sag ick? Wenn man vom Deubel spricht!

Auftritt Margot Ebert! Sie kommt angetrippelt – küßt Henne mehrmals und schnattert gleich los: Ach Henne, meine Süße! Hast du auch ordentlich eingeheizt? Ich finde, bei dir ist es immer so vornehm unterkühlt! Du hast wohl „aufsteigende Hitze", daß du immer so schwitzt – oder ist es nur dein dickes Fell?

Sie setzt sich nervös auf das Sofa und moniert: Oh ja! Das entzückende Sofachen ist ja immer noch nicht repariert! Das hätt ich schon längst auf den Müll gefeuert! Ich setz mich darüber! Hier zieht's nämlich mächtig! Die Tür quietscht auch! Hast du gehört, ja? Oder – hast du etwa Mäuse? Siehst du – ich wollte doch heute ein Kännchen Öl mitbringen und hier alles mal einölen!

Henne schiebt ihr die Kaffeetasse hin: Hier! Trink deinen Kaffe! Aber – beklecker mir nich' wieder meine jute Decke!

Margot nippt an der Tasse und setzt sie sofort wieder ab: Mein Gott, Henne, du weißt doch, daß ich mit meinem nervösen Magen keinen Eiskaffee vertrage!

Henne nimmt die Tasse und probiert: Wat hast du denn? Der is' doch knallheiß!

Margot lacht ironisch: Haha! Weil du das mit deinen dritten Zähnen nicht merkst!

Hetne gießt wieder ein: So – hier haste neuen!

Margot sieht in die Tasse: Ach – das ist jetzt Tee, ja? Ich meine, weil er so schön dünn ist!

Henne sauer: Kaffe! Und jenau die richt'je Stärke! Oder – willste noch verrückter werden?

Margot trinkt: Verflixt! Jetzt hab ich mir die Zunge verbrannt! Ich trinke aufgewärmten Kaffee nie so heiß! Wo bleibt denn die Sex-Oma heute bloß wieder?

Henne: Die wird wohl noch beim Restaurieren sein! Bin ja gespannt, ob sie's heute geschafft hat, sich auf 60 runterzuschminken! Dein Faltenrock paßt auch gut zu deinem Gesicht.

Margot: Ha! Bei Licht geh ich immer noch weg für eine 40jährige! Aber die – die sieht ja schon aus wie 'ne eingemachte Mumie!

Henne: Ruhe! Se kommt!

Auftritt Ingeborg Naß! Sie ruft schon im Laufen: Meine Süßen! Ich bin wiedermal fix und alle! Ihr habt doch nicht etwa schon ohne mich? Ehrlich – ich schwöre Euch – es ist nicht meine Schuld! Bitte nur halbvoll! Ich fahre also los – du meine Güte, siehst du schlecht aus, Margot! Und – da steht dieser junge Mann da und pfeift mir nach!

Margot leise: Kann nur ein Wahnsinniger gewesen sein!

Inge: Nein – keinen Kuchen, ich bin ja wieder auf Diät! Wo war ich stehengeblieben?

Henne: Bei irgend 'ner Flitzpiepe

Inge: Ach – was ein Stückchen eß' ich! Ich hab ja nicht diese Anlage zum Dickwerden wie Ihr!

Sie ißt – und sagt mit vollem Mund: Süß, sag ich euch!

Henne spitz: So? Uns schmeckta!

Inge, verzieht ihr Gesicht: Komisch, daß die Sahne bei dir immer einen „Stich“ hat. Außerdem rede ich –
Margot: Von diesem Trottel! Die quatscht immer dasselbe!
Henne: Lauter! Die hört doch schwer!
Inge schwärmt: Augen hatte der!
Margot ruft ihr ins Ohr: Ich hätte mehr auf einen Blinden getippt!
Inge empört: Und wenn du noch so giftest: Seine Augen waren veilchenblau!
Henne: Ach so – dit wird der olle Suffkopp hier von nebenan jewesen sein! Der hat öfter mal'n Veilchen!
Inge verdreht die Augen: Er kam hinter mir her auf einem Motorrad – bitte mal die Milch!
Margot schreit entsetzt: Du hast dich doch hoffentlich nicht umgedreht? Das kann für so'n jungen Menschen ja ein Schock fürs Leben sein!
Inge: Und – wenn Ihr vor Neid platzt: Er hat mich angelächelt – sooo –
Sie fletscht die Zähne: – hat sein Dingsbums rausgenommen und mir einen reingedrückt!
Margot und Henne sind sprachlos – während Inge gelassen ihren Kuchen löffelt! Doch dann sprudeln die beiden los:
Margot: Wo – wo war das? Aber bitte präzise!
Henne: Du weeßt, Schwestern teilen alles!
Margot: Kommt der öfter da lang?
Henne: Los, du sagst uns jetzt die jenaue Uhrzeit!
Inge gedehnt: Um 15.36 Uhr hat mir ein entzückender junger Mann – einen Stempel verehrt, weil ich mit 70 gefahren bin!
Margot höhnisch: Du meinst mit 80?
Henne: Nee – laß man, heute sieht se wirklich 10 Jahre jünger aus?
Margot: Mit der schiefen Perücke? Wo kriegst du bloß immer diese scheußlichen Dinger her?
Inge: Na – woher schon? Von meinem Maskenbildner!
Henne: Waaat? Der muß doch schon 100 Jahre alt sein!
Margot: Er ißt sozusagen bei ihr das Gnadenbrot!
Inge fragt hinterhältig: Bist du eigentlich immer noch mit diesem dicken Pummel zusammen?
Margot: Pummel? Ich hab einen Cocker-Spaniel und keinen Mops!
Henne: Sie meint ja den anderen Mops! Mit dem du immer zwischen „Frühstück und Jänsebraten“ hast! Querkopp – oder wie der heißt!
Margot: Ach so – der! Ja – wir waren beide ein bildschönes Paar! Wie Willy Fritsch und Lilian Harvey!
Henne: Mehr wie „Dick und Doof!“
Margot aufgebracht: Hör mal zu, mein kleines Kellerkind, wir konnten ja schließlich nicht alle so wie du in einer dreckigen Kittelschürze über die Bühne stolpern und das Publikum anpöbeln: „Dit is' früh um viere – der Wecker bimmelt – da muß ick raus!“
Henne keift: Dit war'n meine größten Erfolge, damitta klar seht! Wat meinta, wie die Leute jebrüllt ham!
Inge: Logisch! Wenn man aussieht wie 'ne Schießbudenfigur!?
Henne: Inge, du warst für mich nie 'ne Sexbombe – mehr 'n Blindgänger.
Inge: Ha! Vierzig Jahre Busen-Star! Das soll mir mal erst einer nachmachen!
Margot: Andere Rollen hätten dir ja wohl auch kaum gelegen, weil es dir hier oben – *sie zeigt auf Inge's Stirn* – leider an grauen Zellen mangelt!
Inge, außer sich: Du hättest doch nie gewagt, die Maria Stuart zu spielen – aus Angst, daß bei der Enthauptung jemand vor Wut richtig zuschlagen könnte!

Margot: Ich habe Lieder von Tucholsky gesungen!

Henne: Bloß weil der sich nich' mehr wehren kann!

Margot: Du sei bloß still! Ich hab hinter der Bühne gestanden, als du deine ordinären Gassenhauer gröltest – und der Feuerwehrmann mit der Spritze losraste, weil er dachte, es hätte jemand „Feuer" geschrien!

Henne: Ihr alten neidischen Schachteln! Ick war x-mal Fernsehliebling!

Inge: Na – die konnten ja schließlich nicht jedesmal Oertel nehmen!

Henne: Blöde Nudeln! Sehta die Säcke dahinten? Meine Fans, die schreiben mir heute noch! Jawoll!

Inge: Man weiß ja schließlich, wie lange heutzutage eine lumpige Postkarte unterwegs ist!

Henne zu Inge: Mensch, du hast in deinem Leben nischt weiter jemacht, als 'n bißchen mit'm Hintern jewackelt ...

Dann zu Margot: ... und du hast ewig die „My fair Lady" zur Minna gemacht, aber icke – ick hab jeentertaint – moderiert – jesungen und sojar jesteppt!!!

Margot und Inge lachen hysterisch und kreischen: Hahahahahahaha! Stimmt! Die Leute haben gedacht, wir hätten Elefanten im Programm! Daß die Bühne das überhaupt ausgehalten hat? Wieso? Die mußten doch – wegen ihr – einen neuen Friedrichstadtpalast bauen! Hahaha!

Henne: So, Ihr Schreckschrauben! Wenn Ihr soo jehässig seid, denn brauchta ooch meinen Kaffe nich' zu trinken – und meinen Kuchen jibt's och nich' mehr! Am besten – Ihr macht Euch jetzt gleich uff de Socken und sucht Euch 'ne andre Jesellschaft! Eene, die besser zu Eurem miesen Charakter paßt!

Margot und Inge fragen völlig erstaunt: Aber Hennelein! Wieso denn? Bei dir isses doch immer irrsinnig gemütlich!

Nach der Szene stehen alle drei auf – haken sich unter und verbeugen sich!

Henne sagt zum Publikum: Die beeden alten Tanten sind meine Freundinnen: Margot Ebert – und Ingeborg Naß! Vielen Dank für't Kommen – und setzt Eure Brillen uff, dahinten sind Stufen!

Ingeborg Naß
So war Henne

Man mußte sie einfach gern haben, aufgrund ihres Mutterwitzes, ihrer Spontaneität. Ich nahm sie gleich unter meine Fittiche. Die ganzen Jahre unserer Freundschaft kam ich mir vor wie eine Entenmutter, die ihrem Küken das Schwimmen beigebracht hat und nun am Ufer besorgt zusieht, daß sich ihr Zögling nicht zu weit hinauswagt.
Geliebt wird man nicht wegen seines Könnens. Da wird man höchstens bewundert. Geliebt wird ein Künstler, wenn das Publikum seine Menschlichkeit spürt. Und so war Henne.

Traudls Neujahrsansprache

Prosit Neujahr! Mit Dagmar Frederic

Jedetmal, wenn't Silvester uff zwölfe zujeht, wird mir janz plümerant zumute! Det Neue Jahr bricht aber ooch immer so unverhofft über einen zusammen, det man kaum noch, sich zu bessern, wa? 'n altet Sprichwort sagt zwar: „Der Weg zur Hölle is mit jute Vorsätze jepflastert", aber sowat schreckt mir überhaupt nich! Ick hab überall jute Bekannte! Und selbst uff die Jefahr hin, det ick mir int nächste Jahr selber nich' mehr wieder erkenne: Von Punkt 12 Uhr ab kommt bei mir nur noch Liebe und Jüte uff'n Tisch! Kein böset Wort – dit schwör ick! V'lei – daß ick – aber wirklich nur in Notwehr – eenen mal'n Vogel zeige, ja? Oder zu jemand Vollidiot sage – aber nur, wenner ooch wirklich eener is! Sojar de Handwerker werd ick mit meine vertständnisvolle Art zu Tode erschrecken! Z.B. wenn mir eener seine Rechnung unter de Neese hält, wo druff steht: Hahn repariert – 36 Mark, denn hau ick ihm dit Ding nich mehr um de Ohren, sondern sage fröhlich: Na, Meister – sagen wa 40? Ach wat hier ham Se 56 Mark sonst sieht dit ja so blöde uffjerundet aus, wa? Oder – wenn unsre Bohnermaschine uff Arbeit mal wieder im Ar–Arm is', denn tob ick nich' mehr rum, sondern sage mit optimistischen Blick inne Stimme zu die Kollegen: Paßt uff, Mädels, ick habe zwee Nachrichten für Euch – 'ne jute und 'ne schlechte! Erst die schlechte: Die Bohnerkrücke hat mal wieder ihren Jeist uffjejeben! Wir müssen also in 40 Zimmer mit'n Lappen uff de Knie rumrutschen! Und nu die jute Nachricht: Lappen sind jede Menge da! Sollte nu aber doch eener rummosern – weil – Kollejen sind ja alle bescheuert, wa? Also – denn muß ick 'n natürlich anbrüllen – is' klar! Aber sonst hasse ick Krach! Sojar Hugo, meinen Ollen, werd ick nächstet Jahr wie'n Mensch behandeln, ooch wenner sich darüber dumm und dämlich wundert! „Hugochen", werd ick sagen, warum jehst'n eijentlich nie mal zum Frauen-Fußball, hm? Dit muß doch dufte sein, wenn die kleenen Mädelchens nachet Spiel v'lei ihre Trikots austauschen, wa? Und – falls er mal wieder blau wie so'ne Haubitze zu Hause jewankt kommt, denn werd ick ihm dermaßen umhätscheln, detta Angst hat, er is' bei ne fremde Frau int Schlafzimmer jelandet! Der arme Kerl hatte ja schon so'n Bammel vor mir, detta sich nur noch ohne Schuhe und in Unterhosen de Treppe hochjeschlichen hat! Vorije Woche stand er – statt in unsre Wohnung – uff'n S-Bahnhof Alexanderplatz! Ooch Mario, unser Sohn, soll ab morjen spüren, detta 'ne neue Mutta hat! Wenn ick'n frage: Wann kommst du'n heute abend zu Hause? Und er sagt: Dit jeht dir jar nischt an, ick komme, wenn't mir paßt! Denn jeb ick ihm'n Kuß uff de Stirn und sage: Jut, mein Sohn, aber nich' später, hörste? Und die Hand soll ma verdorren, wenn ick unser'n Jüngsten in Zukunft noch mal mit Ohrfeijen traktiere, wenna mit sein Pfeil und Bogen uff jedet bewegliche Ziel zielt! Ick laß mir nur sein Pionierehrenwort jeben, detta niemals uff'n Fernseher schießt! Und – wenner mal wieder in een Diktat vonne halbe Seite 22 Fehler macht – meine Jüte! So'n kleenet Kind hat eben originelle Einfälle, wa? Warum nich' ooch inne Rechtschreibung! Ooch mit unse Nachbarn – ab morjen nur noch Friede – Freude – Eierkuchen, können Se mir glooben! Obwohl die et eijentlich jar nich' verdient ham! Denn, daß die alle 'n Ding anne Glocke ham, muß denen ja eijentlich schon ihr jesunder Menschenverstand sagen, eh!

Störfaktor M
Momentan zieht Mario ja mit so 'nem blonden Gift rum, Maureen heißt die wohl. Dienstag hab ick sie mir vorjeknöpft und jefragt: „Mal ehrlich, Frollein: Is' wat zwischen Ihnen und meinem Sohn?"
Da sagt dieset Luder: „Nur Sie, Frau Schulze."

One for the road

War schön mit euch!
Ick mach jetzt 'ne Fliege,
hab vom Tratschen schon Fusseln am Mund!

Seid nich' enttäuscht!
Los, bringt mich 'ne Biege!
Ick brauche jetzt Latschen,
bin müde wie'n Hund!

Janz schnell:
One for the road!
So'n Klitzekleen'
bevor wir jehn!
One for the road!
Flüssijes Brot
für'n Weg nach Haus.

Adschö! Mein Hut!
Mann, bin ick bes... –
hab ich heut kein' beleidigt,
nehmt es nich' so krumm!

Ihr tut mir gut!
Und ham wir nich' offen
den Deubel verteidigt,
samt Gott – Mensch und Rum?

Janz schnell:
One for the road!
So'n Klitzekleen'
bevor wir jehn!
One for the road!
Flüssijes Brot
für'n Weg nach Haus.

Los, kommt:
Ein' for the road!
so'n Klitzekleen'
bevor wir jehn
One for the road!
Du lieber Gott – 's ist spät!
Kennst du noch den Weg?

Angela Gentzmer
Een kleenet Menschenkind

War das 1974, als du auf meinem Sofa gesessen und mir vorgeschlagen hast: „Was halten Sie'n davon, wenn wir beede zusammen 'n Quatschmacher-Team bilden?"

Zu diesem Zeitpunkt hätte bei Fernsehens kein Hund ein Stück Brot von mir genommen.

Mann wegen Antiquitätenbesitzes im Knast, Tochter Theologie-Studentin (schon beim Nennen der Fakultät zuckte alles wie von einer Natter gebissen zusammen, denn Theologie galt, laut Marx, als Irrlehre) und Mutter, der es nicht gelungen war, Mann und Kind auf dem „Einheitspfade" zu halten. Ergo drohte mir nach zweiundzwanzigjähriger SED-Mitgliedschaft der Rausschmiß. Für dich damals alles null Problem. „Da muß Eddy ran!" warst du fest überzeugt.

„Eddy? Külow? Der Kabarettist? Warum?"

„Weil Eddy 'n Kumpel ist!"

Er hatte drei intelligente Bengels und eine sehr hübsche Frau. Mich fixierte er eine Weile und meinte dann bedächtig: „Hm, sag mal, gibt es denn nicht etwas in deinem Leben, was man – rein arbeiterklassenmäßig – ein bißchen aufmotzen könnte?"

Gab es nicht. Ich hatte beim Fernsehen von der Pike auf angefangen, das war's!

„Und vorher?"

„Da war ich Verkehrspolizistin!"

Du und Eddy, ihr brülltet steil auf: „Super! Das isses!"

Wie ein Fels stand Eddy plötzlich mitten im Wohnzimmer, schlug sich mit der flachen Hand wie ein Asthmatiker auf die Brust und keifte los: „Genossen, vor euch steht eine Polizistin, die sich während des Aufstandes 1953 dem Klassenfeind mit offener Brust entgegenwarf ..."

„Offene Brust jeht nich, Eddy, dit is Peep-Show, aber sonst jut, mach weiter, eh!" hast du ganz ergriffen dazwischengeflüstert.

Eddy hatte seine Faust schon geballt und agitpropte weiter: „In einer Zeit, als es noch nichts zu fressen und zu saufen gab" – jetzt kam er drohend auf uns zu – „habe ich an der Oberbaumbrücke meinen Mann gestanden!"

Du wieder: „... von allen Seiten von Panzern umzingelt!"

„... äh – nicht ganz", hab ich, zwar beeindruckt, aber doch wahrheitsgemäß berichtet, „ich hab still in meinem Ampelhäuschen gesessen und 'ne Leberwurststulle gemampft."

„Jawoll", schrie Eddy, „während hinter meinem Rücken der aufgehetzte Mob lauerte, um mich beim geringsten Widerstand von der Brücke in die Spree zu schmeißen ..."

„Moment", sag ich, „das haben die nur mit den Zolltanten gemacht, weil se den Mädels immer die Petticoats für 1,95 West auszogen ..."

„So isses!" Du wieder: „Meinen haben se mir ooch beschlagnahmt, rosa war der, diese widerlichen Weiben!"

Eddy bohrte jetzt seinen Zeigefinger in die Luft, sah wild um sich und kreischte mit sich überschlagender Stimme. „Und wo wart ihr an diesem Tag, Genossen? Wo? Hä?"

Eddys Frau riß die Tür auf: „Mein Gott, wo sollen wir denn sein, Mann? Ich bin in der Küche, die Kinder machen Schularbeiten!"

Eddy warf ihr einen vernichtenden Blick zu und sprach mit bebender Stimme: „Ich, als Frau, alleine, nur mit einem Blinkstab bewaffnet ...", seine Frau zeigte ihrem Ollen einen Piep und verschwand, „... ich kann euch sagen, wo ihr wart, Genossen! Verkrochen hattet ihr euch, vor Schiß, daß die Arbeiter euch den Arsch aufreißen werden!"

Du hast dich noch mal eingemengt: „Eddy, soll se statt Arbeiter nich' lieber Klassengegner sagen?"

„Egal", hat Eddy geschnauft, „wenn sowieso schon alles verloren ist, kann sie den Säcken auch ruhig die Wahrheit in die Fresse sagen!"

„Merk dir bloß allet!" hast du mir auf der Nachhausefahrt eingebleut. „Dit mußte bringen, wie 'ne ‚One-Women-Show', verstehste? Aber Eddy is 'n Ass, wa?"

Sie haben mich überhaupt nicht zu Wort kommen lassen, haben mich verhöhnt, verleumdet und sich für mich geschämt, mich als asoziales Element abgestempelt und rausgeschmissen!

Vierzehn Tage später habe ich Eddy noch mal getroffen. „Ja, ja", hat er geknurrt, „gegen diese Hunde kommst du alleine nicht an."

Du meine Herrn, war das ein häßlicher Kulturschuppen auf irgend so 'nem kleinen Dorf. Und darin sollte nun dein Auftritt stattfinden?

„Macht nischt!" hast du gegrinst, „morgen nehm

ich dich dafür mit nach Las Vegas, Franky-Boy will mich unbedingt in seiner Show haben, doofe Nuß! Hallooooo! Is denn hier keener?"

Wir tasten uns durch einen dunklen Flur und landen in einem spärlich beleuchteten Saal.

„Dit hab ick mir jedacht!" hast du gewettert, „die Bühne zwee Meter hoch und davor 'ne Tanzfläche, so groß wie 'n Fußballfeld. Da kann ick mir die Seele aus'm Halse rufen, es hört mich keine Sau! Na, ejal, ick jeh und mal mir 'n Ooge."

„Wo ist denn deine Garderobe?" wollte ich wissen.

„Du kannst ja richtig ulkig sein", hast du mich gelobt. „Hier, bitte, gnä' Frau, la Beletage für Madame Ahnemann …", und bums, waren wir drin in einer widerlich stinkenden Abstellkammer. Ich war total verdattert.

„Frau Wichtig" von der Konzert- und Gastspieldirektion kam eilig angeschlurft: „Brauchen Sie noch 'n Scheinwerfer, Frau Hahnemann?"

„Logo!" haste gebrabbelt und dich in dein Chinaseidenes gezwängt. „Oder soll ick vielleicht ‚Schwarzes Theater' machen? Hier, Gela, 'n Fünfer, trink erst mal 'n Schnaps, und denn laß die Zuschauer so nah wie möglich an die Bühne ranrücken."

„Ist denn überhaupt schon jemand da?" hat die Konzerttante fröhlich gewiehert und ihren Stammplatz an der Theke eingenommen. Vier Leute saßen an einem Tisch, und ganz in der Ecke noch ein Pärchen.

„Wat will se?" hat der eine Mann seine Frau verständnislos gefragt, als ich sie höflich darum bat, nach vorne zu kommen. „Kommt ja gar nicht in Frage", zeterte die Frau. „Wat meinen Se, wie einem da vorne die laute Musik im Kopp dröhnt! Wer will denn dit überhaupt?"

„Frau Hahnemann hätte es gern."

„Is dit die neue Jaststättenleiterin?"

„Nein, eine Unterhaltungskünstlerin."

„Ach so, na ja, Hauptsache, sie stört uns nicht bei unsre Unterhaltung."

Das Pärchen in der Ecke hat gleich abgewinkt, sie waren eigentlich nur da, um Plätze für den anschließenden Tanzabend freizuhalten. Letzten Endes habe ich mich dann in die Nähe der Bühne gesetzt, und wenn deine Stimme ertönte „Und alle!", dann krächzte ich heiser durch den Saal: *Wer schmeißt denn da mit Lehm?* Aber ein bißchen bekloppt kam ich mir schon vor!

„Du hast aber auch die amtlich beschissenste Vorstellung erwischt", meintest du auf der Nachhausefahrt, „aber du weeßt jetzt, wat du zu tun hast! Bevor ick inne Urne husche, will ick noch mal janz groß rauskommen, verstehste?"

Am nächsten Tag, gleich an deiner Wohnungstür, ging's los: „Wie issen dein Mädchenname? Wie? Posemuckel?"

„Posemann!"

„Auch ulkig! Nun nehmen wir von meinem Helga-Frieda noch die Frieda dazu und fertig ist dein Pseudonym, jut, wat?"

„Irgendwie komisch."

„Ach wat, Hauptsache, du kannst wieder ackern. So, nun hau dich hin, Frieda, ick hab für uns 'n Arbeitsessen vorbereitet."

Mann, war das eine herrliche Küche damals am Müggelseedamm: Groß – Jugendstil, lilienverzierte Kacheln, mit 'ner Leiter zur Mädchenkammer hoch überm Hauseingang und supergemütlich. Na, und das Essen erst: Französische Zwiebelsuppe, Filetspitzen, zarte grüne Bohnen, Kartoffelbällchen, Vanille-Eis mit Pfirsichen, viel viel zu schade für einen Nicht-Gourmet wie mich. (Meine Mutter kannte nur einen Satz: Gegessen wird, wat die Kelle jibt!) Was mich aber stutzig machte: Es war nur für eine Person gedeckt.

„Äh, Dinner for one?" hab ich dich gefragt.

„Nein, Diät! Ab heute!" Und hast mit Todesverachtung trockenen Quark runtergewürgt. (Was ich ja später auch in einem Lied mitverarbeitet habe.)

Was hab ich alles versucht!
Hab mit Diät mich gequält
und jeden Bissen gezählt,
ich wollte zierlich
und schlank sein.

In deiner schönen Küche hast du mir auch deinen berühmten Spagat vorgeführt, in riesigen Filzlatschen, 'n bissel wie Mickey-Mouse, aber alle Achtung! Dann ging es ratz-batz: Stapelweise Papier, Bonbons, Konfekt, Zigaretten – damals haben wir beide nämlich noch gequalmt wie die Schornsteine, und das durfte man bei dir nur in der Küche – und dein Befehl: „So, los, nu schreib! Irgendwas aus'm Leben, zum Beispiel 'ne Reinemachefrau, wie die sich ihre Brötchen sauer verdienen muß. Alles klar?"

Hm, da saßen wir nun, alle paar Minuten kam von dir: „Zeig mal, wie weit bist 'n?"

Einmal bin ich ausgerastet, weißte noch? Da hab ich – mit 'nem Riesen-Nougatstück in der Gusche – aufgemuckt: „Meinste, ich bin ein Ideen-Kacker? Man muß doch wenigstens mal nachdenken dürfen!"

Meine finstere Miene muß dich damals beeindruckt haben, denn wenn sich später mal mein Gesicht bewölkte, machtest du sofort: „Psst, Kinder, stört die Alte nicht. Se denkt!" Endlich, endlich „tickte" es bei mir hier oben, und der „Raumpflegerinnen-Rock 'n' Roll" war geboren:

Früh um viere, Wecker bimmelt, ick muß raus.
Kurz nach fünfe ohne Frühstück aus'm Haus.
Bahn nich' pünktlich, Mensch, dit halte ick nich' aus,
nu komm – nu komm, ick muß uff Arbeit ...

Wir waren beide richtig happy über unser erstes Machwerk, du hattest auch gleich ein Kostüm für diese „Trude" – nein, „Trude" nich – „Traudchen"! „Traudchen" is doof, wenn schon, dann „Traudl"! O.k. „Krüger"? Nö? „Schulze"! „Traudl Schulze"! Und die hat so 'ne bunte Kittelschürze an und ist – deine Nachbarin! Au ja! Ihr wohnt beide Durchreiche an Durchreiche, und wenn die Hahnemann Herzklopfen hat, muß „Traudl" Baldrian einnehmen.

Ich wollte grad einpacken, als du mir neue weiße Blätter hinschobst: „Noch sind wir nich' fertig, meine Taube, jetzt mußt du schnell noch 'n Ding für meine Kabarettgruppe im Kabelwerk ausbrüten. Da mach ich nämlich Regie."

Auch das noch!

„Welches Thema?"

„Über das Klauen von Bestecken in der Betriebskantine."

„Können doch nur Bekloppte klauen, diese vergammelten Blechdinger!"

„Sagst du! Fakt is', daß die Belegschaft ihre Suppe bald aus der hohlen Hand schlürfen muß."

Wieder mal volle Übereinstimmung zwischen Interpretin und Textautorin

Also hab ich seufzend solche gräßlichen Szenen geschrieben wie:

„Mama, warum steht 'n uff unsre Jabel ,KWO' druff?"

„Frag nich' so blöde, Maureen, dit sind die Genitalien von deine Urgroßmutter!"

*

„Irre, wie der ‚Flamingo' bläst", hast du mir verzückt zugeraunt. Wir hockten beide in *Clärchens Ballhaus*, und der Saxophonist, ein langer mit Regenwurmfigur und Sturmtolle, kniff verheißungsvoll ein Auge zu, wie es sich gehört, wenn zwei ältliche „Damen-Wählerinnen" ihn anhimmelten, weil er Rotz und Wasser in seiner „Kanne" blubbern ließ. Nachher kam er mit wissendem Grinsen an unseren Tisch gestelzt und säuselte: „Haben die Damen noch einen besonderen Wunsch?"

„So isses!" hast du ihn überrascht. „Setz dich! Wir müssen mit dir reden!"

Weg war sein Schmalz, seine Siegermiene, er plumpste wie ein nasser Sack auf einen Stuhl, steckte sich 'ne Lulle zwischen die zitternden Lippen und stöhnte: „Scheiße! Sonst spiel ick immer vierzig zu sechzig, ehrlich, heute dit erste Mal, ick schwöre, bloß weil die alten Schachteln nu mal uff diese ollen West-Kamellen stehen. Wat soll ick denn machen?"

„Uffhören zu spinnen, du Blödmann", hast du ihn angegrinst.

„Junge, ick biete dir die Chance deines Lebens: Du darfst in meiner Show ufftreten!"

Blitzartig kehrte der gefräßige Blick in seine Augen zurück, und scheinbar gelangweilt wollte er wissen: „Wat springt dabei raus?"

„Nischt!"

„Jar nischt?" fragte er kläglich.

„Doch. 'n bißchen, aber zuerst müssen wir mal 'n Programm uff de Beene stellen, kapierste?"

Hat er nie! Aber eines muß man sagen: Aus dem von liebeshungrigen Witwen mit Sekt und doppelt Ananas verwöhnten Bar-Musiker wurde allmählich ein verläßlicher musikalischer Partner, obwohl du vor der ersten Show – das war im Theater am Fernsehturm – bleich wie ein Buttercreme-Schnittchen an der Clotür lehntest und stammeltest: „Gela, mir ist schlecht."

Meine Aufgabe war jetzt, die Coole zu spielen: „Schlecht? Etwa wegen der paar Figuren im Saal? Deine *Fit-Parade* steht doch wie 'ne Eins, Menschenskind!"

Lüge! Ein ganz hinterlistiges Aas war ich! Der Künstler, der sich von mir 'ne Show schreiben ließ, mußte entweder lebensmüde oder geisteskrank sein. Wie konntest du auch nur so vertrauensselig sein, Hennekin? Ich hab dir dann wohl noch ein armseliges „toi-toi-toi" über die Schulter gespuckt und dich mutterseelenalleine gelassen. Halb ohnmächtig bezog ich meinen Horchposten hinter der Bühne.

Wahnsinn Nummer eins: Die Show begann selbstverständlich mit dem Kehraus: „Das war's, meine Damen und Herren, kommen Sie gut nach Hause …" – schon das mußte unsere braven Bürger total irritieren. Todesmutig bist du danach von der Bühne verschwunden und die Musiker fingen auch noch an zu maulen: „Mana mana, ich habe Hunger! Mana mana, und ich hab Durst …"

Dann dein erneuter Auftritt: Glitzerkleid, knalleng, sexy, und die Band betete dich hingerissen an: „Hallo, Helga – ach, du kommst selber?"

„Waw!" schrie ein einzelner Mensch im Publikum und klatschte wie ein Kaputter. O Gott, das war meiner. Mein Mann. Ich hatte ihm gedroht: „Was auch passiert, bei dem winzigsten Gag bewegst du deine riesigen Maurerkellen, klar?" Dann hab ich gebetet: „Herr im Himmel, verlaß das arme Mädel nicht, gib, daß der Funke überspringt." Und er sprang! Er loderte, brachte das Publikum zum Sieden. Völlig enthemmt sah ich dir zu und begriff: Das dort auf der Bühne, dieses Spiel bis zur Ekstase, das ist dein Leben – und wird es immer sein!

In der Pause hast du ein Glas Sekt runtergestürzt und locker verkündet: „So, Alte, jetzt rücken wir erstmal dem Rundfunk uff de Bude, danach kommt das Fernsehen dran, immer eins after dem anderen."

*

„Gela", hast du kurz und bündig am Telefon gesagt, „häng dir deine Pretiosen um, wir haben morgen einen Termin beim Rundfunk."

Überirdisch in Schale geschmissen, sind wir auch wirklich nett empfangen worden. Der Boß sah allerdings leidend aus, weil er, wie weiland Atlas, den gesamten Berliner Rundfunk-Apparat auf seinen müden Schultern durchschleppen mußte.

Erschwerend kam noch hinzu: Einmal wöchentlich Skatabend mit einem geistig minderbemittelten Polizeipräsidenten. Auf dringende Anfragen, weshalb die Bürgerin Gentzmer nicht zu ihrer todkranken Mutter reisen dürfe, wußte dieser Experte sofort die Lösung: „Da führt kein Weg rein, die hat einen roten Strich!"

Dann: Tagelange Arbeitsessen in Suhler japanischen Lotter-Bädern mit irgendwelchen Jerewanischen Rundfunk-Analphabeten, die, wie peinlich, die „Exquisit-Geishas" für ganz gewöhnliche Nutten hielten. Und nun auch noch wir beide. Als eingefleischter Atheist schickte er einen langen Blick zur Studiodecke hoch und seufzte: „Unsre Hörer sollen in Gottes Namen am Sonnabend früh ihre Religion haben: Schlagermusik und Blödeleien. Laßt euch mal was Intelligentes einfallen!"

Du hast vorsichtig angetippt: „Darf Gela schreiben, was se will?"

„Selbstverständlich!" war der Chef richtig gekränkt. „Bloß – senden tun wir's natürlich nicht! Mädels, Ihr seid doch nicht auf den Kopf gefallen. Ihr wißt doch selber, was geht und was nicht, oder?"

Also nicht nur Zensur, sondern auch noch Selbst-Zensur! Schöner Mist!

Gehen ging nix, aber gemacht haben wir trotzdem vieles, was, Hennekin? Live is eben live, und gesagt ist gesagt, basta!

*

„Hier auf dem Kinderbild siehst du's: Meine Beene waren schon immer stramm!" Du zeigtest triumphierend auf ein Kinderbild von dir: Ein liebes, rundes, erstaunlicherweise ernstes Gesichtchen, Riesenhaarschleife und – Donnerwetter, Beckenbauer hätte sicher seine helle Freude an deinen kleinen Fußballwaden gehabt. „Von wegen, ick war früher 'n Jör mit verdammt dünne Beene!" (Hatte ich dummerweise in dem Titel: „Dit is lange her" behauptet, weil ich annahm, alle kleinen Mädchen hätten dünne Beine.)

„Und warum lachst du nicht auf dem Foto, wie jedes Kind?"

„Weil ick vorher grade Dresche jekriegt habe."

„Oh, wie gemein!"

„Nee, nee, ick hatte schon immer 'n Dickschädel. Meine Schwester Lena (fünfzehn Jahre älter, glaub ich) hatte es nicht leicht mit mir. Vor jedem Zahnarztbesuch mußte sie mir ein neues Spielzeug versprechen, sonst hätte ich mich geweigert. Diese entsetzliche Angst vorm Zahnarzt hat sich übrigens nie gelegt. Meiner braucht bloß irgendein Instrument anzufassen, dann kreische ick schon los. Neulich wollte der Doktor mich erst noch beruhigen, aber als ick wie ein Ochse weiterbrüllte, hat er die Zange fallenlassen und ist wortlos aus dem Behandlungszimmer gegangen. Zwanzig Minuten hat dieser Sadist mich da wie eine dumme Pute sitzen lassen, dann kam er wieder und kommandierte: ‚Mund auf, aber 'n bißchen dalli!' Und siehe da: Vor soviel Frechheit is meine Gusche ganz von selber aufgeklappt."

„Außer Lena hattest du doch aber noch 'ne Schwester, stimmt's?"

„Stimmt", hast du leise gesagt, „aber das ist eine traurige Geschichte: 1945 hatte sie sich vor den Russen im Keller versteckt, und immer, wenn die Luft rein war, kam sie natürlich wieder herausgekrochen. Plötzlich stand, wie aus dem Erdboden gewachsen, ein blutjunger russischer Soldat in unserer Wohnung und suchte wohl nach Partisanen. Meine Schwester machte sofort kehrt, stolperte die Kellertreppe runter, der Rotarmist hinterher, sah nur noch, wie sich etwas in einem Verschlag bewegte, und in furchtbarer Panik, daß der andre schneller sein und ihn zuerst umbringen würde, hat er mit seiner Kalaschnikow meine Schwester erschossen. Sie war gerade erst neunzehn. Die sowjetische Kommandantur hat den tragischen Vorfall sehr bedauert. Meine Schwester wurde in unserem Wohnzimmer aufgebahrt, und alle – Sieger und Besiegte – haben den sinnlosen Tod eines unschuldigen Mädchens beweint."

*

Gerade will ich meine Fingernägel rot pinseln, als die Gartentür krachend ins Schloß fällt, hastige Schritte, du! Ich bin platt. Jetzt? Drei Stunden vor der Premiere im Friedrichstadtpalast? Protokollveranstaltung: Mißtrauen pur, jeder gegen jeden, bescheuerte Vergatterungen, verlogenes Gesaftel, Parteibonzen, die wie Trüffelschweine in harmlosen Spielbüchern herumschnüffeln, aber ich sehe, du bist totenblaß! Meine paar grauen Zellen toben durcheinander und erklären mir dann klugscheißerisch: Es muß etwas passiert sein!

„Gela, ick kann einpacken“, kommt endlich von dir, „mir wurde eben von ‚janz oben‘ erklärt, daß der Staatsratsvorsitzende auf gar keinen Fall mein *Berlin-Lied* hören will. Damit is mein janzer Auftritt im Eimer.“

Wir schweigen uns beide an, aber in unseren Schädeln brummen Flugzeugmotoren. Du hast deine Brille abgenommen und ich bin – wie jedesmal – fasziniert, wie verändert dein Gesicht wirkt: jung, zerbrechlich. Dann fragst du hilflos: „Wat soll ick nu machen, Gela?“

Ich sage vorsichtig: „Meinst du denn, daß der ‚große Meister‘ dit Lied überhaupt kennt? Sein Repertoire wird sich doch wohl auf den *Kleinen Trompeter* beschränken, oder?“

Ganz langsam hast du angefangen zu nicken, dann plötzlich heftig: „O.k., ich sing es!“

Aus heutiger Sicht würde man die damalige Situation als „lächerlich“ abtun. Irgendeiner wollte irgendein Lied nicht hören, weil der Text irgendwelche Klos auf der halben Treppe und arschfrische Eier erwähnte, die eine Tante Emma in irgendeine Zeitung gewickelt hatte. Na und? Aber nein, nein, so einfach war die „Kiste“ absolut nicht. Denn: Außentoiletten im sozialistischen Lager galten als schlimmste Verleumdung moderner Wohneinheiten, „Tante-Emma-Läden“ als Rückkehr zu frühkapitalistischen Kramläden, und bei den „arschfrischen Eiern in Zeitungspapier“ handelte es sich um eine Verhöhnung des Zentralorgans „Neues Deutschland“.

Nun stand natürlich mir, Gentzmer, frei, ein Klosett auf der Treppe chic und irre zu finden, und es verbot auch niemand einer Frau Hahnemann, die SED-Zeitung nur aus dem einen Grunde zu abonnieren, weil das Format sich als Auslegware für ihren Mülleimer bestens eignete. Aber diese Ungeheuerlichkeiten mittels einer „großen Schnauze“ über die Medien zu verbreiten, galt als saftige Provokation.

Alle geladenen Premierengäste im Friedrichstadtpalast hatten sich erhoben und zollten Erich mit „langanhaltendem Beifall“ stehend Ovationen.

Nachdem uns die Pfoten bereits brannten, winkte er majestätisch ab und setzte sich mittenmang seine Bodyguards. Er konnte ja nicht ahnen, daß er trotzdem von seinem „Klassenfeind“ nicht einen Moment aus den Augen gelassen wurde, nämlich von mir! Hennekin, Hennekin, hast du nicht mein Zähneklappern gehört, als du auf die Bühne kamst? Ich war unendlich traurig, daß ich so hilflos zusehen mußte, und auch wieder stolz auf dich, daß man den Tumult in dir äußerlich überhaupt nicht mehr wahrnahm.

Jetzt mußte es kommen: Du würdest das streng Verbotene tun, man würde sich auf dich stürzen und dich abführen, anschließend mich überwältigen und aus dem Saal schleifen, wobei ich unentwegt heulend schreien würde: „Ihr Arschgeigen, was haben wir euch denn eigentlich getan? Laßt uns los, ihr Penner!“

Nichts dergleichen! Mit einem betörenden Augenaufschlag (Marlene Dietrich soll den schönsten der Welt gehabt haben, aber ich bin mir da nicht mehr so ganz sicher) hast du dich katzengleich an Honecker herangepirscht, bist vor ihm in die Hocke gegangen (daraufhin blutete meine Lippe) und hast ihm nach „Art des Hauses Hahnemann“ arschfrische Eier in seiner Parteizeitung überreicht. Und was macht der Mann? Na, was schon! Er hat sich, wie jeder normale Opa, auf die Schenkel gehaun und meckernd gelacht. Tja! In deiner Garderobe sind wir uns um den Hals gefallen, still, ohne zu jubeln. Schwer, der Beruf, uff!

*

Als du dir deine erste Goldmedaille für Unterhaltungskunst an Land zogst, hatte ich keinen blassen Schimmer, daß du dich „auf eigene Faust“ in dieses „Kampfgetümmel“ geworfen hattest. Ich war total verblüfft, als mir jemand am Telefon ins Ohr schrie: „Gela, stell dir vor, wir ham ’ne Joldmedaille!“

Ich, spätgezündet wie immer: „Wer? Wofür?“

„Mensch, icke! Frieda! Und du! Posemuckel! Freuste dich nich?“

Nein, die Überrumpelung war zu groß, ehrlich. Seit Monaten lungerte ich vor sämtlichen Fernseh-Vorzimmern herum, versuchte – wie ein Hund den Knochen – die kleinste Beschäftigung aufzufangen, beneidete unendlich jeden Schlappehannes, der mit einer Filmbüchse über den Hof rannte, Bosse ließen sich verleugnen, Kollegen machten Riesenumwege, um nicht mit mir zusammen gesehen zu werden, und nun war dieses „asoziale Element“ plötzlich an einer Goldmedaille beteiligt?

„Siehste, Gela“, hast du später mutterwitzig gesagt, „jeht allet seinen Gang. Wir sind jut, uns können se nich’ mehr übersehn. Los, mach ’ne

Pulle uff, wirst doch für dein Joldkind wohl noch 'n Täßchen Sekt übrig haben, wat?"

*

Zwei Jahre später hast du den „Run auf die Medaillen" sogar schon moderiert. Natürlich wurde diese Schau zu einem einzigen großen Hahnemann-Special. Mit einem Schlag hattest du die Kluft zwischen „Chorus-Line" und der gelangweilten Jury überbrückt, indem du fröhlich-ungeniert hinter die Bühne blöktest: „He, kommt alle rin, Kinder!"

Wie eine Hammelherde trampelten nun sämtliche auf Anerkennung hoffende Schlagersternchen, Chöre und Artisten auf die Bühne, stellten sich verlegen und linkisch, sich gegenseitig auf die Füße latschend, auf. Ein Bild des Jammers.

Die Jury, sonst immer nur den „alten Stiebel" gewöhnt, weiß auch noch nicht so recht, aber du sprichst wie eine Mutter auf ihre Kinderchen ein: „Na? Habta jekiekt, ob eure Verwandten und Bekannten im Saal sind, um dit jestrenge Gremium hier anzufeuern? Jut! Denn könnta jetzt erstmal wieder jehn, und verjeßt nich, vor euerm Ufftritt nochmal uffs ... na, ihr wißt schon. Ick hab jetzt nämlich noch 'ne Zeremonie abzuwickeln. Bitte mal den janzen Spot uff mir!

Meine Damen und Herren, sehen Se jut hin, vor Ihnen steht ein ‚ehemalijet Joldkind'."

Leise zischst du einem Artisten, der mit einem roten Samtkissen und deiner Medaille in der „Gasse" steht, zu: „Joldkind is dein Stichwort, du Eierbatz!"

Daraufhin stolpert der dir mit dem Kissen entgegen, du pustest den Staub von der vorher dick eingepuderten Medaille und sagst stolz: „So sieht se aus. Hab ick vor zwee Jahre mühelos erkämpft. Heute hat se 'n Ehrenplatz bei mir zu Hause inne Kassette neben 2,50 Mark Valuta. Aber ick bin ja nu nich' zu meine Verteidigung anjetreten, sondern zu meinem Vergnügen. Diesmal will ick hier nämlich für jede Menge Nachwuchs sorgen."

Dann beschwörend zu der Jury:

„Sie glooben ja nich, wat sich hinter de Kulissen abspielt. In meine Samtweste ham se sich jekrallt und jestammelt, daß et sinnlos is, se anzusagen, weil se keinen Ton rauskriegen. Nu wollt ick ihnen nich' noch mehr Angst einjagen und hab ihnen inne Hand vesprochen, daß Sie hier im Saal sowieso keene Ahnung haben. Also, ooch wenn dit stimmt, bitte lassen Se sich dit nich' anmerken, nein?"

Über so viel Frechheit mußte die hochgeschulte Jury nun aber doch lachen. Aber es wurde ja noch viel schöner: Du setzt dich an einen Flügel, massierst deine Patschhändchen, spielst mit Leidenschaft, die über dich herfällt, den *Flohwalzer* und schwärmst: „Wat ick immer unheimlich finde, wenn eener sich am Flügel selbst begleiten tut. Mir ham se als Kind dazu jezwungen, denn aber gleich wieder fallenlassen, als se mitkriegten, wat ick für 'n Radau uff dit Jeflügel veranstaltet habe. Nee, da is der junge Mann, den ick Ihnen hier präsentieren will, 'ne janze Biege besser, nämlich der Holger Biege. Komm rin, mein Kleener, kannst gleich weitermachen, ick hab allet schon warmjefahren – Bremse und Kupplung, allet o.k."

Aber der Clou war deine Ansage für Dagmar Gelbke, als du mit ihren Steppschuhen rausgeklappert kamst und die „Fünfte" von Beethoven mit deinem asynchronen Getrappel verschandeltest. Zwischen diesem ohrenbetäubenden Geknalle dann deine oberschlaue Frage: „Raten Se mal, wat jetzt kommt?"

Natürlich die Gelbke als „barfüßige Gräfin", und sie fährt dich an: „'n mächtiges Donnerwetter, wenn du mir nicht augenblicklich meine Steppschuhe wiedergibst. Wenn du Pferd spielen willst, laß dir doch das nächste Mal Hufeisen unter die Sohlen knallen. Außerdem wird Beethoven sich im Grabe umdrehen, so wie du auf ihm herumgetrampelt bist."

Darauf du, kleinlaut:

„Dit is mir ja ooch noch nich' passiert, daß ick sprachlos und uff Strümpe vonne Bühne abjehen muß, und allet wegen dieser Dagmar Gelbke."

Und weil du unser Nachwuchs-Sternchen *Daggl* „unwahrscheinlich talentiert" gefunden hast, wurde Sie natürlich mir aufgehalst. Zwei Jahre lang war ich Mentorin dieser hochbegabten, total exaltierten „Leipziger Allerlei-Sängerin", danach war ich reif für die Klapsmühle. Von Daggl eine Beschreibung zu geben, geht immer total daneben, weil sie selbst es auch ist. Statt Kindergartenkind selbstverständlich Wunderkind, trat sie schon mit Faltenröckchen und Akkordeon in Papas Kapelle auf, ist als Teenager bereits musikschulengeprüft, spricht vier Sprachen perfekt, und wenn man sie ohne Vorwarnung auf die Bühne schubsen würde, käme von ihr so „ganz aus dem Hut" ein toller Show-Block. Immer vorausgesetzt, sie hat gute Laune. Aber du wolltest ja unbedingt mit ihr zusammen auftreten. Also schön. Das erste, was „unsere Daggl" dazu anschleppte, war ein junger, schwarzhaariger bulgarischer Geiger: Kyrill oder Kiki, wie du ihn sofort getauft hast. Dagmar wollte den Jungen aber nicht direkt geigen lassen, sondern lieber heiraten. Kiki war es recht, er drehte seinen Lapis-Lazuli am kleinen Finger hin und her, sah Daggl mit seinem Schlafzimmerblick an und verkündete gebrochen: „Ich hab ein Villa."

Dagmar übersetzte: „So 'ne Art Tonne bei seinen Eltern im Garten."

Nun wurde aber erstmal geheiratet. In Sofia. Kiki befand sich ausgerechnet am Hochzeitstermin in Ungarn, seine Schwiegermutter in der Tschechei, und die Dagmar trampte schon mal los nach Bulgarien, um ihren Bräutigam dort zu empfangen. Nun, sie hatte mächtig viel Zeit, denn während sie sich auf dem Markt den Hochzeitsstrauß binden ließ, holte Kiki die Schwiegermama mit seiner alten Klapperkiste in Karlsbad ab und machte sich auf den Weg über Ungarn, Jugoslawien nach – nun ja – meistens „nach Werkstatt, weil Auto kaputt" oder „auf Polizei, weil Mama kein Visa". Als beide nach achtundvierzigstündiger Fahrt total zermatscht in Sofia einschlichen, konnte Kiki nur noch mit letzter Kraft „Ja" stammeln, fiel um und in Tiefschlaf. Noch halbtot wurde er von Daggl freundlich geweckt, weil es höchste Zeit war, sich wieder auf den Weg nach Budapest zu machen, um – nun als „Frischgebackener" – mittels Geige Brötchen zu verdienen. Die Hochzeitsnacht fand dann mit der erschöpft schnarchenden Mama statt. Als sie halbwegs wieder zu sich kam, sind beide in die Flitterwochen ans Schwarze Meer gefahren. Da stand diese sächsische Mama vor der Brandung, zuckte mit den Schultern und meinte geringschätzig: „Nu ja, das is nu 's Mär."

Das nächste, was Dagmar sich für ihre Karriere einfallen ließ, war ein Kind. Süß. Wir fanden den Namen „Paula" schön. Dagmar auch. Kiki auch. Keine vier Wochen später kam Daggl mit dem Baby zu Besuch. Du hattest sie zuerst entdeckt: „Sag mal, wat schleppt denn Dagmar da in dem Autositz mit? Etwa die Kleene?"

„Nu glor, ich muß se euch doch mal zeigen."

Und wie „Tanten" so sind, haben wir unsere Brocken an Babysprache zusammengesammelt und das Kind erschreckt: „Ei dududu, wo bit du denn? Wie lacht denn das Tind?"

Daggl war durch Paula hübscher geworden und stolzer, hatte aber, wie immer, nicht alle Nuckelflaschen beisammen, deshalb scheuchte sie uns los: „Habt ihr mal 'n bissel Babynahrung da? Und Creme?"

Wir haben also alles, was irgendwie an Kleinkind erinnert, aufgetrieben und der jungen Mutter Hilfestellung geleistet. Das Kind war satt, und Dagmar begann mit der Trockenlegung. Das hätte sie vor deinen kritischen Augen auf keinen Fall tun dürfen. „Na sag mal, wie würgst du denn dem armen Wurm die Windel um? Sieht ja aus wie 'n oller Scheuerlappen!"

„Tja", hat Daggl mütterlich gelacht, „damit muß de Baula äben läben, ich bin Günstlerin!"

„Doof biste!" hast du gemeckert, ihr das kleine Bündel weggenommen, ausgepackt und – wir haben „Bauklötzer" gestaunt – das Baby eins-zwei-drei mit geschickten Händen mustergültig gewindelt.

„Woher kannst du denn das?" wollte ich wissen.

„Wat meinste, wieviel Kinder ick in meinem Leben schon jewickelt habe, alle von Kolleginnen, manchmal sojar zwee oder drei gleichzeitig."

In Dagmars Augen war zu lesen: „Also das gann se ooch noch."

*

Inzwischen hatte ich euch ein Duett geschrieben:

„Sie ist zu mollig" –
„sie viel zu dünn!"
„Zu kleine Nase" –
„zu langes Kinn ..."

Die Proben mit Dagmar glichen dem Prolog in der Bibel: „Am Anfang war das Chaos!" Verzückt sächsische Laute ausstoßend, brach die Künstlerin gutgelaunt in den Probenraum ein. Welch ein Täuschungsmanöver. Spätestens dreißig Minuten später war der Band-Leader dem Irrsinn nahe. Dagmar stampfte auf der Bühne umher wie Rumpelstilzchen, heulte wasserfallgleich Tränen bis auf die Erde, und selbst alte Hasen unter den Musikern, die sich normalerweise kaum noch umdrehen, wenn der Drummer mitsamt seiner „Schießbude" voll mang die Leute fällt (sie nehmen ihm höchstens die

Hände aus den Hosentaschen, damit es nach Arbeitsunfall aussieht), hegten ernsthaft den Wunsch, lieber tot zu sein, als mit dieser „hysterischen Zicke“ weiterzuprobieren. Wie ungezogen von den Jungs, denn schon fiel Daggl ihnen strahlend wie eine junge Göttin um den Hals, herzte und küßte sie, legte feierlich die Hand an den Busen und beteuerte: „Ich liebe diese Band. Ihr seid einfach Traum-Musiker!“

Fünf Jahre lang bist du mit diesem eigenwilligen Mädel durch die Lande gezogen, in den Zeitungen hielt man euch sogar schon für Mutter und Tochter, bis Daggl sich wieder mal „krisengeschüttelt verwirklichen“ wollte!

*

„Ick trenn mich von Thieme!“

Wie du das sagst! Als hättest du gerade beschlossen, deinen 175.000-kilometerständigen VW zu verkaufen. Natürlich möchte ich dich nach dem Grund deines – wie ich finde – plötzlichen Entschlusses fragen, aber du greifst schon nach dem Manuskript, schiebst deine Brille hoch, sagst wie nebenbei: „In aller Freundschaft natürlich.“

Es ist beschlossene Sache, das sehe ich dir an, aber warum bloß? Menschenskind, wir waren doch neulich erst mit Ralf auf der Trabrennbahn Karlshorst, haben da rumgeblödelt, blind auf irgendein Pferd gesetzt, weil der Name „Unwetter“ uns gefiel, und aus Versehen sogar zehn Mark gewonnen, obwohl der Sulky-Fahrer dick wie Bud Spencer war. Anschließend schwangen wir uns auf die dreckigen Hocker der vergammelten Bar, schlürften billigen Schaumwein mit Strohhalmen und beobachteten die „Rennbahn-Luden“ beim Suchen von „Stallwetten“, die eventuelle Doofmänner als Nieten weggefeuert hatten.

Oder damals, wir zwei hatten so ’n richtiges Tief bei unseren „Schöpfungen“, hingen wie ausgequetschte Zitronen im Sessel und wußten ums Verrecken nicht, aus welchem Grunde der „olle Hugo Schulze“ seine Frau mitten in einer TV-Show überfallen sollte. Kommt Thieme die Hintertreppe hoch und sagt, als wäre es das Selbstverständlichste von der Welt: „Weil’s neune is, und Hugo sein Abendbrot will!“ Ja, ja, „das Einfache, das so schwer zu machen ist“, hat ein kluger Mensch mal gesagt. Thieme muß ihn gut gekannt haben.

Die Gründe für die Trennung mußten also tiefer liegen. Lagen sie auch. Mit Karriere hatte das was zu tun oder einfach nur damit, daß es offensichtlich die Kraft jedes Mannes übersteigt, auszuhalten, daß seine „liebe Hausfrau“ von einer Woge des Erfolges getragen wird, während er vom Ufer aus zuguckt. Dabei kann er auch schwimmen. Gut sogar. Aber niemand nimmt Notiz davon.

Mein Gott, mir ging es doch gewissermaßen ähnlich, wie oft habe ich bittere Tränen in meinen Marmorkuchen geheult, nur, ich konnte mich hinter der Bühne überall verstecken. Bei dir ging das nicht. Du mußtest strahlen, egal, wie tief verletzt du warst.

Nach jeder Fernseh-Premiere, von begeisterten Zuschauern mit Blumen überschüttet, geliebt, verehrt, bewundert, hast du erwartungsvoll deine Wohnungstür aufgeschlossen. „Und denn kam Thieme entweder langsam angeschlurft oder saß oben in seinem Arbeitszimmer, und ick mußte hochrufen: ‚Na, mein Süßer, haste’s jesehn? Wie war’s?‘ – ‚Na ja‘, meinta, seinen Kopp wiegend, ‚die erste Viertelstunde ging ja noch, aber wat danach kam, finster!‘ Weeßte, wie weh sowat tut, Gela? Ick meine, wenn ’n Kritiker mich inner Luft zerreißt, dit jeht mir sowat von am Arsch vorbei, ick weeß ja, daß wir nich’ immer dit Nonplusultra machen, aber wenn eener, den man jerne hat, sowat Vernichtendet von sich jibt ... Wie so ’n kranket Tier verkrieche ick mich denn jedetmal in meine Ecke mit ’ner Pulle Wein und höre stundenlang Blues-Platten.“

Du siehst mich ruhig an: „Ick kann nich’ mehr, Gela.“

Helfen konnte dir niemand, auch ich nicht, nur zuhören, was ja manchmal auch schon ein Trost sein kann, und ich habe deine Krise in einem deiner Lieder beschrieben:

Kein Mensch mehr da,
der morgens das Klo blockiert.
Keiner mit Drei-Tage-Bart,
der inne Zeitung stiert.

*

„Windy, Fuß!“ kommandierst du lauthals. Windy, unser junger Boxer-Rüde, denkt gar nicht daran, springt, mit seinem Stummelschwanz wedelnd, an dir hoch, reißt Fäden aus deinem Pulli, macht deinen weißen Rock zum Putzlappen, sabbert dich voll, holt einen Knüppel, läßt ihn auf dein Hühnerauge fallen und sieht dich erwartungsvoll an.

„Der muß erzogen werden, sonst macht er mit euch, wat er will", stellst du sehr richtig fest.

„Schwierig bei einem Boxer", wage ich einzuwenden, „der hat Charakter, wird sich nie völlig unterwerfen wie zum Beispiel ein Schäferhund."

Windy hat aufmerksam zugehört, als wenn er sagen wollte: „Wat soll ick? Erzogen werden? Etwa von euch zwee Tussis?"

„Der sieht tatsächlich aus wie 'n Mensch", vergleichst du den Köter und mich.

„Die merkt aber ooch allet", knurrt Windy und pinkelt auf unsere neue Konifere.

„Nimm mal 'ne Zeitung", schlage ich eifrig vor.

„Ejal welche?"

„Klar, der soll sie ja nicht lesen."

Du suchst die „Berliner", wir haben nur die „Berliner", bist ratlos: „Und nu?"

„Jetzt klatschst du damit auf deinen Arm. Wenn er das Geräusch hört, kriegt er Angst."

„Ehrlich? Vor so 'nem harmlosen Blatt?"

Windy wird langsam mißtrauisch, den Menschenweibern ist offensichtlich sogar die Prügelstrafe zuzutrauen. Und richtig! Schon knallst du wild mit der Zeitung herum und schreist: „Windy, Fuß!"

Geschafft von soviel Bekloppttheit, wendet dieser langsam sein Hinterteil und nimmt sich den nächsten zarten Baum vor.

„He!" wunderst du dich, „der kann ja noch nich' mal 'n Been heben."

„Weil er noch zu jung ist, das macht er später erst."

„Ach, und wer bringt ihm dit bei? Muß ihm doch eener zeigen, 'n Kind setzt man ja ooch uff 'n Topp."

Du rennst durch den Garten, wählst unseren blühenden Birnbaum aus, läßt dich auf alle viere nieder, hebst zierlich ein hellbestrumpftes Beinchen und rufst: „Paß uff, Windy, so macht man dit: Drei hoch eins, kapierste?"

Meine Nachbarin eilt, sich unaufhörlich bekreuzigend, am Zaun vorbei, Windy kommt neugierig näher, es geht über seinen Hundeverstand, daß selbst die größten Künstler die „dümmlichsten Klamotten" spielen. Aber egal, es macht ihm Spaß, genau wie meiner linken Nachbarfamilie, die fünf Mann hoch, hinter Büschen verschanzt, wispern: „Die Hahnemann, nu isse vollends übergeschnappt!"

Ich muß lachen: „Gib's auf, Henne, das klappt nie."

Nun ist Windy eingeschnappt: „Für wie doof hält Frauchen eigentlich einen Rassehund, hä?"

Wie „Rambo", ein bißchen über „den Onkel latschend", kommt er an, baut sich vor uns auf, hebt, zwar noch etwas unsicher, ein Bein und – „Na, ja, braucht jar nich' so zu kieken, ihr zwee."

Abends kommt mein Mann, staunt: „Haste jesehn? Windy kann ja schon richtig." Ich, wie immer allwissend: „Schon lange, Henne hat es ihm beigebracht."

*

Ein paar Monate später klingelt's in aller Herrgottsfrühe: Du, im Trainingsanzug, eine Zeitung vorschriftsmäßig gegen dein Schienbein klatschend: „Gela, ick hab mich sachkundig jemacht: Jetzt weiß ick, wie man einem Hund dit Hochhopsen an Menschen abjewöhnt."

Gespannt wie'n Flitzbogen spurten Windy – jetzt schon wie „Rambo III" – und ich herbei, der Köter, wahrscheinlich aus Dankbarkeit für den „Pinkel-Intensiv-Kurs", reißt dir einen Ärmel aus, legt seine Pfote auf deine Schultern … „und jetzt Achtung, Gela, nun erlebste, wie der dit gleich sein lassen wird."

Mit schnell-gezielten Schritten versuchst du, Windy auf seine Hinterpfoten zu treten, um ihn davon abzubringen, dich zu umarmen und abzulabbern. Nur: Windy ist schneller! So sehr du dich auch bemühst, du trittst immer ins Leere. Verbissen kämpfst du weiter – und batsch und batsch –, es sieht aus, als würdet Ihr zwei den *Tango Jalousie* tanzen, ich breche vor Lachen fast zusammen. Du entwindest dich ihm und meckerst: „Na ja, wenn de so albern bist, denkta natürlich, ick spiel mit ihm ‚Rainer und Christina' (ehemaliges Solo-Tanzpaar vom Friedrichstadtpalast)." Windy mag dich! Wie verrückt sogar! Er nimmt Anlauf und schmeißt dich wie einen Sack Kartoffeln liebevoll mang die Hortensien.

Ich schleiche mich wie ein Sioux in meinen Wigwam und koche erst mal einen starken Kaffee. Ganz verträumt hast du ausgesehen, als du später aus dem Busch gekrochen bist und dir wünschtest:

„Mann, hätt ick jerne so 'nen Hund. Aber jeht ja leider nich. Ich bin doch wie Frau ‚Striese' andauernd unterwegs."

„Zeig mal, hat er dich gekratzt?"

Wir versuchen mit allen möglichen Tricks, aus dir wieder einen „Menschen mit reiner Weste" zu machen.

„Ach wo", winkst du ab, „ick hab doch noch mein dicket Fell drunter."

*

Manchmal, wenn du ganz abrupt bei mir zu Hause aufstandest und gähntest: „So, jetzt hau ick ab uff meine Hacienda, Mauzer und Pitti warten ..." – dann wurde mir richtig mulmig. Ich sah dich deine Haustür aufschließen, keiner da, niemand, der dich empfängt, küßt, liebhat oder meinetwegen wenigstens meckert, zum Donnerwetter! „Ick besorg dir jetzt einen Mann", hab ich gesagt, „kann ja keiner mit ansehen, wie du in deiner Hütte mutterseelenallein haust."

Aber du hast – und das hast du ernst gemeint – lächelnd gesagt: „Nee, Gela, will ich nicht! Ehrlich! Sieh mal, du hast Familie, alles prima, aber du bist doch auch mächtig gebunden, oder? Wenn ick nich alleine sein will, lade ick mir eben Besuch ein, Mensch, ick hab so viele Freunde, die alle jerne kommen, und wenn ick mich wieder einigeln will, sag ick: Haut ab, Kinder, ick brauch meine Ruhe. Mit meinem Jeld kann ick auch machen, wat ick will, und wenn ick mich mal wieder verkooft habe, schmeiß ick den Fummel halt inne Ecke. Kannst du dit ooch, hm?"

Ich nun grade! Wegen einer blöden, teuren Toilettenbrille – „Designer-Brille!" hat mein Alter höhnisch geschrien – wäre es bei uns fast zur Scheidung gekommen.

Ich seh dich noch wie heute vor mir stehen, unten am Treppenabsatz, dadurch sahst du richtig klein und irgendwie kindlich aus, bist wie ein Schulmädchen rot geworden und hast leise gesagt: „Der Mann, der für mich in Frage kommen würde, muß groß sein, blond und jung. Alt bin ick selber! Aber wat viel wichtiger is: Er muß sich ganz doll in mich verlieben."

Das hättest du vielleicht nicht sagen dürfen, denn ab sofort stürzte ich mich wie ein Mäuse-Bussard auf jeden „Robert-Redford-Verschnitt" und fing an, die Machos wie Kartoffeln auszusortieren: Verheiratet, nicht verheiratet, noch verheiratet, geschieden. Hennekin, du kannst dir nicht vorstellen, wie viele Blödmänner es unter den „großen Blonden" gibt. Aber dann hatte ich plötzlich einen Super-Typen. Bei einer Premierenfeier hatte ich bemerkt, wie deine Augen strahlten, wenn dieser wirklich bildschöne Mann dich ansah. Und als er dann auch noch dein Gesicht in beide Hände nahm und unter dem Beifall der Kollegen hingebungsvoll küßte, da stand für mich fest: Den klopp ich jetzt weich und schlepp ihn vor den Traualtar. Nachdem ich mir vier Wodka eingedreht hatte, bin ich hin zu ihm und hab erst mal so ganz allgemein von dir geschwärmt: Guter Charakter, warmherzig, großzügig, kinderlieb, und zu allem hat er jedesmal meinen Lobgesang untermauert: „Jawoll! Kannste laut sagen! So ein Kumpel, dit Mädel. Und keinen Flitz in der Birne, obwohl se schon 'n richtiger Star is! Warum die keenen Mann hat, ist mir schleierhaft."

„Ja", hab ich aufgetrumpft, „sie nimmt ja nun auch nicht jeden Dödel, gell? Außerdem hat sie auch schon einen fest ins Auge gefaßt."

„Wirklich?" fiel er aus allen Wolken, und ich bin innerlich rumgehüpft: Der ist ja richtig eifersüchtig, der Goldjunge! Ich also, bauernschlau: „Auch 'n Musiker. Wie du."

„Ach nee."

Aufs höchste erstaunt, musterte er seine trinkfesten Musikerkollegen, etwa so, wie der Gärtner sein Mistbeet. Dann meinte er ungläubig: „Kann ick mir nich' vorstellen. Ne Klassefrau wie Helga würde sich doch nie mit so 'ne verlauste Querflöte einlassen."

Herrgott, der machte es einem aber auch schwer. Musiker! Von Soundchecks, Jingles, Fade-outs verstehen sie was, aber von Liebe? „Du bist ihr Traummann, du Traumtänzer!"

Ein ungläubiges: „Wie? Ick?"

„Jaaa!" Langsam verstehe ich's auch schon nicht mehr, so begriffsstutzig wie der ist.

„Was sagst 'n dazu, hm?"

Na, wenigstens lächelt er. Irrsinnig geschmeichelt natürlich. Mein Werk! Jetzt muß ich aber auch mal gelobt werden. In meinem 1,8 Promille-Kopf läuten schon die Hochzeitsglocken, beide Ballette, vom Friedrichstadtpalast und vom Fernsehen, stehen vor der Kirche Spalier, mit Federn auf dem Kopf und am Popo, „Silly" spielt *Bataillon d'amour*, Glückwunschtelegramme trudeln ein von Minelli, Sinatra … Moment, was hat er eben gesagt? Nein, nicht Sinatra, er hier!

„Eine tolle Sache wäre das?"

„Sag ich doch die ganze Zeit! Aber? Du heiratest in vier Wochen? Ach, sieh an! Nö, ich will nicht wissen, wen. Deine Sache, nicht? Äh, ja. Tschüß, war nett, mit dir zu plau … hallo, Henne, da bin ich wieder."

O weh, dieses Glitzern in deinen Augen kenne ich, als du mir leise ins Ohr zischst: „Iiiih, bist du doof!"

*

Durch Zufall habe ich neulich im Hotel *Berolina* Ernest getroffen. Doch nicht Hemingway, „Erny", wie sie ihn alle nennen. Kennst du nicht? Er dich aber. Er ist der Onkel der Schwägerin von Manne. Siehst du jetzt durch? Gut. Jedenfalls fragt Erny mich: „Du schreibst ein Buch über die Hahnemann?"

„Tu ich."

„Hast du auch erwähnt, daß sie früher im *Esterhazy-Keller* nachts wie eine Verrückte rumgegrölt hat?"

„Ach Gottchen, Erny, nee, hab ich nicht. Aber du bist ja wohl auch kein Kind von Traurigkeit, oder?"

Da lacht der olle Erny, er weiß ja, daß er in Berlins Kneipen bekannt ist wie ein bunter Hund.

Hör mal, Hennekin, war das etwa dieses Etablissement, in das du abends rein bist, dir einen Mann ausgeguckt hast und mit ihm dann … ach, das war da? Und die Sache mit dem Stasi-Werber, auch da? „Paß uff, dit war so", hast du mir erzählt. „Irgendeener von den ‚Schrippenbeutel-Typen' muß mich schon länger beobachtet haben bei meinen ‚Jugendvorstellungen', und eines Tages hatta sich an mich ranjemacht und wollte mich partout für 'n *Konsum* werben: Weil ick doch so 'n aufjeschlossener Mensch bin, sicher auch Verbindungen zu interessanten Leuten habe, wo ick nur mal 'n bißchen ‚horchen und kucken' müßte, und dit selbstverständlich für 'ne anjemessene Gage. Ick war total jeschockt, schließlich war ick zum Tanzen und Knutschen jekommen und nich, um ‚Special-Agent' zu werden. Als der Mann mir denn noch drohte, daß ick mit keinem darüber reden dürfte, auch nich mit meinen engsten Verwandten, wußt ick, daß meine Lage janz schön beschissen war. Wat nu? In vierzehn Tagen wollte der wieder uffkreuzen und ick hatte dit kodderige Jefühl, daß ick diesen ‚Einkäufer' nie mehr loswerden würde. Aber denn hatt ick 'ne Idee, manchmal hab ick ja ooch 'n paar, mußte zujeben, Gela: Ick bin zum Fernsehen rausjefahren, hab mich wie so 'ne ‚Lebensmüde' inne Kantine jesetzt und mit Grabesstimme 'n Doppelten bestellt. Karli, der Kellner, wurde blaß, noch nie hatte der mich dit Casino anders betreten jesehn, als daß hinter mir die Tür aus 'n Angeln fiel oder 'n Glas splitterte, und nun dieset Häufchen Unglück hier. ‚Ick hab gleich 'n Dreistöckigen jebracht', meinta und schob mir dit Eimerchen hin. Wie eine zur FDGB-Kassiererin Verurteilte hab ick den Schnaps hintergekippt, während er mir wie unser Boxer Windy mit tieftraurigen Hängebacken zusah. ‚Noch eenen!' hab ick hervorjewürgt, denn jetzt kam schon die Heul-Arie dran, und kaum noch hörbar: ‚Haste mal 'n Taschentuch?' – ‚Mädelchen, wat is denn bloß los?' Mitleidig pumpta mir seine Serviette – ‚ham se dich aus'm Fernsehspiel rausjeschmissen?' – ‚Viel, viel schlimmer! Die Stasi hat mich beim Wickel!' – ‚Mach keenen Mist!' Nu läßt er sich seine Serviette wiederjeben und wischt sich die dicken Schweißtroppen ab. ‚Doch!' nicke ick gramvoll, ‚aber dit darf niemand erfahren, weil et streng jeheim is, verstehste?' – ‚Bleib janz ruhig, so'ne Schicksalsschläge kannste nur mit Alkohol bekämpfen, ick hab da Erfahrung!' Er rennt wie ein geölter Blitz anne Theke und säuft auf den Schreck erst mal selber 'n paar. Seine Kollegin am Tresen, die die janze Zeit schon wie ‚uff Kohlen' Bier jezappt hat, will jetzt endlich von ihm wissen: ‚Wat hör ick da von Stasi?' – ‚Pssst, bist du blöde, hier so laut zu schreien', hält Karli ihr den Mund zu, ‚willste se noch mehr in Deubels Küche bringen? Dit is streng jeheim, Mensch!' Als er mir dit dritte Wasserglas voll bringt, umhalsen mich schon mehrere Kollegen und Kolleginnen, Taschentücher zückend und Händchen streichelnd, und icke, Rotzblasen heulend: ‚Kinder, versucht bitte nich, rauszukriegen, weshalb se't grade uff mich abjesehn haben, ick darf euch nischt sagen, kapiert ihr denn nich?' Karli plinkert ihnen mit seinen Oogen zu, bückt sich hinter meinen Buckel und raunt hinter vorjehaltener Hand: ‚Ick sage bloß: Stasi! Aber streng geheim, verstanden?' Er legt seinen Finger auf'n Mund, alle sind verständnisvoll, schwören sojar, beugen sich, während ick immer mehr salzige Tränen in sämtliche Gläser heule, zu den Nachbartischen rüber und wispern: ‚Die Stasi will sich Henne einverleiben, aber nich' weitersagen!' Auch die Zapferin erfüllt ihren Geheimauftrag flüsternd: ‚Die Kleene dahinten an dem Tisch soll für de Stasi spionieren.'

Sojar als ick spätnachts zum Tor rauswankte, hör ick noch, wie die Pförtner hinter mir hernuschelten: ‚Nach die kleene Portion da soll die Stasi jiepern?' – ‚Ja, aber halt die Backen, Junge, dit dürft se nich' mal ihre eigene Mutter verraten.'„

„Und? Hat der Stasifritze sich nochmal bei dir blicken lassen?"

„Bei mir nich!" hast du gelacht. „Kennst doch unsern Adlershofer ‚Buschfunk', dit war so schnell rum, daß Mielke den Flop mit der Quasselstrippe Hahnemann sicher schon am nächsten Morjen neben seinem Frühstücksei liegen hatte."

*

Alles, was du gut leiden konntest, war immer „deins". Wie heute hör ich dich sagen: „Mein Ballett – mein Friedrichstadtpalast – mein Strucki (Direktor vom Palast) – meine Maske – mein Rolfi (Rolf Herricht)." Mit „deinem Rolfi" bist du eines Tages bei mir aufgekreuzt: „Gela, kannste nich' mal für uns beede wat schreiben?"

Konnte ich. Ihr zwei als „Halbstarke", als „Gast und schlampige Kellnerin" und als „Traudl und Hugo".

„Ich bin ja erstaunt", so Rolfi, „wenn man den ‚Wein' ein bißchen abläßt, sind die Szenen ganz brauchbar."

„Dein Strucki" fand das auch, und der hatte „'ne Nase für das, was ankommt und was nicht".

Die Vorstellungen liefen glänzend, nur kurz vor dem Finale passierte jeden Abend etwas Ungewöhnliches. Ich wußte erst gar nicht, was Sache ist, saß wieder mal irgendwo dumm rum, als plötzlich eine Bewegung hinter der Bühne entstand. Bühnenhandwerker, Beleuchter, Tänzerinnen, Tänzer, alles strömte in die Seitengassen oder zu den Treppenaufgängen im Zuschauerraum, um – ja – und nun wird's verrückt – um dich und „deinen Rolfi" in Eurer „Kellner-Szene" zu erleben. Als ich hinter den Kollegen herschniefte und versuchte, zwischen ihren Körpern einen Blick auf die Bühne zu erhaschen, hast du gerade eine Portion Bockwurst auf den Tisch geknallt:

„Hier, Ihre Wurscht!"

„Oh, ist Ihr Daumen die einzige Garnierung?"

„Meinen Se, ick hab Lust, dit Ding nochmal zu suchen, wie vorhin uff de Treppe? Machen Se sich Ketchup drüber, denn sieht man den Staub nich' so, außerdem will dit Ooge ja ooch mitessen."

Platsch, spritzte die ganze Pulle Tomaten-Ketchup dem armen Rolf übers Hemd.

„O Gott, mein Hemd!"

„Halb so wild, halten Se still, der Fleck jeht am besten mit Alkohol raus."

Du stippst – ihgittigitt – eine schmutzige Serviette in Rolfs Kognakglas und wischt an seinem Corpus herum.

„Menschenskind, jetzt haben Sie mir ein Loch reingerieben."

„Sein Se doch froh, daß Luft rankommt, durch dit olle Perlonzeug kann die Haut ja überhaupt nich' atmen. – So, möchten Se noch wat verzehren?"

„Ja, bitte einen Mokka. Ich habe nämlich zu niedrigen Blutdruck."

„Aber unsre Köchin, die hat zu hohen. Wat meinen Se, wie die mich raushaut, wenn se wegen die eene Kaffebohne ne neue Büchse uffmachen muß. Hier, trinken Se meinen, der is schon abjekühlt."

Volle Tasse Kaffee klatscht über Hose – rinnt Beine lang – bildet Pfütze auf der Bühne.

„Passen Sie doch auf, das ist echt schottische Dudelsackwolle!"

„Hätten Se Sekt bestellt, hätten Se jetzt keenen Kaffeefleck. Also, wat is? Halbtrocken? Trocken?"

„Trocken. Dann werde ich wenigstens nicht naß, wenn Sie mich wieder begießen."

„Eine Flasche Halbtrocken! Trocken is alle, trink ick ooch nich' so jerne."

Die Flasche (Selters) hast du noch hinterlistigerweiser kräftig geschüttelt, den Korken knallen lassen und Rolf von oben bis unten vollgepantscht. Dazu dein fröhlicher Kommentar:

„Sehn Se, nu baden Se sojar noch in Sekt."

Wie ein begossener Pudel saß Rolf da und glotzte dich an. Diesen traurigen „Hundeblick" hast du natürlich nicht lange ausgehalten und jedesmal losgeprustet. Auf diesen Augenblick haben deine Kollegen allabendlich gewartet. Du, das Publikum, die Kollegen, alles brüllte vor Lachen. Der Abendspielleiter wurde nachher schon richtig sauer: „Wenn dit so weiterjeht, sind wir mit der Vorstellung nächstens erst um Mitternacht fertig."

An sich war es im Friedrichstadtpalast so Usus, die Revue spätestens um 21.40 Uhr zu beenden, weil sonst der letzte Zug nach Hinter-Strausberg futsch war und dort beheimatete Zuschauer ansonsten schon vor dem Finale aus dem Saal stoben. Bei dir und „deinem Rolfi“ blieben sie bis zur letzten Minute, obwohl Taxe bis da raus ’ne Stange Geld kostet. Spät am Abend konnte man dann einen kleinen Mann beobachten, der mit hurtigen Schritten durch die Gänge eilte, das beschmierte Hemd in der Hand, um es sofort auszuwaschen. Rolfis Garderobier. Und obwohl der Mist so schwer rausging, hat er entweder vor sich hingekichert oder sich eins gepfiffen.

Mit Rolf warst du doch auch das erste Mal in Westberlin, stimmt’s? Ja, ja, von wegen arbeiten, ins Porno-Kino seid ihr gerannt, gleich am Bahnhof Zoo. Und was habt Ihr beide da gemacht, hm? Gelacht wie die Kaputten, und du hast vielleicht ’ne Lache, eh! Wegen dieser dicken, fetten Lache hätten sie dich beinahe mal aus der *Kleinen Revue* rausgeschmissen, weißte noch? Selbst die „ernsthaften Sex-Kinogänger“ haben sich beschwert, daß sie deinetwegen den hochdramatischen Faden verloren hatten. Später dann deine herbe Kritik an dem Machwerk: „Du gloobst et nich, Gela, so eine Kacke, und denn in Großaufnahme, also wie ‚Knüppel aus’m Sack!‘„ Spätestens nach drei Tagen, du warst bereichert um Porno-, Aldi- und Hertie-Erfahrung, hatte dein Paß wieder auf der Reisestelle Adlershof zu erscheinen. Einmal war ich mit. Eine Kollegin mit unergründlichem Blick nötigte dich: „Sie müssen Ihren Reisebericht noch ausfüllen, Frau Hahnemann.“ Ohne mit der Wimper zu zucken, nahmst du das wichtige Papier – mit Fragen wie: Hatten Sie Westkontakte? Mit wem? Wo haben diese Kontakte stattgefunden? –, hast deinen roten Filzstift rausgeholt und quer drübergeschmiert: „Ich hatte keine Kontakte!“

Die Frau sah wie hypnotisiert auf das Blatt und stammelte: „Ich möchte Sie bitten, den Bericht mit dem nötigen Ernst zu behandeln!“

Du, jetzt auf Hochdeutsch, leise aber deutlich: „Das ist sogar mein bitterer Ernst!“

Dann haben wir uns umgedreht und trotz der Dolchblicke im Rücken das „Reisebüro für IMs“ gemessenen Schrittes verlassen.

*

Der April war naß und saukalt, aber du wolltest jetzt gleich, sofort und überhaupt irgendwohin, um steppen zu lernen. Nicht auf der Nähmaschine wohlgemerkt, sondern mit deinen kleinen Patschfüßen.

„Und wozu?“

„Mal sehen, ick find dit jedenfalls schau, wenn et auf der Bühne klappert.“

Na ja. Auf nach Hollywood zu Fred Astaire! Sollte ein Witz sein, Hennekin. Wie ich dich kenne, hattest du doch schon längst deine Fühler ausgestreckt – richtig!

Wir flogen nach Prag zu Professor Frank Towen. Der hatte in Amerika lange Jahre Step- und Jazzdance studiert und nun in Prag einen Lehrstuhl. Ehrlich gesagt erwarteten wir ein kleines, drahtiges Männchen und waren baß erstaunt, als ein weißhaariger Zwei-Meter-Mann auf endlosen Beinen und im blauen Pulli uns mit Ausdauer die Hand schüttelte und dich sofort deine Steppschuhe anschnallen ließ. Ich hab mich diskret in eine Ecke verzogen, dachte aber: Aufpassen tuste, wer weiß, vielleicht zu Omas Geburtstag, immer nett, solche kleinen Einlagen von Verwandten. Auf Frank Towens Wink kriegtest du noch Verstärkung, vier fabelhaft gewachsene junge Mädchen, die dir die ersten Step-Folgen perfekt vorklapperten. Toll! Dann du: Und tepp – und tepp – und – o Gott, eben hatte das doch noch so leicht und anmutig ausgesehen. Hana, Jana, Helena und Ewa führten es dir mit Engelsgeduld immer wieder vor, langsam, sogar in Zeitlupe, Professor Towen lobte dich auch schon zögernd: „Na also, das wird doch schon.“ Und tepp – und tepp – und tepp – es dröhnt mir heute noch in den Ohren.

Abends saßen wir im *Inter-Conti* in der Bar, und die war schneeweiß: die Möbel, der Tresen, der Flügel, der Wodka und der Frack vom Pianisten.

„Hier komm ick mir vor wie im OP“, hast du dich geschüttelt. „Aber der Pianospieler spielt dufte!“

„Gela, laß dir ja nich’ etwa einfallen, dem ’n Drink zu spendieren, du weeßt, wir haben keene Kronen!“

Weil der Mann am Klavier aber derart zu Herzen gehend klimperte, hast du ihm dann doch seufzend einen Campari rübergeschickt, dann noch einen und noch einen, inzwischen waren die Kronen uns nämlich piepegal, wir lümmelten auf dem Flügel rum und jaulten die Lieder alle gefühlvoll mit.

Die nächste Bar war ganz in schwarz gehalten.

Total duster, der Laden. Aber die Band spielte fantastisch Rock 'n' Roll. Unsre große Leidenschaft!

„Wolln wir?"

„Türlich!"

Zielsicher steuerten wir auf zwei an der Bar „alleinstehende" Herren zu, fragten: „Do you dance Rock 'n' Roll?"

„Sure!"

Und schon standen wir auf der Tanzfläche kopf und haben uns geschmissen, gedreht, gewälzt und haben gegrölt, bis wir nicht mehr wußten, wo vorne und hinten ist. Die zwei Tanzpartner waren – wie? Schweden? Ach was, finnische Piloten, wir sollten doch mitfliegen nach Helsinki, die ahnten doch nicht, daß man mit „Zonentanten" solche Ausflüge nicht machen kann.

Am nächsten Tag war Jazz-Dance angesagt, obwohl wir noch ziemlich grün im Gesicht und vergnatzt im Charakter waren. „Wat hast du denn da für 'n häßlichet Plastemäntelchen an?" kam es mächtig schräg von dir.

„Mein neuer Regenmantel."

„Neu? Sieht aus wie vonner Volkssolidarität."

Der Jazz-Dance war super, und unsere Stimmung inzwischen auch!

„Die hole ick mir in meine Show", hast du begeistert versprochen. Und: „Wat meinen Sie, Herr Professor Towen, ob ick dit auch lernen könnte?"

Towen nickte zuversichtlich, ein Gentleman konnte doch nicht brutal „Nein" sagen, oder?

Dann war die Bahn weg, und wir sind gelaufen und gelaufen, wußten überhaupt nicht mehr, wo unser Hotel liegt. Taxe kam nicht in Frage, weil wir – wie gesagt – arg minderbemittelt waren, das Wetter wurde auch immer schlimmer, aber ich hatte ja meinen Mantel. Den von der „Volkssolidarität".

„Frierst du?" wollte ich scheinheilig wissen, obwohl dein Schlottern kaum zu überhören war.

„Ick bin wie 'n Eisklumpen!"

„Willste meinen Mantel?"

„Ja, bloß 'n paar Minuten."

„Kannste anbehalten, mir ist warm", icke, großspurig.

„Der ist jar nich' mal so übel", kam von dir nach einem Weilchen, „wärmt, hält 'n Wind ab, und sieht ooch dufte aus."

Drei Tage später hast du dir das „Plastemäntelchen" in rosa gekauft.

*

So ein schönes Plastemäntelchen ...

Für *Helgas Topp-Musike* im Rundfunk hatten wir verschiedene Figuren erfunden, die, je älter sie wurden, in unserer Einbildung schon fast real existierten: wie „olle Bertha" zum Beispiel, das Suppenhuhn (abgeleitet von Henne natürlich), die den Titel-Song *In the Mood* krähte. Nach einigen Sekunden ging sie uns damit ganz fürchterlich auf den Wecker, aber da war es bereits zu spät, die Hörer hatten sich darauf eingepegelt, allerdings auch zähneknirschend. Dank deiner cleveren Musikauswahl hat der nächste Titel dann ihre Seelen sofort wieder weichgespült. Dann gab's noch diese militante „Gymnastiklehrerin Ilse Gürtelschnalle", ein fürchterliches Weib, und ich habe jedesmal gestöhnt: „Komm, Henne, wir lassen die alte Eule endlich ‚sterben'." Aber da warst du stur, wolltest sie ums Verrecken nicht aufgeben. Es machte dir halt ein diebisches Vergnügen, in deinen Shows als „Ilse" angepoltert zu kommen – mit Dutt und in einem ausgebeulten Armee-Trainingsanzug –, Tausende von Zuschauern von ihren Plätzen hochzujagen und sie wie Känguruhs herumhopsen zu lassen. Zu allem Überfluß hast du sie auch noch als „Mitläufer“ und „Gewerkschaftsabkassierer“ angegiftet. Aber die Zuschauer standen darauf. Die Krönung war aber eigentlich „Traudl“, die „Putze mit der Kodderschnauze“. Was dieses freche Luder im Rundfunk und auf der Bühne unbekümmert von sich gab, war in einer Zeit, in der man sich schon mit dem Wetterbericht verdächtig machen konnte, äußerst gewagt. Tja, es kommt eben darauf an, wie so etwas vorgetragen wird, und darin warst du einsame Spitze. Denkst du noch an Traudls erste Talk-Show im Fernsehen? Als Gesprächspartner vorgesehen waren Kammersänger Rainer Süß, Heinz Quermann und Karl-Eduard von Schnitzler, letzterer ein gefundenes Fressen für unsere Traudl, denn sie sollte diesen Herren fragen: „Herr von Schnitzler, Sie sind ja dafür bekannt, daß Sie im Fernsehen durch sämtliche dunkle Kanäle krauchen, aber Sie sollen ja noch viel schlimmere Dinge druff haben, nämlich Klavierspielen. Is dit der Grund, daß Sie schon dit vierte Mal verheiratet sind? Obwohl 'n mieser Klavierspieler ja nich' unbedingt ooch 'n schlechter Ehemann sein muß, stimmt's?“

Wir hatten Pech, Karl-Eduard wollte sich in unserer Sendung nicht die Ehre geben, also mußte ein neuer Prominenter her. Die Wahl fiel auf Professor Dathe, Berliner Tierparkdirektor, Sachse und daher urgemütlich. Traudl hat ihn mit ihren „hintergründigen“ Fragen überfallen:

„Sagen Se mal, Herr Professor, Ihre Person is ja nun für die Berliner ein beliebtes Ausflugsziel – vom kleensten Affen bis zum größten Rhinozeros, wa? Stimmt dit, daß man an Ihre Eisbären nicht so dicht ran dürf, weil man sich sonst 'n Schnuppen holt? Trifft dit ooch uff Blaubeeren zu, oder ham Se die in Ihrem Park noch jar nich' zur Welt jebracht? Sagen Se ruhig, wenn ick Ihnen zu intim bin, denn wechsel ick dit Thema uff Elefanten, die ja ooch an ihnen hängen wie die Kletten. Nu kommen die ja aus Indien, sprechen also indianisch, verstehn die denn Ihr jehobenet Angelsächsisch? Elefanten sollen ja so nachtragend sein. Ham Sie jar keene Angst vor so 'ne hohen Tiere? Nee? Ooch nich' vor Löwen? Also nur vor Ihre Frau! Nu sind Sie ja schon seit Jahren zur Zucht zugelassen, und wat dabei rausjekommen is, hat die janze Welt verwundert uff Ihnen blicken lassen. Wie issen dit, wenn so 'n Affe da bei Ihnen hinter Jitter kommt, dürf der sich 'n Anwalt nehmen oder wird der einfach so verknackt? Und stimmt dit, daß 'n Krokodil 'ne ausjewachsene Kuh ufffressen kann? Jaaa? Au, denn muß ick ja in Zukunft höllisch uffpassen.“

Leider, leider sagte auch der Professor ab, dafür düste aber unser National-Sportreporter Heinz Florian direkt vom Budapester Fußballfeld zur *Heiteren Muse* nach Leipzig und wurde von Traudl angegriffen: „Ihnen kennt man ja nun von alle internationalen Sportjaststätten, wie kommt 'n dit eigentlich, daß Sie so jut spinnen können? Hat dit bei Ihnen schon als Kind anjefangen?“

War ein starkes Solo von dir, Hennekin. Keiner der Gesprächspartner kam zu Wort, du hast sie alle zu Boden gequasselt, das Publikum quietschte vor Vergnügen.

*

„Sie gelten als ‚Mitfahrerin‘ von Frau Hahnemann“, die junge Offizierin schob mir meinen Paß mit dem kostbaren Stempel zu. Ich hatte ihn! Durfte rüber! Nach Westberlin! Einfach so! Keiner tot, keine Silberhochzeit, keine Kindtaufe, nur „Mitfahrerin“. Klingt zwar 'n bissel wie „Mitesser“, aber was soll's? Ich bin glücklich!

„Mensch Gela, mitten inner Nacht, ja doch, wir fahren, aber darf ick wenigstens noch 'n halbet Brötchen runterschlingen?“

Ich stand auf der Straße schon wieder wie auf Kohlen, als du mich angrinstest: „Na? Haste wenigstens deine Wanderschuhe an?“

Dich kannten sie ja an der Grenze schon, aber mir war hundeelend, als wir uns dem „Checkpoint Charly“ näherten. Stop! Rotlicht! Grün! Weiter! Stop! Schranke! „Raus, Gela! Und halt ja die Klappe! Laß mich dit machen.“ Bis auf seinen Hintern verschwand der Zollgewaltige in deinem „Mazda“, hob Polster hoch, tastete „Wako“, deinen Teddy, ab, steckte den Kopf ins Handschuhfach, klappte endlich die quietschende Schranke hoch. Weiter, im Schrittempo. Warten vor einem Fenster mit herunterhängenden Lederfransen. Zu!

„Was issen? Keiner da?“ würge ich hervor.

„Ruhe! Jib deinen Paß her!“

Plötzlich schiebt sich ein halber Arm durch die Lederlappen, die dazugehörende Hand tut sich auf, wackelt fordernd mit den Fingerspitzen, grabscht nach den Pässen und zieht sich in die Höhle zurück. Ich kann nicht glauben, was ich sehe, aber du machst nur: „Psst! Bleib janz ruhig!“ Hinter dem Leder krachen jetzt zwei Stempel. Ich hocke wie ein ängstliches Kind in der Gespensterbahn und warte, daß die Hand wiederkommt, diesmal aber abgehackt und blutverschmiert! Denkste! Wie vorhin schiebt sie sich durch, mir fällt *Hallo again* von Howard Carpendale ein, du entnimmst der Hand unsere Pässe, nickst freundlich in Richtung Luke mit Fransen, sagst: „Tschöööö!“ Und dann zu mir: „So Alte, nu mach dich frisch, wir sind im joldenen Westen!“

Aber da schwebte ich schon da oben irgendwo. „Riech doch mal, wie dit riecht. Westluft – Westbenzin – Westqualm – Westhunde.“ Ich war nicht mehr zu halten.

„Komm, ick zeig dir wat!“ Du zerrtest mich über den Platz an der Gedächtniskirche. Westpenner – Westkoks – weiter – weiter – Galopp – Galopp – Westbettler: „Haste mal ’ne Mark?“ Westlullen-Werbung „Come together“ – ja gut, und wo? Aha, Krematorium, eh! West-New-Yorker – stark reduziert – jedes Teil 20 Mark. West-Alltag: „Bin obdachlos“ – „Don’t worry – be happy.“

Mein Kreuz tat weh, mußte humpeln, weil Blase am Hacken. Du schobst mich im KDW durch alle Düfte des Orients die Rolltreppe hoch, dann dein erwartungsvolles „Na? Wat sagste nu?“

Hunderte – oder Tausende – von Lampen glitzern auf uns ein, Prismen funkeln wie Diamanten, Lichtorgien oder die Invasion von Kronleuchtern, die uns blenden wollen, zum Kauf zwingen oder erschlagen. Mir wurde schwindlig, hättest du mich nicht gestützt, wäre ich in die nächstbeste „Tiffany“-Leuchte gefallen.

Wieder auf dem Kudamm, gegen den Menschenstrom ankämpfend, hast du meinen Arm getätschelt: „Tja, Gelachen, du wolltest doch unbedingt rüber, nu mußte aber auch durchhalten.“

Wie ein müder Krieger, jetzt schon an beiden Füßen verwundet, schleppte ich mich noch bis zum „Maredo“. Dir haben diese endlosen Märsche überhaupt nichts ausgemacht, hast mir pausenlos Schaufensterpuppen mit ausgeflippten Klamotten gezeigt, zu denen ich nur noch apathisch nicken konnte. Bis nach Mitternacht gluckten wir dann noch zwischen „Schicki-Micki-Karossen“ auf dem Mittelstreifen und schlugen uns den Bauch mit Erdbeer-Joghurt voll, den eine Bekannte – weil nämlich Vertreterin von ebendiesen Schlabberdingern – für uns kistenweise anschleppte. Und dann war es zu spät! Die Grenze hatte bereits dichtgemacht. Mir war das völlig schnuppe, ich saß zusammengesackt in deinem Auto, aber du hast die Scheibe runtergekurbelt und in die Nacht geblökt: „Hallo! Macht bitte auf, ick will nach Hause.“

Zuerst totale Ruhe, so, als wenn jemand seinen Ohren nicht traut, es nicht fassen kann, daß ein Wahnsinniger es wagt, die heilige Grenzruhe zu zerstören. Du warst nach dem Tag natürlich auch nicht mehr ganz frisch und hast gemault: „Mensch, nu macht doch schon uff, Kinder. Ick bin’s doch, Helga!“

Zack! ging ein Scheinwerfer an, traf uns „hart wie eine Faust“, wir mußten die Hände vors Gesicht halten. Sonst weiter Totenstille. Nun wurdest du aber doch langsam sauer: „Eh, macht den Topp aus, ihr Eierköppe, und die Barriere endlich uff, ick hab die Faxen dicke!“

Siehe da: Licht aus! Tor auf! Keine zwei Minuten, und wir waren da, wo sich die Füchse „Gute Nacht“ sagen, in der Hauptstadt der DDR. Später, als die Grenzer sich an uns gewöhnt hatten, ging alles schon viel lockerer zu. Da gab der „Arm“ sogar den zu ihm gehörenden Kopf preis, und auf dein: „Dit is meine Autorin“ kam ein gebrummtes: „Wissen wir längst“ zurück. Noch etwas später hat uns sogar eine „Grenz-Frau“ bestempelt und außerdem ein paar nette Worte mit uns gewechselt. Mehr noch, sie schien uns obendrein Gutes tun zu wollen, denn kaum bremsten wir vor ihrem Klappfenster, verriet sie uns: „Tamara ist schon drüben, vor ’ner Stunde schon.“ Für diese bedeutende Auskunft hast du dich dann immer mächtig bedankt, obwohl es uns einen „feuchten Kehricht“ anging, um welche Zeit die Rockröhre Tamara Danz zu ihren Konzerten fuhr, aber die „Grenz-Wächterin“ hatte euch beide mal zusammen gesehen, ergo stand für sie fest, daß auch eure Auftritte bei einer Art „Brigade-Abend“ stattfanden.

*

Der hundertste *Kessel Buntes*. Weißt du noch, wie wir uns gefreut haben, daß ausgerechnet du den *Kessel* moderieren solltest? Oder durftest, muß man besser sagen, denn es gab viele, viele, die es sich zur Ehre angerechnet hätten, unseren Renommier-*Kessel* an diesem Tag zum Kochen zu bringen. Aber, Fernsehen ist ja nun ooch nicht dusselig, die brauchten natürlich eine sichere Bank, um die Menschen von ihrem bescheidenen Leben abzulenken, und dieses Ablenkungsmanöver warst du! Und obwohl es heißt: „Gebranntes Kind scheut das Feuer“ und wir uns wirklich schon so oft die Schnauze und noch alles mögliches verbrannt hatten, stürzten wir uns wieder mal wie ahnungslose Kinder in das Abenteuer *Kessel*-Manuskript. Verrückt sollte es sein, ausgefallen, die Zuschauer zum Lachen bringen, deshalb hatten wir uns für den Anfang eine Laudatio auf den Hundertsten ausgedacht: du, als Festtagsredner in Frack und mit Chrysantheme an einem roten Pult stehend und des öfteren aus einem Wasserglas trinkend, bei dessen Inhalt es sich – wie könnte es anders sein – um Wodka handelte. Nun, beginnen sollte es noch einigermaßen manierlich:

Hochgeschätztes Publikum, meine Herren, meine Damen und andere Haustiere, liebe Kinder an den Bildschirmen. Gestatten Sie mir, Ihnen zum hundertsten Wiedersehen der beliebten Fernsehserie ‚Polizeiruf 110‘, Verzeihung, falsche Spalte, zu der Sendung ‚Ein Kessel Buntes‘ meine aufrichtige Anteilnahme, Pardon, für Ihre aufrechte Teilnahme zu beglückwünschen und für Ihre Anstrengungen, die Einschaltquoten um mindestens 50 % zu senken. Hier die Gründe: Wir, als eingesessene Bürger unseres Territoriums, sind in vielen auswärtigen Ländern – bis hinunter zu den Malediven – für unseren festen Willen berühmt, feste Feste zu feiern. Diese Spektakel wurden zum festen Bestandteil unseres immer besser bleibenden Lebens hochgejubelt. Um den Herren Kritikern unserer bescheiden Lebensart den Wind aus den Segeln zu nehmen: Wir arbeiten auch! Und zwar hart! Um die Höhepunkte zwischen den Höhepunkten gründlich vorzubereiten. Weiter: Wo steht der ‚Kessel‘ heute? Besser gesagt: Wie schlimm steht es um unsere Humorproduktionen? Wobei ich die ‚Aktuelle Kamera‘ gar nicht mit einbegreifen will. Andererseits: Wer WILL denn überhaupt noch lachen? Ist unsere Anstalt dazu verpflichtet, dieser Sucht nachzugeben? Nun, wir – als öffentliches Haus – bilden uns da unser eigenes Urteil. Nach jeder Sendung befragen wir mindestens zwei Kantinenfrauen, einen Kraftfahrer sowie den Pförtner. Somit können wir präservativ – reserve – nun, dieser eine Mann hat gesagt: Der Bedarf der Bevölkerung nach Kultur ist mit 30 % Ausschuß vollkommen

Der 100. „Kessel Buntes“ – Henne als Null

gedeckt. Zuweilen wird bei ewiggestrigen Nörglern der Ruf nach attraktiveren Sendungen laut, hicks! Dem wurde stattgegeben. Eine blonde Aufnahmeleiterin wurde eingestellt sowie ein neuer Bühnenvorhang angeschafft. Durch beide Elemente wurden die Sendungen noch bunter, aber auch – hicks – undurchsichtiger. Ich möchte auch nur ungern wiederholen, was ich wiederholt gegen Wiederholungssendungen gesagt habe, aber schließlich: Wohin mit den Restbeständen, wo unsere Müllkippen sowieso schon schimanskyreif sind – oder reif für Borgelt – oder für die Insel, was weiß ich. Meine Damen und – hicks – ihre Kerle, es gibt also keine ‚Kessel-Affäre', es gibt nur unsere positive Meinung und damit – hicks – basta. Und sollten mich jetzt ein paar liebe Ministerchen hören und der Meinung sein, daß meine Ein- und Ausfuhren nur Verwirrung stiften, bitte, – hicks – Sie müssen ja nicht unbedingt vor der Glotze rumlungern, hicks. Treten Sie doch einfach zurück und lassen Sie – hicks – andere auf Ihre Sessel, nicht?"

Wie Max und Moritz sind wir mit diesem Text in die Chefetage gestiefelt und kriegten es auch gleich ohne Vorrede um die Ohren gehaun. Du warst nicht ganz so verdattert wie ich, oder, Henne? Bei mir hat es immer eine Weile gedauert, bis ich mich von so einem Schlag erholt habe. Ja, weil man sich wie ein Wiederholungstäter vorkam, der, kaum aus der Verwahrung entlassen, sofort einen neuen gemeinen Anschlag auf „unsere gute Sache" verüben wollte. Mich hat man danach einfach links liegen lassen und dich ganz artig gefragt: „So, liebe Helga, wie fangen wir den *Kessel* denn nun an, hm?"

Darauf du, mit Unschuldsengelmiene: „Vielleicht mal ganz anders, zum Beispiel so: Guten Abend, meine Damen und Herren?"

Biest! Zu allem Unglück „spielte" der *Kessel* nun auch noch im Palast der Republik. Halt, Unglück ist falsch. Sagen wir mal so: Dieses sogenannte „Haus des Volkes" war für Protagonisten einfach schwer zu bewältigen. Schon die endlose Bühne, so groß, daß man sich darauf einen Wolf laufen konnte. Dann diese verflixten gelben Sessel, weich wie Bubblegum. Auf Zuschauer, die sich nach einem anstrengenden Arbeitstag in solchen Sessel fläzten, wirkte er wie eine Dröhnung Schlaftabletten. Diese dreitausend „Schlafsäcke" nicht nur wachzukloppen, sondern auch noch zu einem kleinen Lächeln oder – wenn's hoch kam – zum Lachen zu animieren, war dein harter Job! Außerdem jedesmal dieses Affentheater, um in den „Lampenladen" hineinzukommen! Und raus! Genau so schlimm!

„Ihr Hausausweis, Frau Hahnemann!"

Du: „Steckt 'n euch sonstwohin, ick will so 'n Ding nich!"

Uniformierte Pförtner-Feldwebel-Damen brüskiert, Chef vom Dienst in kaffeebraunem Zivil eilt herbei, überredungsgeschult, leise, eindringlich. Abgeblitzt! Aufnahmeleiterinnen, scharenweise, nett, lieb, wollen dir mit deinem ausweisverzierten Handtäschchen Tag und Nacht hinterherschleichen, kennen alle deinen Dickschädel nicht. „Paßt mal uff, Leute!" Au, au, au, jetzt geht's los! „Ihr wißt doch, wer ick bin, oder? Also: Entweder ihr legt die Pappe hier zum Pförtner hin, oder ihr macht euch den Käse alleene, klar?"

Was sollten sie machen? *Kessel* ohne Hahnemann wäre fast so ein Einschaltquotentöter wie Schnitzlers *Schwarzer Kanal*. Mich kriegten die Palast-Diener natürlich gleich am ersten Abend beim Wickel, logo. Du hattest mich losgeschickt, Eintrittskarten zu verteilen, umsonst, wie immer. „Mach ick nie wieder!" hast du geschworen, „erst löchern se einen alle, und hinterher kriegen se plötzlich Besuch aus Charly-Marx-Town oder haben Brigade-Julklapp, fünfhundert Knaddeln hab ick in 'n Sand jesetzt."

Ich also raus mit den Karten, die Menschen haben sie mir aus der Hand gerissen, und als ich wieder rein will, komme ich nicht mehr rein. „Ihren Ausweis?" – „O – ja – oben, in Frau Hahnemanns Garderobe, ich bin nur schnell, ohne Tasche, Sie sehen ja, hab nur 'ne Bluse an." Eisige Blicke, der Kaffeebraune schiebt sich, jetzt allerdings schon Vaterland verteidigend, mit seiner Breitseite vor die Tür: „Nur über meine Leiche!"

Guter Vorschlag, aber ich konnte kaum noch so schnell zittern wie ich fror. „Hören Sie – mein Name ist – ich bin die Autorin der Sendung."

Nun wurde er eklig. „Und wenn Sie die Kaiserin von China sind!" Aha! Die und icke, wir beide! Dummerweise sehe ich in solchen Situationen immer so kleine rote Wölkchen vor meinen Augen rumtanzen, deshalb fing ich an zu kreischen: „Geh endlich zur Seite, du Vollidiot!" Eine Palast-Revolution befürchtend, trat der Hauptabteilungsleiter

Fernsehen in dezentem grauen Flanell und weiß beslippert in „Action“, legte wie bei einem kranken Kind den Arm um mich und erklärte dem Volkshaus-Zerberus schlicht: „Es stimmt, was die Kollegin sagt, ich verbürge mich für sie.“

Hinter meinem Rücken nickte er wie ein Irrenarzt seinem Hardliner zu und belobigte ihn: „Das haben Sie völlig richtig gemacht, Genosse.“

Du kamst triefend unter der Dusche vor und hast, alles vollpantschend, amüsiert gefragt: „Dich wollten se nich’ rinlassen? Na prima, denn lassen wir se hier ooch nich’ rin! Schließ ab, Schmidtchen (Schmidtchen, deine Garderobiere, goldige Frau, schaffte einen vollständigen Umzug mit Mikro- und Senderwechsel in achtzehn Sekunden).“ Dann leierte es auch schon über den Lautsprecher: „Alle Genossen zur Kritik in den Abnahmeraum!“ Putzigerweise war damit alles, was Beine hatte, gemeint, bloß wir beide nicht. Also hast du dich auf dein Kanapee gehaun, Siesta gehalten, und ich wartete mutterseelenallein in der Kantine! Nach einer Stunde etwa klopften sich Redakteure und Assis an deiner Garderobe die Finger wund und schoben durch den Türschlitz für den Fortbestand der DDR lebensnotwendige Textänderungen. Ohne einen Blick darauf zu werfen, landeten diese hochbrisanten Pamphlete bei dir zwischen Bananenschalen und Apfelgriebschen im Abfalleimer. Danach hattest du Hunger! Nun hätte Schmidtchen dir natürlich ohne zu murren jede Menge Bouletten und Kartoffelsalat in deiner Garderobe serviert, aber „dit war dir nischt“. Du mußtest immer mittenmang hocken: „Rück mal ’n Stück, laß mal ’ne alte Frau hier mit ran!“ Und das Ballett schob erfreut seine hübschen Hintern enger zusammen, damit du dich breitmachen konntest. Und sofort war Leben in der Bude: „Mann, ihr könnt aussehn.“ Ballett natürlich. „Kiek mal, Gela, sind die nich’ irrsinnig schön? Aber, Kinder, habta vorhin mein ‚hohes Bein‘ jesehn? Seida neidisch, wa! He, Mister Accelerando (gemeint war der Orchester-Chef), tute nachher nich’ so laut, Mensch, ick hab nämlich ooch leise Töne druff. du, Toni, komm mal her! Dit Mikro machste mir janz zum Schluß ran, hörste? Nich, daß ick damit wieder uff’t Klo latsche und der Tonwagen denkt, draußen regnet’s!“

Ehrlich gesagt, kein Künstler hat es so wie du verstanden, in diesem kaltschnäuzigen Gemäuer so viel Wärme und Fröhlichkeit zu verbreiten. Erinnerst du dich, wir waren später noch oft dort zu Veranstaltungen der „Großen“ und „Ganz-Großen“. Klar, daß wir dann auch unsere alte „Wirkungsstätte“, die Kantine heimsuchten. Da saßen sie dann alle, die Stars, jeder für sich in einer anderen Ecke, gestylt und vor Las-Vegas-Erfahrung strotzend. Graulen konnte man sich! Bei dir wußte man, du haust ab und zu mal über die Stränge, blökst auch mal rum und tust so, als wärst du ein Mega-Star, um im nächsten Moment „Frau Wirtin“ zuzuwinken: „Schubi, schreib alles uff meine Rechnung, wat die Blödis hier versaufen!“

Dann stand da plötzlich ein Kerl wie ein Baum und sagte: „Helga, wollen wir unseren Text nochmal durchgehen?“ Gunther Emmerlich. Ich hatte Euch eine kurze Szene geschrieben. Aber ihr zwei Tunnel-Buddler hattet einen ganz abgefeimten Anschlag vor, das hab ich doch gleich gewittert, als Gunther harmlos wissen wollte: „Sind wir eigentlich live auf dem Sender?“

„Logo! Ick mach nur noch live, Aufzeichnungen lehne ick ab, wo se hinterher die Hälfte rausschnippeln.“

Gunther sah jetzt aus wie ein siebenjähriger Bengel, der hinter seinem Rücken eine Wasserpistole versteckt, als er verschmitzt meinte: „Dann mach ich dir einen Vorschlag. Bloß eine winzige Textänderung, zum Schluß, wenn ich sage: ‚... ein Gigolo ist ein junger, schöner, schlanker, schwarzhaariger Unterhalter‘ – siehst du mich von oben bis unten an und sagst: ‚Na, die Rolle is dir ja wie auf ’n Leib geschrieben!‘ Und ich: ‚Ja, wie dir die Rolle als Schokoladenmädchen, aber tröste dich, wir beide sind nicht die einzige Fehlbesetzung in dieser Zeit!‘„

„Stop!“ sag ich, „geht nicht! Und wißt ihr, warum? Der Tonmeister kam vorhin bibbernd und bebend zu mir, er wurde nämlich von der Leitung vergattert – und wer vergattert ist, darf ums Verrecken nichts verraten –, aber dann hat er doch geredet, weil er diesen Schwachsinn mit seinem Berufsethos nicht vereinbaren kann, daß in seinem Ü-Wagen extra für diese Sendung eine Vorrichtung eingebaut wurde, und sobald ein falsches Wort gesagt wird, macht’s ‚bums, Klappe zu.‘„

In deinem Blick konnte ich lesen: „Arme Alte, nu dreht se langsam durch.“ Dann die gutmütige Frage: „Gelachen, nun mal im Klartext: Wer will im Ü-Wagen bumsen, hm?“

Ich, hysterisch: „Mensch, begreift ihr denn nicht? Die drehen euch den Hahn zu, schmeißen ein Epi ‚technische Störung' rein!" Endlich hattet ihr's geschnallt.

„Welcher Drecksack würde denn sowat machen, eh?" Ich wollte das Geheimnis gerade lüften, als der „Grau-Flanellene" gestreßt vorbeidüste und meine Kopfbewegung nicht mitkriegte. Zuerst warst du stinksauer, aber dann kehrten deine kleinen Lachfältchen an ihre gewohnten Plätze zurück, als du glucksend ankündigtest: „Denn müssen wir eben schneller sein als der!" Ihr wart irrsinnig schnell, denn der Satz kam! Die Zuschauer trauten ihren Ohren nicht, aber nach kurzer Schrecksekunde ging es wie ein Aufschrei durch den Saal. Endlich hatte sich mal jemand getraut, Tacheles zu reden!

Einen Tag später hat man dir deine Aufmüpfigkeit aber doch noch heimgezahlt. Du wolltest nur schnell mal in die Maske, doch da drang es triumphierend in deinen Gehörgang: „Tut uns leid, Frau Hahnemann, aber ohne gültigen Ausweis ...!" Und was hast du da gebrüllt, daß sogar der Redner in der Volkskammer zusammengezuckt ist? „Verfluchte Stasi-Burg!" Au backe! Ist doch klar, daß du beim nächsten *Ball der Bestarbeiter* in eben diesem „Hochsicherheitstrakt" deinen Titel *Ich will raus* nicht singen durftest, weil man dahinter einen Anti-Mauer-Song vermutete. Daraufhin hast du ihn natürlich erst recht gesungen. Ach so, ja, Eure kessen Bemerkungen im *Kessel* hat man selbstverständlich bei der Wiederholung rausgeschnitten und alles schön sozialistisch glattgebügelt. Nur als du dann wie eine „Furie" ohne jede Vorwarnung aufkreuztest und drohtest, halb Adlershof kaputtzuschlagen, da war's auf einmal wieder drin.

*

Den eenen bringt sein Glück fast um,
der andre hütet's ängstlich.
Und manche trampeln darauf rum –
bloß ick wart' lebenslänglich.

Wir hocken in Arndts engem Kabuff und lauschen atemlos seinem Demo-Gesang. Seine hohe Stimme hat, trotz der „eben nur so auf Kassette draufgeknallten Aufnahme" etwas Berührendes, das sofort unter die Haut geht, und da wir beide sowieso viel zu nah am Wasser gebaut haben, schnauben wir wie die Walrösser in unsere Tempos. Geht uns jedesmal so bei Arndts Titeln, entweder du zickst sofort rum: „Nee, nee, dit is mir zu ‚Karo einfach'„, oder die Melodie packt uns auf Anhieb. Außer neulich, als er uns mit Eunuchenstimme vorgewimmert hat:

'ne Frau zu sein
is Wahnsinn, weeß ja jeder!
Besonders, wenn man
nich' janz taufrisch is!

Da haben wir uns vor Lachen fast in die Hosen gemacht, und bei Hennes Partys war dieses Demo oft der Höhepunkt. Nee, aber Spaß beiseite, weißte noch, Hennekin, wie wir vom ersten Ton an im Plattenstudio unserer Weltfirma „Amiga" zum „Dienst" erschienen sind? Eigentlich völlig idiotisch: Texter und Interpret glucken hinter dem Komponisten – du immer mit einem Korb voller Stullen, Wein und Äpfeln – und geben ihren „Senf" dazu: „Ick finde, hier an dieser Stelle müßte jetzt 'n geilet Saxophon röhren." – „Ja, und hier wäre 'ne Mundharmonika super, als wenn eener uff'm Hof sitzt und spielt." Ich glaube, Arndt mußte sich erst gewaltsam an die etwas unorthodoxe Art, Platten zu produzieren, gewöhnen, denn als der von ihm bestellte Mundharmonikaspieler anrückte und wissen wollte, was er zu spielen habe, zeigte er stumm auf mich, so wie: „Du hast es so gewollt, nun haste den Salat. Sieh zu, wie du dich da rausrettest!"

Der Not gehorchend, bin ich mit dem Musiker in eine Ecke gekrochen und hab ihm frei nach Schnauze etwas vorgejodelt. Zum Glück war der Mann ein Könner und hat mich auf Anhieb verstanden. Als er ging, hatten wir allerdings den Eindruck, daß er damit rechnete, daß die Türen keine Klinken haben.

Obwohl wir mit *Berlin, du bist die größte Nervensäge von der Welt* schon genug Ärger hatten, wolltest du wieder ein neues Berlin-Lied haben. Arndt hat wütend auf sein Band draufgekeift: „Das ist – bei meiner Seele – mein allerallerletztes Berlin-Lied!" Heilige Einfalt! Vier Stück hat er insgesamt vertont. Das „Neue" begann mit Prosa, und du mußtest ganz schön schnell quasseln, um nicht in den Refrain reinzuplatzen:

Tja, wat soll ick Ihnen von Berlin erzählen? Wir sind janz normal Verrückte ...

100 mal hab ick Berlin verflucht,
100 mal weit weg mein Glück jesucht.
100 mal jeheult: Du machst mich krank!
100 mal jebetet: Jottseidank!

„Und jetzt müßten mindestens hundert Glocken läuten!" Hab ich euphorisch gebrüllt. Wegen meiner unkompetenten Äußerung drehte der Tonmeister sich um und fragte sauer: „Vielleicht die Freiheitsglocke, was? Ich glaube an die Unantastbarkeit und die Würde …" – „Würdet ihr bitte aufhören mit euerm unqualifizierten Mist, ja?"

Arndt, sowieso schon genervt von uns beiden „Einmischerinnen vom Dienst", machte mir in schönstem Sächsisch klar: „Weder Gloggen noch sonst e Gebimmel, sondern e Leierkasten, basta!"

Aber ich war noch längst nicht abgekühlt: „Glocken haben so was Feierliches, Erhabenes, wenn ick Sonntagmorgen mit meinem Hund im Wald spazieren gehe und die Köpenicker Glocken über die Schonung schwingen, da fühl ick mich richtig edel."

Spätestens hier muß Arndt wohl der Kragen geplatzt sein, denn als wir beide am nächstenTag zum Termin erschienen – du hattest diesmal sogar noch „Mon Cherie" in deinem Korb und ich von Oma selbstgebackene Kekse –, hub Arndt zu folgender Predigt an: „Setzt euch, ich hab mit euch zu reden!"

Wir gehorchten prompt, mächtig gespannt, welche Ideen jetzt im Schwange waren, aber der Meister fuhr geschäftsmäßig fort: „Im Prinzip habsch nischt dagegen, daß ihr beede euch jeden Tag hier im Studio rumtummelt, aber eens möcht'sch mir energisch verbitten: euer ewiges Dazwischengequatsche! Außerdem: Du, Angela, schreibst de Texte, o.k., du, Helga, singst, alles prima, aber merkt euch gefälligst: Der Hitmacher bin ich, kapiert?"

Du hast während seiner Ansprache die ganze Zeit regungslos dagesessen und auf deine Schuhspitzen geguckt, doch dann bist du aufgesprungen, hast deinen Korb geschnappt und heiser gesagt: „Komm, Gela!"

Und ab rauschten wir zwei „beleidigten Königinnen", rein in dein Auto, du hast Gas gegeben, daß der „kleene Maz'1" ob der Mißhandlung entgeistert aufheulte. Dann bist du explodiert wie ein Vulkan: „So ein Idiot! Anstatt froh zu sein, daß wir so ein duftet Team sind, kanzelt der uns ab und macht allet kaputt! Na, der kann mich mal! Der sieht mich nie wieder!"

Icke, wie so'n Papagei: „Mich ooch nicht!"

Total vernichtet haben wir uns voneinander verabschiedet, zwei verzogene Gören, denen man ihr Lieblingsspielzeug geklaut hat!

Am nächsten Abend saßen wir – wie immer – putzmunter im Studio, kauten Eierbrötchen, und keine fünf Minuten, da schriest du schon wieder mit vollem Mund los: „Nee, Arndtchen, dit is nich' jut, an der Stelle brauch ick 'ne Pause, da mach ick nämlich so 'ne Armbewegung" – jetzt folgte die praktische Vorführung: Eine Runde Schattenboxen – „dit heißt, hier muß absolute Ruhe sein, da kann dein Rhythmuscomputer nich' unentwegt weiterkloppen!"

Arndt ist in seiner ohnmächtigen Wut jedesmal auf den Korridor rausgerannt, da hatte er mehr Auslauf, und hat seine Fäuste in der Hosentasche geballt. Als angesehener Komponist konnte er ja wohl schlecht über uns herfallen und uns verdreschen, nicht? Weiß der Kuckuck, irgendwie hätte die „Bild-Zeitung" vielleicht Wind davon gekriegt und als Aufreißer gedruckt: „Sing, mei Sachse" – Platten-Millionär verprügelt „Zonen-Star!" Wenn er dann wieder ins Studio kam, um Jahre gealtert, hat er vor sich hingebrabbelt: „Du kriegst deine Pause! Aber nun ist Schluß!"

Es war nie Schluß! Immer haben wir ihn wieder rumgekriegt, sogar „meine Glocken" hat er an den Titel *100 mal Berlin* hinten rangebammelt und danach erst „seinen Leierkasten".

Jetzt muß ich aber doch lachen, weißte noch, Hennekin, da gab's doch dieses Foto von Arndt, auf dem er zusammengekrümmt wie ein alter Mann dasitzt, einen Zigarettenstummel in der Hand, und du hast daruntergekritzelt: „Die beeden Weiber könnt'sch umbringen!"

*

„Um Gottes willen, Neumännchen, wo wollen Sie denn da hin? Die Toilette ist doch auf der anderen Seite. Nein! Halt, Sie klettern ja aufs Fensterbrett! Zurück! Wenn Sie da runterfallen, das ist doch hoch!"

„Ist Ihnen nicht gut, meine Liebe?" Frau Neumann, die Kostümbilderin, hat ihre Nachttischlampe angeknipst und berührt sachte den Arm ihrer Kollegin und Bettnachbarin. Diese schreckt, als hätte sie eine glühende Zange gekniffen, zusammen und stammelt: „Sie sind hier? Im Bett?“

Neumännchen, sanft: „Ja sicher! Bin ich immer nachts.“

Wie von Monstern gehetzt blickt ihre Kostüm-Kollegin hechelnd um sich: „Aber, sind Sie denn nicht eben hier durchs Zimmer gehuscht, haben eine Zigarette gesucht, bevor Sie dann irrtümlicherweise aus dem Fenster steigen wollten?“

Die Neumann gähnt: „Quatsch, ich werd mich hüten. Hab eben geträumt, ich hätte im Lotto ’ne halbe Million gewonnen und war jetzt beim Verteilen ...“ – die Worte bleiben ihr im Halse stecken, denn am Hotelfenster laufen zwei Männer vorbei, und das im fünften Stockwerk! Wie Ping-Pong-Bälle hopsen die Kostümtanten fast gleichzeitig aus den Betten, hin zum Fenster, tatsächlich, das gesamte Hotel trägt eine Rüstung, und da, die beiden Fassadenkletterer steigen von Fenster zu Fenster, mopsen vom Fernseh-Team, was ihnen unter die Finger kommt. Neumännchen hat ihre Handtasche an sich gerissen: „Mein ganzes Geld ist weg! Meine Papiere, mein Ring!“

Aus der anderen Ecke jammert’s: „Meine Perlen-Ohrringe, mein Portemonnaie, o Gott, o Gott, Hilfe! Überfall!“

Auch in den anderen Zimmern wird’s jetzt hektisch, alles steht im Hemd auf den Fluren, kreischt, schreit durcheinander: „Räuber! Diebe! Polizei!“

Aber gerade die kann auf keinen Fall eingreifen, weil sie um 2 Uhr Ortszeit mit einem „schweren Fall“ beschäftigt ist. Aber ich fange am besten mit dem Anfang des „verbrecherischen Vorgangs“ an: Zu einer Zeit, da du dich normalerweise noch ein paarmal im Bett umdrehst, hängst du schon an der Strippe und sagst hastig: „Gela, Rolfi ist tot!“

Ich bin wie vom Donner gerührt: „Tot? Und wer spielt jetzt deinen Partner im *Kessel*? Heute fangen doch schon die Proben an.“ Ja, es ist zum Kotzen, aber so knallhart ist Showbusiness. Erst die neue Besetzung, dann die Trauer. Die ganze Fahrt über nach Cottbus bist du sehr still. Rolfs Tod hat dich tief getroffen. Herbert Köfer ist schon in der Stadthalle. Eigentlich hat er Urlaub, aber für ihn ist es das Selbstverständlichste von der Welt, für einen Kollegen einzuspringen. Das heißt aber auch neue Proben, immer und immer wieder. Rolf und du, ihr wart bestens eingespielt, aber der arme Herbert beginnt bei Null. Daß er das überhaupt in so irrwitzig kurzer Zeit geschafft hat, na ja, alter „Theaterhase“ eben. Abends bist du jedenfalls fix und fertig, läßt dich in der Hotelhalle in einen Sessel fallen und willst ein bißchen verschnaufen. „Silly“, eine junge Rock-Band, die dir auf Anhieb sympathisch ist, hat dir, der „großen Kollegin“, ganz schüchtern ihre neuen Musikaufnahmen mittels eines Walkman übergestülpt. Ich war leider nicht bei dir, weil mir schon spätestens um 22 Uhr die Augen zufallen, deshalb hier deine Aussage: „Stell dir vor, Gela, ick sitze mit Kopfhörern in der Halle, hör mir die unwahrscheinlich dufte Musik von ‚Silly‘ an, uff eenmal stehen zwee Wachtmeister vor mir und baun ‚Männchen‘. Ick hab freundlich wiederjegrüßt: ’n Abend Jungs! Hab ick falsch jeparkt oder wat? Die fanden dit aber überhaupt nich’ ulkig, sondern verlangten – und nu halt dich fest –, daß ick mich ausweise. Ick dachte, die wollen mich verarschen, wa? Polizisten können ja manchmal unfreiwillig komisch sein, eh. Hab ick’s also mit Handschlag versucht: Hahnemann! Wie is et? Trinkt Ihr beede mit mir ’n Bier? Einfache, passive Bestechung! Damit war ick kriminell.“

„Bitte, folgen Sie uns aufs Revier.“

„Wer? Icke? Und wieso?“

„Wegen ruhestörenden Lärms!“

„Gloobste, ick dachte, ick spinne! Ruhestörender Lärm mit’m Walkman uff’m Dez! Grade wollt ick die Mädels anner Rezeption bezeugen lassen, daß ick die Ruhe selber war, als ick deren zujenagelte Jesichter seh. Nu war mir klar: Die hatten die Bullen jerufen! In Cottbus sitzt man nich’ bis nachts in der Hotelhalle rum, anständige Bürger haben jefälligst in der Falle zu liegen. Meine jute Stimmung war nu ooch schon etwas ramponiert, ick hab mich aus meinem Sessel hochjeschraubt, bin wie ein Stier, dem ’n rotet Tuch vor de Neese rumwedelt, uff alle beede zujestampft und hab jeschnaubt: ‚Wat? Bloß uff’t Revier wollt Ihr mich mitnehmen? Dit is doch ville zu wenig für so ’n Kapitalverbrechen, Jenossen! So ’ne Aussteigerin wie mich muß man doch glatt erschießen! Jawoll! Na, wat is, Jenossen?‘ Wie Jeanne d’Arc uff’m Scheiterhaufen hab ick dajestanden und jebrüllt: ‚Holt Eure Kanonen raus, der Count down läuft!‘„

Mir ist ganz schlecht geworden von deiner Erzählung. „Ja, und dann?“

„Na, wat schon, die sind abjezischt!“

„Einfach so?“

„Klar! du müßtest doch eigentlich wissen, warum. Paß uff: Bei Dienstbeginn ham se sechs Schuß scharfe Munition empfangen, bei Dienstschluß fehlt ein Schuß scharfe Munition! Weeßte, wat dit für eine elende Schreiberei jibt? Außerdem, ick gloobe, die hatten noch die ollen ‚08-Zimmerflak', bei jedem zweeten Schuß Ladehemmung!"

Dann hat deine impertinente Lache wieder das ganze Hotel aufgeweckt! Über so was konntest du dich nun amüsieren!

Jeder, der über ein paar graue Zellen verfügte, sah selbstverständlich ein, daß wegen der „renitenten Person Hahnemann" die alberne Verfolgung „kleiner Hammeldiebe" nicht aufgenommen werden konnte. Außerdem, wer weiß, ob die „Fernseh-Heinis" sich nicht gegenseitig beklaut haben. Die Damen an der Rezeption haben jedenfalls für alle Fälle die Wäsche von der Leine genommen.

*

„Meine Güte, Helga, du bist aber sehr erkältet."

Unsere Oma kommt aus ihrem Zimmer, hat Hustensaft und einen Löffel in der Hand: „Hier, nimm mal davon, dein Husten hört sich nämlich gar nicht gut an."

„Weiß ich, Oma", keuchst du, schluckst aber gehorsam das klebrige Zeug, „wat meinste, wie dit auf der Bühne immer zieht, und ick bin doch jedesmal wie aus'm Wasser gezogen."

„Ja schon." Oma läßt trotzdem nicht locker. „Dagegen mußt du auf alle Fälle etwas unternehmen, sonst werden deine Bronchien angegriffen."

„Sind se schon, Oma, leider." Aber du weißt, Oma ist eine halbe Ärztin, hat viel Erfahrung, und ihre Diagnose ist nicht mal so verkehrt. „Morgen jeh ick zum Arzt, Oma, biste zufrieden?"

„Ja, damit ist nicht zu spaßen." Mit besorgtem Kopfschütteln verschwindet Oma in ihrem Zimmer. Du wickelst deinen dicken Schal noch fester: „Jestern is mitten im Titel plötzlich meine Stimme wegjeblieben, kam nur noch Luft."

„Mensch, Henne", sage ich entsetzt. Du verdrehst deine Augen.

„Immer muß gleich die janze Familie über einen herfallen. Jaaa, ick tu wat."

Hast du tatsächlich, einen Tag später stand fest: „Ick hab Knötchen an meinen Stimmbändern, muß int Krankenhaus."

„Ist das 'n schlimmer Eingriff?"

„Ach, überhaupt nich'. Hat jeder große Sänger schon hinter sich", ulkst du rum. „Wird ambulant jemacht, dit Handicap is' nur, ick darf danach acht Tage lang nich' sprechen."

Nach der Operation hast du uns dann in Zeichensprache erklärt: Alles o.k., verheilt prima, du fühlst dich wie neugeboren, dann eine ‚kritzelnde Handbewegung': Hast du schon was Neues geschrieben?

„Himmel, Arm und Zwirn, ich dachte, daß ich mal 'ne Woche Ruhe hätte."

Du wackelst mit deinem Zeigefinger: „Denkste, Puppe."

Als du vom Hof fährst, sagt Oma zufrieden: „Na, das war ja mal ein ruhiger Nachmittag."

*

„Was wolln wir 'n hier?"

Du stehst am Fenster im *Hyatt Atrium* in Budapest, siehst gelangweilt auf die Donau und hast diese Frage eben vor dich hingemurmelt.

„Was wir hier wollen? Uns ein paar Tage erholen, dumme Zulle."

Ich bin schon beim Auspacken, in Gedanken fiedelt mir schon ein Zigeuner bei Schweinspörkölt und Ungarwein schwermütige Weisen ins Ohr.

„Na ja", seufzt du, „denn ruf ick jetzt Nelly und Tibor an."

Neben der durchgestylten Nelly mit ihrem Hut, so groß wie ein Wagenrad, sehen wir wie echte Landeier aus. Trotzdem empfangen uns beide, als kämen wir schnurstracks von der *Metropolitan* mit „Ischtanem rättätä, kössenem sepem" und überschwenglichen Hand- und Sonstwohin-Küssen. Nelly und Tibor – von Nelly „Tibäkä" genannt – sind in Ungarn und auch in der ehemaligen DDR sehr bekannte Unterhaltungskünstler, haben unter Aufbietung aller Nebenberufe ein Haus am Gellertberg gebaut, besitzen einen herrlichen Boxerhund – „Romeo", der „dieselbe frißt wie wir" –, führen uns zunächst in „ejnen Wejnkeller, der, wejßt du, Liebling, mejne Schwager gehört." In einem wirklich urigen, alten Gewölbe haben wir uns mit ungarischen Spezialitäten den Wanst vollgeschlagen und als Nachtisch den obligatorischen Strip einer ... „no, ejentlich sie ist schon Groß-Oma, aber hat sie kejn Geld, verstehst du, Liebling?"

„Dafür hat se aber noch 'ne knackije Fijur", wurde Großmütterchen von dir gelobt, als sie mit ihrem „ab'nen" BH an uns vorbeiwedelte.

Der nächste Schuppen hieß Maxim und bot eine „Internationale Show", angefangen mit Frau Direktor, die sich vor einem jungen Tiger wollüstig herumwälzte, bis zu bedauernswerten zwölf jungen Damen, die vorne zwar nackt, hinten aber Ungetüme von Klamotten wie Seesäcke hinter sich herschleiften und trübe auf die paar Gäste im Saal herabsahen. Aber nur zwei Sekunden lang, dann nämlich kam ein glucksender Laut von dir – und eine riesige Lachsalve, ja, du hast die Girls einfach angelacht und hochgerufen: „Hallo Mädels, wie jeht's? Blöder Job, wat?" Die haben zwar kurz gestutzt, dann aber gelacht, wie junge Dinger eben lachen, und den Raum mit ihrem unbändigen Gekicher erfüllt, ich glaube, Frau Direktor wird hinter der Bühne einer Ohnmacht nahe gewesen sein.

Gegen Morgen landeten wir in „ejne Kinstler-Keller, wo sähr älägante Gäsällschaft verkährt". Es dauerte nicht lange, da wußte jeder in dieser illustren Runde, wer du bist, und bat mit ungarischem Charme die „gnädige Frau um ejne ejgene Titel". Na, du hast dich, mit mindestens einem Liter Tokaj intus, nicht lange bitten lassen, ein anderer Tibor griff in die Tasten und du begannst mit „american slang": *I Can't Give You Anything but Love*, letzteres hörte sich bei dir immer an wie „bot lof", aber du standest darauf, die „berühmten Kinstler" waren bereits auf den Stühlen und klatschten mit, bis – tja, bis zu der Stelle, an welcher du, laut Alfons' Spezial-Arrangement, zu singen hattest: *Jetzt kommt dein Süßer – Kuckuck – Happy Birthday to You.* Piano-Tibor kam total aus dem Konzept, so etwas hatte er im Leben noch nicht gehört, aber du hast gelacht: „Machen wir für heute Schluß, wat?"

Die „älägante Gäsällschaft" war rein aus dem Häuschen, dachte, das muß so sein, geleitete uns zur Taxe, nur Tibor mußte noch seine Gage bekommen, Nellys Tibäkä hat ihm schnell noch ein Sümmchen in sein Sakko gestopft, weil „aus Spaß an der Freude in Ungarn spielt kejn Mensch nicht".

Vier Wochen später sind Nelly und Tibor Gäste in deiner Show im Palast der Republik. Nelly und du in einer Marilyn-Monroe- und Jane-Russell-Parodie, ein absoluter Über-Gag, wenn du den Umzug von einer Rolle in die andere geschafft hättest. Nelly, als „Jane" – im Gegensatz zu dir hatte sie nur den einen Auftritt – stand längst schon nervös sprungbereit, aber „Marilyn" kam nicht, obwohl die ersten Takte der Musik schon eingespielt wurden. Da packte Nelly der Ehrgeiz, denn „bej uns in Ungarn es hejßt ‚The Show must go on',„ wie von einem Katapult abgeschossen, hopste sie auf die Bühne und sang und tanzte euer Duett ohne dich. Sie hatte ihre Kußhändchen noch gar nicht ganz weggeworfen, da hast du sie dir schon vorgeknöpft: „Hör zu, Nelly, wenn ick eines hasse, denn so 'ne Eigenmächtigkeiten. Warum ziehst du eigentlich so 'ne miese Nummer ab, obwohl dit hier 'ne Aufzeichnung ist? Ick schaff den Umzug nich, also haste jefälligst zwee Minuten zu warten, is dit klar?"

Henne als „Heilige Johanna"

Nelly schluckte nur und schlich in ihre Garderobe. Am nächsten Tag – wir haben zweimal aufgezeichnet, jedem Mitarbeiter war klar, daß wir für kurze Zeit unterbrechen mußten –, stand Nelly natürlich schon wieder „gestiefelt und gespornt" auf der Bühne, während du dich noch in das „Hautenge“ preßtest, da muß Nelly mit Adleraugen den Direktor vom Friedrichstadtpalast in der ersten Reihe erspäht haben, jedenfalls sprang sie wie ein Panther erneut auf die Bühne und brachte zum zweiten Mal ihr „Duett for one“.

Ich habe sie nachher nur noch mit bebenden Schultern, laut schluchzend aus dem Haus laufen sehn. Du mußt fürchterlich gewesen sein.

*

Wieder ist *Ein Kessel Buntes* angesagt, wieder bist du das „Parade-Pferd“, und wieder lungern wir abends im Hotel herum, sehen nach dem Proben-Streß wie Hundertjährige aus, trinken uns allmählich „schön“, warten wie bei jeder Sendung, daß wir weitermachen dürfen. Nicht saufen! Senden! Deshalb hocken wir am Übertragungsort, die arme Evelyn, unsere Chef-Redakteurin, hockt in Berlin, und wenn sie wiederkommt, wissen wir, ob die „Heilige Aufnahme-Crew“ uns wohlwill – oder nicht. Du trinkst Weißwein, ich auch, erst hat er mir die „Knopflöcher“ zugezogen, aber jetzt schmeckt er. Wir sitzen am Tisch, Ballett an der Theke, und dort drüben lärmt eine Sänger-Truppe, die „From Coast to Coast“ heißt, Engländer, knackige Jungs und Top-Girls, außerdem nicht so verbissen wie wir, sie scherzen miteinander, na ja, eben „Undergivener of Her Majesty“. Wir, als „gelernte DDR-Bürger“, haben so was nicht nötig, unsereiner zeigt „Contenance“.

„Gaby muß langsam uffhören, die trinkt zuviel“, sorgt sich Fernando, ein „Richtiger“ unter den Tänzern, damals noch mit der schönen Solistin Gaby verheiratet.

„Jeht in Ordnung!“ versprichst du ihm. Ich möchte mal wissen, wie du das bewerkstelligen willst? Etwa das Glas aus der Hand reißen und befehlen: „So, Mädel, ab mit deinem Ollen in die Heia!?“ Ich schleiche dir hinterher, man will sich ja ständig weiterbilden, und höre, wie du den Keeper zu „schlimmen Sachen“ überredest, nämlich: „Ein Glas Selters!“

Der schüttelt sich: „Pur?“

„Zitrone rin, aber ordentlich!“ Der Barmann quetscht und gießt, mit den Marotten der Fernseh-Bagage soll sich ein anständiger Mensch nun auskennen: Erst kübeln wie die Weltmeister, und wenn's ans Bezahlen geht, am liebsten nüchtern sein, die Geizhälse.

„Gabichen, sieh mal, wat Henne hier hat“, flötest du vor Gabis glänzenden Augen.

„Aaah, Gin Tonic!“ Die Schöne greift zweimal in die Luft, bevor sie das Glas von dir erwischt, dafür möchte Fernando sie am liebsten übers Knie legen, aber du schiebst ihn sanft zur Seite und raunst ihm zu: „Laß se doch, Eierkopp, sollst mal sehn, inner Stunde is die wieder fit wie 'n Leistungssportler. Prost, Gaby!“

„Prost, Henne.“

„Wie schmeckt dir der Gin-Tonic?“

„Toll.“

„Auch nich' zu stark?“

„Nö, grade richtig.“

„Wenn de noch mehr willst, brauchste bloß dein leeres Glas hochzuhalten.“

„Henne, du bist Klasse. Du hast als einzige 'n Herz für Ballett!“

„Und seine ‚Suff-Elsen‘„ brabbelst du, aber das hört Gaby nicht mehr, sie sitzt auf irgendeinem Schoß, schwatzt wie aufgezogen und „gintonict“ sich nüchtern. Alle zehn Minuten hält sie – schwankend wie ein Blatt im Winde – ihr Glas hoch und bekommt von dem Keeper die nächste Ladung „reines Gift“!

Als die arme Evelyn, bleich wie die Söderbaum auf dem Grunde der Moldau, eintrifft, ein o.k. meldet und vor einem Bier zusammensackt, sind wir bereits beim dritten Lied unseres Singe-Wettbewerbs, angestiftet von den „United Kingdoms“ und lautstark vorgeführt von dir. Von wem sonst! Die Boys and Girls begannen mit ihren Folksongs, nichtahnend, daß dir – weil du ja mit Abitur behaftet bist – in der Schule auch einige dieser „schwarzhumorigen Songs“ eingetrichtert wurden, von *My Bonny liegt über dem Meer* bis zu *Clementine*, die so winzige Füßchen hatte, daß sie „Ölsardinenbüchsen without Topses“ tragen mußte. Im Moment allerdings stoppt der Sänger-Streit, weil dir, trotz angestrengter Hirnwäsche, kein Lied mehr einfällt. Wie „auf der Rasierklinge sitzend“ glotzen wir dich alle an: „Na los, komm schon, komm schon, sing, sing, Henne!“

Nix! Von der „Dover-Side“ hört man förmlich: „Ätsch, we are the Champions!“

Da gehen sie mit mir durch. Als ich aufspringe, weiß ich noch nicht, wie dieser dämliche Song losgeht, den die olle „Miss Longleg“ uns in der siebenten Klasse eingepaukt hatte, aber ich springe erst mal und stehe da wie die Freiheitsstatue, der alle Sicherungen durchgebrannt sind.

Endlich fällt es mir wie Schuppen vom Kopf, ich kreische schrill wie ein Martinshorn los: „Three blind mices“, drei blinde Mäuse, kuck mal, wie sie laufen, „see, how they run“, ich fege in sämtliche Ecken, zeige mit „entsetztem Finger“ auf meine „weißen Mäuse“, die rennen alle hinter der Bauersfrau her, keife ich im Verfolgungswahn, greife mir ein stumpfes HO-Messer, blicke wirr um mich, „who cuts off their tales with a carvingknife“, das Weib schneidet allen die Schwänze ab, den Männern graust's, sie trauen mir alles zu, aber ich bin inzwischen flink wie eine Bergziege auf meinen Stuhl geklettert, verkünde noch einmal mit spitzem Schrei: „Three blind mices“ und stelle fest, daß du dich unterm Tisch vor Lachen krümmst. „Haben wir gewonnen?“ will ich – noch mit dem Messer in der Hand – wissen. „Yeah!“ grölt es von der „drümschen Seite“ – „that was great!“

Nachher im Fahrstuhl hattest du dich noch immer nicht beruhigt: „Wie du ausjesehn hast, Gela, mit deinem blauen Hemde und der Ente uff'm Bauch!“

„Da kann man mal sehn, so also bezeichnest du meinen silbergestickten Paradiesvogel!“

Noch Jahre später, wenn wir wieder mal so richtig „abgelatscht“ waren, hast du mich in die Seite geboxt. „Gela, ‚three blind mices‘.“ Und schon war die Welt eine Lache lang wieder in Ordnung.

*

„He, geh mit deinen Fingern aus dem Kochtopf raus, du bekleckerst dir noch dein Kostüm.“

„Mann, ick hab seit heute früh nischt jegessen!“ Bums, warst du mit den Pfoten wieder drin im Topp. „Bloß 'n kleenet Stückchen, ja?“

„Denn nimm dir wenigstens 'ne Gabel, Frau Nationalpreisträgerin!“ In deiner feierlichen Robe, Lackschuhe und die rote Mappe achtlos in die Ecke gepfeffert, sitzt du an meinem Küchentisch und ißt ungeniert Gulasch aus dem Kochtopf. Zwischendurch dann dein Kommentar zur eben stattgefundenen Nationalpreisverleihung: „War jerammelt voll da, lauter ‚Helden der Arbeit‘, von Hacke bis Nacke mit Orden vollgejappt, haste mal 'n Schluck zu trinken? Danke. Künstler waren bloß Gisela (Steineckert) und icke, und natürlich bloß dritte Klasse, wat ick mache, is für die doch ‚Afterkunst‘, dafür jibts nich' mehr. Au, is dit scharf! Peperoni, wa? Hat Stunden jedauert, bis wir dran waren.“

„Erzähl doch mal, was hat er gesagt?“

„Wer?“

„Na, er!“

„Ach so, ja, iiih, jetzt hab ick wat im Zahn drin, 'n Zahnstocher brauch ick!“ Den mußte ich erst suchen, fand ihn zwischen den Spielsachen von meinem Enkel David. Dann du, in deinen Zähnen rumpolkend: „Er hat jesagt: Weiter so, auch im persönlichen Leben, und hat mit mir anjestoßen.“

„Wo hast 'n die Medaille?“

Du, mit deinem Kopf bereits im Kühlschrank: „In meiner Handtasche. Hmmm, Salat, hat Gerd jemacht? Schau, mit Knoblauch, darf ick?“

„Bitte bitte, wirst nachher drei Meilen gegen den Wind stinken.“

„Na und? Die Feier is doch vorbei. Manche warten ja schon jahrelang!“

„Auf Knoblauch?“

„Blödi! Auf ihren Nationalpreis. Immer, wenn se denken, nun sind se endlich dran, rutscht wieder 'n Anwärter vonner Blockpartei dazwischen. Die haben nämlich ooch 'n Kontingent an Nationalpreisen.“

„Du bist doch in überhaupt keiner Partei.“

„Eben! Deshalb bin ick ja ooch schon so hornalt, eh. Eigentlich hätt ick's ja wie die Stars in Amerika bei der Oscar-Verleihung machen müssen, so mit Publikumsbeschimpfung uff der Bühne losheulen: ‚Bißchen spät, ihr verdammten Ignoranten! Verdient hab ick den Preis schon, da habt ihr noch inne Windeln jemacht!‘ Pfui Deibel, Soße! Jeht dit raus?“

„Warte, mit warm Wasser.“

Nun schrubbeln wir beide an dir rum und du grinst: „Als Se vorhin reinkamen, haben Se janz nett ausjesehn!“ (Henne, in Ihrer Szene als freche Kellnerin.) Wir lachen, wir albernen Gänse, der Fleck geht wirklich nicht raus.

„Weeßte wat?“ Du siehst mich spitzbübisch an. „Den Preis versaufen wir! Arndt, du und ick!“

„Bist du verrückt? Man kann doch soviel Geld nicht versaufen!“

„Ja, dit is wahr, essen müssen wir natürlich ooch. Ick weeß ooch schon, wo!“

Im *Grand Hotel*. Nobel-Herberge, Diners-Club, Eurocards, Präsidenten-Suite, Lounge, Lobby, VIPs, für DDR-Bürger mit „Ost-Mark“ – Pardon,

„Mark der DDR" – off limits! Normalerweise. Aber für „Very Important Persons", die soeben einen Nationalpreis abgefaßt haben, wird unter Umständen schon mal eine Ausnahme gemacht.

Der „nette Herr Henderson", Hotelmanager (der Name muß nicht stimmen, aber irgend so 'n „alter Schwede" war es jedenfalls), überreichte dir einen unverschämt großen Teerosenstrauß und führte uns in die Empfangshalle. Dort durften wir in den Clubsesseln Platz nehmen und – welch angenehmes Kribbeln im Bauch – wie „echte Wessis" zum Fenster rausgähnen. Danach liftet uns der „nette Herr Henderson" in die „höhere Etage", ins Restaurant *Silhouette*, und legt uns in die trinkgeldgeschulten Hände des Maître d'Hotel. Dieser wiederum dirigiert mit eleganten Handbewegungen ein ganzes Heer von Ober- und Untergebenen, deren Bestimmung einzig und allein darin zu bestehen scheint, uns einen Stuhl unter den Hintern zu schieben. Da harren wir nun, steif wie auf einer Beerdigung, total irritiert, daß außer uns noch andere Krösusse den teuren Schritt in diesen Devisen-Tempel gewagt haben, und sprechen vor Schreck hochdeutsch. Vorhang auf zur Vorsuppe „Oxtail clear, mit Kräutern der Provence und Wachteleiern", wir stellen ergriffen fest: Schmeckt wie Tütensuppe! Auf Samtpfötchen nähert sich jetzt ein schöner Mensch im dunkelroten Anzug, um den Hals trägt er ein buntes Ordensband und daran bammelt eine silberne Kelle. Gerade will ich dem „Kellengeschmückten" erzählen, daß wir bei unserem letzten Betriebsausflug auch so ein Band um den Hals hatten, nur mit einem Schnapsglas dran, damit jeder sein eigenes Glas, – da trittst du mir derart gegen mein Schienbein, daß ich die Engel im Himmel singen höre. Bloß gut, daß wenigstens du dich in den vielen Weinsorten, die der „Mundschenk" dir vorschlug, auskanntest. Arndt und ich, wir hätten doch glatt das „1967" bei dem Vino blanco für den Preis gehalten: 19,67 Mark! Wie auf dem berühmten „Traumschiff" nahten die Ober nun im Gänsemarsch mit den zugedeckten Schüsseln. Wie kleine Kinder, die erwartungsvoll auf den Sack des Weihnachtsmannes stieren, verfolgten wir stumm, wie die „Käseglocken" gleichzeitig hochgerissen wurden, um in Entzückensschreie über die „Muh" und die „Mäh" auszubrechen. Es gab, glaube ich, sechs Gänge, oder? Jedenfalls haben wir bis um Mitternacht geschmatzt, gestöhnt und gerülpst. So ein Preis ist eben trotz der Preise nicht so leicht zu verprassen. Gegen 2 Uhr hatten wir die Tanzfläche nur für uns und unsere „Charaktertänze". Die Musiker, die wir natürlich kannten, fingen schon an zu mosern: „Wollt ihr nicht endlich abhaun? Wir müssen nur wegen euch hier noch fiedeln!" Gegen 4 Uhr begleitete uns der „nette Herr Henderson" bei einem leicht schwankenden Rundgang durch die Pracht-Suiten. Wir dufteten wie die Kokotten, denn überall stand „Nina Ricci" rum. Nur auf deine vorlaute Bemerkung, „so 'ne Zimmerflucht hier kann doch höchstens 'n millionenschwerer Waffenhändler bezahlen, eh!" schwieg sich der „nette Herr Henderson" aus, du hattest nämlich den Nagel auf den Kopf getroffen! Gegen 5 Uhr haben wir die wütende Kapelle weiterbelästigt, jetzt durften sie nämlich nur noch *Don't Make My Brown Eyes Blue* spielen, das wir mit unserem Gesang versauten. Gegen 6 Uhr machten wir die arme Pianistin, die die Pausen der Band überklimperte, zur „Minna", indem du sie vom Hocker zoddeltest: „Komm, mach mal hoppchen, meine Kleene, und laß 'n richtigen Spieler ran, eh!" Das war Arndt. Also malträtierte der nun den Flügel, denn du hattest „den Blues". Sogar *Wo is mein Jeld bloß jeblieben?* hast du verjazzt, was selbst Ella Fitzgerald schwergefallen sein dürfte. Nun kriegten alle Kellnerchen noch Sekt, auch die Pianospielerin, die das Spektakel als „einmaliges Erlebnis" empfand, dafür mußten aber auch alle den Background mitgrölen. Gegen 8 Uhr wurde im Wintergarten unter Palmen das Sektfrühstück serviert. Ich war total erledigt, Arndt fix- und fertiggespielt, der „nette Herr Henderson" sah aus wie das „Leiden Christi", bloß du warst – wie immer – putzmunter und hast den Kaviar mit Löffeln gemampft. Mitleidig war dein Gesicht, als du feststelltest: „Junge, Junge, ihr könnt aber ooch rein jar nischt vertragen!"

*

Eine echte Plage war die Zensur in den Medien. Kaum war ich mit einem Text fertig, kamst du sofort angespurtet und hast ihn vor meinen Augen überflogen. Dann dieser Blick, wie man seinen Filius ansieht, wenn er schon die dritte Fünf nach Hause gebracht hat, und dein strenges: „Sowat hier krieg ick doch nie im Leben durch: ‚Sie leben völlig an den Realitäten unseres sozialistischen Lebens vorbei, wie schaffen Sie Glückspilz das bloß?' Jeht nich!" dein roter Filzstift quietscht über das Manuskript. Ich bin natürlich wieder mal auf Hundert, gifte dich an: „Kannst du mir mal sagen, was ich überhaupt noch schreiben darf?"

„Sex! Dit jeht immer!"

„Blödsinn, *Topp-Musike* ist doch kein Porno-Schuppen."

„Gela, stell dich doch nich' so an, du weeßt schon, wat ick meine. Man muß ihnen die Wahrheit zwar um de Ohren haun, aber jut verpackt, zum Beispiel in Reizwäsche. Lies dir bloß mal die Leitartikel durch, bei dem schönen Parteideutsch kommt einem doch der Kaffee hoch. Wir haben zwar inner Schule jesagt: Man gewöhnt sich an allem, sojar am Dativ, aber am Parteihochdeutsch werd ick mich nie jewöhnen."

Ich also sämtliche Parteiblätter gewälzt und für deine Show *Helga, wie sie leibt und lebt* einen Rap-Gesang geschrieben:

Genossen. Ausgehend von unserem Dialog: ,Weiche Betten, harte Devisen als Basis eines gutfunktionierenden Alltagslebens' gibt der Palast bekannt: Um die Wünsche der Bürger kundenfreundlich in hoher Qualität zu befriedigen, bringen wir mit Entschlossenheit zum Ausdruck, die Arbeit auf dem Gebiet der Bevölkerungsleistungen zu intensivieren und die Feierabendbrigade ,Geisha, die Butterfly für den Hausgebrauch' ins Leben zu rufen. Hier unser Kampfprogramm: Wie Gott in Pankow soll der Mann sich fühlen! Genossinnen! Beim Erfahrungsaustausch mit japanischen Alleinunterhalterinnen wurde zum Ausdruck gebracht, daß der Mann nicht zu unserem sozialistischen Feindbild gehört, sondern als Dienstleistungsapparat zum beiderseitigen Nutzen in Anwendung gebracht werden soll. Auf diesem Bewährungsfeld wird jedoch kein Rationalisierungsvorhaben angestrebt, sondern eine kontinuierliche Stabilität und Dynamik gefordert. Bei Verbesserungsvorschlägen sollten die ,Unteren Organe' ihre Kontrollfunktionen besser ausüben!

Das Ding ging natürlich echt in die Hosen, du hast es nie gebracht. Allmählich hatte man auch nicht mehr die Kraft, um jeden Schiet zu kämpfen! Was sagst du? Spinne? Na schön, sagen wir mal so: Versucht haben wir's immer wieder. Weißte noch, wie sich eines Tages in den sonst so gähnend leeren Wild- und Geflügelläden auf einmal Kartons über Kartons mit Wachteleiern stapelten? Morgens mußte man schon 'ne Stunde früher aufstehen, weil man schließlich zum Frühstück mindestens zwanzig von den Mini-Eiern zu pellen hatte. Die logische Folge dieses Delikatessen-Angebots war der Song:

Wachteleier!
So 'n kleines Ei gibt sehr viel Kraft!
Selbst unser Opa hat's nochmal geschafft!

„Wachteleier sind ein Genuß! Wenn Se se in die Pfanne reinschlagen, nehmen Se zehn mehr, weil man se suchen muß!"

Nach der Wende hast du den Titel manchmal als Zugabe gebracht, und ich dachte jedesmal: Mein Gott, irgendwie müßte man den Menschen vielleicht die damalige Situation erläutern, aber komischerweise war das gar nicht nötig, jeder wußte Bescheid, und kaum hattest du angefangen zu singen: „Wachtel..." kam prompt der Zuschauer-Chor: „...eier!"

Du und dein Publikum, ihr wart ja sowieso wie eine Großfamilie. Ich erinnere mich an eine Vorstellung bei den „Wühlmäusen": Ein ziemlich angesoffener Mann hielt dir seine Schnapsflasche hin und quakte dauernd dazwischen: „Los, Helga, trink mal eenen!" Erst hast du lachend drüberweggehört, aber als der Kerl Anstalten machte, mit seiner Pulle auf die Bühne zu robben, hast du dein Konzert unterbrochen und zwei Zuschauer gebeten: „Jungs, tut mir mal den Jefallen, klemmt 'n Euch unter 'n Arm und trinkt mit ihm draußen 'n Bier, ja? Uff meine Rechnung, is klar!" Die beiden haben das auch gemacht, es war wie ein Befehl von Muttern, der „Volle" ist im Foyer sanft entschlummert, und die Vorstellung lief weiter wie Öl!

*

Du meine Güte, wenn ich noch an dein erstes Konzert in der Berliner Philharmonie denke, vorher sind wir x-mal um dieses seltsame Gebilde Karussell gefahren, und du hast ehrfurchtsvoll draufgezeigt: „Dit isse!"

„O Gott, die ist ja noch größer als der ‚Lampenladen'„.

„Riesig! Soll aber 'ne Super-Akustik haben."

Ich wollte dir deinen ungeheuren Mut nicht nehmen, aber mir war bange wie Gretel, die ihren Hänsel schon verbraten sieht. Allein schon der Name *Philharmonie*, der strotzt doch regelrecht vor „Viel Harmonie", Klangkörpern, Beethoven, Karajan und Anne-Sophie Mutter. Und nun du. Mit Rudi Richter. Berlin-Sextett – letzte Nacht noch im *Café Keese*. Und Paule und Rainer, und alle spielen nich' nur, sondern singen auch. Klingt wie Autohupen! „Hast du keine Angst, Henne?"

„Klar, wat denkst du denn? Aber, die Philharmonie is nu mal der direkte Weg zur Carnegie Hall, eh!"

Arndt und ich, wir hatten unsere Beobachtungsplätze auf dem „Olymp". „Il Sassone" (der Sachse – so wurde Händel in Italien genannt) war auch nervös wie ein Rennpferd, eigentlich hätten wir beide in die „Notaufnahme" gehört. Unser Herzbubbern wurde geradezu unerträglich, als wir feststellen mußten, daß der Saal bis auf den letzten Platz besetzt war. Und alles Leute in Abendgarderobe, mit Klunkern, Rolex, Bauchbinde, eben diese verfluchte Wohlstandsgesellschaft, kennt man ja, cool bis in die Knochen, „alles ‚Einarmige'„, hab ich Arndt zugeschlottert. Der hat nur verkrampft genickt, dachte aber wohl ebenfalls: „Das kann ja heiter werden!"

Rudi intonierte „Jetzt kommt die Süße", ganz ordentlich übrigens. „Nicht wahr, Arndt? Klingt schau!" Und noch ehe du überhaupt zu sehen warst, setzte ein solcher Begeisterungssturm von diesen ganz und gar nicht coolen Zuschauern ein, sie begrüßten dich ganz locker: „Hallo Helga, endlich sieht man dich mal livehaftig. Bloß jut, daß se dich rüberjelassen haben, sonst hätten wir Erich v'leicht wat erzählt!"

Und du, amüsiert: „Na, da hättet ihr aber lange reden können, seit der verkalkt is, hält er sich doch für 'n Denkmal!"

Die Zuschauer bogen sich und forderten dich auf: „Mensch Helga, bleib doch einfach für immer hier!"

„Spinnt ihr? Ick hab 'ne Ranch in ‚Beauty-Oak-Village', in Schöneiche, eh! Außerdem bin ick Mutter von zwee Katzen!"

Danach hast du deine Lieder angestimmt und alle, alle haben mitgesungen. Die Frau, die neben mir saß, hat mich erstaunt gefragt: „Woher kennen Sie denn alle die Texte?"

„Ich hab keine Ahnung."

„Aber Sie singen doch auch alles mit!"

Ich, stolz wie 'ne Schülerin, die im Schreiben 'ne Eins bekommen hat: „Tja, weil ich die Texte geschrieben habe."

Oft hatten dich die Kritiker als „kalauernde dicke Frau in einer bunten Kittelschütze" bezeichnet. Wie schlecht die dich doch kannten. Das muß man sich mal vorstellen: Nachdem du wie ein Kugelblitz über die Bühne getobt bist, setzt du dich an die Rampe, singst im nächsten Moment – nur von einem Spot beleuchtet – das Lied von einer alten Frau, die ihrem Mann auf dem Friedhof von ihren Sorgen erzählt, und im Saal würde man eine Stecknadel fallen hören. Nachdenkliche Stille bei den Zuschauern, aber noch bevor sie ihre Taschentücher wieder einpacken können, reißt du sie aus ihrer Trübsal: „Mensch, ick kann Euch doch jetzt nich' in so 'ner traurigen Stimmung verlassen, los, Kinder, jetzt singen wir alle zusammen: *Jetzt kommt dein Süßer*!"

Fröhlich wie auf einer Dampferfahrt schunkelt alles, singt den Refrain und brüllt zum Schluß, überhaupt nicht fein: „Hugooooo!"

„Dufte, ihr seid ja die reinsten ‚Fischer-Chöre'„, hast du anerkennend jesagt. „Euch nehm ick in Zukunft mit uff Tournee!"

Ruft eine Frau vom Rang runter: „Mann, da wird Karajan aber neidisch sein, Helga!"

„Karajan", kam es von dir höchst verwundert, „wer issen Karajan?"

„Berliner sangen bei ‚Big Helga' begeistert mit!" schrieb die Presse euphorisch. „Big Helga" – irre, bisher kannten wir nur „Big Apple, Big Ben und Big Wim". Ich habe gar nicht erst deinen Auftrag abgewartet, sondern gleich losgeschrieben:

Big Helga – dit klingt super, nich?
Wat sag'n Se? Größenwahnsinnig?
Wieso? Wat Größe anbetrifft –
'ne 46 is wohl nischt?

*

Pfiffig hatten unsere „Kultur-Ministranten" zugeschlagen und einen neuen Preis ausgeheckt, die *Goldene Amiga*, eine Art „Grammy", made in GDR. Die Trophäe, ein echtes Designer-Glanzstück, sollte wohl die Weltkugel darstellen, umzingelt von „Amiga-Connections" – an wackelnden Drähten aufgespießte Mikrofone. Mich hat das Monstrum mehr an einen überkandidelten Hut der Queen beim Pferderennen in Ascot erinnert. Verliehen wurde der Preis an Interpreten, die bei der Weltfirma Amiga ihre Platten produziert und mehr als 200 000 Tonträger verkauft hatten. Kurioserweise gab es nur diese eine Firma, und alles, was Schlager sang und produzieren wollte, hatte die Wahl: Entweder bei Amiga oder gar nicht.

Vor der Verleihung gab es in Berlin als „Opening" eine Pressekonferenz: Der erste Reporter, der uns ins Auge fiel, war „Extra-Dreier" Hans-Jürgen Börner, dessen Sendung wir immer heimlich geguckt, viel bewundert und nie erreicht haben. Bloß, Florett war noch nie unsere Sache, wat, Hennekin? Wir haben immer mit schweren Säbeln um uns gedroschen. Prompt kam auch gleich „Börnis" Frage: „Frau Hahnemann, sind Sie der Meinung, daß Sie die *Goldene Amiga* verdient haben?" Du, im Brustton tiefster Überzeugung: „Ja, Sie etwa nicht?"

Alles hat, soweit es bei abgebrühten Reportern möglich ist, gegrinst, auch der Börner hat lachend beteuert: „Das habe ich damit nicht sagen wollen, Frau Hahnemann."

Karl-Marx-Stadt, mit Kunst nicht allzusehr verwöhnt, bis auf den Riesenklopper von Marx-Büste und die alljährlichen Interpreten-Wettbewerbe in der Stadthalle, war Schauplatz des Spektakels. Im Hotel hing auch schon alles, was Rang und keinen Namen hatte, an der Tagesbar, um sie später ordnungsgemäß gegen die Nachtbar auszutauschen. Obwohl dieses Etablissement höchst unpraktisch zu erreichen war: Außen lang hundert Meter über die Straße, im Winter mußte man wohl oder übel blau sein, um diese Exkursion gesund zu überstehen. Bei einer *Topp-Musike-Show* hatten wir uns doch auch mal dahin verirrt, das halbe Ballett war damals dabei. Na, und wie Weiber so sind: Wenn sie müssen, dann müssen sie alle, also landeten wir geschlossen mit viel Gekicher in der Abteilung für „Damen". Beim Rausgehen trauten wir unseren Augen nicht: Da saß ein altes, gebeugtes Großmütterchen im weißen Kittel, hielt ihre Hand auf und sah der Hahnemann verdammt ähnlich!

„Los, Ihr Huppdohlen, jede 'ne Mark her!" hat die „Alte" befohlen und das Geld der „echten" Klofrau auf ihren Teller geschüttet.

Nun saßen wir – ich wie immer, du „amigapreisverdächtig" – beim Mittagesen. Bis zu diesem Zeitpunkt hast du noch nicht gewußt, daß Alfred Müller die Laudatio für dich halten wollte. Sollte eine Überraschung werden, Alfred hatte sich strengste Geheimhaltung ausgebeten. Doch dann kam dieser „Supermann" von einem Aufnahmeleiter, pflanzte sich an unseren Tisch, breitete seinen ausgewichsten Ablaufplan über deinen Suppenteller und erklärte dir seine Standpunkte: „Paß uff, Helga, du kommst von hier, gehst da lang, denn da, denn so lang, bis hier, und da bleibste, jut?"

„O.k., und wann jeh ick los? Jibst du mir 'n Zeichen?"

„Nee, wieso? Alfred sagt dich doch an!"

„Wat für 'n Alfred?"

„Na, Müller! Sag bloß, dit weißte nich? Dit is ja lustig, sämtliche Kollegen sind uff'm Trail, um zu verhindern, daß Alfred dir inne Arme looft, und unsre Henne ahnt nischt davon!"

Alfred war stinksauer, ist gleich nach der Zeremonie wieder abgereist. Olle Alfred! Du, der muß dich sehr gern gehabt haben, daß er sich – als ernsthafter Schauspieler – von dir sogar zur „Klamotte" überreden ließ. Zugegeben, manchmal zähnefletschend, wie bei der „Richter-Szene". Immer wieder hat er kopfschüttelnd rumgemäkelt: „Wat soll ick denn daraus bloß machen, Menschenskind? Dieser Richter ist doch ein ausgemachter Trottel!"

„Eben", hast du verschmitzt gesagt, „so 'ne Rolle liegt doch eigentlich jedem Mann, oder? Los Alfred, probier doch wenigstens mal."

Diese Szene hab ich inzwischen mindestens hundert Mal gesehen, aber sie ist bis heute für mich – neben „Dinner for one“ – das Nonplusultra der Komik. Du bist Spitze, wie immer, besonders die Klamotten, die du dir aus dem Fundus zusammengesucht hattest, mit dem blödsinnigen Topfhut, zum Schreien! Aber Alfred nicht weniger, wie er sich an seinen Richtertisch klammert und wie ein Rhesus-Äffchen hinter der Brille nervös mit seinen Äuglein zwinkert und sich während des gesamten Klamauks übermenschlich zusammenreißen muß, um nicht über dein „einfältiges Hoppe-Gesicht“ vor Lachen zu platzen und trotzdem einigermaßen sachlich zu bleiben!

Ja, du und Alfred, ihr wart in gewisser Weise ein richtiges Traumpaar. Ich sehe euch noch wie heute in der Friedrichstadtpalast-Revue *Hallo Berlin* 7–5–0 als „wanderndes Volk“ mit einem vergammelten Planwagen auf die Bühne kommen, du als Zugpferd, Alfred auf der Karre hintendrauf. Mitten im Morast, von Mücken halb aufgefressen, habt ihr dann angefangen, „Berlin zu gründen“. Du mit deinen langen, blonden Zottelhaaren und dem beschmadderten Hemde. Isolde, die Dramaturgin, stellte sehr richtig fest: „Henne sieht aus wie Brigitte Bardot, die in eine Mülltonne gefallen ist!“

Sag mal, warst du nicht während der ganzen Spielzeit mit Dagmar Frederic zusammen in einer Garderobe? Klar! Auch nicht so einfach, wenn zwei „hochdekolletierte Koniferen“, wie Traudl sagen würde, sich monatelang auf der Pelle sitzen, oder?

„Meine Stimme ist weg!“ hatte Dagmar dir beim Abgang von der Bühne zugeflüstert.

„Ach Quatsch, die wird schon wiederkommen.“

„Begreifst du nich, du blöde Kuh, ick kann nich' mehr singen!“

Jetzt lief dir aber doch die Galle über: „Blöde Kuh, du blöde Kuh? Ick bin hier der Star, also hab jefälligst mehr Respekt, ja?“

„Du und 'n Star? Kann ick ja nur drüber lachen.“

„Ja, lach man, aber paß uff, daß dir deine verlorenjejangene Stimme nich' im Halse stecken bleibt!“

So reizend plaudernd seid ihr den Gang zur Garderobe langgepest, habt euch wutentbrannt beide durch die Tür gezwängt und – immer weiter mit Pfeilen schießend – für den nächsten Auftritt umgezogen. Halbe Stunde später war alles wieder Friede, Freude, Eierkuchen, zwei starke Persönlichkeiten, die sich den Luxus leisteten, ab und zu mal auszuflippen, um im nächsten Moment in einem „Vater-Mutter-Kind-Sketch“ zusammen mit Alfred ihrem Affen Zucker zu geben:

Mutter: „Les mal vor, wat de in deinem Aufsatz schon jeschrieben hast.“

Kind: „Noch jar nischt, Mensch.“

Mutter: „Hör mal, dir wird doch wohl wat über deine Mutterstadt einfallen.“

Vater: „Mutterstadt? Berlin is immer noch die Vaterstadt von dit Kind!“

Mutter: „So? Denn spricht et wohl ooch nich' in seine Muttersprache, sondern quatscht dämlichet Zeug in seine Vatersprache, wat?“

Kind: „Warum heißt'n dit eigentlich nich' Vatersprache?“

Mutter: „Weil ein Vater nischt zu sagen hat. Schreib weiter!“

Vater: „Schreibste: Berlin wurde vor 750 Jahren chronisch entdeckt, und zwar von ...“

Kind: „... Columbus!“

Vater: „Wie kommste denn uff Columbus? Wenn schon, denn natürlich eener aus't sozialistische Lager: Marx und Engels!“

Mutter: „Nur hör aber uff, Hugo, man kann die beeden ja nu nich' allet inne Schuhe schieben!“

*

„Dit is die Hannemann?“

„Hahnemann!“

„Is doch ejal, aber wie 'ne berühmte Entertainerin sieht se nich' aus!“

Meine aus Frankfurt frisch eingeflogene Schwester war grausam enttäuscht, als du mit deinem bunten Kaftan, einen Turban um die nassen Strupsen gewickelt, durch den Garten geschlurft kamst. Deine Hausschuhe hatten nämlich auch die Größe eines Geigenkastens, solche dicken, pummligen Dinger. Erst als du sie dann begrüßt hast: „Na Evchen, sag bloß, ick bin dir nich' schön jenug?“, da hat mein einfaches Schwesterherz überwältigt gestrahlt: „Aber nett isse. Und die Stimme, die hab ick sofort erkannt.“

Siehste, Hennekin, und darauf wollte ick jetzt hinaus: Ursprünglich sollte das Buch nämlich „Henne, the voice“ heißen. Was sagste? Ich bin verrückt? Klar, weiß ich doch. Auch, daß man

Frank Sinatra diesen Beinamen schon verpaßt hat, aber – und das ist jetzt keine Hochstapelei – deine Stimme ist auch unverwechselbar, einmalig, wenn du so willst.

Menschenskind, wir haben es doch oft genug getestet: Ungeschminkt, in deinen Schlampi-Anzügen konntest du stundenlang durch Berlin latschen, ohne daß dich jemand erkannt hat. Aber sobald du deinen Mund aufmachtest, vielleicht nur „Morjen, Morjen“ in die Gegend krähtest, war das Chaos perfekt! Alles drängelte sich an dich heran, mußte unbedingt mit dir quatschen. „Frau Hahnemann, wir haben Sie gestern im Fernsehen gesehn, na, Sie trauen sich ja wat!“

„Frau Hahnemann, mein neun Monate alter Sohn is ’n ganz großer Fan von Ihnen. Sowie der Sie im Radio hört, sitzt er still auf seinem Töpfchen und sagt: ‚Da!‘„ Auch alle Verkäuferinnen waren Fans von dir, bis auf die muffeligen beiden in Friedrichshagen, die dir die Scampis mit einer solchen „Fresse“ abwogen, als handele es sich um deine Henkersmahlzeit. So was konntest du absolut nicht verknusen, deshalb hast du sie aufgemuntert: „So, meine Tauben, nun hab ick hier bei Euch so viele leckere Sachen einjekauft und ’ne schöne Stange Jeld hierjelassen, nu möcht ick dafür aber ooch ’n nettet ‚Dankeschön‘ von Euch hören und ’n kleenet Lächeln sehn. Sowat müßta fleißig üben, Kinder, sonst kriegt Ihr nämlich Rost an Eure Mäulchen!“

Henne, weißt du noch, wie du einen Kraftfahrer, der dir einen „Vogel“ gezeigt hat, strahlend angelacht hast? Daraufhin ist der total ausgerastet, hat dir zugebrüllt: „Du blöde E-Tussi, mach bloß, det De mit deine Rostlaube aus de Stadt verschwindest, du hast doch noch Kuhscheiße an deine Jummistiefel!“

Trotzdem hast du es nie aufgegeben, fremden Menschen, denen es auf der Stirn geschrieben stand, daß sie am liebsten alle erwürgen täten, entwaffnend zuzulachen: „Kinder, dit Leben is so kurz, vertragt euch doch bloß. Schade um jeden Tag, wo man nich’ wenigstens eenmal gelacht hat!“

Was meinste, jetzt, da ich hier alles, was ich über dich weiß, aufschreibe, hab ich auch „so manche Nacht jegrübelt, über unser Leben hin- und herjedacht“, und eines weiß ich ganz sicher: So was wie dich gibt’s nicht wieder, und es war auch eine ganz glückliche Fügung, daß ich dich kennengelernt habe – halt –, ich muß sagen, daß wir drei uns kennengelernt haben, Arndt hatte uns schließlich „Trio Wahnsinn“ getauft, und wer uns einmal bei der Arbeit beobachtet hat, weiß, daß das noch milde ausgedrückt war.

*

„Gela, ick kann nich’ mitkommen nach Dresden, bin heute nacht meinen Führerschein losjeworden, wegen Alk.“

„Ach, du Donnerwetter! Und wieviel Promille hattest du?“ Viel, denn du klingst mächtig kleinlaut am Telefon.

„Weiß nich. Schuld waren ja die blöden Scheinwerfer.“

„Ach ja? Sonst schluckt doch bloß dein Motor.“

„Hör uff“, kommt es weinerlich, „mir is nich’ nach Witzen zumute.“

„Denkste, mir? Um zehn Uhr haben wir einen Termin in Dresden.“

„Weiß ick. Kannste nich’ mal ’n bißchen netter sein? Wat denkste, wie beschissen ick mich fühle.“

„Hoffentlich nich ’n Jahr lang!“

„Unsinn, spätestens morgen is der Suff doch wieder raus.“

„Ick meine doch die ‚Pappe‘„.

„Damals haben se se sechs Wochen einjekloppt. Warum habe ick Kamel bloß verjessen, Licht einzuschalten?“

„Ach, ohne Licht bist du auch noch gefahren?“

„Ja – nein, mit Standlicht, weil ick doch über die Grenze mußte.“

„So voll?“

„Janz leer. Morjens um drei Uhr ist doch kaum eener da. Na ja, und in der Leipziger, da standen se. Haben mich ooch janz freundlich begrüßt: ‚Ach, die Frau Hahnemann, und nur mit Standlicht. Wie kommt denn das? Haben wir vielleicht Alkohol zu uns genommen?‘ Ick hab die ganz treuherzig anjeguckt und jeschworen: ‚Aber nich’ doch, Leute, ick bin so trocken, daß et staubt, wenn ick spreche.‘ – ‚Na fein‘, haben die sich schadenjefreut, ‚dann können wir ja auch ruhig hier mal reinpusten, nicht wahr?‘ und haben mir ihre olle bunte Tute hinjehalten. Tja, und dit war’s dann.“

„Wollen wir nicht mit der Bahn nach Dresden fahren?“

„Ach, wat denkste denn, wo ick jetzt überall hinrennen muß? Ick brauch doch dit Auto, kann doch nicht nach ‚Las Wurzen' mit dreimal umsteigen fahren. 'n Fahrer brauch ick!"

„Nimm mich doch."

„Dich? Nur im Notfall. Sei nich' sauer, aber du fährst doch höchstens schlappe vierzig km/h."

Dann eben nicht. Ab jetzt warst du nur noch klinkenputzend unterwegs, hast gebettelt, versprochen, Eide geleistet, ich mußte von einem Tag zum anderen ein Lied für einen Kameradschaftsabend umdichten, aber nach vier Wochen warst du immer noch „mittels per zu Fuß". Einmal hat Rudi dich zu einer „Mugge" kutschiert, aber, wie's der Deibel will, gleich gegen ein Wildschwein. Und du warst traurig! Nein, nicht wegen der Beule, das arme Schwein tat dir so leid.

Ein paar Tage später dann dein Anruf: „Gela, fährst du heute mal?" Aha, der Notfall war schon eingetreten. Er fing aber ganz harmlos an, in Form eines Geburtstages, Nero Brandenburg und Frau Regina hatten uns zu einem „Marjellchen" mit eigener Kneipe gebeten. Von Nero wußten wir früher nur, daß er beim Rias ist, daß dieses Wort „Rundfunk im amerikanischen Sektor" bedeutet und „ein feindlicher Hetz-Sender" ist. (Nichtsdestotrotz hat meine Tochter als Siebenjährige regelmäßig gehört: „Der Onkel Tobias vom Rias ist da", durfte sie in der Schule natürlich nicht erzählen, kein Kind tat es, obwohl alle „den Onkel" kannten.) Um so erstaunter waren wir eines Nachmittags, als – inmitten der Verhetzung – dein Titel *Jetzt kommt dein Süßer* erklang, und zwar auf Platz eins der „Rias-Schlagerparade". Noch dazu von Nero ganz lieb angesagt, so, als hättet ihr als Kinder schon zusammen auf'm Hof gespielt. Tja, da waren wir echt platt! Du hast daraufhin mit ihm telefoniert, ja?

Telefonieren ging ja komischerweise, falls man bei 849 durchkam – reiner Zufall –, aber immerhin. Nero hat dann auch eingefädelt, daß du bei Joe am Wedding ein Konzert geben konntest. Dein erster toller Erfolg im Westen, und Nero war von da an „dein Nero", ist ja klar.

Jedenfalls saßen wir in der Mommsenstraße, und diese „dralle Ostpreußin" hatte mit ihren „masurischen Kalorienbombern" sofort deinen Geschmacksnerv getroffen. „Hmmm, schmeckt dit schön! Marjellchen, davon will ick dit Rezept haben, und hiervon ooch." Und nach jedem Gang kamen die „kleinen Verteiler" dran und „die Verteiler für die Verteiler", dann war's bereits nach Mitternacht.

„Henne, wollen wir nicht langsam aufbrechen?" hab ich vorsichtig bei dir angetippt.

„Aufbrechen? Wohin?"

„Wird Zeit", finde ich. Ah, jetzt dämmerte es bei dir, daß ich nicht mehr richtig „ticke", hast mich neugierig, als wäre ich eine seltene Raupe, angeglotzt und „Marjellchen" gefragt: „Sag mal, habt Ihr hier 'n Ruheraum für Kraftfahrer?"

Als diese verständnislos um sich sah, zeigtest du grinsend auf mich: „Für die Alte hier, die jeht nämlich sonst immer schon mit ‚Sandmännchen' int Bette. Haste nich? Denn jib ihr 'n Kaffee, nee, lieber 'n Mokka, damit se wieder zu sich kommt. Tsss, jetzt will die schon jehn, is doch 'n anjebrochener Vormittag, eh."

Ich habe den Mokka geschlürft, danach einen Kaffee, noch mal Mokka, dann raus an die Luft, die Mommsenstraße immer rauf und runterspaziert. Um drei Uhr kam mir eine ältere „Horizontale" entgegen, begrüßte mich kollegial: „Schönen guten Morgen. Na? Noch nich' Feierabend?" Und immer, wenn ich mich „Marjellchen" näherte, hörte ich schon von weitem deine riesige, ansteckende Lache. Bloß ich war dagegen immun, kannste wissen. Als ich wieder einen Versuch wagte, dich dort loszueisen, warst du gerade von deinem Stuhl aufgesprungen, hast dich über den Tisch zu dem „napoleonverdächtigen" Heinrich Lummer (Lummer war auch Gast dort, weil Regina früher seine Frau war, verstehen sich aber trotzdem noch dufte. Jetzt war er allerdings mit einer Blondine dort, Theologin mit weltlicher „Marlene"-Frisur), ja, hast dich zu ihm gebeugt und gekreischt: „Los, steh uff, Heinrich, wir beede verloben uns jetzt!"

Heinrich, erstaunlicherweise ziemlich nüchtern, erhob sich ebenfalls gutgelaunt und küßte „die Braut".

„Aber eene Bedingung, Lummi", hast du weiterlamentiert, „ick will in Weiß heiraten, und mein Brautkranz muß hinten zu sein, weeßt doch, ick bin Jungfrau!"

Den Rest der Nacht habe ich draußen verbracht, denn drinnen waren die Luft und meine Kopfschmerzen unerträglich. Ganz plötzlich kamst du dann rausgeschliddert, immer vor dich hinbrabbelnd: „Wo ist denn mein Kraftfahrer, dieser Esel?

Immer Ärjer mit den Domestiken! Ach, da kommt er ja anjewankt, und ooch noch doppelt! So, wo fahren wir jetzt hin?"

„Nach Hause."

„Kommt nicht in Frage, wir ziehen jetzt noch um die Häuser, basta."

Ich dachte: Laß sie mal erst einsteigen, die beruhigt sich schon. Denkste! Schon nach ein paar hundert Metern: „Halt mal an!" Scheibe runtergekurbelt und ein Pärchen auf der Straße befragt. „Hallo, kennen Sie die Frau, die hier neben mir sitzt?"

Beide bücken sich, betrachten mich wie im Zoo, schütteln die Köpfe: „Nö, nie gesehen!"

Du: „Sehn Se, ick auch nich! Die hat sich einfach in mein Auto jesetzt und kariolt mit mir irgendwohin!"

Ratlos sieht das Pärchen sich an, zuckt zusammen, als deine Lache losbellt: „Ciao, Ihr zwee, macht's jut, und steht nich' zu lange im Hausflur!"

Am Grenzübergang springt jemand mit Riesensätzen auf uns zu: Lippi. Er sieht aus, als hätte er gerade im „Bingo" gewonnen und überfällt uns mit einem Wortschwall: „Henne, Gela, Mann, ick bin ja sowat von happy, alle drei Sendungen sind super anjekommen, hier, die Kritiken", nun holt er haufenweise Papierschnipsel raus, „ick wäre wie Gottschalk, is dit geil, eh? Ick mußte Euch dit einfach sagen, weil ick mich wie Hans im Glück fühle! Aber, Euch beide hab ick auch lieb, eh! Tschööö!"

Olle Lippi. Lacht, daß seine Ohren Besuch kriegen, hopst wie ein Böckchen zu seinem Auto.

„Wo jibst 'n noch wat zu trinken?" gähnst du.

„Bei mir zu Hause."

Flasche und Glas neben dir, sitzt du auf der Erde, den Kopf gegen einen Sessel gelehnt, lachst glucksend und quäkst: „Erna kommt, Erna kommt wieder mal, Erna kommt ..."

*

Also, 'ne Show beginnt so: Vormittags um 11 Uhr, mitten in der Nacht, ruft 'n Produktions-Boß bei mir an: „Hallöchen, Künstlerin, es ist mal wieder Showtime", singst du in einem deiner Lieder. So ein Schmarren! Hatte ich mir das ausgedacht? Muß ich wohl einen „Blackout" gehabt haben. Nee, nee, 'ne Show beginnt jedesmal so:

Du sitzt in deiner Küche und ... was sagste? „Uff eenmal kloppt's?" Nein, Telefon klingelt. Ich sage, daß ich in zehn Minuten bei dir bin. „Kaffee läuft!" deine Antwort. Nun heben wir Pitti und Mauzer vorsichtig vom Manuskript (erste Fassung) runter und fangen an – zu spinnen:

Große Showtreppe – Big Band – Super-Chor – Jazz-Ballett – noch witzigere Szenen – dolle Partner – irre Kostüme – internationale Stars – kurzum: Las Vegas ist dagegen eine provinzielle Schüleraufführung. Wir trinken Kaffee, schwelgen in Licht, Farbe, Musik und – da bimmelt wieder das Telefon, die Kostümbildnerin: Für das Ballett können keine Kostüme angefertig werden, weil kein Geld da ist. Sie wird sehen, was im Fundus noch so rumliegt. Bums! Wir streichen die weißseidenen Glitzeranzüge und den Pailletten-Kopfputz. Weiter im Lied:

Große Sitzung wegen Besetzung. Wir denken an: Barbara Streisand mit *Wo is mein Jeld* in englisch, Dustin Hoffmann als Sporttante „Ilse Gürtelschnalle", J.R. und Alexis mit einem Sketch: „Wer anderen eine Grube gräbt, stößt auch auf Öl!"

Ja, nun kommen wir der Sache schon etwas näher, wir müssen uns bloß noch erkundigen, ob die Flieger in Tegel oder in Schönefeld – Moment –Telefon. Der Produktionsleiter. Er hat alles versucht, unsere ganze „Wunschliste" rauf und runter. Keiner kann. Und die, die können, werden sowieso schon Tag und Nacht über den Adlershofer Sender gejagt, vom „Oberhofer Bauernmarkt" bis zum „lieben Pittiplatsch". Na ja, uns bleiben ja immer noch unsere einheimischen Interpreten. Zuverlässig und pflegeleicht. Du wärmst unsere Kartoffelsuppe auf und sagst: „Im Grunde jenommen heul ick den Top-Stars keine Träne nach. Klar, is schon schön, wenn et in der Sendung mal 'n bißchen nach ‚Große, weite Welt' duftet, aber gloobste, ick bin jedetmal stinksauer: Unsereener hat rund um die Uhr im Studio zu sein, is fix und fertig uff de Ketten, soll aber in der Show frisch und knusprig wie 'ne Bäckerschrippe aussehn, und die Stars kommen fünf Minuten vor der Show, werden von der Bänkerin mit dem Valuta-Köfferchen herzlich in bar empfangen, lassen kurz ihr Vollplayback einspielen, halten ihren Fummel vor die Kamera und werden bis zum Auftritt wieder int Hotel jefahren. Wie Milva damals im *Kessel,* fliegt ein mit Managerin und Tochter, zeigt ihr Kleid der Superlative – wo jeder kleene Ost-Singezahn einfach abstinken muß – und verschwindet mit ihrem Troß.“ Plötzlich lachst du wie ein freches Gör: „Weeßte noch, wie Karel Gott im Palast auftauchte, im cognacfarbenen Ledermantel und mit seinem Koffer in der Hand? Gilli, die Kostümbildnerin, erblickt ihn und schreit begeistert auf: ‚Nein! Der ist ja Wahnsinn!‘ Darauf der Regisseur: ‚So? Ick finde, der wird auch nicht jünger.‘ Gilli, sauer: ‚Ich spreche ja nicht von Gott, sondern von seinem tollen Koffer!‘ Jedenfalls: Silly is ooch jut!“

Nächste Strophe: „Von J.R. und Alexis kommt eine Anfrage an einen gewissen ‚Mr. Hennemann‘, wo die Ranch DDR überhaupt liegt. Also wird die nächste Kulturpreisstufe angepeilt: Der Bruder der Maskenbildnerin hat einen Opa, der Ähnlichkeit mit Sammy Davis jun. hat, der Cousin vom Tonmeister hat ’ne Tochter im Fleischkombinat, die wie Milva singt – bloß höher – und wie Inka aussieht – nur breiter. Der Aufnahmeleiter kennt in seinen Lokalkreisen einen ausgebufften Magier, der in seinem Betrieb schon die unglaublichsten Sachen hat verschwinden lassen.“

Hm, ganz so fürchterlich ist es nicht geworden, im Gegenteil, wir holen den Sänger Miro Unger vom Flugplatz ab, das ist doch auch schon was. Du fährst wieder mal wie der Teufel, es ist heiß, alle Fenster sind offen, Miro ist höflich, obwohl ihm vom Zugwind fast die Ohren abfallen. Auf deiner Terrasse kurze Einweisung von dir: „Hier ist die Bühne, dort dit Publikum, da stehen belegte Brötchen, nu los! Kannste deinen Text?“ Miro schluckt und nickt. Hat wahrscheinlich mit einem netten Plausch gerechnet oder einer Abkühlung im Pool, aber du kennst kein Pardon: „Paß uff, ick komme als Elvira – fürchterlich uffjedonnert – anjerannt und brülle: ‚Willy! Himmeldonnerwetter, bist du denn mit dem bißchen Abwasch noch nicht fertig?‘“

Miro schlurft von der anderen Seite heran, aber du unterbrichst: „Halt, Miro, noch nicht. Erst hört man dit Jeräusch von der Klospülung, du warst nämlich gerade, verstehste?“

Versteht er.

Ich mache: Achtung! Spülung! Jetzt! Miro schlurft wieder los.

„Na endlich! Immer, wenn man dich braucht, bist du auf irgendeiner Sitzung. ... Wat is, Miro? Du bist dran!“

Miro stottert: „Du rauchst nicht?“

„Jib mal her, steht dit bei dir so da?“

„Ja, hier!“

„Zeig! ... Quatsch! ‚Du brauchst mich?‘ steht hier. Ick denke, du kannst deinen Text?“

„Kann ich auch!“

„Na jut, denn spiel hier nicht den Analphabeten. Also?“

Mit Miro Unger beim Rheuma-Strip

„Du brauchst mich, Elvira?"
„Dich natürlich nicht, aber deine Brieftasche."
„Habe ich dir nicht gestern erst Geld gegeben und dich gebeten, mir einen neuen Piranja zu kaufen?"
„Pyjama, Blödi! Piranja! Eeen Biß und weg war se."
„So, und die andere Summe, die ..."
„He, du hast 'ne Pause, ick bin dran."
„Ach ja, ich erinnere mich an diesen schrecklichen Anstaltskittel. Der hält ja nun fürs Leben."
„Eben nicht. Für das Geld hast du dir doch ein Kostüm gekauft."
„Ja, das habe ich eben verwechselt."
„Miro, penn nicht ein, du kommst!"
„Und was hast du mit meinem halben Monatslohn gemacht?"
„Jetzt wirfst du mir sogar schon die paar Kröten vor, die ich dem armen Mann gegeben habe? Huhuhuuu – Miro, wie lange läßt du mich noch heulen, hm?"
„Welcher arme Mann?"
„Na, der in unserem Pelzgeschäft."
„Du kaufst dir Pelze, und ich trage meinen Mantel schon drei Jahre!"
„Mehr jammern, Miro, ja, rotz ruhig in dein Taschentuch rin!"
„Der gute, alte Opa hat ihn vor dir sogar zwanzig Jahre lang geschleppt. Aber damit du weiter sparen kannst, würde ich mich für heute mit zwei, drei blauen Scheinchen begnügen."
„Du bist zu mir nur noch nett, wenn du Geld brauchst."
„Und? Ist das nicht oft genug? – Zück deine Brieftasche, du mußt die Jeldscheine richtig naß heulen, hörste?"
„Ein Mann heult doch nicht!"
Sein Adria-Stolz ist echt gekränkt!
„So tun sollste. Weil ick doch darauf sage: Willy, nimm in Zukunft bitte ein Taschentuch, damit ich mich nicht jedesmal an der Kasse mit den tränennassen Scheinen blamieren muß."
Miro sieht auf seine Uhr: „Oh, ich muß los."
„Wohin?"
„Ins Hotel, mich umziehen, ich bin heute abend verabredet."
„Nee, mein Süßer, daraus wird nischt. Wir jehn die Szene nämlich noch 'n paarmal durch, und denn haben wir ja noch den ‚Stripper', haste den schon druff, eh?"
Miro weiß nicht ganz genau, wovon du sprichst, deshalb bleibst du hart: „Tja, mit Fremdjehn wird heute nischt, mein Kleener."

*

Abends ist Synchron-Termin bei *Euro-Sound*, ein ehemaliges Kino in Grünau, ziemlich primitiv, zum Ü-Wagen muß man über die Straße und Kabel stolpern, der Tonmeister arbeitet „stop and go", aber die Kantinenfrau macht leckere Brötchen. Die verschlingen wir und gackern über Danni, der fabelhaft Musik arrangiert – und noch besser Honni kopiert. Zu so kleinen Steppkes soll er gesagt haben: „Ihr seid nun die Kinder, ja?" Oder war es Ulbricht? Weiß nicht mehr, denn plötzlich wird die Tür aufgerissen und John und Charles, zwei amerikanische Sänger und Bodybuilder, reißen dich in ihre Arme, die ganze Bude wackelt von ihrem: „Hallo, have a nice evening, darling!" Endlich ist der Broadway in unsere „östliche Hütte" eingezogen.
Ich hatte für euch einen Entree-Titel getextet, und der klang, zusammen mit den zwei „schwarzen Stimmen", natürlich „great":

Psst! Das ist unser Geheimtip:
‚Topp-Musike' heißt das Ding.
Wenn man sich davon was einkippt,
wird man plötzlich irgendwie beswingt.
Das fängt beim Zeh an: Rrrrrr!
So ein Kribbeln
manchmal steigt's auch in den Kopf!
Iiiah! So ein Schütteln!
Das macht alles dieser Topp.

Außerdem hatte ich für euch drei eine Szene geschrieben, in der diesmal du ein kleines, schüchternes Nachwuchs-Reporterchen spielst und John und Charles zwei von sich stark überzeugte Gesangstars, die dir ein Interview „diktieren". Das sollte so aussehen, daß du mit einem Reportergerät in einem Café sitzt und eine Mikroprobe machst: „Eins, zwei, drei, o Gott, da sind sie schon." John und Charles, in schreiend bunten Klamotten, kommen hüftenwedelnd auf dich zu, klopfen dir auf die Schulter und sagen grinsend: „Hallo, Baby, die Kerle aus deiner Redaktion haben sich wohl nicht getraut, was?"
Du erhebst dich steif, willst beiden die Hand rei-

chen, machst dann aber nur eine kleine Handbewegung und hauchst: „Hallöchen!"

Die beiden knallen sich auf die Stühle, sagen wohlwollend: „Setz dich doch, Baby."

„Sieht aus, als wenn sie uns nicht besonders mag, was, John?"

„Nicht doch, Mann. Wetten, daß sie gleich lächelt? Stimmt's, Baby, du zeigst uns jetzt deine niedlichen, kleinen Beißerchen?"

Du versuchst, krampfhaft zu lächeln, dafür kriegst du auch einen derben, freundschaftlichen Klaps:

„Na also, mit uns kann man auskommen, Süße. Man darf uns nur nicht widersprechen. Also, laß deine Fragen anrollen."

Du fängst an zu stottern: „Ja, äh, ich ..."

„Moment, Baby, immer schön der Reihe nah. John, beantworte der Lady ihre erste Frage."

„Aber ich habe doch noch gar keine gestellt!"

„Hör zu, Baby, du redest nur, wenn du gefragt wirst, klar? Du bekommst von uns ein Bomben-Interview, aber nur, wenn du schön brav bist. Schreib mit, aber leserlich: Mein Freund und ich sind Super-Stars! Verstehst du, was das ist? So was wie: Jesus Christ, der war auch ein Super-Star."

Du schluckst und nickst.

„Gut so, Darling. Wir glauben nämlich auch fest daran. Außer uns gibt es auf der Welt nur noch zwei Entertainer, die uns in etwa das Wasser reichen könnten: Schiller und Goethe."

Fassungslos stammelst du: „G – Goethe?"

„Mit ‚th', Süße!"

„Aber, die sind doch schon lange tot."

„Richtig, Baby, deshalb sind wir ja jetzt auch die Größten. Er 1,80 Meter und ich 1,79 Meter. Aber Kopf hoch, Honey, wir haben auch mal klein angefangen."

John, kaugummischmatzend: „Du hast klein angefangen!"

„Ich? Du fuck'n Arschloch! Wer hat denn für ein paar Pennys auf allen Hinterhöfen geheult wie ein Wolf, hä?"

„Das muß ich mir doch nicht gefallen lassen. Hab ich dich nicht aus dieser vergammelten Bar rausgeholt, in der du Gänsesänger mit ‚anschaffen' warst?"

Ganz ängstlich willst du schlichten: „Aber Gentlemänner, ich bitte Sie."

„Du hältst dich da raus, Süße!" Zu Charles: „Nimm sofort den räudigen Wolf zurück!"

„Niemals! Eher würde ich mit diesem Lolliball hier" – damit meint er dich – „zusammen auftreten!"

Du versuchst, alles mitzuschreiben und fragst: „Lolliball mit einem oder mit zwei ‚l'„?

John geht Charles an die Gurgel, beutelt ihn hin und her. „So, jetzt darfst du dreimal karaten, womit der gute, alte John sich fithält?"

Charles haut ihm sein Knie in die Weichteile, daß John wie ein Kojote aufjault: „Du hinterhältige Ratte, dich wirbele ich durch die Luft wie ein Bund Flicken."

Begeistert springst du auf, klatschst in die Hände und jubelst: „O ja, action! Das ist hübsch! Aber bitte noch einmal, ja? Ich kann nämlich kein Steno."

Die beiden lassen augenblicklich alles baumeln und mosern rum: „Eh, Lady, verlangen Sie da nicht ein bißchen viel von uns? Gefährliche Stunts machen wir grundsätzlich nur mit Double! See you later!"

Sie bringen so gut es geht ihre Kledage in Ordnung und hinken wie zwei geschlagene Football-Spieler aus dem Café.

*

Am nächsten Tag sind wir schon auf der Autobahn nach Karl-Marx-Stadt, zum „Set", wie man heute auf gut deutsch sagt. Die Produktion hat dir einen Wagen zur Verfügung gestellt, prima, jetzt können wir uns nach Herzenslust über alles, was inzwischen schon wieder „nicht geht", aufregen.

In der Stadthalle hinkt Inge Naß uns entgegen: „Menschenskinder, bei der Can-Can-Probe habe ich mir hier im Kreuz was ausgerenkt."

„Und warum?" hast du kopfschütttelnd gesagt, „weil du wieder die Beste sein wolltest."

Eine Stunde später liegst du ebenfalls darnieder, auch durch diesen dummen Tanz, Muskelriß. Zum Arzt gefahren, Spritzen gekriegt, weitergeprobt, wieder zum Arzt, Inge auch, er verpaßte ihr schmerzstillende Zäpfchen, eine Szene (die mit Miro) fiel raus, zu lang, das Ballett sah in den Fundus-Lappen schäbig aus, der Choreograf hatte nur den halben Titel choreografiert, Tamara von „Silly" schlug eiskalt vor: „Wollen wir streiken?" Du schaffst den Umzug zum Duett mit Kammersängerin Renate Hoff nicht, also MAZ-Stop, Quermann soll vor Publikum eine Ansage machen, dem

Chor hängen die falschen Palmenwedel ins Genick, wie heißt es doch in deinem Lied? *Die Mitarbeiter sind total erschöpft, genau wie die finanziellen Mittel, die Tonmeisterbekannte vom Fleischkombinat ist aus- und auf Oper umgestiegen, und der Magier ist jetzt Profi und hat sieben Monate gekriegt.*

Es läßt sich nicht verhindern, daß die Sendung trotzdem langsam auf uns zugekrochen kommt. Hinter der Bühne sieht es aus, als hätte jemand mit einem Stock in einen Ameisenhaufen gepiekt.

Du hast Lampenfieber. Aber meins ist schlimmer!

Der Anfang läuft schon mal gut, dadurch entkrampft man sich soweit, daß man sich eigenhändig eine Zigarette anzünden kann, ohne gleichzeitig die Wimpern zu versengen.

Wie eine Lawine rollst du, von der Bühne kommend, auf mich zu, zischst: „Weg!" Ich springe den weitesten Satz meines Lebens, mindestens 1,50 Meter. Gleich hinter dem Vorhang reißt man dir die Sachen vom Leibe, kein unnötiges Wort fällt, ich höre nur deine Kommandos: „Dutt fester, Turnschuh! Mikro! Pfeife!"

Schon saust du wie ein Flitzbogen in deinem ausgebeulten, braunen „Ilse-Gürtelschnalle-Trainingsanzug" in den Saal, forderst einen verdutzten Zuschauer auf: „Sportsfreund Müller! In Linie zu einem Glied antreten!" Dabei klatschst du dem rundlichen Herrn auf den Bauch und belehrst alle: „Dieses hier ist der sogenannte ‚Mollenfriedhof', den unser ‚Bierhahnsportler' sich durch jahrelanges Konditionstraining erkämpft hat. Ich darf dir im Namen meiner langen Leitung die ‚Medaille für einarmiges Bierstemmen' unterjubeln. Weiter so!"

Tamara schiebt einen Eiswagen durch die Gasse, an ihrem Schürzenzipfel hängen die „Silly"-Musiker, alle als Schuljungen mit Ranzen vor der Brust verkleidet, auf denen sie mit den Fäusten herumtrommeln. Mike, der Drummer, hält sich den Bauch: „Mann, mir is von den vielen ‚Bette-Davis-Eyes' inner Probe noch ganz kodderig. Ick krieg nischt mehr runter."

Jetzt stehe ich am Monitor und amüsiere mich über den kleinen, pummeligen „Don Giovanni", der Frau Kammersängerin dauernd in den Ausschnitt schielt und röhrt: „Reich mir die Hand, mein Leben." Die anderen Kollegen sind auch schon viel lockerer, stoßen sich gegenseitig an:

Tamara Danz verteilt Eis an die „Schulanfänger" von Silly

„Reich mir die Hand mein Leben"
Helga als Don Giovanni mit Kammersängerin Renate Hoff

„Kiek mal, wie Henne aussieht und wie se der Hoff'n uff Knie nachrutscht, ick könnt ma mopsen!"

Ihr verbeugt euch, und der trottelige Don Giovanni fragt noch: „Äh, Frau Kammersängerin, von wem war die Oper noch gleich?"

Frau Hoff, lächelnd: „Tja, ich habe auf alle Fälle Mozart gesungen!"

Dann steht auf einmal eine uralte Frau neben mir auf und sagt: „Verjiß nicht, die Brosche nachher mitzunehmen, sonst wandert se noch inne Requisite."

„Nein, ich denke dran." Mensch, meine jute Kamé, ich habe sie dir gepumpt, weil sie so gut zu deinem „Oma-Kostüm" paßt.

Inge, Margot und du spielen nun drei alte Schauspielerinnen, die sich beim Kaffeekränzchen in die Haare darüber kriegen, wer früher die größeren Erfolge gefeiert habe. Das wird sehr turbulent, denn du geiferst sie an: „Inge, du hast in deinem Leben doch nischt weiter jemacht, als 'n bißchen mit 'm Hintern jewackelt, und du, Margot, hast uff alle Provinzbühnen *My fair Lady* zur Minna jemacht. Aber ick habe jeentertainert, moderiert, jesungen und sojar jesteppt!" Die Bühne dröhnt, als würde da oben von „Holzhacker-Buam" ein Schuhplattler getanzt. Margot und Inge brüllen vor Lachen: „Ja, stimmt, die Leute dachten, wir hätten Elefanten im Programm."

„Daß die Bühne das überhaupt ausgehalten hat."

„Wieso? Hat se doch gar nicht. Wegen ihr mußten sie doch einen neuen Friedrichstadtpalast bauen!"

Jetzt habe ich Bauchschmerzen, denn euer Can-Can ist dran. Du mit deinem kaputten Bein, Inge mit dem lädierten Kreuz ... aber mir bleibt keine Zeit zum Zittern, denn Regine, Tamara und ich überfallen ein Mikro, das hinter dem Vorhang steht, und beginnen, als Verstärkung für euer Gejuchze beim Tanzen, wie drei arme Irre schrill zu kreischen. Und darüber muß ich plötzlich lachen. Lachen, daß mir die Tränen kommen über diese idiotische Situation, daß drei erwachsene Frauen sich die Seele aus dem Leib schreien, und niemand sieht was! O je, du kommst aus deinem Spagat kaum wieder hoch, hast furchtbare Schmerzen. Aber auch Inge leidet, ich sehe es an ihrem Gesicht. Und du greifst ihr unter die Arme und polterst: „Los, komm hoch, Inge. Hör uff zu mimen!" Na, ich danke. Wo nehmt ihr bloß die sagenhafte Kraft her, ihr Weiber?

Nachts, im Hotelzimmer, kann ich nicht schlafen. Mit der Statik des Hotels scheint etwas nicht zu stimmen, man hört andauernd ein rhythmisches Gestampfe, man glaubt, im Urwald zu sein, stundenlang! Bis mir endlich die Augen zufallen, aber noch im Traum verfolgt mich irgendein „Medizinmann". Beim Frühstück frage ich: „Habt ihr gestern noch lange gefeiert?"

„Nö", kam deine fröhliche Antwort, „aber Ballett und ick, wir waren auf 'm Flur, John und Charles haben uns 'nen duften Tanz, den ‚Hamboon', beijebracht!"

*

Die Kälte machte klirr-klirr, als wir uns, mit deinen Plünnen beladen, ächzend die Treppe zum Adlershofer Foto-Studio hochwälzten. „Ausgesprochenet Weltstudio“, hast du geringschätzig gemeint, „außerdem nich’ jeheizt, und icke im Nachthemde!“ Das lag noch im Koffer, von Monika geborgt. Die einzige in unserem Bekanntenkreis, die „so süße, sexy Nachtwäsche“ besaß (wir beide krochen meist im T-Shirt ins Bette). „Trude, haste Strümpe mit?“

Trude, die Fotografin, nickte: „Da im Kasten.“

„Wat? Ein einziger? Ick brauch wenigstens fünfe, sechse jegen meine Falten.“

Die gemütliche Trude, Kummer gewöhnt durch andauernden Fotoverkehr mit der Adlershofer „Creme“, wickelte sich schon in ihren Schal: „Ich besorge noch Tüll.“

Sie brachte einen riesigen Haufen, der für mehrere Brautkleider gereicht hätte. Zähneklappernd hast du in deinem Gesicht rumgepinselt, die Wimpern mit zittriger „Greisenhand“ angepappt, bist in das Hemd gestiegen. „Mann, schulterfrei, nu krieg ick ooch noch ’n steifen Hals.“

Aus Richtung Kamera kam jetzt: „So, Henne, dann kuck mal wie ’n kleiner Engel von Raffael.“

„Wie kiekt ’n der?“

„Na, fromm und so nach oben, in Richtung Paternoster.“

„Ick merke schon, ihr beede seid bibelfest. Also Ruhe! Ick biete euch mal wat an.“

Trude schlüpfte in ihre Pulswärmer, ich hatte meinen „Kaffeewärmer“ schon auf, nur du armes Würstchen mußtest zitternd Engel spielen für das Cover von deiner ersten LP *Jetzt kommt die Süße*. Ein Grafiker hat dein Haupt anschließend mit einem verbeulten Heiligenschein gekrönt, perfekt, finde ich. Wenn man bedenkt, daß manche Werbeagenturen für ein einziges Foto nach Sri Lanka oder auf die Bahamas reisen und unsere jämmerliche Schnellschuß-Aktion dagegen hält, also ehrlich: Trude war klasse. Aber ich sehe, du grübelst schon wieder! „Ja, ick hab mir nämlich überlegt: Uff die Platte müßte noch ’n ‚Bolle-Chor‘ ruff!“

„Geht doch nicht. Die Aufnahmen sind längst fertig.“

„Na und, wir mieten uns ’nen großen Saal, laden Leute ein und lassen se mitsingen.“

„Die kennen doch den Text gar nicht.“

„Denn eben mitsummen oder lalala oder klatschen, ejal, Hauptsache Stimmung!“

„Klappt nie!“ grollte der Tonmeister. „Ihr gloobt doch nich, daß nur ein einziger den Mund aufmacht, aber mir isses egal, jeder blamiert sich so gut er kann.“

Wir haben es im Farb-Studio II zweimal gemacht, nachmittags und abends. Es war eine Atmosphäre wie auf einem Betriebsvergnügen: Die Menschen sangen, grölten, pfiffen und klatschten, bis ihnen die Puste ausging.

„Na? Wat hab ick jesagt?“ tönte Walterchen, unser Tonmeisterle. Nur einen Moment Luft schnappen wolltest du, aber daraus wurde nichts, weil die Tür wütend aufgerissen wurde und „Martina“ – so hieß das Mädel, was wir aber erst später erfahren haben – stemmte ihre Fäuste in die Hüften und beschwerte sich bitter: „Also, Helga, dit finde ick echt jemein von dir: Bestellst einen hierher und denn darf man nich’ mal singen!“

„Wieso? Haste denn nich’ mitjesungen, meine Kleene?“

„Doch, aber nich’ uff de Bühne.“

„Ach, du willst ’n Solo haben?“

„Logo, Text ha ick druff.“

„Woher denn?“

„Aus ’m Radio, Mensch!“

„Tja, Martina, wenn dir so is, denn mußte heut abend noch mal kommen.“

„Wirklich? Denn darf ick ruff zu dir uff de Bühne? Mensch, Helga, du bist super! Deshalb bin ick ooch dein Idol! Danke! Bis nachher! Juchhuuuu!“

Wie ein Jojo, auf- und niederhüpfend, stürmte sie den Gang entlang, und abends war sie pünktlich wieder da. Den Text hatte sie tatsächlich drauf, aber die Melodie? Alfons und sein Orchester wurden immer schneller, immer schneller, aber er hat sie nie eingeholt, wir haben Tränen gelacht über „Martina in concert“.

Für das Cover der zweiten LP, *Helga – dicke da*, hatten wir uns, nach tagelangem „Brainstorming“, etwas ganz Verwegenes ausgedacht. Es fing damit an, daß mein Mann vorschlug: „Eigentlich müßte man Henne auf dit Reiter-Standbild von August dem Starken draufsetzen. Dit wär ’n Gag: Zwee berühmte Dicke auf hohem Roß!“

„Wie kommst du denn uff den Sachsen-Aujust?“ hast du gemosert. „Sei ehrlich, wegen der Potenz, stimmt’s? Männer! Wenn schon, denn will ick uff den ollen Fritzen.“

Die Idee war nicht von der Hand zu weisen, denn gerade hatte man den Preußenkönig samt Pferd wieder aus der Mottenkiste geholt und auf sein bis-

„Schlampi-Anzug, Handtuch um de Omme, so fühl ick mich super!“

lang verwaistes Podest Unter den Linden gehievt. „Bloß“ – wir verfielen in dumpfes Brüten – „wie kommste ruff?“

„Dit werden wir gleich haben!“ Ins Auto rein, die Linden lang, und da „trabte“ Fritzchen auch schon, den Kopf ein bißchen schief, als murmelte er: „Rin in de Kartoffeln, raus aus de Kartoffeln (in Französisch natürlich).“

„Mindestens zehn Meter hoch“, hast du, dir den Hals verrenkend, richtig festgestellt. „Warum war der 'n eigentlich weg?“

„Weil er ein oller Militarist war. Menschen zählten bei dem nur als Flötenspieler oder Kanonenfutter.“

„Und warum ham wir 'n nu wieder?“

„Tja, weil wir es mit Goethe halten und wieder gut fritzisch gesinnt sind.“

„Vielleicht aber ooch wegen de Touristen, immerhin war Sanssouci ja sein ehemaliger Musensitz, nich? Also, es geht nur mit Kran!“

„Und wer bezahlt den?“

„Amiga.“

Einfältiger Gedanke. Die hatten noch nie eine müde Mark investiert, und auch Friedrich II. würden sie keine hinten reinstecken. Nachdem wir alles über den Haufen geschmissen hatten, sollte Trude den Ollen knipsen, und dein Foto würde später einkopiert werden. Aber Trude kam natürlich auch nicht hinten hoch – also, was lehrt uns das? Preußens „Gloria“ ist Mist, wir nehmen den Fernsehturm, den hattest du nämlich im Keller, als Modell.

Mit Hilfe der Feuerwehr und mit Geld vom Fernsehen hast du den alten Fritzen später aber doch noch bezwungen – für die Verfilmung von *Dicke da.* Klaus, der Regisseur, hat listigerweise die Kamera bei deinem Abstieg weiterlaufen lassen. Ich glaube, selbst Messner hätte 'n „Ooge jekriegt“, wie professionell du die Feuerwehr-Seilschaft kommandiert hast: „Paß uff, meen Süßer, du jehst schön zur Seite, und ick krauche alleene runter, jut?“ David, damals vier Jahre alt, meinte: „Echt cool, wie Tante Henne Feuerwehrmann spielt.“

Wie gesagt, wir hatten ja immer noch den Turm, ein Geschenk von einem Fan. Nun haben wir nur noch deinen niedlichen rot-weißen Anzug mit dem „Herzchen“ drauf aus dem Schrank geholt, dann hast du dich keß auf den „Tele-Spargel“ draufgestützt, und fertig war das Cover von *Dicke da.*

Aber du hattest ja schon wieder eine „Neue“ in Arbeit: „Klar, hab ich doch meinen Fans versprochen, die ‚Dritte‘ von Hahnemann, und sojar vollendet. Sind se stolz uff mich, stimmt's?“

„Die nennen wir *Big Helga.*“

„Vielleicht 'n bißchen zu hochjestochen, oder?“

„Nee, oben, in Riesenlettern, *Big Helga*, und darunter, janz kleen und winzig, wie so 'n Sandkorn, du!“

„Schön, und wat soll dit Sandkorn anhaben?“

„Genau das, was du jetzt trägst.“

„Hast du 'n Knall? Lila Hosen, buntet Ringel-T-

Shirt und um de Omme 'n grünet Tuch? Da tränen einem ja die Oogen!"

Langsam schiebst du dich vor meinen großen Spiegel im Flur, drehst dich mit hängender Unterlippe um und dumm, schließlich wird dein Blick koketter, du ziehst angestrengt deinen Bauch ein und gibst zu: „Jar nich' mal so übel. Wenn de recht hast, haste recht."

Diesmal „coberteb" schon in einem hübscheren Atelier, jedenfalls was die „Models" dort betraf. Die standen, weil inzwichen schon eifrig „gewendet" wurde, bei einem Porno-Produzenten an, der für „Künstler-Fotos" „neue Gesichter" suchte. Eine davon betrat, gerade als wir feststellten, daß wir dein grünes Tuch vergessen hatten, die Garderobe in einer roten Lederjacke, ansonsten am ganzen Körper barfuß. Der Produzent, ein Hamburger, der die ganze Zeit von der „Großen Freiheit" geklönt hatte – allerdings meinte er nicht den Fall der Mauer, sondern einen Puff in ebendieser Straße –, kramte aus seinem Diplomatenkoffer ein Spitzen-Etwas, hielt es dem Mädel vor die Schamhaare und nickte zufrieden: „Müßte passen."

Du hast das „magere Hühnchen" zu dir herangewinkt und ernst gefragt: „Wat soll 'n dit werden wenn's fertig is, hm?"

„Na, Star-Fotos!"

„So, so, jut, daß de mir das sagst. Ick gloobe, deine Mutter würde dir 'n paar hinter de Ohren knallen, wenn se dich in diesem Uffzug sehn würde."

„Überhaupt nicht. Ich war ja früher auch schon Model!" Dann stolz: „Allerdings nur für't K.A. (Kapitalistische Ausland)!" Hat ihre Lederjacke fester über ihre „kleene Baustelle" gezogen und ist, mit dem Tanga in der Hand, ins Aufnahmestudio gestelzt.

Ich wußte, was jetzt kommen würde. Wie zufällig bist du zu dem Produzenten hingeschlendert und hast gesagt: „Altmodisch, wat ihr hier macht."

Der, arg verblüfft: „Äh, wieso? Die Wäsche ist top-modisch und die Püppi auch erst achtzehn!"

„Ich meine ja die Dramaturgie. So 'nen stinklangweiligen Lederjacken-Akt, den kriegste doch an jedem dicken Baum. Nehmen Se doch mal 'ne knackige Hausfrau, eene im Mittelalter."

„Eine – eine Hausfrau?"

„Na klar! Der ziehen Se 'n hübschet Rheumahemdchen an und setzen se mit 'm Podex uff de Mikrowelle."

„Und was soll das?"

„Sie wärmt ihrem Männe dit Abendessen uff."

„Das soll wohl ein Witz sein?"

„Na logo, oder denken Se, ick bin ooch aus de Porno-Branche?"

*

„Du, dit ZDF will 'n Claire-Waldoff-Film drehen, mir haben se de Hauptrolle anjeboten, soll ick dit machen?"

„Die Claire? Ist doch toll!"

„Ja, bloß da bin ick mächtig festjelegt. Ick will ja nun nicht den Rest meines Lebens als Claire-Waldoff-Imitation fristen. An sowat sind schon viele Schaupieler kaputtjegangen, denk mal bloß an Friedrichson, der is seinen ‚Meister Nadelöhr' ooch nich' mehr losjeworden. Er konnte noch so tragische Rollen spielen, jeder hat in ihm nur den ‚Schnippeldi-schnapp' jesehen."

„Ich würde es an deiner Stelle trotzdem machen."

„Hm, Hauptsache, mein Intendant erlaubt dit."

„Warum soll er nicht ...?"

„‚... mit ihr vor de Haustür stehn?' würde Claire sagen, wat? Mensch, Gela, daß du immer so schnell von allem begeistert bist. Sieh mich mal an, wer bin ich? Hahnemann? Nee, in deinem Kopp schon Claire, stimmt's?"

Nach drei Tagen hängst du an der Strippe: „So, nu mach ick's doch nich'! Komme grade von Adameck. ‚Warum willst du denn den Film beim ZDF machen?' wollte er wissen. ‚Wir können die Geschichte doch selber produzieren und dann ans ZDF verkaufen! Und die Hauptrolle kriegst du bei mir auch!' Dieses Schlitzohr! Es heißt zwar, ein Armenier steckt drei Juden in den Sack, aber der ‚Kleene', der ‚Koofmich' schafft doch glatt drei Armenier!"

„Und nun?"

„Nu nischt! Jetzt mach ick's weder hüben noch drüben, basta!"

Adlershof hat natürlich eigenproduziert, die Malle war vorzüglich als Claire, aber ich wußte, daß du irgendwann noch einmal einen Trumpf ausspielen würdest. Richtig! In der Revue *Hallo Berlin 7-5-0* gab es einen Block: *Die verrückten 20er Jahre*, darin wolltest du ein Claire-Waldoff-Medley singen. Alle nickten: Jawoll, paßt prima! Probe! Licht aus! Spot auf Helga Hahnemann! Hahne...? Das gibt es doch nicht! Das ist doch original Claire in ihrer Glanzzeit, im dunklen

Kostüm, strenger Krawatte, den Kopf nach hinten gebeugt, die Augenbrauen hochgezogen, brüllt sie andante: *Hermann heeßta*! Ich bin fasziniert und würde mich überhaupt nicht wundern, wenn Tucho neben mir säße und seine Rezension schriebe: „Sie singt, wie der Berliner Spatz singt, unbekümmert, frech …" und dann (Stimme von innen verhallend): „Hermann heeßta." Mich reißt es vom Sessel, ich schreie: Bravooo!

„Ach, dit hat dir jefallen, ja?" hast du spöttisch gebrubbelt. „Und wenn de dich Kopp stellst, ick bin und bleibe trotzdem Hahnemann!"

*

„Warte, bis ich komme! Kauf dir nichts alleine!" fleht Carmen am Telefon. Du schmeißt den Hörer in der öffentlichen Zelle auf und lachst: „Los, Gela, rin zu Wertheim!" Du hast mindestens schon das fünfte Kleid probiert, da stürmt Carmen schwitzend in die Kabine, fragt mich fast ängstlich: „Wat kauft se denn nun wieder für'n Mist?"

Ich zeige auf dich. Du stehst in einem schwarzen Kostüm mit karierten Aufschlägen vor dem Spiegel und sagst mitfühlend: „Tag, Carmi. Warum biste denn so jerannt? Schwitzt ja wie 'n Pferd!"

Carmen zieht sauer den Vorhang zu und schimpft leise: „Na ja, dit Kostüm jeht ja noch, aber wat die manchmal hier so rausschleppt, dit gloobste nich. Je bunter, desto aufregender findet se dit. Ick meine, soll ich se nun in Kostümfragen beraten oder nicht?"

Carmen, ehemaliges Mannequin und in Modefragen ausgesprochen stilsicher, wischt sich die Schweißperlen von der Stirn und nölt in die Kabine rein: „Neulich, dieser grellbunte Anzug, der hat mich vielleicht vom Hocker jehaun, wie Clown Popow sah se damit aus. Ich hatte ihr verboten: Wehe, du schleppst den auf die Bühne! Nun hat se den sogar in einer Fernsehsendung angehabt."

Endlich bist du mit der Probiererei fertig, marschierst achtlos an Carmen vorbei, rufst die Verkäuferin: „So, dit nehm ick und dit hier ooch." Carmen rennt dir hinterher, macht noch einen lächerlichen Versuch, die Klamotten zu begutachten, dann winkt sie ab: „Was soll's, sie macht ja doch, was se will!"

Ich muß lachen, weil mir einfiel, wie du dich mal in einem unserer „Exquisitläden" auf eine Lederjacke gestürzt hast: „Gela, is die dufte! Die muß ick

Im „Buntgewürfelten"

haben!" Fast angewidert musterte die Verkäuferin deine Figur: „In Ihrer Größe führen wir bei uns gar nichts."

Nun gibst du natürlich nicht so schnell auf und bittest: „Ich möchte die Jacke trotzdem gern mal sehen."

„Nein, meine Dame, ich sagte Ihnen doch schon eingangs, daß dieses Kleidungsstück Ihnen nicht paßt."

„Und wenn ick die Jacke nich' für mich kaufen will?"

Offene Feindschaft auf der Ladentischseite, aber sie hält dir das Stück immerhin von weitem hin.

„Is dit Leder?" Fangfrage von dir, denn nun darfst du sogar das Etikett näher betrachten und dir die Belehrung für „unbequeme Personen" anhören: „Selbstverständlich Leder! Lederol bekommen Sie gegenüber im Konsum!"

In ihrer Überheblichkeit ist es der gestylten Dame

entgangen, daß du dir die Jacke mit geübtem Griff geschnappt hast. Zu Tode erschrocken bellt sie: „Aber nicht etwa überziehen! Reißen Sie mir das teure Stück nicht entzwei!" Aber da hattest du sie schon an, und siehe: Sie paßte! Nur der Gummizug unten war etwas zu eng. Kreischend wie eine Elster flog sie auf dich zu: „Ziehen Sie sofort die Jacke aus, ich hatte Ihnen doch gesagt" – und nun wurde sie Gosse – „daß der Blouson für Ihren dicken Hintern ville zu eng is!"

Du, seelenruhig: „Haben Se mal 'ne Schere da?"

Ich hatte eine. Ohne dich um die zur Salzsäule erstarrten „Ladenhüterin" zu kümmern, bohrtest du ein Loch in den Rand, durchtrenntest das Gummiband und hast erleichtert geseufzt: „Ach, is dit herrlich! So fühl ick mich wohl. Die behalt ick gleich an."

Ich glaube, Carmen hat noch öfter versucht, dich durch geschickte Kombinationen schlanker aussehen zu lassen, aber an dir prallte so was ab. Unbekümmert hast du alles, was dir gefiel, getragen und andere Mollige damit modemutig gemacht: „Kinder, looft doch bloß nich' in Sack und Asche rum, dit ham wa doch jar nich' nötig. Ihr wißt doch:

Dicke sind zum Glück
nich' so verrückt!
Die Dünnen haben immer gleich
wat Hektischet im Blick.
Dicke bleiben immer friedlich,
reg'n sich nie auf!
Denn auf ihr Kreuz,
da jeht 'ne Menge drauf!

Einmal warst du allerdings schon auf dem Wege, „zierlich und schlank" zu werden. Es fiel mir auf, als du eine neue Hose anprobiertest. „Staunste, wat?" hast du stolz gesagt. „Vier Pfund hab ick schon jeschmissen, da, beede Hände krieg ick in den 44er Hosenbund rein. Macht Spaß, abzunehmen."

Aber deinen Fans nicht. Eine Zuschauerin schrieb erbost: „Frau Hahnemann, bisher waren Sie für mich immer ein Vorbild, mit Ihnen konnte ich mich identifizieren. Leider haben Sie jetzt aus unerfindlichen Gründen abgenommen und Ihr Image verloren. Ich bin zutiefst erschüttert!"

*

„Rate mal, wo ick morgen hinfliege?" dein Gesicht leuchtet wie das eines Kindes, dem man eine Tüte Gummibärchen geschenkt hat, und ich ahne, daß es etwas Außergewöhnliches sein muß, sage aber, um dich zu ärgern: „Nach Leipzig?"

„Ph, Leipzig. Janz weit weg, meine Taube, ins Ausland."

„Aah, nach Hollywood?"

„Ach Mensch, du bist blöd, nach Fuerteventura, so, nu weeßt'et."

Fuerteventura, hört sich grandios an, so wie Abitura, Lino Ventura, aber ich habe keine Ahnung, wo dieses Fuerte in der Welt liegt.

„Gela, Geografie fünf, Religion eins, wa? Ne spanische Insel, liegt im Atlantik, dicht bei Afrika."

„Na ja, das muß einem Dummen doch gesagt werden, gell?"

„Wenn's ginge, würde ick dich ja mitnehmen, aber leider ..."

„... der ‚rote Strich'!"

„... ja, is dit nich' zum Kotzen? Aber", und nun strahlt sie wieder, „jetzt lerne ick doch endlich mal wat anderet kennen als Hiddensee. Obwohl ick diese Insel liebe."

Weiß ich. Ich doch auch. Jedes Jahr hast du dein Auto voll Kartoffeln, Obst, Gemüse, Schnaps und Wurst gepackt, bist nach Schaprode gedüst, hast dort alles ausgeladen, Auto in einer Art „bewachter Wüste Gobi" geparkt und stundenlang in dem kleinen Hafen auf den Fressalien gesessen und auf die erste Fähre gelauert. Die kam manchmal um 7 Uhr und manchmal nicht, so daß schließlich durch den laufenden Nachschub an Urlaubern ein belagerungsähnlicher Zustand eintrat. Legte sie endlich an, die Fähre, stürzte man sich familienweise, bis an die Zähne bepackt, in Richtung Gangway und versuchte, den Kahn zu entern. Sie kamen aber nur bis zum Bauch des Fährmanns, der sie mit diesem bis zum Eichstrich vollgetankten Wanst zurückschubste und in aller Ruhe mit dem Verhör begann: „S-stop! Wo wollen wir denn hin?"

„Nach Neuendorf!"

„Neuendorf fahren wir gor nich. Zurück! Der Nächste!"

„Wir möchten nach Vitte!" Dabei läßt das Familienoberhaupt sein Gepäck runterplumpsen und sucht wie ein Wilder den Urlauber-Scheck. „Mutti, hast du den?"

„Ich? Du hast ihn doch in deine Brusttasche gesteckt!"

Der Fährmann kann sich ganz gemütlich seine Pipe anzünden und grinst verschmitzt, als das Töchterchen – sie hatte das Dokument in ihren Jeans – ihm entnervt den Scheck hinstreckt: „Na, mien Söten, ihr seid aber echt reif für die Insel. Der nächste! He, is dat nich' die Frau Hahnemann?"

„Jawoll, ick will zu Kollwitzens."

„Weet ick doch, mien Deern. Was das denn?" Er schielt, mit der Zunge schnalzend, auf deinen Korb. „Doch nich' etwa echter Französischer?"

Na ja, die Pulle bist du los, kriegst dafür auch einen Platz an Deck, zwischen „frisch geteert" und deinen Gastgeschenken. Ja, die Hiddenseer waren verwöhnt. Nicht, daß sie irgend etwas gefordert hätten. Nein, ich habe es selbst erlebt, wie Urlauber unter Gerdas Balkon wie die Minnesänger standen und hochblökten: „Hallo, junge Frau, haben Sie für nächstes Jahr ein Zimmer frei? Meine Frau und ich arbeiten in der Porzellanfabrik Kahla und würden Ihnen dafür ein Service für sechs Personen schenken!" Und so ging das den ganzen Tag. Wen wundert's da, daß die Gäste der Insulaner selbstverständlich handverlesen waren. Aber die unvergleichliche Landschaft machte alles wieder wett. Morgens um neun konnte man dich auf einem klapprigen Fahrrad durch die Heide radeln sehen, denn deine Burg hattest du j.w.d. gebuddelt, und dann hast du wie ein Bratapfel in der Sonne gelegen oder auch im Regen, hat dir alles nichts ausgemacht. „Hauptsache frische Luft, Sonne, Auspennen und abends inner *Heiderose* meinen Fisch, mehr brauch ick nich."

Oh, oh, stimmt nicht! Wie oft haben wir mit Anni bis frühmorgens Karten gekloppt, hm? „Schwein sein ist schön" hieß das anspruchsvolle Spiel. Und dann die Grillabende. Wo? Na, auch bei Anni. Weißt doch, wo Marianne und Peter beim Start mit dem Fahrrad drei Mal in Annis Hecke gefallen sind – so nüchtern waren sie!

Als du aus Fuerteventura zurückkamst, hast du geschwärmt: „Du, ick hatte einen Bungalow, dit Wohnzimmer von hier bis hier" – durch deine Riesenschritte lernte ich jetzt die Ausmaße kennen –, „dit Schlafzimmer von da bis da" – du zeigtest auf meine Wohnung samt Balkon –, „und 'ne niedliche Küche, aber allet drin, sojar Waschmaschine und Staubsauger. Gleich um de Ecke war 'ne Pinte, da jab's Scampis, so groß wie mein Handteller. Irre. Na, und dit Wasser: Vorne grün, denn dunkelblau, und stell dir vor, der Strand total leer, höchstens hier mal eener und da mal eener. Bloß eens hat mich jestört", abrupt hört deine Beschreibung auf. Du sagst wütend: „Wenn ick da so an dem herrlichen Strand lieje, denk ick plötzlich: Warum nur icke? Nur weil ick Hahnemann bin, darf ick all dieset Schöne jenießen? 'n Kraftfahrer zum Beispiel, der Tag und Nacht uff seinem Bock sitzt, oder 'ne Arbeiterin aus de Glühlampe, die nich'? Ick kann dir sagen, in dem Moment packt mich die kalte Wut uff unsern Scheiß-Staat!"

Ach Hennekin, heute darf nu jeder, also, wenn er das nötige Kleingeld dazu hat. Hauptsächlich die „Ossis" sind derart reisesüchtig, „die machen überall hin!" Was denkste, mein Klempner ist gerade aus Neuseeland zurück, und Yorck, kennste doch, unser Optiker, der fliegt nur eben mal so übers Wochenende nach New York, an die Met, zu Placido Domingo, Brigitte und Alfred haben am Broadway „Cats" gesehen. Also, wir haben nach vierzig Jahren Abstinenz ganz schön aufgeholt. Viele „Wessis" sind darüber natürlich stinksauer, fragen: „Können die sich denn das erlauben?" Gott, erlauben kann es sich eigentlich kaum einer, selbst die Wessis wünschten sich, daß sie sich dit Leben, wat sie führen, leisten könnten, aber irgendwie verstehe ich sie ja auch: Donnerwetter, was konnten die uns früher alles erzählen, von den Bahamas, die nur noch für sie in Frage kämen, und vom Überwintern in Mallorca, das waren für uns doch alles Märchen aus Tausendundeiner Nacht. Und nun ist plötzlich alles hin. Jetzt kann es sogar passieren, daß sie im *Café Berlin* in Palma de Mallorca auf Individuen stoßen, die sie hemmungslos anquatschen: „Entschuldijen Se, meine Herrschaften, wieviel Beseden gosd'n hier der Gaffe?"

*

Hennekin, was denkste, was aus deinem Friedrichstadtpalast geworden ist? Ich glaube, du wärst sehr unglücklich, denn diese einmalige Atmosphäre, sowohl im alten als auch im neuen Haus, mit dem robusten Flair einer Großfamilie, das ist alles, alles vorbei. Aus dem Friedrichstadtpalast ist jetzt ein „Ferrari" geworden, und als du damals die Revuen zum Ereignis machtest, wurde er noch wie ein „Trabant" gefahren. Siehste, heute ist „American Show-Business" angesagt, von Ginger und Fred, Rhapsodie in Blue bis Mickey Mouse und Karneval in Rio.

Mit Precious Wilson im „Kessel Buntes", 1981

Was sagste? Hört sich toll an, du warst schon immer für Internationalität? Ich auch, aber doch nicht so be…, na ja, lassen wir das. Mensch, weißt du noch, wie Gisela mit dir und „deinem" Ballett den Girltanz einstudiert hat? *Das dreizehnte Girl* hieß der, die Girls alles Männer im Frack, Riesenlulatsche, und du als kleene Ulknudel dazwischen. Hinreißend! Oder wie wir uns über den Tanz *Take the A-Train* vor Lachen gekringelt haben? Nicht, weil der mies war, im Gegenteil, Rainer und Christina, die bildschönen Solisten, wurden in einer Barke auf die Bühne gezogen, und die Tänzerinnen lagen auf dem Boden und markierten das Wasser, indem sie mit großen Federfächern wedelten. Schön! Elegant. Gekichert haben wir doch nur, als es in der Musik urplötzlich „buhuuuu" machte, so daß man glaubte, jeden Augenblick müsse der *Chatanooga Choo Choo* angeschnieft und -gebimmelt kommen. Dann dieser herrliche Bolero von Ravel, in traumhaften Kostümen von Wolf Leder. „Ich kann Frauen anziehen, das können Sie mir glauben, Frau Hahnemann", hat er dich mal, puterrot im Gesicht, angeranzt. Damals hattest du dich geweigert, eine „rosa Creation" von ihm zu tragen: „Müssen Se einsehen, Herr Leder, damit seh ick aus wie'n Schweinchen!"

„Nein", hat der alte Herr aufgeschrien, „das ist doch kein Rosa, sondern ein zartes Pink!" Na ja, du hast dann wohl ein „Bleu" durchgesetzt, aber vielleicht hättest du ruhig auf ihn hören sollen.

Das muß man sich überhaupt mal vorstellen: Wolf Leder war, solange man denken konnte, Kostüm- und Bühnenbildner am Friedrichstadtpalast. Dann kam 1961 die Mauer, und von dieser Zeit an ist er bis vor kurzem täglich über die Grenze gefahren, für „Ostpiepen", wie ich vermute. Tja, solche Idealisten kann man heutzutage suchen „wie'n Goldklumpen im Radieschenbeet" bemerkte Traudl Schulze richtig.

Dann Kathi, die hübsche Dunkelhaarige aus der Maske, mit der Opernstimme. Jedesmal, wenn du an ihrer Tür vorbeigingst, und Kathi mit flinker Hand Köpfe frisierte, hast du reingelugt und gefordert: „Los, Kathi, sing mal." Und ohne ihren Lockenstab aus der Hand zu legen, hub Kathi willig an: *Ich bin die Christl von der Post!* Können kann sie's bestimmt noch, aber wenn sie keiner mehr so nett auffordert, warum soll sie zwitschern? Das Leben im Palast ist hart. Ach, war das traurig, als Regine, die schöne Solistin, „Rentnerin“ wurde und mit fünfunddreißig Jahren nicht mehr tanzen durfte, das gesamte Ballett hat Rotz und Wasser geheult, und der Friedrichstadtpalast hing tagelang auf „Halb-Mast“.

Unvergeßlich auch eure Koch- und Freßorgien sonnabends, zwischen den beiden Vorstellungen. Jeder mußte einmal dieses „Menü“ anrichten und gab sich auch doll Mühe, irgend etwas Exotisches oder Pikantes mitzubringen. Einmal war Irvin Doumes, ein amerikanischer Sänger, dran, und da er ja „rüber“ durfte, wartete alles schon dichtgedrängt in deiner Garderobe auf die Überraschung aus Westberlin. Irvin kam, balancierte drei vielversprechende silber-papierne Pakete, packte aus, und allen klappte vor Enttäuschung der Unterkiefer runter. Du hast dann ausgedrückt, was alle dachten: „Scheiß Jummi-Adler.“ Seitdem hieß Irvin bei dir nur noch „Hühner-Erwin“.

Dann „Strucki“, der Intendant. Ein Komödiant, wie er im Buche steht. War Not am Mann, wie einmal bei einem Filmbeitrag, hat er halt als „Edelkomparse“ mitgespielt, einen vergammelten Kellner, und Volki, der Regisseur, hat seinen ebenso trinkfesten Kumpan gemimt. Was, Hennekin, das sind Sachen, die man nicht so einfach abwickelt.

„Strucki“ hat mir mal in einem Brief geschrieben: „Ich bedanke mich für Ihre formidablen Texte.“ Formidabel! Nie wieder hat ein Mensch sie so genannt.

Einen Moderator hat er mal in einer Revue während der Probe lange beobachtet, dann ist ihm der Kragen geplatzt. Er ist mit seinen Riesenlatschen auf die Bühne gesprungen, sein kleiner Terrier, der bei allen Problemen immer neben ihm saß, ist vor Schreck wach geworden, hat den Schauspieler zur Seite geschoben und gesagt: „So, nun mache ich Ihnen mal vor, wie Sie hier oben rumkrauchen.“ Er zog die Schultern hoch, klappte zusammen wie ein Taschenmesser und schlorrte wie ein Hundertjähriger über die Bretter. Dabei rügte er ihn: „Wie so 'ne verbogene Musspritze sehen Sie aus.“

Eins steht fest, wir brauchten uns hinter einem „Ferrari“ nicht zu verstecken, die Zuschauer haben sich auch bei unseren „Trabbi-Revuen“ köstlich unterhalten, ach was, nicht nur unterhalten, ganz aus dem Häuschen waren sie, wenn du deine „Dicken international“ zu Gehör brachtest, zum Beispiel die „Mailänder Scala-Version“:

Fiasco mio Figur
Canale Grande jetzt voll
will molto piccolo sein
Portion halbini und basta.

„Hasta la vista Pesetas“ – „Wo is mein Jeld“ in Urlauber-Spanisch

Oder die ungarische Variante, mit der Ansage:

Sähr geschätzte älägante Gäsällschaft! In mejne Hejmat, die große Wejte vom Pränzlauer Bärg, man nennt mir „die Lärche von Hintärhof“.

Darauf folgte ein Geigen-Vorspiel, bei dem du dich „schielewippend“ im Takt drehtest und ich wie ein geölter Blitz in Richtung Klo rannte. Dann drücktest du dir ein Blumenkränzchen, an dem zwei Zöpfe bammelten, auf die Stirn und behauptetest: „Wie Marika Rökk uff der Flucht, wa?“ Und genauso klang auch dein Gesang:

Joi joi, Mamma, hab doch kejn Forinth.
Ich schäkärä mit Tibäkä, v'leicht hot wos in
sejn Spind.

Für die chinesische Strophe hatte Dagmar Frederic mir eine Platte aus China mitgebracht, die habe ich mir zu Gemüte geführt, um mich in die „chinesische Seele" hineinzuversetzen, aber bereits nach einer Stunde war ich von dem ständigen „Yahuhui" der Sängerin total „matsch". Du wolltest natürlich auch möglichst „original" sein und hast dir von einer asiatischen Artistengruppe typische Hand- und Fußbewegungen zeigen lassen. Das sah bei dir so niedlich aus, daß die Artisten entzückt ausriefen: „Na Balle, na Balle!", was soviel hieß wie: „Hopp, hopp, auf die Bühne!" Als Über-Gag stülptest du dir noch eine „China-Kiepe" über und pieptest mit Fistelstimme:

Ich lauche nicht, ich tlinke nicht
geh flüh in die Shangheia …

Dann folgten diese langgezogenen Laute wie von Pitti und Mauzer, wenn sie vor dem Schuppen in deinem Garten hockten und klagend die Verführungskünste eines süßen weißen Kätzchens auf dem Dach verfolgten.

Ja, Hennekin, schöne, schöne Zeiten waren das, die wir nie wieder kriegen werden, da hilft kein Fluch und kein Gebet.

*

„Dit sing ick nich!" Du fegst aus dem Studio bei Amiga, schmeißt mir den Text hin: „Diese Zeile hier." Ich kann nicht begreifen, worüber du dich aufregst, in dem Titel *'ne Frau zu sein* heißt es:

Man klaut sich selber zwanzig Jahre,
doch Sex is dadurch auch nich' viel mehr drin.

„Siehste, und jenau dit Wort Sex will ick nich. Mußte ändern! Gleich!"

Immer dieses gleich, sofort, wie ich das hasse. Widerwillig nehme ich mir meinen Zettel, hinten steht drauf: Butter, Kartoffeln, Hundesteuer einzahlen, und fange gekränkt an, meine grauen Zellen zu mobilisieren: Sex – Rex – Klecks – Schecks – alles Käse. Letzter Versuch von mir an dich: „Soo schlecht ist die Zeile doch gar nicht." Bitte? Doch? Reine Schikane, sie will mich erledigen, aus, weg, Mülleimer! Und wie sie da steht und mich fordernd ansieht, als möchte sie sagen: „Na, wird's bald? An eener Silbe kann man doch nich' stundenlang rumknabbern!" Aber eines Tages, da schmeiß ich alles hin, jawoll, Becks – Gags – Keks – plötzlich kommt leise, aber deutlich aus Arndts Ecke der Satz: „… und fragt sich schließlich: Hat dit eigentlich Sinn?" Pause. Mit einem unendlich triumphierenden Blick verkündest du: „Dit nehmen wa!"

Als ich am nächsten Morgen aufkreuze, hast du bereits angefangen, den Titel *Heiß und kalt* zu synchronisieren. Er beginnt ziemlich rockig, und du singst mit angekratzter Stimme:

Da sitzt ihr nun zu Hause,
eener da – und eener dort,
verbiestert wie immer.
Die Pfeile ham grad Pause,
der Jedanke an Mord
schleicht sich aus dem Zimmer …

Ich geh auf Zehenspitzen, was Quatsch ist, aber es gefällt mir, wie du das interpretierst. Plötzlich rührt mich fast der Schlag, ein schräger Ton bohrt sich bei *Mensch, sag doch mal: ick liebe dich* in meinen Gehörgang, daß ich ins Studio galoppiere und dich anfahre: „Dit jeht nich! Das ist ja der reinste Terror."

Kühl kommt deine Antwort: „Dit bleibt so! Ick find's jut!"

Beim nächsten Titel dreht der Tonmeister sich brüsk zu mir um: „Wat singt se da? Sie kooft ‚Erich' von hintenrum ein?"

Ich bin hellwach: „Was? Wo? Unsinn, es heißt: ‚Na Helga, du koofst wohl auch ewig von hintenrum ein?',,

„Ick höre: ‚Erich'. Kriegen wir Ärger!"

Ich drücke die Taste am Mischpult: „Henne, versuch doch bitte, das ‚ewig' deutlich zu singen, hier kommt es nämlich wie ‚Erich' an."

„Ach du Scheiße! Jut, ick versuch's."

Du hast uns nachher richtig leid getan, so oft hast du probiert, den „Erich" wegzukriegen, aber der hatte sich so festgekrallt, daß wir schließlich abgewinkt haben: „Egal, gestorben!"

*

„Wat kosten die Teller?“

Der verräucherte Kantinenwirt glotzt dich mit rotentzündeten Augen an: „Der janze Stapel?“ Dann, pfiffig, ’ne Pulle Klaren im Sinn: „’n Pfund!“

„Ick jeb dir ’n Zehner.“

Schon hast du die Teller unterm Arm und verteilst sie im Studio. Der „Cantus-Chor“ freut sich: „Aah, jetzt gibt’s was zu essen.“

„Denkste! Horcht zu, Kinder, ick sing doch jetzt *Mein Jeburtstag*, und an der Stelle:

Nun schlepp ick Stühle, schlag die Sahne,
renn mit dem Kaffee hin und her,
denn Ejon, der hat längst ’ne Fahne,
als wenn det sein Jeburtstag wär –

da macht ihr unheimlichen Alarm, wie uff euern Partys, und wenn es heißt:

Dazwischen höre ick se grölen:
Hoch soll se leben! Dreimal hoch –

denn benehmt ihr euch wie in eurer Stammkneipe, wird euch ja wohl nich’ schwerfallen, oder?“

Protest vom trinkfesten Vlady: „Helga, hast du uns schon mal trinken gesehen, hm?“

„Nee, trinken bestimmt nich“, hast du bestätigt. „Weiter! Jetzt sind die Teller dran, und zwar bei:

Die Stimmung is’ nich’ mehr zu stoppen!
Ick aste Flaschen und Salat!
Mir qualm’ vom Loofen schon die Socken!
Mein Mann lallt: Mausi, hast du was?

So, da haut ihr die Teller uff de Erde, daß es nur so kracht.“

Vio, wunderschön, singt Altstimme und ist „Vlady seine Feste“, sagt ganz erstaunt: „Die gehen doch dann kaputt, Henne!“

„Vlady, paß bloß uff Vio uff, sonst wächst uns ihr IQ noch übern Kopp. Eh, Viochen, die sollen kaputtjehn, vastehste?“

Also los. Die Musik wird eingespielt, „Cantus“ läßt sich, polterabendgeübt, nicht lumpen, und du mittenmang, wie der berühmte Elefant im Porzellanladen, holst immer noch einen Teller hinter deinem Rücken hervor und knallst sie einem von uns vor die Füße. Als nach dem Einspiel Ruhe herrscht, sind wir alle wie aus dem Wasser gezogen. Du fragst die Regie: „Wie war’s?“

„Echt!“

„Jottseidank, die Teller sind nämlich alle.“

Was ich noch sagen wollte, Henne, wir hatten doch in dem Titel „Tante Hertha“ miteingebaut, stimmt’s? Die „spillerige“ alte Dame mit ihrem verschrobenen Hut und dem Mäuseblick war auf jedem Geburtstag die erste. Hatte aber für jeden immer was mitgebracht, von „After eight“ bis zum „Kaffee-Likör“. Auf ihre frühzeitigen Besuche anspielend, singst du doch:

Langsam reicht mir dit Theater –
da bimmelt’s. Wer kommt? Tante Hertha!

Sie hatte auch solche weinerliche Stimme, nicht? Man hat immer darauf gewartet, daß sie gleich losheulen würde. Aber stell dir vor: Tante Hertha ist im Stehen gestorben! Als die Nachbarin zu ihr rüberkam, stand sie wie ein Baum am Abwaschtisch, so, als wollte sie gerade Geschirr spülen. Doll, was?

Ein anderes Mal fehlte uns ein Kinder-Chor.

„Werden wir gleich haben, bleib janz ruhig, Arndtchen.“

Bist zur nächstliegenden Schule gewetzt und kamst mit fünfzig Gören wieder, die unbekümmert und frech wie Oskar den Refrain gesungen haben:

Life is’ schwer wie Rock’n’Roll!
Weeß Jott, wer dit kapieren soll.
Du fällst uff’s Kreuz – stehst wieder uff.
Gleich kriegste schon den nächsten Buff
und stöhnst, beim Indiekniejehn:
Uff eene Art is’ trotzdem schön!

Interessant war es aber auch, dich beim Synchronisieren zu beobachten. Tagelang in einer Ecke des großen Studios verbarrikadiert, hast du immer „Vollpower“ gegegeben. Geradezu rührend hast du mit den Fäusten „gegen Windmühlen“ gekämpft, einem imaginären Mülleimer den „letzten Tritt“ versetzt oder mit beiden Händen auf dem Herzen ein Liebeslied gesungen:

Ick schmier es dir auf jede Stulle –
ick wiener es auf deine Schuh.
Ick gieß dir’t inne Thermospulle
und steck et dir als Kleinjeld zu ...

„8.35 Uhr! Hier ist *Helgas Topp-Musike*. Schönen guten Morgen, liebe Hörer. Au, bin ick uffjeregt, wegen heute abend, icke in concert. Aber wat ja noch spannender is, wo ick mir auch große Chancen ausrechne: Demnächst wird doch Miss Ostberlin jewählt!"

Du gibst Achim das Handzeichen, und er fährt den „Hühner-Vorspann" ab. Dann drehst du dich zu mir um: „Na, Alte, kommste heute in die Philharmonische? Ick will Arndt und dich den Zuschauern vorstellen. Steh aber richtig uff und sei nich' wieder so klemmi. Hier, horch mal, wie findest 'n dit? Von Hansgeorg Stengel:

Die Leute beschwingt und vergnügt zu machen –
das schaffen die Schälke in Mehrheit.
Doch das nützliche, richtige, wertvolle Lachen
kann nur ein Kabarettist entfachen
nach lebenslänglicher Lehrzeit.

„Jut, wa? Is leider in Ungnade jefallen, der Ärmste, hat Auftrittsverbot. Na, bei mir jedenfalls nich. Ick werde jetzt in jeder Sendung von ihm wat bringen. O.k., Achim!" Du setzt deine Kopfhörer auf, grinst mich an: „Dit hier is zwar jestrichen, aber ick hab's aus Versehen übersehen, nich?"

„Inner Politbürositzung schnuppert een Jenosse wie son Jagdhund und fragt schließlich: ‚Wat hast du'n heute dran, Erich? Davidoff?' Der Generalsekretär beleidigt: ‚Davidoff! Sowat Billiges nehmen die Unteren Organe. Meins ist vom Genossen Lagerfeld, wenn dir der Pariser was sagt.' – Na, wat is, Achim, fahr die Musike ab." Zu mir: „Jib mal dein Portemonnaie." Mir schwant schon wieder Fürchterliches. Richtig: Mit spitzen Findern zoddelst du einen Hunderter raus. „He, wozu brauchst du den?"

„Da, lies den Brief!" Ich überfliege ihn. „Sehr geehrte Frau Hahnemann … weiß nicht mehr ein noch aus … alleinerziehende Mutter … drei Jungs … Mann hat mich verlassen … bitte helfen Sie mir."

Du beobachtest mich, sagst: „Schlimm, wa?"

„Tja, bloß, was soll man da machen?"

„Erstmal Jeld schicken, damit die Kinder wat zu beißen haben."

Gonna take a Sentimental Journey, schmeichelt es im Kopfhörer, als Nachkriegshalbstarke haben wir, weil uns roocherte, sehnsüchtig gegrölt: „Stell dir vor, wir hätten was zu rauchen."

„Ah, da kommt ja mein Lieblingsinstrument, der Gong zum Frühstück", kasperst du rum, als Achim zwei Tassen Kaffee balanciert. Achim ist eigentlich gar nicht Achim, sondern Klaus, aber weil du während der Sendung dauernd im Dialog mit deiner Mannschaft bist, heißen alle Männer Achim und alle Mädels Bruni.

Telefon. Ein Hörer will wissen, wie du aussiehst.

„Sie kennen doch Raquel Welsh, ja?" flötest du. „So groß bin ick, die Frisur trag ick wie Tina Turner, bloß 'n bissel netter natürlich, und meine Augen sind pfiffig wie die von Otto. Nein, nich ‚Otto-Versand', mehr Waalkes."

'ne Frau zu sein is Wahnsinn, weeß doch jeder, singt jetzt eine gewisse Hahnemann im Radio, den Refrain schreist du hingebungsvoll mit:

Beim Mann dajegen spielt Alter keene Rolle
mit Fünfzig wird er erst mal interessant.

„Was sagste, Achim? Du wirst ooch bald fünfzig, bist aber noch zu haben?" Du lachst: „Is doch klar, mein Süßer, so 'ne Exemplare wie du treiben sich ja normalerweise nich' im Rundfunk rum, sondern schwingen sich von Ast zu Ast, nich'? Aua, hör uff, mit Bändern zu schmeißen! The Mess is here, waw!"

Der Rhythmus geht unweigerlich in die Beine, also stampfen wir rum, als hätten wir 'ne Tonne Weintrauben auszuquetschen. „Jestern ham se 'n Reporter, der mit mir 'n Interview machen wollte, zwee Stunden an der Zonengrenze festjehalten, obwohl alles jenehmigt war. Mußt ick erst hin und denen Feuerwerk jeben, denn haben se 'n endlich durchjelassen. Kommen wa zu mir nach Hause, haben Mauzer und Pitti inzwischen die Schinkenplatte uffjefressen. Tut mir leid, hab ick mich entschuldigt, müssen wir halt Sekt trinken, den mögen se beede nich'."

Ich wandre ja so gerne am Rennsteig durch das Land …, jodelt Herbert Roth. Ich schneide Grimassen.

„Haste wat jegen unsern Thüringer Wanderburschen Herbi?"

„Überhaupt nicht, ich finde bloß, die Titel prallen manchmal aufeinander wie Ziegenböcke!"

„Jaa", preist du dich, „uff Schneewalzer Heavy Metal, dit jibt *Topp-Musike* die Würze, eh."

„Der Reporter wollte ooch allerlei aus meiner Sturm- und Drangzeit inner *Pfeffermühle* wissen.

Hab ick ihm erzählt, daß ick schon damals immer großet Aufsehn erregt habe. ‚Schon als Anfängerin?‘ hatta jestaunt. ‚Doch nicht auf de Bühne, Junge. Inner Mitropa, am Hauptbahnhof, mit Kollegen.‘„

„Dann hast du wohl auch den Quatsch von deinem Verlobten, dem Kosmonauten, der beim Eintauchen in die Erdatmosphäre verglüht ist, erzählt?“

„Klar, is doch ’n dufter Gag, oder? Wenn der so doof is und dit für bare Münze hält, is sein Bier. Doch jetzt, meine Taube, begeben wir uns uff dein Niveau und bringen dit Neueste aus Kalau: ‚Hätt ick doch bloß uff mein goldijet Mütterlein jehört‘, jammert ’n Knasti, ‚denn würde ick heute nich’ hier drinne sitzen. Immer wieder hat se mich beschworen, paß uff, Sohni, die Bullen kommen! Nimm die Knarre, knall se eenen vorn Latz, und denn ab über de Dächer.‘„

Zwei Stunden lang unterhältst du dich mit deinen Hörern, blödelst rum, bestellst Grüße, tröstest, meckerst, haust auf den Putz, singst mit, pfeifst mit, alles eigentlich „Todsünden“ im Rundfunk, aber die Hahnemann darf das! Als einzige!

Kurz vor halb elf rollen wir vom Gelände, schweißnasse Haare kleben dir in der Stirn, du stopfst dir eine Käsestulle „mang die Kiemen“, da hält dich ein junger, phantastisch aussehender Mann an, überreicht dir einen Wahnsinnsstrauß dunkelroter Rosen, stammelt, rot wie ein Granatapfel: „Frau Hahnemann, nehmen Sie bitte die Blumen als Zeichen meiner großen Verehrung.“

Linkisch nimmst du den Strauß, brabbelst so was wie: „War doch nich’ nötig, und auch noch Rosen, aber lieb von Ihnen.“ Und hinterher: „Mann, der wäre meine Kragenweite!“ Blick in den Rückspiegel: „Wie ick wieder aussehe, wie die letzte Schlampe, und um een Haar hätt ick ihm statt meine Hand die olle Käsestulle hinjereicht!“

*

„1,80 Mark für Garderobe? Nee, denn nehm ick meinen Mantel übern Arm. Für dit Jeld krieg ick ja schon ’n Matjeshering.“ Brigitte ist hellempört über die unverschämten Westpreise im ICC. Das Drama begann schon bei der Anfahrt zu diesem – wie nennen die Berliner das Monstrum? – „Panzer-Nashorn“? Ist ja auch wurscht, wir sind jedenfalls wie die blinden Füchse in den Katakomben da unten herumgeirrt, haben zig Mal „Käses Rundfahrt“ gemacht, bis wir erschöpft vor einem Polizisten stoppten und wie die „Hinterweltler“ fragten: „Wo kann man denn hier parken?“

Dem Ordnungshüter grauste vor soviel Blödheit, aber er zeigte immerhin hundertachtzig Grad an: „Überall!“

„Ah, überall!“ Wir nickten uns freudig überrascht zu, „und wie kommt man in das Gebäude rein?“

Nun trat er doch lieber einen Schritt zurück, man kann ja nie wissen, die Ossi-Tussis hopsen einem womöglich noch auf ’n Arm und wollen in den Saal getragen werden. Also zeigte er vorsichtig auf eine der tausend Treppen: „Da hoch!“

„Habt ihr gehört, wir müssen da hoch“, schwinge ich mich jetzt zur Reisegruppenleiterin auf. Jumbo, mein Mann, parkt auf dem Gehweg, der Bulle hat ja gesagt „überall“, wir nicken dem Schampel – der uns nachstiert, als wäre Egon mit seiner Geisterjäger-Crew an ihm vorbeimarschiert – freundlich zu und bewegen uns betont lässig, damit man uns die Ossis nicht schon auf Kilometer Entfernung ansieht. Nur die Toiletten dürfen wir nicht benutzen, denn da wird’s brenzlig, wenn man unter den hochmütig hochgezogenen Augenbrauen frischfrisierter Damen versucht, den vollautomatischen Wasserhahn durch Drehen, Kippen, Rauf und Runter in Gang zu bringen oder – verlegen vor sich hingrinsend – ein Handtuch, das nicht da ist, sucht, bis einem jemand mit Nachdruck den Knopfdruck zeigt. Schrecklich.

„Henne hat ja Mut“, flüstert Brigitte. Sie hat recht. Schon das Foyer von diesem Gebilde hat verdammte Ähnlichkeit mit unserem Ostbahnhof. Außerdem, ich sehe mich bange um: „Den Schuppen kriegen die doch niemals voll.“

„Mensch, Gela, Angst vor der eigenen Courage, wat?“ würdest du sagen, aber ich trau mich nicht hinter die Bühne, weiß, du bist jetzt nur noch Konzentration.

Einmal, bei den „Wühlmäusen“, hattest du an deiner Garderobe nur einen Vorhang, und, wie Musiker nun mal sind, hockten sie direkt davor und schluckten fröhlich lärmend ihr Bier. Eine Weile hast du dir das gefallen lassen, aber dann bist du ausgerastet: „Zum Donnerwetter, haltet eure Schnauzen oder verschwindet hier!“ Arndt ist wie der Blitz losgerast, hat aber vor sich hingenölt: „Die wird immer zickiger!“

Wir suchten unsere Plätze. Der reinste Irrgarten.

Und wieder so eine Riesenbühne, und total nackt. Wäre bei uns im Osten unmöglich so was. Irgend jemand hätte von irgendwoher ganz bestimmt einen Glitzer-Vorhang hingebammelt oder eine Palme in den Weg gestellt. Das ist doch wohl das Mindeste! Bei einer deiner Shows im Palast der Republik hatte der Szenenbildner sogar die ganze Rampe mit Nachttischlampen bestückt, und als du deinen Spagat machtest, bist du hinter diesen hohen Eumeln in der Versenkung verschwunden. Da mußtest du erst toben und schreien, bevor der gute Mann sich seine „Licht-Effekte" sonstwohin steckte.

Aber diese kahle Bühne fiel mir schon bei deinem Auftritt in der Deutschlandhalle auf. Schlimmer noch, es hätte mich nicht gewundert, wenn die Interpreten sich mit den herumhängenden und fußangelnden Kabeln erdrosselt hätten. Dann die „Volksfeststimmung" im Saal: „Willste 'n Bier?" hat mein Cousin mich gefragt, schob sich durch die Leute und kam mit kleckernden Gläsern, auf fremde Füße trampelnd, wieder. Obwohl ... eigentlich ganz praktisch: Konnte man den Sänger, der gerade dran war, nicht leiden, latschte man raus an die Theke und zischte einen.

„O Gott, is der fett jeworden!" Brigitte verzieht ihr Gesicht. Sie meint Schamoni, der sich jetzt im Zuschauerraum aufgepflanzt hat und bläkt: „100,6 präsentiert: Helga Hahnemann!"

„Tolle Helga ließ kein Auge trocken" – „nun kommt die Süße auch bei uns groß raus" – „Big Helga eroberte die Zuschauer im Sturm" – „das Publikum tobte" – „Helga, die Stimmungskanone des Ostens" – „es gab Zugaben bis zur Erschöpfung", überschlug sich die Presse am nächsten Tag.

„Verzeihung, haben Sie einen Backstage-Ausweis?" hielt mich ein blasses Jüngelchen an, als ich nach der Vorstellung in die Garderobe wollte, um dir – ohne ein Wort – zu sagen, wie toll ich dich fand. „Bitte? Einen ...?"

„Backstage-Ausweis", wiederholt er vornehm. In diesem Moment verschmelzen Dinner-Jackett und „kaffeebrauner Anzug", was soll ich tun? Wieder kreischen: „Zur Seite, du Idiot!" Ich muß mich zusammennehmen, hier im Westen ist alles ganz anders, schöner, besser, größer, klüger, also sehe ich den Yuppi nur von oben bis unten an und zische: „Kiss me the back, Affe!"

*

„Wird hier jeraucht? Denn komm ick jar nich' erst rin." Du wedelst die Qualmwolken beiseite. „Also, ick bleib hier auf 'm Gang stehn, sagt, was ihr von mir wollt."

Es ist „Wendezeit", die uns im Moment stark in den Knochen sitzt, und der Friedrichstadtpalast plant eine neue Revue: *Kiek ma an.* Witzig soll sie sein, spritzig, voluminös, zeitbezogen – „... aber wir haben kein Geld!"

„Schon mal 'n guter Anfang!" schallt es vom Korridor. „Wir werden versuchen, Sponsoren aufzureißen." Der unverwüstliche Emil, Regisseur, ist optimistisch: „Ick werd mich an Coca-Cola ranmachen." – „Na, denn coke's mal schön, Süßer. Sag mir Bescheid, wenn de 'n paar Pfennige zusammenhast. Gela schreibt ja sowieso erst mal die Konzeption. Tschüß!" Weg bist du.

In meinem Kopf marschieren jetzt Ideen wie Zinnsoldaten auf, werden gemustert, dürfen wegtreten oder werden einfach eliminiert. Ich brauche ein „Opening", Himmelsakra! Ballett! Ballett ist gut, aber nicht in himmelblauer Seide „Mame" trällernd, dafür ist die Zeit einfach zu aufregend. Schließlich wurden fast über Nacht vier Jahrzehnte realexistierender Sozialismus weggefegt. Und wir, immer gewöhnt, geführt und verführt zu werden, versuchen uns langsam, aber sicher im aufrechten Gang. Aufrechter Gang! Mensch, ich hab's: Wir fangen die Revue mit dem Fall der Mauer an!

Ich spurte zum Telefon.

„Henne, was sagst du dazu, wenn wir das erste Bild mit der ‚Steinzeit' beginnen?"

Von dir kommt eine Weile nichts, weil du abwartest, bis der „Anfall" bei mir vorbei ist.

„Henne? Bist du noch dran?"

„Ja, ick höre. Wir leben inner Steinzeit und reiten uff Sauriern."

Deine Ironie ist nicht zu überhören. Aber ich mache mir nichts draus, denn mit mir gehen sie jetzt durch: „Paß uff, Hennekin, nur als dramaturgisches Mittel, weißte, eine Zeitverschiebung, um Abstand von den noch frischen Ereignissen zu gewinnen. Symbolik, verstehste? Also: Ballett, nur mit Fellen bekleidet, tanzt den ‚Tanz der Unterdrückten', nach dem Titel *Another Brick in the Wall,* das Ganze muß so aussehen wie in einem Bergwerk, finster, nur ein paar Spots huschen über die geduckten Menschen hinweg. Aber urplötzlich fangen die Menschen an, aufzubegehren, der Tanz wird tumultartig. Von allen Seiten drängt man auf ein Tor, ganz primitiv aus Feldsteinen gebaut, man reißt Schranken nieder und zieht im Triumphzug ins ‚Schlaraffenland' ein, im Hintergrund sieht man Fernsehapparate, Waschmaschinen, Cola-Büchsen und all so'n Müll!"

„Hm", machst du, „die Idee is zwar nich' schlecht, aber 'ne ziemliche Gratwanderung. Obwohl ick natürlich auch dafür bin, daß man die Tragik unserer jüngsten Vergangenheit mit einem weinenden und einem lachenden Auge sehen sollte. Na ja, allet in allem, jut, Gela."

„Haste Appetit auf 'n Bier?" Emil sitzt, als ich mit dem Exposé im Friedrichstadtpalast antanze, zwischen gestapelten Bierkisten und grinst verschlagen: „Da, die Sponsoren rollen langsam an. Dafür brauchen wir bloß im Bühnenbild Werbung für dit Zeug zu machen. Kiek dir mal Kordulas Entwürfe an!"

Ich schreie vor Vergnügen laut auf! Super, wie Kordula das hingekriegt hat: Unförmige sechs Klamotten-Säulen stellen das Brandenburger Tor dar, obenauf, statt der Quadriga, sitzt ein frecher, aufgeplusterter Spatz, und hinter dem Tor lockt – wie die aufgehende Sonne – Coca-Cola-light. Umwerfend! Schon anhand dieses Entwurfes ahnen wir „Soft-Revoluzzer", was auf uns zukommt: „Die Freiheit, unter Brücken zu schlafen" – „jeder hat seinen Preis" – „weil du arm bist, mußt du früher sterben". Aber, wir haben es ja so gewollt, also: Packen wir's an.

*

Nachmittags fahren wir beide in die City, so heißt unser Kuhdorf jetzt bei dir, ja, ja. Deine Titel werden neuerdings auch nur noch „gefeachert", yeah! Noch vor einem Jahr hättest du dem „Fernseh-Lümmel" dafür eine geklebt. Die Ampel ist rot, neben uns hält ein Wagen, und I.C., damals ein sehr bekannter junger „Dance-floor"-Sänger, hübsch mit seinem schwarzen Pferdeschwanz, lacht uns an und wir ihn. Ich sage: „Mit I.C. müßte man auch mal was machen." Du hakst sofort ein: „Mensch, warum bin ick da noch nich' selber druff jekommen? Ruf mich an!" schreist du rüber. Er nickt und sitzt ein paar Tage später neben dir auf Emils Couch, die der inzwischen mit „Stars and Stripes" bezogen hat. Aber I.C. ist – genau wie du – ein Dickschädel, möchte partout einen eigenen Musik-Block haben. Kriegt er nicht. Da geht er wieder. Schade! Emil, schon ganz „american producer", sagt: „Entweder die passen sich den neuen Bedingungen an, oder se sind raus. So einfach is dit."

Brigitte, die Kostümbildnerin, bringt ihre Mappe. „Ich könnte noch wunderbare Stoffe aus dem ehemaligen Exquisitlager haben, aber das kostet natürlich."

„Denn sollen se sich die inne Haare schmieren", bellt Emil. „Ick hab ja den Gaul schon aus meiner Tasche bezahlt." Er meint ein „Eddy-Fischer-Pferd", wirkt wie echt, „aber fünftausend Bunte. Jetzt kann jeder Hund mich anpinkeln!"

Du siehst dir dein „Oma-Kostüm" an. „Wat is'n dit da oben inne Haare?"

„Knochen!"

„Knochen? Ach, stimmt ja, wir spielen ja so was wie Fred Feuerstein und Barny." Zu mir: „Zeig mal dit Interview. Alfred is mein Oller und der andre Alfred (Struwe) Reporter, ja?"

„So isses! Vom Steinzeit-Sender Knacks 1 meldet der sich von der diesjährigen Eröffnung der Mauer und befragt ein altes Ossi-Steinzeit-Ehepaar. Der Opa sagt unter anderem:

‚... wir haben hier ooch geackert wie die Verrückten. Mit de Arbeit waren wir zwar immer 'n paar Monate im Rückstand ...', unterbricht ihn die Oma: ‚... aber mitte Kaffepausen schon 'n halbet Jahr voraus.' – ‚Um mir ham die Arbeitjeber sich jerissen. In een Jahr war ick in acht Betriebe.' – ‚Meine Chefs konnten sojar ihre Tresorschlüssel vor meine Neese rumliejen lassen. Da hat nich' eener von jepaßt.' – ‚Ick war ooch nie son oller Ja-Sager. Wenn der Werkdirektor Nein gesagt hat, kam von mir ooch sofort Nein.' – ‚Und nie krank jewesen! Bis uff einmal, da ham se mir erst operiert, als ick schon wieder jesund war.' – ‚Eener, der arbeitet, verdient hier – wie da – jut, een Haken is ja immer dabei, wa? Manch eener hat als Pförtner anjefangen und sich bis zum Generaldirektor hochjearbeitet.' – ‚Und andre ham als Jeneraldirektor anjefangen und sind jetzt Pförtner.' – ‚Die Jehälter müssen se sowieso noch uffbessern. Oder de Jehälter wenigstens öfter auszahlen.' – ‚Wir werden jetzt erstmal 'ne schöne Kaffefahrt nach de Lüneburger Heide machen.' – ‚Jotteswillen! Weeßt jenau, daß mir von Kaffe und Heino schlecht wird.' – ‚Denn jönnen wa uns eben Mallorca. Da

soll et ja so knackije Frankfurter Würstchen geben.' – ,Nee, nee, uff'n Flughafen vorher nach Waffen abtasten lassen, wat?' – ,Sei doch froh, sonst hätteste doch überhaupt keen Sexualleben mehr.' – ,Lieber koof ick mir eene von die Schrottkisten, womit die Wessis unsre Einheit bezahlen.' – ,Wir können ja ooch 'ne Reise mit'm Traumschiff machen: Von Dresden nach Meißen.' – ,Aber nur in jetrennte Kabinen.' – ,Ick dachte sojar an jetrennte Schiffe.'

Der Reporter freut sich: *,Danke, das war als Probe schon sehr hübsch, aber nun wird's ernst.'*

Oma und Opa sauer: *,Wat? Dit janze Theater mit der Mauer etwa noch mal von vorne?'"*

Emil, der Choreograf und ich sitzen bei Murmel (Arnold Fritsch) im Studio, der für das dritte Bild die Musik für einen erotischen Tanz komponiert hat. Ich bin ganz locker, denke an Ravel, Debussy oder Chopin, jedenfalls etwas in der Preislage. Schon vom ersten Ton an haut es mich vom Sockel: Der Titel fängt mit dem Gewinsel einer Wald- und Wiesendirne kurz vor dem Koitus an, erst danach setzt der durch Mark und Pfennig gehende Rhythmus ein. An sich ein gutgemachter Titel, aber von knisternder Erotik nicht die Bohne. Die Kollegen, außer mir sind ja nur Männer im Raum, sehen sich augenzwinkernd an, die „Stöhnerin vom Dienst" hat ihre Schuldigkeit getan.

„Na, wie gefällt er dir?" will Murmel wissen. Ich bin stinksauer, muß erstmal nachdenken, wie ich sie alle beschimpfen kann. Natürlich grinsen sie, die Herren der Schöpfung. Immer wieder ein Gaudi, wie prüde alte Weiber sein können, die aber früher auch nichts haben anbrennen lassen! „Was soll das Ballett danach tanzen?" will ich von Fery, dem Choreografen, wissen. „Sollen die Mädchen dem Publikum mit nacktem Hintern ins Gesicht springen, oder was?"

Fery ist Ungar, ein lieber, höflicher Mensch und wohl auch normalerweise nicht gewohnt, daß eine Dame sich so vulgär ausdrückt. Er windet sich verlegen: „No, ich werde das schon machen."

„Wie denn?" ich, hartnäckig. „Die einzige Möglichkeit sehe ich darin, den Titel umkippen zu lassen und die Girls stöhnend beim Bäumesägen zu zeigen."

Ich schnappe mir die Kassette und spiele sie dir vor, wütend wie eine gereizte Bulldogge. Du bleibst ganz ruhig, meinst nur: „Die Mutter mit dem asthmatischen Jeschniefe muß er mehr zurücknehmen, ansonsten is die Musik doch jut."

Mir bleibt der Mund offen stehen, also keine Unterstützung von dir?

„Gela", sagst du richtig mütterlich, „versuch nich' immer, Wände einzurennen, du machst dich ja fix und fertig. Los, jeh mit deinem Hund im Wald spazieren."

„War ich schon!"

„Jehste eben nochmal, Blödi!"

*

Das Haus sucht einen neuen Sänger – statt I.C.; ein junger Mensch will vorsingen, hat eigene Kompositionen mitgebracht und eine Werbebroschüre, so dick wie ein Telefonbuch. Läßt uns wissen, daß er an den größten Häusern der Welt singen könnte, aber ihn zieht es nun mal in den Friedrichstadtpalast. Als er vor uns seinen Diener macht, treffen uns stahlblaue, irisierende Blitze aus seinen Augen, dadurch sind wir verunsichert, denken an 007 oder so, bis Charly, Musikredakteur seit tausend Jahren, hinter uns murmelt: „Der Junge hat blaue Haftschalen druff, weiter nischt." Dem nun folgenden Kunstgenuß angepaßt, zücke ich meinen kleinen Spitzenfächer, den Uschi mir aus Ibiza mitgebracht hat, und fuchtele wie „Frau Lagerfeld" elegant um mich herum. Der Vorschußlorbeerne drapiert sich an den Flügel, spielt eigenkomponierte Vorspiele ohne Ende und singt Nonsens ohne Ende. Wir nehmen ihn nicht, sondern geben ihm etwas: Eine Fahrkarte für die S-Bahn.

*

Alfred (Müller) will keinen Toilettenmann spielen: „Ick weiß nich, irgendwie widerstrebt mir so 'ne Rolle."

„Schade, Peter Ustinov ist da nicht so pingelig, sein Klomann war einfach klasse."

Außerdem brauchen wir dringend acht Minuten Überbrückung für den Umbau des Wasserbeckens. So, nun ist es raus! Für einen Schauspieler fast so etwas wie ein Todesurteil, vollzogen auf offener Bühne, denn: Während er sich, meist zwischen den Zuschauerreihen, verschwendet, alle Register seiner Kunst zieht, für die Menschen sein Herzblut verströmt, nehmen diese nicht eine Sekunde Notiz von ihm, es sei denn, er versperrt ihnen die Sicht auf das geheimnisvolle dunkle Loch in der Bühnenmitte, dann müssen sie wohl oder übel lange Hälse um das dumme Hindernis herum machen. Und er kämpft um die Gunst dieser Ignoranten, spricht sie direkt an:

„Mein Job ist krisenfest, ick habe nämlich dit Nobel-W.C. am Pariser Platz jepachtet, dit erste Haus am Platze. Kostet natürlich soviel wie 'n Luxus-Bungalow inner Karibik. Eigentlich müßte noch 'n Stall dran sein, für den Esel, der den Wucherpreis bezahlen muß ...“

– da wispert's um ihn herum: „Kiek mal, Mutta, jetzt verschwindet dit Becken inne Versenkung.“ – „Auweia, is dit'n tiefet Loch. Wenn de da rinfällst, fällste nur eenmal!“ Mutig fährt der Überbrücker fort:

„Durch die vielen Steuern komm ick natürlich langsam auf 'n Hund, aber beschwerste dich uff'm Finanzamt, brummen se dir obendrein noch Hundesteuer uff.“

„Wat kommt'n da hoch, Otto?“ – „Weeß nich, sieht aus wie 'ne Platte.“ – „Sind da Pferde druff?“ – „Spinnst du? Warum nich' gleich Elefanten?“ – „Warum nich? 'ne Manege sollen se ja hier haben.“

Erster warnender Blick des „Hochkarätigen“, und der innere, heilige Meineid: „So eine verdammte Kiste laß ick mir nie wieder andrehen, lieber jeh ick Straße fegen. Diese Provinzler, bei ‚Faust‘ hätt's schon Blumen für mich jeregnet, wo war ich? Ach ja:“

„Daß ick mein Jeschäft natürlich nur unter starkem Streß erledige, is klar. Wenn ick überlege, daß 'n Tag über fast die janze Welt durch meine Hand jeht, wunder ick mich, daß ick trotzdem noch so normal jeblieben bin. Allerdings is mir auch schon passiert, daß ick eine Insulanerin mit ‚Merci beaucoup‘ und einen Herrn Yamamoto mit ‚Dalli dalli, Señor‘ verwechselt habe. Denken tu ick zwar ofte wie ‚Götz von Berlichingen‘, aber hören tun se von mir: ‚Küß die Hand, schöne Frau‘ – ‚wünsch noch schönen Gaudeamus, Herr Professor ...‘“

„Warum jeht denn der nich' endlich uff de Bühne, is doch zu, dit Loch.“ – „Weil dit erst 'n provisorischer Deckel is, der hält höchstens zwee Zentner aus.“ – „Und du meinst, der wiegt so ville? Hat doch nischt uff de Rippen, höchstens hundertfünfzig.“

Eigentlich müßte er ihr ins Gesicht schleudern: hundertsiebzig, dumme Gans, statt dessen strahlt er bis in den Rang:

„Müssen müssen se alle, ob arm oder reich, und ick bin der Konzernchef, zu dem se alle kommen, um ihr Jeschäft zu machen. Wo solln die Touristen ooch hin, bei die Preise? Die kommen ja erst bei mir uff de Toilette zur Besinnung. Ehrlich: Acht Tage Spanien, davon vier Tage im Stau, die wissen ja hinterher jar nich' mehr, wo se überall waren, da müssen se erst uff ihre Kofferanhänger kieken. Und, wat ham se schon jesehn? Hochwasser in Venedig, Hinterhöfe anne Costa Brava, und ein Essen, sowat Mieset hätten se ooch zu Hause haben können. Wissen Se, wat se für 'ne Dampferfahrt uff'm See Genezareth löhnen müssen? Dreißig Dollar. Keen Wunder, daß Jesus lieber zu Fuß rüberjeloofen is.“

„Wenn der Quasselfritze bloß mal aus de Latichte jehn würde, is dit Wasser da unten?“ – „Ick gloobe Eis, Otto!“ – „Tanzen die dadruff?“ – „Quatsch, Schlittschuh werden se loofen.“ – „Ach, mitten im Sommer?“

*

Ich glaube, Alfred hat es letzten Endes gespielt, weil du ihm immer wieder Mut gemacht hast, das war schon bei Rolfi so. Bis fünf Minuten vor der Premiere hat er total verunsichert gefragt: „Und wenn's nun doch ein Flop wird?“

Du hast gelacht: „Dann hängen wir drei uns jemeinsam uff, Rolfi.“

*

Das zweite Bild, „Monbijou“ genannt, spielt in der friderizianischen Zeit und soll eine Parodie auf die Jagdlust der „Fürsten“ werden, dem krassen Widerspruch zu der Freizeitgestaltung eines Arbeiters, der sich wochenlang vorher für eine Bowlingpartie anmelden mußte, während sein Gewerkschaftsboß sich jederzeit in seinem „volkseigenen“ Jagdgebiet tummeln konnte. Diese makabre Situation soll durch das Treffen zweier „Oberhäupter“ auf der „Staatsjagd“, nämlich „Eric von Habsgier“

und „Ludwig von Tuten und Blasen“ verballhornt werden.

Als ich dich das erste Mal in deinem „Habgier“-Kostüm sehe, zerruppt es mich fast. Rund wie eine Kugel – „klar, ick war ja viel zu dünne, da hab ich mir noch ‘n Watton drunterjepackt“ – mit Allongeperücke bis zum Gürtel, schwarzem Schnurrbärtchen, wirst du von Leibwächtern in einer Sänfte auf die Bühne geschleppt. Von der anderen Seite trabt Alfred Struwe als der „von Tuten und Blasen“ auf seinem Kunst-Wallach Dir entgegen, und nach der offiziellen Staatsempfangknut-scherei fallen solche bedeutenden Begrüßungsworte:

„Ludwig von Tuten und Blasen, alte Schießbudenfigur, willkommen auf mein Plaisier.“

„Eric von Habgier, klejne masurische Wildsau, lebt Er denn noch?“

„Nich so besonders, habe seit Tagen schon keinen Stuhl mehr.“

„Achgottachgott, Mannchen, dann setz Er sich bloß schnell hin.“

„Na, und Ihr? Wat macht Euer altet Leiden?“

„Das bin ich los, is zu ihrer Mutter gezogen.“

„Mich plagt obendrein noch dit Rheuma. Ick komm mit de Arme nich’ mehr über’n Kopp. Mit de Beene schon überhaupt nich.“

„Du alter Lorbaß, dat kommt vom unsoliden Lebenswandel: Fressen, Saufen, Wejber!“

„Unser Bischof soll aber ooch Rheuma haben.“

Ich schlage mich mit der „Puff“-Szene herum, habe schon die dritte Version beim Wickel, da überfällst du mich: „Gela, die haben uns den nächsten *Kessel Buntes* anjeboten. Ick hab jesagt, dit schaffen wir nich’.“

„Schaffen wir nich’? Aber, wie’s Gewitter!“

Du seufzt: „Gela, Gela, jedesmal biste Feuer und Flamme, und nachher loofste uff Zahnfleisch.“

Du hast ja so recht. Ich weiß auch nicht, wie das kommt, habe dauernd Angst, etwas zu verpassen. Am liebsten würde ich mit dir eine Show in den USA machen, ehrlich, ich bin der festen Überzeugung, daß du auch dort die Leute begeistern würdest.

Carmen sagt zwar: „Ihr habt beide ’n Knall! Die ewig meckernde Traudl Schulze und ihr troddeliger Hugo am Broadway. Damit würdet ihr auf die Fresse fallen. Die Ehe is’ den Amerikanern nämlich heilig.“

Aber nun erst mal: „Wo soll der Kessel denn sein? Cottbus? Mit wem? Roberto Blanco, Ebony und Ivory, schau!“

Erste Tuchfühlung mit Roberto im Hotel *Unter den Linden.* Er ist nett, elegant und duftet teuer nach Etienne Aigner. Möchte mit dir gern eine Szene spielen, am liebsten „Othello“. Außerdem braucht er am Abend der Sendung einen Hubschrauber, der ihn von Cottbus nach Berlin zum Flughafen bringt, weil um Mitternacht noch eine Gala in München auf Entertainment lauert. Ansonsten bietet er seine Titel an, von *El Cumbanchero* bis *Ein bißchen Spaß* muß sein, gell? Er ist schließlich Bayer.

Ich schreibe euch eine anachronistische „Othello“-Klamotte, und Probe ist, wie immer, wenn’s nicht gerade regnet oder schneit, auf deiner Veranda, neben der Kaffeekanne. Du, als Desdemona, telefonierst mit deiner Mama. Eigentlich hatte ich ein auf „antik“ getrimmtes im Sinn, aber du wolltest „so ’n richtig jemeinet grauet Ost-Telefon“. Die Probe fängt schon mal sehr ungewöhnlich an, denn Roberto-Othello stürmt mit dem Käsemesser auf dich zu und möchte dich am liebsten sofort erwürgen.: „Sterben muß sie. Sonst betrügt sie andere!“

Du bist natürlich kitzelig und quietschst: „Noch nicht, Roberto, loof erstmal um mein Bett im Sturmschritt hin und her, und ick quassel int Telefon: ‚Da kommt er gerade, Mutter! Wer? dein Schwiegersohn. Sicher is er mit Jago wieder um die Häuser jezogen. Othello, hör auf, mit dem Küchenmesser hier rumzufummeln, ich telefonier grade mit Mutter.‘„

Roberto fletscht seine Zähne in Richtung Oleanderbaum: „Ich wünsche ihr eine frohe Himmelfahrt!“

„Haste jehört, Mutter, schöne Grüße von Othello, er wünscht dir einen guten Flug nach Mallorca.“

Das Telefon klingelt, es ist nicht „Mutter“, sondern Emil: „Anke kriegt ’n Kind!“

„Ja?“ Du bist hell begeistert. „Wat Besseret kann ihr doch jar nich’ passieren. Freut se sich?“

„Wie verrückt! Aber, Ende August entbindet se, und September is’ Premiere.“

„Na und? Denn wird se ihr Kind eben inner Garderobe stillen, jenau wie die Frederic dit mit Maxie jemacht hat. Wat jibt’s denn da für Probleme?“

Unsre Anke! Von der die Zeitungen später schrieben, daß der Friedrichstadtpalast in ihr eine neue Liza Minelli entdeckt hat. Gibt ihren Einstand nicht nur als Sängerin, sondern auch gleich noch als frischgebackene Mutti. Schön! „Dit einzige, woruff se jetzt uffpassen muß, is, daß se hinterher noch in ihre Bühnenklamotten rinpaßt." Du lachst, nimmst den Hörer von dem „jemeinen Telefon" und flüsterst ängstlich: „Mutter, er ist schrecklich, wenn sein Auge rollt."

Wir müssen lachen, denn Roberto sieht überhaupt nicht schrecklich aus, wenn der seine Kulleraugen um- und dummkreisen läßt. Roberto versichert dir und deinem hübschen Gartenstuhl: „Du liegst auf deinem Sterbebette!"

Und während er an deinem Halse rumwirtschaftet, röchelst du: „Mutter, sollte er mich …, dann schütte meine Asche nicht von der Seufzerbrücke, sondern bringe sie aufs Finanzamt, damit sie endlich alles von mir haben!"

Roberto schüttelt dich wie einen Pflaumenbaum: „Oh, dieses Weib! Oh, diese Klappe! Ich muß sie zweimal totschlagen! Helga, ich muß mein Flugzeug nach München schaffen! Pfüat euch! Bussi, Bussi!"

*

„*Kessel*-Time" ist passé, und ich begebe mich wieder in mein Revue-Bordell und bastele an einer Szene, die dem Trend der Zeit entspricht, denn, so kurios es klingt, Altmeisterin Beate Uhse steht auf der Hitliste der männlich Gewendeten auf Platz eins. In langen Schlangen, wie weiland vor unseren Schlächterläden, beweisen zarte Jünglinge und rüstige Opas angesichts der „Stellungen"-Angebote beachtliches Stehvermögen.

„Möchte mal wissen, wie die das früher ohne diese Shops gemacht haben", mußte ich mich aufpusten, und du hast allen Ernstes den Vorschlag gemacht: „Soll ick anhalten? Kannst die Leute ja mal fragen."

„Warst du schon mal im Puff?" Ich wollte witzig sein, aber von dir kommt bierernst: „Na klar!"

Mir verschlägt's die Sprache, deshalb staune ich dumm wie Stulle: „Ach, wo denn?"

„In Köln."

„Ach."

„Mensch, Gela, kannste mal mit deinen intelligenten Zwischenrufen uffhören? Doch nich, wat du denkst. Ick hab in Heinzens Etablissement übernachtet. 'ne Domina hatte Urlaub, also hat er mir ihr Zimmer jejeben."

„Haste nich' Angst jehabt, daß die Freier dich vielleicht mit der anderen verwechseln?"

„Nein, Frau Pastor, ick hatte alles züchtig verriegelt und verrammelt."

„Muß trotzdem 'n komisches Gefühl sein, oder?"

„Ach wat, bis uff die paar Peitschen und Handschellen 'n janz normalet Hotelzimmer!" – und hast mich Kamel einfach ausgelacht.

*

Kordula hat ein riesiges rundes Bett in die Bühnenmitte gestellt, und ich überlege, ob ich dich nicht als ehemalige Exquisit-Hostess auftreten lassen sollte, die einen neuen horizontalen Wirkungskreis sucht und dabei auf einen „gewendeten Werkleiter" trifft, von Alfred Struwe gespielt. Ich sehe dich schon im dunklen Kostüm, eine Mischung aus FDJ-Funktionärin und Valuta-Hure, sehr forsch auf „Wende" zugehen, der aus dem Interhotel-Club eine Eros-GmbH gegründet hat:

„Guten Tag, Genosse Werkleiter. Bitte, behalten Sie doch Platz. Akademiker?"

„Selbstverständlich! Später allerdings Werkleiter für rauhfutterverzehrende Großvieh-Einheiten."

„Ich habe Nat. Pol. Ök. und war Hauptpostschließanlagenberaterin."

„Donnerwetter!"

„Na, dann wollen wir mal. Wo sind die Werkbänke? Ah, dort! Rund? Warum denn das?"

„Nun, für Gespräche im runden Bett."

„Sehr gut, so haben wir es auf der Leipziger Messe auch immer gehalten."

„Bei uns werden natürlich nur höhere Funktionäre bedient, nicht wahr? Der Kavalier genießt und …"

„… tratscht alles rum. Tun Sie doch nicht so, als könnten Sie keine Reklame gebrauchen."

Jetzt solltest du unter das Bett kriechen, da unten herumrumoren und fragen:

„Wo sind sie?"

Wende kriecht hinterher, so daß der weitere Dialog unter dem Bett stattfindet, was später ungeheure Probleme mit dem Ton ergab:

„Die Wanzen natürlich."

„Ich bitte Sie, doch nicht so laut, der Kammer-

jäger war drei Tage lang hier, es ist alles tadellos entwanzt."

Staubig und zerknittert krabbelst du unter dem Bett hervor, hältst triumphierend eine Wanze in der Hand: *„Bis auf die hier! Hast Glück, Genosse, daß ich Pionierleiterin war und mit meinen Kindern schon immer sämtliche feindlichen Nester aufgestöbert habe."*

Wende schiebt sich hinterher, versetzt wütend dem Bett einen Tritt: *„Scheiß An- und Verkauf!"*

„Siehst du, Genosse, wegen so einer häßlichen kleinen Falle wurde ich auf einem FDJ-Ball fälschlicherweise als Prostituierte bezeichnet."

„Das kann Ihnen hier aber nicht passieren, denn hier kennt Sie doch keiner so genau."

„Hm", machst du, als du fertig gelesen hast, „und wat spielt mein Alfred?" Noch mal zur Orientierung: Alfred Müller war dein Alfred und Alfred Struwe in deinen Augen mehr „Häppchens" Alfred, die aus der Zahnarzt-Fernsehserie.

„Tja", hab ich zerknautscht gesabbelt, „dann muß ich mich nochmal drüber hermachen."

„Ja, mach mal, Gela. Alfred spricht so 'n herrlichen Lausitzer Dialekt, wir könnten doch 'n janz unbedarftet Ehepaar aus Görlitz sein, wat aus Versehen in Berlin in ein Bordell jeraten is. Beede denken, se sind im Kino. Findste nich?"

„Doch, doch, bloß …"

„Ach, du machst dit schon, Alte."

Nun spinne ich also rum, wie ihr beide, du in deiner bunten Strickjacke, dein Herr Gemahl in einem konsumgrünen Anorak, vor dem Lotterbett steht, und du bezweifelst:

„Erwin, dit is doch nie und nimmer 'n Kino. Hier sollen se ‚Schwarzwaldmädel' spielen?"

„Wat se spielen tun, werden wir ja sehn. Vielleicht geben se ‚XYZ ungelöst', da spielt mein Freund Paule schon das dritte Mal mit."

Jetzt erscheint „der mit der GmbH", und du fragst: *„Sind Sie hier der Platzanweiser?"*

„Ja, aber auch der Besitzer."

Erwin schüttelt ihm minutenlang die Hand: *„Sehr erfreut. Wir stammen aus Görlitz. Scheene Gegend, und noch so richtig ursprünglich, wir sehn immer noch bei Kerzenlicht fern."*

„Wann beginnt denn hier die Vorstellung?"

„Gleich, wenn Sie wollen."

„Siehste, Hertha, das is hier 'n Service, was? Spielen Se am besten was mit Musik, meine Frau is nämlich sehr musikalisch, hat zu Haus wunderhibsch Klavier gespielt, jedenfalls bis der Klavierstimmer kam. Erinnerste dich, Hertha, der große Kerl mit dem Beil, der unser scheenes Klavier kurz und klein jehackt hat?"

Abends kommst du vorbei und liest dir die Szene durch, bist aber unkonzentriert, sagst wie abwesend: „Ick war bei Sasses Mutter (Helga Sasse war Hennes Freundin). Seit ihrem Schlaganfall liegt se im Krankenhaus, kann sich nich' bewegen, nich' sprechen, nur ihre Augen sind noch lebendig. Ick hab mich an ihr Bett jesetzt, ihre Hände in meine jenommen, darauf haben ihre Augen richtig jeglänzt: Und als ick ihr janz leise int Ohr jesungen habe: ‚Wenn ich ein Vöglein wär', sind zwee dicke Tränen über ihre bleichen Wangen geloofen."

Du siehst mich an, am ganzen Körper bebend: „Aber meinste, von dem medizinischen Personal kümmert sich eener um die Rehabilitation dieser Frau? Nischt passiert. Sie liegt da, wird jewaschen und jefüttert, aus! Als wenn se schon tot is!" Ich bringe dir einen Cognac, denke, daß du den jetzt brauchst, du kippst ihn achtlos runter und schnauzt mich an: „Über so 'ne Unbarmherzigkeiten mußte mal wat schreiben!"

Hatte ich schon. Das war nach einem Zeitungsartikel über menschenunwürdige Zustände in Alten-Pflegeheimen. Damals hattest du an den Rand des Artikels geschrieben: „Hehre Worte! So einfach!"

Trotzdem versuch ich's jetzt, wo es dich unmittelbar betrifft und aufwühlt, noch einmal und schreibe:

Du kommst am Morgen pünktlich
durch diese weiße Tür!
Mißt Fieber!
Du bist gründlich!
Sonst willst du nichts von mir!
Du flitzt herum – herüber –
Ich atme Deo-Duft!
Aber ich bin nur Luft –
für dich nur Luft!
Zwei hübsche blaue Augen
sehn streng an mir vorbei!
Wäschst meine Ohrn, die tauben
und fütterst mich mit Brei!
dein pralles Leben beugt sich
hinab in meine Gruft –

aber ich bin nur Luft –
für dich nur Luft!

Wenn ich ein Vöglein wäre
und auch zweei Flügel hätt –
ich flöge über Meere –
weit fort von diesem Bett!
Du bist verdammt geschäftig
und tust auch deine Pflicht!
Doch barmherzig – nein –
das bist du nicht!
Doch Erbarmen – nein –
das kennst du nicht!

Du kommst am Morgen pünktlich
durch diese weiße Tür!
Mißt Fieber!
Du bist gründlich!
Die Beste im Revier!
Und hab ich mich verkrümelt,
dann ist selbst das verpufft,
denn leider merkst du's nicht mal,
ich bin ja Luft!

Kyrie Eleison!

„Mir zu traurig." Du holst den Titel aus deinem Einkaufskorb. „Aber, der Titel *Ach Karl* ist ja nun auch nicht gerade lustig."

„Ja schon, aber so 'n Wechselbad der Jefühle kann ick mir immer nur mal zwischendurch erlauben, is ja eigentlich nich' meine Aufgabe. Die Leute, die zu mir kommen, wollen, daß ick se aufheitere, die armen Hunde haben ja im Leben sowieso nich' viel zu lachen."

Das ist wohl wahr. Wo du auch hinkommst, hört man laufend: „Helga, erzähl mal 'n Witz! Willste nich' Sonnabend zur Grillparty ufftreten, wir wollen mal wieder so richtig ablachen!"

Eine Stunde später bist du aber schon wieder eifrig bei der „Altenpflege", als wir zu meiner Nachbarin einen Topf Suppe rüberjonglieren und du schon von weitem brüllst: „Mach de Türe uff, Frau Sylla, die Heilsarmee is da!"

*

Jedes Jahr, kurz vor dem achten September, kommt vom Ballett die Suggestiv-Frage: „Henne, wat machst'n zu deinem Geburtstag?"

Freudenschreie hüpfen von Garderobe zu Garderobe: „He! Henne feiert! Nicht vergessen, Henne hat Geburtstag!"

Arme Henne! Der Tag fing meistens damit an, daß irgendwelche Reporter zäh wie Sirup an deiner Gartentür klebten, um ein Foto von der „fünfzigjährigen" Helga Hahnemann in Morgenrock und Lockenwickler zu schießen.

Im Laufe des Vormittags erscheinen die „Offiziellen" von Bühne, Funk und Fernsehen mit überdimensionalen Blumensträußen zur kurzen Gratulation und zum langen Palaver bei etlichen Flaschen. Dann kostest du mit Erika den Salat, das heißt, deine Erika kostet, und du sprintest wegen der andauernden Telegramme zwischen Tür und Teller Jahresbestzeit.

Pitti und Mauzer haben noch nicht mal aufgefressen, da fallen sie wie die Heuschrecken über dich her: Vorne durch die Haustür, hinten über die Terrasse, immer geballte Ladungen: Reizende Tänzerinnen, rückenfrei, alte Schachteln, kniefrei, bierbäuchige Joviale in Dinner-Jacketts, fernsehgebeutelte Macher in Testbild-Blousons, Tänzer in Stonewashed und die vom anderen Ufer in Seide und Kaschmir. Und über allem thronst du, in Baumwolle und bunt.

„Haste den Wahnsinns-Salat schon probiert?" fragst du unschuldig, obwohl du weißt, daß ich aus meiner schwarzen Hose rausgeplatzt bin und deshalb die ausgebeulte graue anziehen mußte.

„Erika macht immer saure Sahne ran, und für Obstsalat nimmt se süße." Dabei läßt du dir die Happen genüßlich auf der Zunge zergehen, und ich haltloses, verfressenes Weibsstück schlage nun auch wie eine seit drei Wochen hungernde Löwin zu. Tamara kommt mit verweinten Augen die Treppe runter. „Wat hat das Mädel denn?" Ich bin ganz Mitleid. „E.T. hat se jesehn! Kannst hochjehn, Chor und Ballett kieken sich dit bestimmt noch zum dritten Mal an."

„Hm, Schwartelbraten!" Mit tropfendem Zahn haben wir uns um Schubi geschart, die an der Schwarte herumsäbelt und säbelt und „... hau ab, laß Mutter dit mal machen", greifst du endlich ein. „Mit so 'nem Messer!" Du nimmst es ihr aus der Hand und siehst sie tadelnd an: „Da kannste ja druff reiten, Mensch. Hier, dit is 'n richtiget Fleischmesser!" Wie eine gelernte Blockmamsell zerlegst du mit einem Scharfgemachten den Braten in zierliche Scheiben, uns dabei noch belehrend,

„daß man Fleisch niemals von der Seite, sondern immer von der anderen schneidet, aber dit begreift ihr Dummbatze ja doch nie!“

Inge sitzt in der Küche neben Margots Cockerspaniel Minka – oder „Minki-Stinki“, wie du sie immer neckst. „Nischt mehr zu fressen jeben, die kotzt sich nachher dot!“ befiehlst du streng. „Ach, sieh doch mal, wie traurig die kuckt!“

„Die kuckt immer so, wenn se kuckt.“ Dann zu Inge: „Sag mal, hast du noch deine Quelle?“

„Leider nicht“, bedauert Inge. „Ich hatte eine eins zu vier, weißte ja, aber jetzt will sie eins zu fünf, und da ist meine Schmerzgrenze erreicht. Ist zwar traurig, wenn ich mir jetzt in Bulgarien abends nich’ mal ’n guten Cognac leisten kann, aber bei dem Kurs hört der Spaß für mich auf.“

„Vielleicht hätte ick eine.“

„Ehrlich? Henne, gibst du sie mir?“

„Ick sage doch ‚vielleicht‘. Muß se ja erst mal anzappen. Wenn ick se habe, kriegste se, is doch logo.“

„Ach, das wär dufte, abends, da brauch ich halt meinen Cog …“

Inges Geplausche ging in einem Riesengejohle unter, ein neuer „Dampfer“ war nämlich soeben eingetroffen.

„Zu trinken steht draußen in der Badewanne!“ rufst du.

„Schau, denn bleiben wir gleich draußen neben der Wanne sitzen, eh!“

Eigentlich sind an deinem Verandatisch nur sechs Sitzgelegenheiten, heute allerdings quetschen sich mindestens zwanzig rauchende, schluckende und durcheinanderredende Typen um das Möbel herum, ohne daß sich auch nur einer beengt fühlt.

Du schiebst dich durch deine bunten Fliegenabwehrbänder an der Tür: „In der Garage is Disco, Leute.“

„Tanzen?“ mault dein Ballett. „Dit müssen wir doch schon den ganzen Tag.“

„Komisch“, bemerkst du, „voriget Jahr haben sich dadrinne mindestens fünfzig Fijuren beim Tanzen jegenseitig auf de Hände jetreten.“ Du siehst auf deine Uhr. „Ach, stimmt ja, um die Zeit müßta euch ja erst warmmachen, mit Brause, stimmt’s?“

Es wird bedrohlich voll auf deiner Hacienda, so daß einige Gäste sich schon kreischend in deinen Pool stürzen müssen. „Werden se morgen wieder erzählen, bei dir war ’ne Orgie“, lacht Fernando, einer der „Richtigen“ beim Ballett.

„Laß se doch!“ meinst du kaltblütig, und Daggl berichtet aus ihrem trauten Heim: „Das bissel Geplansche ist doch noch gar nichts. Auf meiner Party sind neulich acht Mann samt Tisch in den Pool gekippt.“

Die ersten gehen so gegen 1 Uhr, und die letzten, der sogenannte harte Kern, geht gar nicht. Wie die Hühner auf der Stange hocken sie oben in deinem Arbeitszimmer, glotzen Videos über sich selbst und wollen sich schier kaputtlachen, daß „olle Dan“ wie so ’n eingewickeltes Brot dem Orchester-Chef Alfons vor die Beine kullert. Alfons grinst: „Zuerst hab ick ja auch jestaunt, wie da plötzlich so ’ne Mumie uff mich zurollt, bis ick jemerkt habe, daß dit die Choreografie is’. Zehn Tage lang hatte ick den Abend für Abend vor meine Stiebel rumzuliegen!“

Selbstverständlich war von deiner Topp-Musike-Show die Rede, mit einem deiner „berühmten Entrees“: Du schwebst geglamourt wie eine Hollywood-Diva von der Palast-Decke herab, machst, wie beim Grand Prix des Chansons, eine internationale Ansage: „Ladies and gentlemen, mesdames – messieurs, welcome to my Show in the big People-Palace of Berlin“, nimmst danach das federgeschmückte Perücken-Ungetüm vom Kopf und verkündest: „Damit ist der internationale Teil meiner Show wegen Devisenmangel beendet!“

Am nächsten Vormittag, als ich mein Auto abhole, sitzt du schon wieder „frisch geschwommen“ auf deiner Veranda und frühstückst.

„Kiekste, wat? Allet schon wieder Paletti! Sag mal, Alte, da war doch noch wat? Hattest du jestern nich’ Hochzeitstag? Den wievielten? Vierzigsten Jahrestag? O Gott, da wird dir wohl lebenslänglich nicht erspart bleiben!“

*

„Die hier hab ick mir ausjesucht.“ Du streichelst Lilos Fell. „Sind echte Hauskühe!“

Wir stehen beide im Stall vom Winterquartier des Zirkus Berolina und sind begeistert von deinen „Zöglingen“, mit denen du in der „Nacht der Prominenten“ die Manege abgrasen willst.

Wir sind glücklich und zufrieden mit deiner Wahl, denn an und für sich lieben und bewundern wir zwar alle Artisten, hassen aber jede Art von Tierdressuren, weil wir uns beim Anblick einer noch so exzellenten Nummer jedesmal bange fragen: Wie bringt man einen Seelöwen dazu, mit seinen Flossen Beifall zu klatschen? Oder Elefanten, auf einem Bein zu stehen? Oder eine Kuh, auf Knien durch die Manege zu robben?

„Wirste nachher gleich sehn, da is' nämlich Probe anjesetzt."

Heut noch krampft sich in mir alles zusammen, wenn ich an diese entsetzliche Vorführung denke. In einem regelrechten Peitschenhagel mußten diese armen Tier ihre Runden drehn, so daß sie ununterbrochen mit den Augen blinzelten, und wurden bei irgendwelchen idiotischen Drehungen gepiesakt und gezwickt. Ich konnte nicht mehr, mußte raus und mich übergeben. Du bist mir nachgerannt und hast mitfühlend gesagt: „Mensch, Gela, wenn de bei so was schon schlapp machst, denn muß ick dir leider sagen, daß du nich' lebensfähig bist! Im Ernst! Denn kannst du nämlich nie in ein Land fahren, wo se Hunde mit Fußtritten bearbeiten oder sojar uffhängen und als Delikatessen ufffressen. Sieh mal, Marokko is ein wunderschönet Land, aber 'n Esel oder 'n Kamel darfste da nich' sein!"

Ich hatte mich schon wieder einigermaßen erholt, war aber immer noch der Meinung, daß ich den Zirkusleuten sofort ein paar auf die Schnauze androhen müßte, falls sie mit dieser widerlichen Quälerei nicht aufhörten.

Da hast du meine Hand genommen und mir versprochen: „Ick schwöre, daß ick diese Tiere wie kleine Kinder behandeln werde. Von mir hören se weder ein böset Wort noch kriegen se Schläge. Einverstanden?"

Am nächsten Morgen um 6 Uhr warst du schon da mit deinem Korb, ich hatte inzwischen unseren Apfelbaum geplündert, bis 7 Uhr haben wir geschält und in Viertelchen geschnitten, und um 7.15 Uhr hast du Susi, Lilo, Carmen und wie sie alle hießen eigenhändig gefüttert, gestreichelt und mit ihnen „von Frau zu Frau" gesprochen. Einen Tag später schon haben sie ihre Köpfe nach dir umgedreht, wenn du von der Stalltür aus ihren Namen gerufen hast, und mit einem freundlichen „Muh" geantwortet. Später, als du Lilo schon als „neuen Dienstwagen" benutztest, auf ihr zu reiten lerntest wie ein „Cowgirl", machte die „Kleene", wenn sie deine Stimme hörte, schon ihren Rücken krumm, so lieb war die.

Henne mit Lilo in der „Nacht der Prominenten"

Dein Auftritt in der „Nacht der Prominenten" war eine Sensation: Du in einem vergoldeten Dirndl, Tirolerhütchen und Stocklocken, und an deinem Podex war ein Melkschemel festgeschnallt. Das Publikum amüsierte sich königlich darüber, wie die fesche Sennerin ihren Kühen über die Alm nachstolperte. Aber dann wollte Carmi nicht in die Knie gehen, warum sollte sie auch? War ja keiner da, der sie durch Hiebe dazu zwang. Und du hattest ja versprochen ... also, erst noch ein hilfloses „Uwe, die will nich'" an den Dompteur, der, wie ich vermute, auf deinen Befehl hin seine Peitsche nur trug, um sich daran festzuhalten, und dann: Die Zuschauer schlugen sich auf die Schenkel, denn du selbst watscheltest auf allen Vieren durch die Sägespäne, Carmen dabei ermunternd: „Paß mal uff, Carmi, ick mach's dir noch mal vor, ja?" Und siehe da, Carmi hatte ein rindermäßiges Mitleid mit dir „kleenem Menschenkind" und sackte wie ein Sack ebenfalls in den Staub. Nur dein fröhlich angestimmtes Lied *Ich geh vom Nordpol zum Südpol zu Fuß* wollte sie nicht mitmuhen. Vielleicht mochte sie es auch nicht.

*

Gestern war ich nach langer Zeit mal wieder beim Fernsehen in Adlershof, das heißt, mit Fernsehen hat diese Geisterstadt nur noch sehr wenig zu tun. Ich habe mich so erschrocken, Henne, als ich diese abgebröckelten, traurigen Kasernenblöcke sah, kein Mensch ist mir begegnet, meine Absätze haben auf dem Beton derart widergehallt, daß ich auf Zehenspitzen gegangen bin.

Das Schneidehaus verriegelt und verrammelt, also bin ich die Außen-Wendeltreppe hochgeschlichen und habe vom Balkon aus in den Schneideraum reingelinst, wo Klaus den Film *Dicke da* gecuttert hat. Er, ganz Kavalier, hat uns mit einem Glas Wein begrüßt, später noch mal eingeschenkt, die Vorhänge zugezogen, und dann haben wir – obwohl es streng verboten war – gepafft wie die Schornsteine.

Heute sind die Räume alle leer, nebenan im Synchron-Studio hat sich einer selbständig gemacht, steht dran: GmbH. Ich war direkt froh, daß nicht alles toter als tot ist. Das Kabuff, in dem Trude die Fotos für deine erste LP schoß, gibt es noch, steht immer noch ganz protzig „Foto-Atelier" dran. Und gegenüber, wo Adameck saß, stieg eine „Gang von Machern" in die einstige Chef-Etage.

In den MAZ-Räumen, die früher „Top-Secret" waren, fragt dich heute kein Türhüter mehr, aus welchem Grunde du geboren bist, auch die MAZ-Menschen stellen – außer: Wer bezahlt den Termin? – keine bohrenden Fragen. Sie geben dir sogar die Hand, sind nett und lieb, würden durcharbeiten, wenn ich es wünsche, machen aber auch Pause, wenn ich es wünsche, is dit'n Ding?

Weißte noch, Hennekin, wie wir früher in diesen widerlichen sogenannten „Abnahmeräumen" gesessen haben? Und immer nachts! Unsere erste Amtshandlung war jedesmal, die tausend hinterlassenen Zigarettenkippen wegzuschmeißen. Trotzdem roch es ekelhaft, wie in einer alten Spelunke, und wir – nach acht Stunden – ebenfalls wie aufgeweichte olle Zigarettenstummel.

Dann stand auf dem Tisch dieser schwarze Sprech-Kasten, die einzige Möglichkeit, sich mit den Kollegen der MAZ zu verständigen. Alles war so geheim, daß Fernsehleute westlicher Medien einen Lachkrampf gekriegt hätten, wenn sie gewußt hätten, welchen Sperrmüll wir in unserer Anstalt so hektisch bewachten.

Damals hockten wir in dem dusteren Loch, und kurz bevor wir vor Müdigkeit vom Stengel fielen, riß eine unpersönliche, meistens weibliche Stimme dich und mich aus unseren Alpträumen mit der Anweisung: „An der Stelle, wo der Schnitt sein soll, drücken Sie die Taste."
Nun stierten wir mit rotumränderten Augen auf den Fernseher, wurden nach und nach richtig wach und lebendig, als wir dich auf der Bühne rumhampeln sahen, unsere Finger schweben „alarmbereit" über dem Knopf – Achtung – „... jetzt los, Gela!"

„Zu spät", triumphiert die „große, unsichtbare Schwester". „Bitte noch einmal!"

Auf dem Schirm läufst du jetzt rückwärts, sehr ulkig, der Ton quietscht. „Rhabarber-Rhabarber", auch darüber amüsieren wir zwei technischen Nieten uns wie Krippen-Kinder, aber: „Diesmal packen wir's, Gela, Hände weg, ick mach dit!"

Wie zwei Sprinter im Tiefstart lauern wir auf den Schuß, jawoll, peng, das saß! Dachten wir. „Scherzkekse!" tönt es. „Sie können sich den ‚kriminellen Schnitt' ja mal ansehen!"

„Ja, möchten wir."

„Bitte."

Langsam kommen wir uns vor wie einzellige Lebewesen, denn: Wir merken den Krimi nicht! Seufz, seufz, seufz – dringt es aus dem Kasten, Madame will versuchen, ohne unsere primitive Mithilfe zu schneiden. So beschenkt bedanken wir uns überschwenglich und nicken erschöpft wieder ein. „Haben Sie den Schnitt gesehen?" werden wir unsanft geweckt, daß wir im Moment nicht wissen, in welchem gastlichen Fernseh-Sender wir uns befinden. „Hast du wat jesehn?" flüsterst du.

„Nee, was spielen sie denn heute?"

Wie gesagt, wir sind nicht zurechnungsfähig, was von den Geheimnisträgern jenseits des schwarzen Kastens mißbilligt wird.

„Äh", raffen wir uns auf. „Könnten Sie uns den Schnitt vielleicht noch einmal zeigen?"

„Tut mir leid, ihr Termin ist zu Ende. Gute Nacht.“

Schön, nicht?

Ich war dann noch in der Caféstube. *Casino, Suppenschmiede* und so, die sind ja alle zu.

Weißte noch, wie wir einmal den ganzen Tag in der Caféstube gesessen haben, weil wir nicht drehen konnten? Wie? Ja, Kaffee haben wir auch getrunken, aber erst hinterher. Voll wie die Gartenschläuche sind wir doch dann mit unsren Petticoat-Kleidern unter den Rasensprenger gekrochen und haben gekreischt wie die ... na ja, es war aber auch ein heißer Tag, eh.

Gestern kam in der Caféstube ein Kamera-Assistent auf mich zu, hat fürchterlich gestaunt: „Mensch, Gela, wat machst du denn hier?“ Und als wären nie zehn Jahre ins Land gegangen, habe ich auf den Platz neben mir gezeigt: „Ich habe auf dich gewartet.“

*

Es ist Nacht, und auf der Baustelle steht ein riesiger Kran, so hoch, wie ich noch keinen gesehen habe, mit einem mindestens zwanzig Meter langen Ausleger. du bist schon da oben, brüllst zu mir herunter: „Los, komm ooch hoch, Alte, von hier haste eine dolle Aussicht!“

Komm hoch! Leicht gesagt, ich halte mich krampfhaft an dem Gestänge fest, krieche auf allen Vieren. „Nicht runtersehen!“ ermahnst du mich, aber es ist wie ein Zwang, ich drehe meinen Kopf in Richtung Abgrund, unten stehen viele Menschen, nervengekitzelt die Hälse nach oben gereckt. Mir wird schwindelig, ich will wieder runter, suche die Sprossen, es ist keine da! „Halt dich am Kuchenregal feste!“ rufst du. Am Kuchenregal? Wo denn? „Immer ditselbe mit dir, keine Kondition“, schimpfst du, „paß uff, daß de im Fallen keenen Zuschauer triffst, Oma, wegen der Hygiene!“ Aber mir ist das egal, ich falle wie ein Stein ins Bodenlose, mein Magen dreht sich um wie auf der Achterbahn ...

„Du frißt abends eben zu viel Schokolade, deswegen träumste so ’nen Müll“, sagst du lachend am nächsten Tag. „’n Psychiater hätte an dir seine helle Freude, der würde den Traum sicher so deuten: Icke auf der Höhe meiner Karriere, und du uff’m absterbenden Ast.“

Hast recht, diese Schokoladensucht bringt mich nochmal um, aber du bist ja auch nachts, weil du nichts Schokoladiges im Hause hattest, in die Küche gerannt und hast aus Zucker und Butter auf der Pfanne Bonbons gekocht.

Aber dieser Traum, ich habe ihn mir später noch so oft in halbwachem Zustand ins Gedächtnis zurückgerufen und mich gefragt: Dieser verdammte Kran, führte der nicht auf direktem Wege ins Himmelhoch? Ach Blödsinn, Träume sind Schäume! Außerdem ist das Kiek-ma-an-Buch fertig, und morgen kommen die beiden Alfreds und du zu mir zur Leseprobe.

„Warum is ’n Henne eigentlich nich’ da?“ wundert sich Alfred Müller. „Wenn Probe anjesetzt ist, müßten ja wohl alle kommen, nich’ bloß wir beide, oder?“

Ich nicke, der andere Alfred nickt auch, aber ich weiß nicht, was los ist, habe zig Mal bei dir angebimmelt. Du bist nicht da.

Ich eier herum: „Henne hat doch jetzt ihren Kopf mit dem *Kessel* voll, läßt euch übrigens schön grüßen ...“ und solches Bla-bla; Alfreds Blick spricht Bände, er weiß, daß ich lüge.

Emil ist in seinem Element, hat die Hälfte von Berlins „Yellow Press“ zum ersten hautnahen Touch mit der neuen Revue bestellt, ich hole mein „Stadt-Meißen“ aus dem Buffet, tische Krümelkuchen auf, die beiden Alfreds, Emil und mein Hund werden fotografiert, nur schade, daß Frau Hahnemann fehlt.

„Wo warst du denn?“ will ich abends um 11 Uhr endlich wissen.

„Ick? Inner City.“

Das sagst du so locker-leicht, daß ich richtig grantig werde. „So, inner City. Wie schön, und wir haben wie die Nappsülzen herumgesessen.“

„Warum habt ihr denn nich’ jeprobt?“

Nun wird’s verrückt. „Ohne dich? Wie stellst du dir das vor, hm?“

„Janz einfach: Du hättest meine Rolle doch lesen können. Is’ doch sowieso noch nich’ richtig ernst, Gela. Wenn die Proben im Friedrichstadtpalast anfangen, hol ick dich ab, o.k.?“

Mir bleibt die Spucke weg. So kenne ich dich ja überhaupt nicht. Sonst warst du doch immer die erste, hast alle gescheucht, Regisseure haben ihren Beruf verflucht, weil du hartnäckig einen ganz bestimmten Hintergrund haben wolltest, der, wenn man ihn dir nicht mit Engelszungen ausgeredet hätte, die gesamte Beleuchtungsanlage lahmgelegt hätte.

„Hast du denn überhaupt schon was gelesen?" stänkere ich noch, obwohl ich weiß: Haste nicht.

Heute fangen wir im Friedrichstadtpalast mit dem ersten Bild an. Ich bin ausgeschlafen, war drei Tage in Ahrenshoop, das Buch ist, wie alle sagen, gelungen, und ich freue mich wie ein Schneekönig auf die Arbeit mit euch.

Als ich zu dir ins Auto steige – keine Musik. Ungewöhnlich zwar, sonst jazzt es bei dir nämlich immer in ziemlicher Lautstärke, heute nicht, auch gut, ich bin voller Tatendrang, du anscheinend auch, sagst nur noch zur Tagesordnung: „Paß uff, Gela, Änderungen am Spielbuch machen wir natürlich nur zu dritt, is' klar, nich?"

„Alles klar", sag ich, zum Äußersten bereit, weiß doch, jetzt muß man feilen, damit ihr die Worte in „die Schnauze kriegt", wie man so schön sagt.

Nur zwanzig Minuten später ist alles kaputt!

Erwartungsvoll sitze ich, mit dem Buch auf den Knien, im Probensaal, als du mich kurz ansiehst und aufforderst: „Du kannst abhaun!"

Zuerst denk ich selbstverständlich, ich bin gar nicht gemeint, vorhin war doch noch die Rede von „Änderungen zu dritt", doch dann stiere ich wie eine Legasthenikerin, die das erste Mal bis drei zählt, in die Runde: Müller, Struwe, Hahnemann, Gentzmer kann abhaun!

Alle sehen mich betreten an, als ich schwerfällig aufstehe und steifbeinig zur Tür gehe. „Du kommst doch aber wieder?" höre ich Alfred Müller noch rufen, aber da bin ich schon draußen, muß mich an die Wand lehnen.

„Kannst abhaun!" dröhnt es wie Paukenschläge in meinen Ohren, „abhaun – abhaun – abhaun ..."

*

Ich steige die Treppe zu deinem Schlafzimmer hoch, diese steile, gewundene, schiefe. Das erste, was du nach dem Hauskauf gemacht hast, war, das Geländer abzusägen. „Dit sah mir zu niftelig aus." Nun muß man natürlich höllisch aufpassen, daß man sich beim Erklimmen nicht das Genick bricht.

„Wat denkste, wie ick hier morgens runterhumpele? So!" hast du mir vorgeführt, seitlich, immer ein Bein nachziehend. „In Jang komm ick erst, wenn Tappi (Ballettmeister vom Friedrichstadtpalast) mit mir 'ne Stunde jeturnt hat."

„Geturnt" ist gut. Hochleistungstraining für Profis war das. „Mach doch mit, Gela!" hast du mich mit „dem Kopf unterm Arm" aufgefordert.

„Bist du wahnsinnig?" erschrickt sich Tappi. „Oder willste sie umbringen?"

Weißer Flokati rings um dein Bett. Alles andere himmelblaue Blümchen, fast wie ein Mädchenzimmer.

Du hattest die Angewohnheit, alle Türen offen zu lassen. Komisch, ich auch.

Nebenan deine Kleiderkammer (ganz am Anfang von Thiemes Arbeitszimmer einfach ein Stück weggeklaut): Da hängen sie alle, deine Privat- und Bühnenklamotten. Eine Zuschauerin hat sich mal aufgepustet: „Warum tragen Sie eigentlich immer so großgemusterte, bunte Fummel, Frau Hahnemann?"

„Weil ick 'n Clown bin!" war deine weise Antwort.

Das „Schwarz-Goldene" hier hattest du in der Philharmonie an. „Wie finden Se 'n mein neuet Outfit?" hast du – wie ein Cover-Girl posierend – gefragt, und die Leute haben geklatscht und getrampelt.

In deinem Arbeitszimmer, auf der riesigen Couch mit der Patchwork-Decke, sitzen Margot und Inge, weil im Fernsehen eine Sendung von dir läuft. Du bist so lebendig, wir müssen über deinen Ulk lachen.

Wer hat nicht alles schon auf dieser bunten Flicken-Decke gesessen und sich bei dir ausgeheult. Oder auch übernachtet, wenn der Haussegen schiefer als schief hing.

Hier, in diesem Raum hast du auch deine Titel einstudiert. Die Demos immer „volle Pulle", ich auf der Patchworkenen, wie immer Bonbons kauend und rumzickend: „Zu tief! Zu hoch! Hört sich falsch an! Laß, dit is super!" Bis zur Erschöpfung.

In der oberen Veranda steht noch dein altes Sofa mit dem Eisbärenfell. Traudel würde schnattern: „Ick hab zu Hause sojar zwee Eisbärenfelle, 'n weißet und 'n braunet."

Hier, unter dem kleinen Tisch, lag mal eine tote Maus. Du dachtest, mich murkst jemand ab, so hab ich gekreischt. Dann hast du nur gelacht: „Tja, that's life! Katzen brauchen eben ooch ihre Erfolgserlebnisse."

Barbara ist gekommen. Sie sieht elend aus, erzählt mir leise: „Henne hatte auf der Intensiv-Station so 'ne Chemie-Toilette, weißte? Als ich hinkam, saß sie darauf und meinte fast fröhlich: ‚Kiek mal, schau, wat?' Dann kriegte sie einen Hustenanfall, einen Blutsturz, ist noch zum Waschbecken hin, hat nach dem Arzt gerufen, ich raus, ihn geholt, und dann lag unsere kleine Henne da, ganz still, aus ihrem Mund lief ein dünner Streifen Blut."

Barbara weint nicht mehr, sie murmelt, wie für sich selbst: „Was jetzt auch kommt, ich weiß, wie Henne war, und das genügt mir."

Barbara hattest du auf einer Fahrt mit der „Völkerfreundschaft" kennengelernt, veranstaltet für die „Silbermedaillengewinner" des Landes. Du solltest auf diesem Schiff für die Unterhaltung der Spitzensportler sorgen, was sich nachher allerdings als blödsinnig erwies, denn kein Mensch kann wochenlang dieselben Lieder und Witze hören, ist doch klar.

„Gela", hast du mir hinterher empört erzählt, „Du gloobst ja nich', wieviel verwundete und verkrüppelte Sportler da uff dem Kahn waren! Ick sitze eines Tages in der Sauna, ja? Die Tür jeht uff, und ick denke: Wat is'n nu los? Kommen da etwa lauter Kerle rin? Nee, dit waren Mädels, Schwimmerinnen. Sooone Kreuze, sag ick dir, dajegen kam ick mir vor wie'n schmalet Handtuch."

Barbara hatte in der Volleyball-Mannschaft gedient, bei den Europameisterschaften die Silbermedaille erspielt, sich dabei den Hals verkorkst, und sie wurde von den Funktionären wie eine heiße Kartoffel fallengelassen. Das war der Anfang eurer Freundschaft. Jahrelang hat Barbara deine Katzen gehütet, deinen Rasen gemäht und mit dir so manche Flasche Wein geköpft. Manchmal hat sie zwar auch ein bißchen rumgemosert: „Sag mal, was issen mit Henne los? Hat die momentan 'ne Meise?" Klar hatte sie die, Barbara, aber wer nicht, eh?

Im Radio bringen sie jetzt deine Lieder.

Barbara hockt dicht vor dem Apparat auf der Erde, und es sieht tatsächlich aus, als wenn sie zu der Melodie schunkelt. Arme Barbara. Sie hatte nur die eine Freundin. Ich setze mich still dahinter und höre dein Bekenntnis:

Ick bin ein stark berlinerndet –
nach oben hin nie dienerndet –
ein übern Witz laut lachendet –
und manchen Mist verzappendet –
uff Jeld und Auto pfeifendet –
zu Hause manchmal keifendet –
een tanzendet und springendet –
'n Ton zu tief meist singendet –
ick bin, wat alle sind:
een kleenet Menschenkind ...

Ich ziehe mir meinen Mantel über und gehe auf die Terrasse. Novemberwetter, grau, trist, Selbstmordwetter.

Nur die kleinen „Glühwürmchen" im Baum geben ihr Bestes, um etwas Glanz in den bleiernen Hintergrund zu zaubern.

Dahinten deine Garage. Mein Gott, was war die nicht alles: Ballett-Saal, Tischtennis-Halle, Disco-Schuppen, Bibliothek, einmal war Mauzer drei Tage lang darin eingesperrt, ist durch deine Beine reingewutscht. Früher hattest du überall Plakate und Poster aufgebammelt, und rechts, gleich neben der Tür, hingen an einem Seidenband zwei rosa Spitzentanzschuhe.

„Ick möchte im Kessel mal wie 'ne richtige Ballerina tanzen", war dein Vorschlag, und hättest du mir nicht auf den Rücken gehaun, wäre ich an meiner hämischen Lache erstickt.

Emöke sah das mit den Röntgen-Augen der erfahrenen Choreografin: „Warum nicht? Du hast ein sehr gute Gefühl für deine Körper." Unsere Emö! Vom Fernsehballett geliebt wegen ihrer traumhaften Choreografien, gefürchtet wegen ihres Konditions-Trainings, für mich in bleibender Erinnerung wegen einer Kritik, die sie während einer Kamera-Probe mit Dagmar Gelbke dem Regisseur an den Kopf warf: „Alles schön bunt, alles schön übergeblendet, aber kejn Mensch achtet auf dem Gelbke."

Dieser Satz hat mir derart gefallen, daß ich ihn – entschuldige, Emö, eigentlich bekommst du noch einen Groschen – für Hennes Ansage zur ungarischen *Wo is mein Jeld?*-Version verwendet habe:

„No bittaschön, Primas, laß die Gejen klingen, aber nicht so laut, sonst kejn Mensch achtet auf dem Kinstlerin."

Der Tag, an dem dein Spitzentanz vorgeführt werden sollte, war echt nicht „mein Tag". Als du

„*Morgens Training, mittags Training, tun uns auch die Knochen weh ...*“ *Konditionstraining mit dem Fernsehballett*

mich wieder mal viel zu spät anriefst: „Gela, ick hab verpennt, komm bitte selber zur Jofa!“ bin ich, wie vom Wahnsinn umzingelt, raus, rein ins Auto, rückwärts mit Vollgas gegen die Garagentür und habe dabei die halbe Wand eingerissen. Mit ohne Kotflügel und vor Wut wie Götterspeise wackelnd, habe ich mich im Ballettsaal neben Emö hingeklatscht und dich bösartig bei deinen „Battements“ und „Sträußchen werfen“ beobachtet. Als du zum Schluß wie ein „sterbender Schwan“ vor dem Publikum lagst, konnte ich mir nicht verkneifen zu höhnen: „Wie unter der Guillotine!“ Ich nehme an, du hättest mich liebend gern erdolcht, aber mein Zorn war schon längst wieder verraucht, und deiner fünf Minuten später, als ich dir von meinem „Einfall in die Garage“ berichtete.

„Ach, du warst dit?“ hast du dich gewundert. „Dit jab plötzlich so 'nen Knall, und da dacht ick noch: Mein Jott, welcher hirnlose Autofahrer war dit denn nun wieder?“

*

Hinter deiner Garage, da gab es früher mal ein kleines Zimmer mit einer „Puppentoilette“ und einem winzigen Waschbecken. Deine Mama und dein Papa haben darin oft übernachtet.

„Mensch Papa, komm doch rüber int Bad zum Rasieren“, hast du dich aufgeregt, „hier haste doch keen warmet Wasser.“ Aber Papa, stur wie son Maulesel: „Laß man jut sein, Mädel, ick rasier mir, wo ick will!“

„Gela, kannste dir dit vorstellen?“

Ja, natürlich! Jetzt war mir auch klar, von wem du deinen Dickschädel geerbt hast. Von deiner Mama nicht. Abends habt ihr dann zusammen Karten gekloppt. „Bloß Mutti, die erzählt dabei immer soviel!“

„Kennste die noch, Helga? Die vom Jemüseladen um die Ecke. Die geht ja nun immer mit dem Heiko surfen!“

„Wenn de nich' sofort dein Karo ausspielst, jehn wir int Bette“, hat Papa sauer jebrummt, „außerdem, wat heißt hier surfen? Ick trink ooch janz jerne mal eenen.“

Einundneunzig Jahre alt ist dein Papa geworden. Auf deiner letzten Platte haben wir einen Ausspruch von ihm verewigt:

„*Mädel, wer mit Fremdwörtern nicht konfekt ist, sollte damit ooch nich' renovieren!*“

*

„Haste jehört, ick hab mir 'ne Insel gekooft!“ riefst du mir aus deinem Schuppen zu.

„Ehrlich? 'ne richtige Insel?“

„So isset, meine Taube“, damit flog eine grellbunte Gummi-Insel mit wabbeliger Gummi-Palme ins Wasser, und du, in voller Montur, über mein dämliches Gesicht laut lachend, kopfüber hinterher. Davon habe ich noch ein Foto, leider unscharf, du Verrückte!

*

In deinem Wohnzimmer steht jetzt Brigitte, sie hat es eben erst erfahren, kann es nicht begreifen, sieht hilflos um sich, flüstert: „Sie fehlt mir so!“

„Fahr ruhig schon nach Hause“, sagt Inge. „Ich bleibe noch bei Barbara, die braucht jetzt jemanden.“

Ich nicke, gehe, ohne mich umzusehen, aber als ich die Gartentür hinter mir zumache, ist mir, als wenn ich ein halbes Leben hinter mir lasse.

*

Bühneneingang vom Friedrichstadtpalast. Gleich hinter der Pförtner-Loge sehe ich dein Bild, Blumen, ein schwarzes Band. Du lachst auf dem Foto, als wolltest du sagen: „Jeh schon mal vor, Gela, ick komme gleich nach.“

Die Tür mit dem Summton spuckt unaufhörlich neue Gäste in das Foyer, alle in feierlicher Kleidung, eigentlich ist es wie zu einer Premiere, nur für uns beide ist es die letzte Vorstellung. Die Treppe rauf, den Gang lang, hier haben deine energischen Schritte von den Wänden widergehallt, damit jeder gleich wußte: Henne kommt! Ich stapfe wie in einem unwirklichen Traum hinter dir her, vorbei an „schwarzen Witwen“, blassen „Sternchen“, denen diese Hommage das unverschämte Glück verschafft, sich vor großem Publikum zu produzieren. Mir fällt Fernando ein, der gestern noch sagte: „Sei nicht sauer, aber ick komme nich, weil ich weiß, daß Hinz und Kunz sich auf der Bühne tummeln werden, die mit Henne nischt zu tun hatten.“

Hinten, wo der Flur einen Knick macht, steht deine Garderobiere, als wenn sie auf dich wartet, sie raucht, kann mir nichts sagen, ich ihr auch nicht.

Hier rechts bin ich immer im Dunkeln die schmale Treppe runter in den Saal gehuscht, hab mich ganz klein gemacht, weil du es nicht ausstehen konntest, „daß du jenau vor meine Neese sitzt, bei jedem kleenen Hänger kiekt mich dein blanker Vorwurf an!“

Inzwischen spult jeder Künstler jetzt seinen Beitrag ab, und mich quält die brennende Frage, seit wann du von deiner Krankheit gewußt hast. Seit wann, Henne? Ich fürchte, schon seit dem Bergfest von *Kiek ma an,* als du und die beiden Alfreds für alle Mitwirkenden ein Kaltes Buffet ausgerichtet hatten. Ich seh dich da noch sitzen, mit deiner

Mit Karsten Speck

Baskenmütze auf und mit unbeweglichem Gesicht an einem Brötchen kauend. Evchen – du weißt doch, die vom Chor – hat richtig beunruhigt gefragt: „Wat war denn mit Henne los? Hat ihre Mütze tief int Jesicht jezogen und is' ohne einen Ton an uns vorbeijepest. So war se ja noch nie!“

Auf der Leinwand singst du jetzt dein *kleenet Menschenkind*, in dem roten Glitzerkleid, „wo man jedet Polster sieht. Und du hast nich' uffjepaßt, wie jemein die Kamera mich fotografiert hat. Komisch, daß Kollegen immer denken, Fett is ulkig, dabei haben se mein janzet Lied kaputtjemacht.“

Können sie gar nicht, Hennekin, ich habe dir ja auch nur ins Gesicht gekuckt. Die einzige, die sich über deine Pfunde aufgeregt hat, warst du.

Alfred bringt jetzt ein starkes Chanson: *„Der Franz – nee, der is nich' dot, der is doch keen Typ für son langweilijet Grab.“* Man sieht ihm an, wie sehr er sich zusammenreißen muß, damit ihm die Stimme nicht versagt.

Ach Henne, wenn du doch hiersein und uns trösten könntest. „Alfredchen“, würdest du sicher sagen, „weeßte noch, wie de ‚Mr. Millmos‘ warst?“

– „Sure, Mrs. Weatherby“, käme es englisch-vornehm von Alfred. „Übrigens, Mr. Clarence Applebee ist tot. Gestern, nach der dritten Tasse Tee, hatte sich verspekuliert – mit ‚Wartburg‘.“ – „Wartburg? A castle in Scotland?“ – „No, a car in GDR!“

Weeßte noch, wie wir im Kino *Hinterm Rampenlicht* jesehn haben und bei dem Titel Bye, Bye, Life an unseren Tränen fast erstickt sind? So wunderbar wollten wir auch sterben, so fabelhaft inszeniert, so hollywoodisch pur: Unter Vivaldi-Klängen von Roy Scheider sanft in die „Ewigen Jagdgründe“ hinübergeleitet – *Bye, Bye, Happyness – Hallo Emptyness.*

Später haben wir den Titel so oft gedudelt, daß er uns zum Halse raushing.

„Wenn ick uffjerufen werde, jeh ick“, hast du mal gesagt, aber so gemeint wie: „Wenn ick Zahnschmerzen habe, jeh ick zum Zahnarzt.“ Denn selbst Jesus hat in seiner letzten Stunde die bittere Frage gestellt: „Eli, eli, lama asabthani?“ (Mein Gott, warum hast du mich verlassen?)

Margot hat neulich beim Abschied gesagt: „Ich glaube, unsere Dicke sitzt schon da oben auf einer Wolke und amüsiert sich über uns.“

Vielleicht hat sie recht, wir sind gekommen, um zu trauern, und lachen trotzdem über dich, wie du mit rasantem Sprung auf Karsten Specks Arm hüpfst, daß der Junge sich mit seinem gesamten bodygebuildeten Körper dagegen stemmen muß.

„Auf Wiedersehn“, singt Dagmar Frederic und legt an der Stelle, von der aus du die Zuschauer zu Begeisterungsstürmen hingerissen hast, eine Rose nieder. Alle anderen auch, stumm, tief bewegt. „Für dich soll’s rote Rosen regnen, Hennekin“, und ich kann dir nicht mal sagen, daß die Rose, die du in meinen Garten gepflanzt hast, das erste Mal blüht und wunderbar duftet, und daß David ein Portrait von dir gemalt hat. Alle haben sich jetzt von den Plätzen erhoben, standing ovation, minutenlang, kein Vorhang fällt, darf er auch nicht, verdammt noch mal, du bist so lebendig in uns wie eh und je.

Mir stürzen die Tränen in die Augen, als du leise, fast zärtlich, singst:

War schön mit euch –

Ja, war es! Und wenn wir uns tausendmal gefetzt haben und du „jetzt ’ne Fliege machst“, ich trink mit dir noch „One for the road“, so ’nen Klitzekleenen, bevor wir jehn.

Du lieber Gott, es ist spät.
Kennst du noch den Weg?

Diese Zeile wollte ich damals eigentlich streichen, aber du bist richtig wütend geworden: „Die is jut! Die bleibt! Der da oben hat mal jesagt: ‚Macht euch die Erde untertan‘, hat aber nich’ damit jerechnet, daß wir Kleinholz aus ihr machen. Wir müssen wat tun, Gela, sonst isset echt zu spät!“

Noch nie in meinem ganzen Leben habe ich so laut geschluchzt, so hemmungslos geheult, ich weiß, meine Tränen nützen dir nichts, aber was soll ich machen?

Dit sitzt zu tief!
Dit sitzt hier drin!

Die Texte von Inka Bause, Gunther Emmerlich, Dagmar Gelbke, Lutz Hoff, Ingeborg Krabbe, Heinz Florian Oertel, Emöke Pöstenyi, Jürgen Rummel und Gisela Steineckert sind Originalbeiträge für dieses Buch.

Der Beitrag von Dagmar Frederic ist ihrem Buch „Schürt das Feuer“ entnommen und erscheint mit freundlicher Genehmigung des Verlages Schwarzkopf & Schwarzkopf, Berlin.
Der Beitrag von Arndt Bause ist dem im Verlag Das Neue Berlin erschienenen Buch „Der Mann mit der goldenen Nase“ entnommen.

Fotonachweis:
Berliner Verlag/ Klaus Winkler (152); Erwin Buge (134, 222); Waltraud Denger (96, 145); Friedrichstadtpalast (10, 91, 124, 169, 190, 202); Karl-Heinz Golka (9, 23, 126, 172, 196, 222); Günter Gueffroy (13, 31, 54, 73, 84, 87, 92, 109, 116, 117, 123, 128, 133, 136); André Kowalski/ SUPERillu (69); Christine Kurby (49); Maja Lopatta (80, 98, 183, 154); Christine Nerlich (16); Bernd Nickel (33); picture-alliance/ ZB/ Thomas Schulze (77); Promo/alexmusik (102); Hartmut Schorsch (18, 19, 74, 75, 101); A. Stingl (40); Klaus Winkler (15, 27, 35, 42, 53, 63, 76, 79, 85, 93, 110, 111, 113, 121, 142, 149, 153, 198); privat (8, 12, 28, 30, 61, 118, 134 oben, 137).

Nicht in allen Fällen ist es und gelungen, die Urheber zu ermitteln. Berechtigte Honoraransprüche bleiben gewahrt.

ISBN-10: 3-359-01650-5
ISBN-13: 978-3-359-01650-2

Neue Grünstraße 18, 10179 Berlin
Umschlagentwurf: ansichtssache – Büro für Gestaltung, Berlin, unter Verwendung eines Fotos von Karl-Heinz Golka
Druck und Bindung: Salzland Druck, Staßfurt

Die Bücher des Eulenspiegel Verlags erscheinen in der Eulenspiegel Verlagsgruppe.

www.eulenspiegel-verlag.de